权威·前沿·原创

皮书系列为
"十二五""十三五"国家重点图书出版规划项目

冰雪蓝皮书

BLUE BOOK OF ICE AND SNOW SPORTS

中国滑雪产业发展报告（2018）

ANNUAL REPORT ON DEVELOPMENT OF SKI INDUSTRY IN CHINA (2018)

主　编／伍　斌　魏庆华　孙承华　张鸿俊
执行主编／赵昀昀　崔国美　于　洋

社会科学文献出版社
SOCIAL SCIENCES ACADEMIC PRESS (CHINA)

图书在版编目(CIP)数据

中国滑雪产业发展报告.2018/伍斌等主编.--北京:社会科学文献出版社,2018.10
（冰雪蓝皮书）
ISBN 978-7-5201-3555-9

Ⅰ.①中… Ⅱ.①伍… Ⅲ.①雪上运动-体育产业-产业发展-研究报告-中国-2018 Ⅳ.①G863.1

中国版本图书馆CIP数据核字（2018）第220788号

冰雪蓝皮书
中国滑雪产业发展报告（2018）

主　　编／伍　斌　魏庆华　孙承华　张鸿俊
执行主编／赵昀昀　崔国美　于　洋

出 版 人／谢寿光
项目统筹／郑庆寰　邓泳红
责任编辑／郑庆寰　王　展

出　　版／社会科学文献出版社·皮书出版分社（010）59367127
　　　　　地址：北京市北三环中路甲29号院华龙大厦　邮编：100029
　　　　　网址：www.ssap.com.cn
发　　行／市场营销中心（010）59367081　59367018
印　　装／三河市龙林印务有限公司

规　　格／开本：787mm×1092mm　1/16
　　　　　印张：19　字数：285千字
版　　次／2018年10月第1版　2018年10月第1次印刷
书　　号／ISBN 978-7-5201-3555-9
定　　价／99.00元

皮书序列号／PSN B-2016-559-1/3

本书如有印装质量问题，请与读者服务中心（010-59367028）联系

▲ 版权所有 翻印必究

《中国滑雪产业发展报告（2018）》
编委会

总 顾 问	赵英刚
顾　　问	单兆鉴　董林模　王　彪　朱志强　林显鹏 丁长峰　刘小山　潘石坚　王　诚
主　　编	伍　斌　魏庆华　孙承华　张鸿俊
执行主编	赵昀昀　崔国美　于　洋
副 主 编	王　嵩　姚　荣　刘　煜
编　　委	（以姓氏笔画为序） 于　洋　于　韬　大　命　王　嵩　王添翼 尹　磊　伊　力　伍　斌　孙承华　刘　煜 汤　奔　李克强　张永泽　张欣云　张鸿俊 张新利　张佳富　何红力　宋志勇　宋南乡 赵鹏飞　赵　薇　赵昀昀　周　盼　姚　荣 崔国美　康　露　常　海　深　度　赖　刚 魏庆华　魏改华

机构简介

北京卡宾滑雪集团创立于 2010 年，是中国滑雪场"一站式服务"品牌，也是国内首家滑雪产业综合服务商。集团深耕滑雪产业数十年，于 2017 年 12 月获"北京市体育产业示范单位"称号，2018 年 1 月获国家体育总局颁发的"体育产业研究基地"称号，为研究院提供更为专业与科学的平台支撑。

北京卡宾冰雪产业研究院依托北京卡宾滑雪集团在中国冰雪产业领域的丰富实践经验、领先的技术优势和实力地位，旨在搭建一个集产业规划实践与研究、咨询服务与人才培养于一体的开放、创新、前沿性的冰雪产业智库平台。

北京卡宾冰雪产业研究院围绕中国冰雪产业发展中的重大问题与战略性问题，对冰雪产业的政府规划、发展定位、产业体系和产业链、产业结构、空间布局、经济社会环境影响、市场分析、产业可持续发展等做出系统性的科学调查和分析研究。研究院组建了一支专业的研究团队，团队成员包括资深中外行业专家、高级咨询顾问和研究员、技术专家、场地规划设计专家以及中国首位滑雪冠军，平均行业经验超过 10 年。团队成员参与了与冬奥会相关的业务，如冬奥会人员培训工作、冬奥会场地规划等。

研究院与中国滑雪协会、新浪网冰雪频道、环球网滑雪频道、中国青年网等专业机构和媒体建立了战略合作关系，形成了"产学研媒"一体化的现代研究体系，加速推动研究成果转化，实现了理论、产品与产业的协同创新。

2015 年 9 月，北京卡宾冰雪产业研究院与北京大学中国体育产业研究中心签订《中国冰雪产业发展合作研究协议》，合作成立了北京大学中国体育产业研究中心冰雪产业专项研究小组，并于2016年12月在北京大学承办以"休闲体育·健康中国"为主题的第八届中国体育产业高峰论坛，得到了社会各界的广泛的关注。

2016年，《中国滑雪产业发展报告（2016）》正式出版。另外，研究院协助出版了《中国滑雪产业白皮书（2016年度报告）》、《中国滑雪产业白皮书（2017年度报告）》、《2016全球滑雪市场报告》中文版、《2017全球滑雪市场报告》中文版、《2018全球滑雪市场报告》中文版、《中国·阿勒泰国际古老滑雪文化论坛报告》、《2017年北京市冰雪产业发展白皮书》、《河北省冰雪产业发展规划（2018~2025年）》、《抚顺市冰雪产业发展规划（2018~2025）》等多部冰雪产业发展报告。

主编简介

伍　斌　北京卡宾滑雪体育发展有限公司总裁，北京安泰雪业企业管理有限公司董事长，北京市滑雪协会副主席，北京体育大学、黑龙江冰雪职业技术学院及体银商学院特聘专家讲师。曾任万科集团冰雪事业部首席战略官、北京万达文化产业集团营运中心高球冰雪部副总经理、吉林北大壶滑雪度假区总经理、河北崇礼多乐美地滑雪度假村总经理、意大利泰尼卡集团中国（北京）公司营销总监、北京雪上飞体育用品有限公司执行董事等。长期致力于推动国内滑雪产业发展，对国际国内滑雪产业有深入的研究。主编了2015年、2016年、2017年《中国滑雪产业白皮书》，2016年、2017年《中国滑雪产业发展报告》，参与编写了《中国冰上运动产业发展报告（2017）》《中国冬奥经济发展报告（2017）》《河北省冰雪产业发展规划（2018～2025年）》《抚顺市冰雪产业发展规划（2018～2025年）》，并参与编译了2016、2017年度《全球滑雪市场报告》中文版。

魏庆华　资深滑雪场管理专家，现任中雪众源（北京）投资咨询有限责任公司董事长，历任亚布力滑雪场副场长、南山滑雪场执行总经理、万龙滑雪场总经理、密苑云顶乐园副总裁等。从事滑雪产业和事业二十五年，参与多家滑雪场规划设计、开发建设和运营管理工作。除滑雪场实务工作之外，还参与滑雪场规范和标准编制、滑雪业态研究和重要赛会申办等工作。先后参与编制《GB19079.6-2013体育场所开放条件与技术要求第6部分：滑雪场所》，参与编写了2015年、2016年、2017年《中国滑雪产业白皮书》及2016年、2017年《全球滑雪市场报告》中文版，主编《中国滑雪产业发展报告（2016）》《中国滑雪产业发展报告（2017）》《中国冰上运动产业发展报告（2017）》《中国冬奥经济发展报告（2017）》，全程参与北京2022年冬奥会的申办工作。

孙承华 管理学博士，高级工程师，北京忠和体育发展有限公司董事长，北京大学体育研究所兼职研究员，北京科技大学经济管理学院硕士研究生导师，哈尔滨工程大学兼职教授，哈尔滨商业大学兼职硕士生导师。曾任北京卡宾滑雪体育发展有限公司总裁和大型上市地产集团常务副总裁。"冰雪蓝皮书"系列创始人，主持编写了《中国滑雪产业发展报告（2016）》《中国滑雪产业发展报告（2017）》《中国冰上运动产业发展报告（2017）》《中国冬奥经济发展报告（2017）》，主持编写了《河北省冰雪产业发展规划（2018~2025年）》《抚顺市冰雪产业发展规划（2018~2025年）》。

张鸿俊 北京卡宾滑雪体育发展有限公司董事长，黑龙江冰雪产业研究所滑雪场设备运营与管理客座教授，《滑雪去——跟着冠军学滑雪》主编，中国最早最大滑雪场——亚布力滑雪场的开拓者、建设者、管理者。在中国滑雪场选址、规划设计、建设和经营管理方面具有几十年的实践经验，曾先后建设、经营、管理北京八达岭滑雪场、北京怀北国际滑雪场、沈阳怪坡国际滑雪场等多个大型滑雪场项目。主要研究方向为中国造雪系统的技术与设备研发，已成功研发国产人工造雪机，为业内公认的中国滑雪设备技术专家、中国造雪系统专家。主笔编写了2016年、2017年《中国滑雪产业发展报告》《中国冰上运动产业发展报告（2017）》《中国冬奥经济发展报告（2017）》，参与冬奥会相关的业务。

序

2018年是成功申办2022年北京冬奥会三周年，也是"冰雪蓝皮书"系列的第三次出版。我向《中国滑雪产业发展报告（2018）》的成功出版表示衷心祝愿。

这三年间，"冰雪蓝皮书"以滑雪产业作为主要研究对象，详细研究了中国滑雪产业的蓬勃发展态势，深刻分析了中国滑雪产业发展过程中存在的问题，也具体描绘了中国滑雪产业的未来发展蓝图。

今年，《中国滑雪产业发展报告（2018）》大体延续了之前报告的研究架构，分总报告、热点篇、案例篇与国际借鉴篇四个角度进行阐述。相较于《中国滑雪产业发展报告（2016）》与《中国滑雪产业发展报告（2017）》，今年报告的主要内容与数据是之前研究成果的深化与延展，而案例选择则视野更为开阔，细节也更为丰富饱满。相信它能够为2022北京冬奥会的成功筹办、中国滑雪产业的优化升级发挥更积极的推动作用。

中国滑雪产业在筹备2022年北京冬奥会的过程中，特别是在平昌冬奥会结束后，迎来了新的发展机遇。在冬奥红利、政策红利、市场红利的激发下，中国滑雪产业已取得了快速发展，也面临着严峻的挑战。目前，中国滑雪场数量、滑雪人次与人数虽呈现持续增长的态势，但滑雪资源有效利用和配置问题仍未得到有效解决；中国滑雪装备设备市场仍需加快发展，国产品牌市场占有率有待提高；等等。因此，客观分析目前的发展态势，积极探索上述问题的解决路径，是鞭策我们冰雪人时刻保持清醒的动力。

最后，祝愿"冰雪蓝皮书"系列能够为我们中国冰雪产业的发展带来最新的研究动向、最成熟的研究视角，助力2022北京冬奥会！

中国滑雪协会主席：

2018年7月31日

自　序

转眼之间，"冰雪蓝皮书"之《中国滑雪产业发展报告》已经出到第三本了。在启动会上，社会科学文献出版社的领导笑言："根据皮书系列过往的数据统计，一般第三年是一个关口，很多皮书系列走到第三年就放弃了"。我也笑着答复说："对于我辈从事滑雪行业的人而言，尽管坚持出书有一定难度和压力，但这一切才仅仅是一个开始。"

实际上，从2015年申冬奥成功到现在也进入第三个年头，大量新建场馆和改扩建场馆项目都处于一个关键时期。中国滑雪产业在目前阶段对重资本的投入仍然具有较强的依赖性。宏观经济形势和资本层面的变化，无疑将直接影响滑雪产业的发展速度。用一句话寄语目前的中国滑雪产业，那就是"革命尚未成功，同志仍需努力！"

面对数据，总需要评判速度和规模，这也是数据要表达的含义。但评判往往也会有两种不同的视角，一种是评判投与不投、留与不留，另一种是评判如何规范、如何提升、如何做得更好。我想我们作为编辑部的编辑而言，只能有第二种视角，那就是让本书尽可能地真实、尽可能地准确、尽可能地有启发性和代表性。

所以，我要借此代表主编团队对"冰雪蓝皮书"编委会全体成员表示由衷的感谢！

首先感谢总顾问赵英刚主任。英刚主任不仅给编辑部指明方向，还亲自参与了整本报告具体内容的修改，他还在内部讨论会上多次耐心为我们编辑部的年轻人讲解专业知识，可敬可佩！

其次，感谢我们尊敬的单兆鉴老师。2018年3月23日，国际滑雪历史协会（ISHA）在美国加利福尼亚州斯阔谷滑雪场举行了"世界历史滑雪日"纪念活动,对在滑雪历史与文化方面有贡献的人士予以表彰。中国滑雪历史文化研究专家单兆鉴被授予最高奖项——"世界滑雪历史研究终身成就奖",并被颂为"中国滑雪之父"。单兆鉴先生是中国乃至亚洲范围内获此殊荣的第一人,是中国滑雪界的荣誉和骄傲。单老以80岁的高龄奔忙在滑雪产业的第一线,在雪山之巅不断激励着我们继续努力、加倍努力,是我们当之无愧的榜样!

最后,感谢给予我们指导的全体顾问团成员,以及和我们并肩作战的全体编辑部成员,尤其是除卡宾滑雪、中雪众源以及安泰雪业之外的外援团队,包括来自北京体育大学、万科集团、北大壶滑雪场、万达集团、十七华集团以及雪族科技等直接参与撰稿的朋友们。是你们的无偿付出汇集成本报告的成果,我们全体主编为你们感到骄傲!

主编代表:伍斌

2018年8月26日于崇礼

摘　要

2015年京张冬奥会成功申办以后，北京卡宾冰雪产业研究院开始出版《中国滑雪产业发展报告》，2018年第三版报告正式与大家见面了。本报告以专业的视角、独到的分析与翔实的数据为依托，产出有一定参考价值的实质内容，继续为中国滑雪产业的发展贡献一分力量。

《中国滑雪产业发展报告（2018）》延续2016年与2017年报告的基本架构，全书分为四部分：总报告、热点篇、案例篇和国际借鉴篇。总报告篇主要结合《2018全球滑雪市场报告》和《中国滑雪产业白皮书（2017年度报告）》，对世界和国内滑雪市场发展现状进行总结，并针对滑雪相关产业链如滑雪场、滑雪者、设备、装备、培训、赛事等领域进行全方位解读；热点篇围绕当下滑雪产业发展过程中相对热度较高的滑雪特色小镇、冰雪产业园、山地主题度假区、室内滑雪场等进行综合分析；案例篇和国际借鉴篇结合热点篇内容，选取对应的国内外案例进行解读。

本报告的研究数据和分析案例，主要来自卡宾冰雪产业研究院的第一手资料、问卷调查以及中国滑雪产业企业、组织的信息输送。同时，本报告采纳行业内多位资深专家的专业意见，以保证报告的科学性、系统性、客观性、完整性，从而助力中国滑雪产业的发展。

目 录

Ⅰ 总报告

B.1 全球滑雪市场概况 …………………………………………………… 001
    一 全球滑雪市场发展现状 ……………………………………… 001
    二 全球滑雪市场发展趋势 ……………………………………… 006

B.2 中国滑雪产业发展研究报告 …………………………………………… 007
    一 滑雪场及滑雪者 ……………………………………………… 007
    二 滑雪场设备设施 ……………………………………………… 036
    三 滑雪者装备 …………………………………………………… 048
    四 滑雪教学培训 ………………………………………………… 063
    五 滑雪赛事 ……………………………………………………… 075

Ⅱ 热点篇

B.3 滑雪特色小镇空间格局及发展趋势分析 ……………………………… 094
B.4 京津冀地区滑雪场格局演变及经营 …………………………………… 111

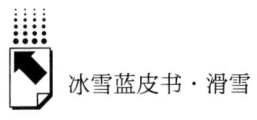

B.5 冰雪产业园发展现状及影响因素分析 …………………………… 123
B.6 室内滑雪场发展现状及运营服务分析 …………………………… 139

Ⅲ 案例篇

B.7 吉林北大壶滑雪度假区 …………………………………………… 152
B.8 融创哈尔滨万达娱雪乐园 ………………………………………… 171
B.9 河北狼牙山滑雪场 ………………………………………………… 185
B.10 17滑四季滑雪场——北京奥森 ………………………………… 197
B.11 2018雪族科技关于中国冰雪信息化发展的思考
　　　——富龙滑雪场信息化解决方案 ……………………………… 210

Ⅳ 国际借鉴篇

B.12 美国阿斯本雪堆山滑雪度假区 ………………………………… 221
B.13 瑞典 SkiStar 滑雪度假集团 ……………………………………… 244
信息来源与鸣谢 ………………………………………………………… 274

Abstract ………………………………………………………………… 276
Contents ………………………………………………………………… 277

皮书数据库阅读使用指南

总 报 告
General Reports

B.1
全球滑雪市场概况

摘　要： 全球滑雪市场在经历了三年不平衡波动后，再次迎来了滑雪总人次上升、滑雪场数量增加的趋势。全球滑雪市场发展成熟的区域相对较少，整体市场增长缓慢，但以中国为首的新兴市场发展潜力巨大。本报告参照瑞士劳伦特·凡奈特先生的《2018全球滑雪市场报告》，对全球滑雪场数量、分布、滑雪人次分布以及发展趋势进行论述，通过分析其变化规律，研究未来发展趋势。

关键词： 滑雪场数量　滑雪人次　滑雪场分布

一　全球滑雪市场发展现状

从全球范围总体来看，滑雪行业历经了三年的停滞、缓慢下滑后，全球滑雪总人次再次呈现上升趋势（见图1）。但仅凭这一上升趋势来判定未来的发展还为时过早，大多数国家的滑雪市场仍然表现得相对稳定。全球滑雪市场的基本问题仍然存在："婴儿潮"一代渐渐老去，人口出生率下降，滑雪人群更新率低等。提高滑雪在全球度假和休闲活动中的竞争力、滑雪人群的留存率和不断更新滑雪教学方式仍面临着巨大的挑战。

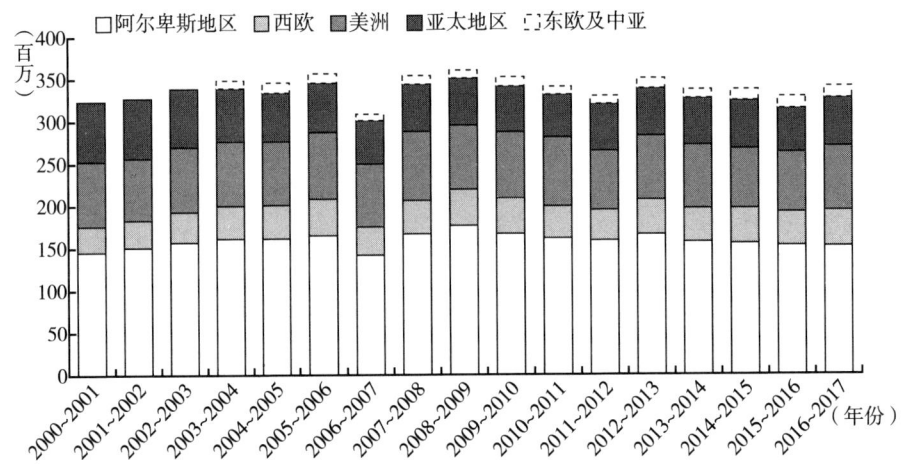

图1　全球滑雪人次变化

最近几年全球滑雪市场出现了一些变化。北美实现了很多大型雪场的整合策略，而在阿尔卑斯地区，奥地利集中建设了一些设备，大型互联型滑雪度假目的地的数量也一直在增加。此外，中国滑雪市场的蓬勃发展，也令全球滑雪市场充满期待！

目前全球雪场数量为5000~6000家，具备4条以上提升设备的滑雪胜地约有2113家，分布在100多个国家（见图2），全球滑雪场年均产值达到7000亿美元，全球滑雪人次在4亿左右，滑雪者群体为1.3亿人。

从滑雪人次分布上看（见图3），阿尔卑斯地区是全世界最大的滑雪胜地，吸引了43%的滑雪人次。第二大滑雪胜地是美洲（主要是北美），吸引了全球21%的滑雪人次。

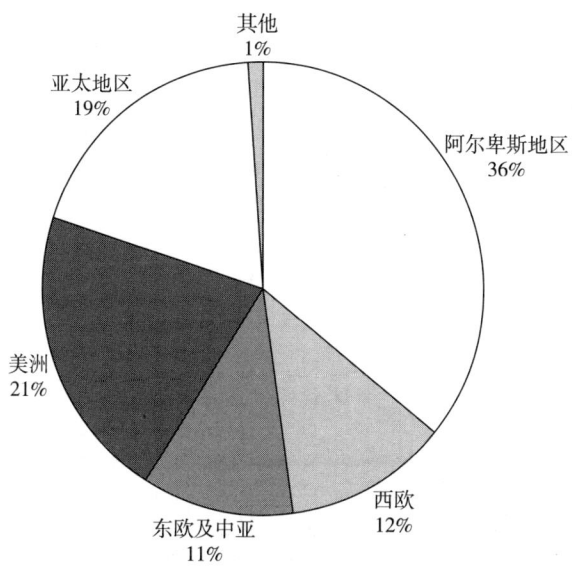

图 2　全球各地区滑雪场数量分布

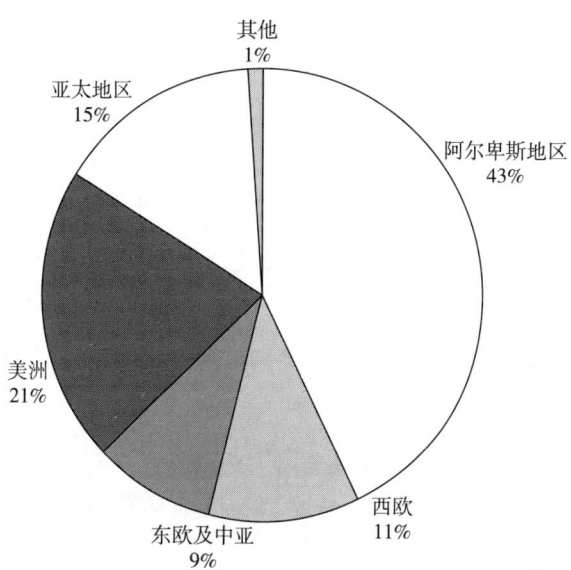

图 3　全球各地区滑雪人次分布

滑雪者跨国流动方面，几乎每一个国家的国内滑雪者均占据滑雪人次的主要部分。放眼全球，国外客户占滑雪人次半数以上的只有两个主要市场——奥地利和安道尔，外国客户占滑雪人次的66%~95%（见图4）。

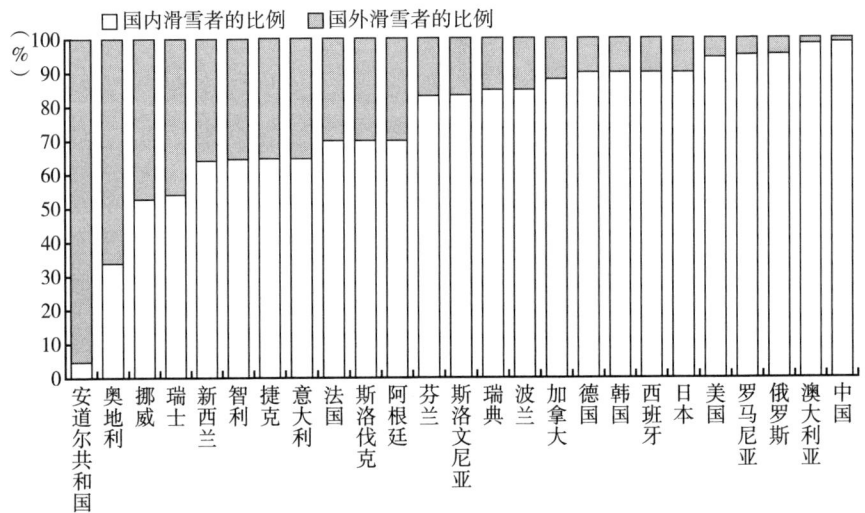

图4 世界各国境内外滑雪人次的比例分布

细分到各个主要市场来看，有下面几组数据反映出全球滑雪市场的基本情况。

滑雪场方面，美国、日本、法国和意大利的滑雪场数量处于世界前列，每个国家均有超过200座滑雪场（不考虑少于5座提升设备的小型滑雪场）。其中，奥地利和法国有10家以上度假村，每个雪季有100多万滑雪人次。

提升设备方面，法国、奥地利和美国是拥有提升设备最多的国家，每个国家约有3000部提升设备。

滑雪者方面，美国、德国和日本由于人口基数较大，成为国内滑雪者最多的国家。列支敦士登、瑞士、奥地利和挪威是滑雪参与度最高的国家，25%以上的人都参与滑雪。

从室内滑雪场分布来看，全球约30个国家已建成100座室内滑雪中心，已经确认全球运营中的室内高山滑雪场有65座（见图5）。

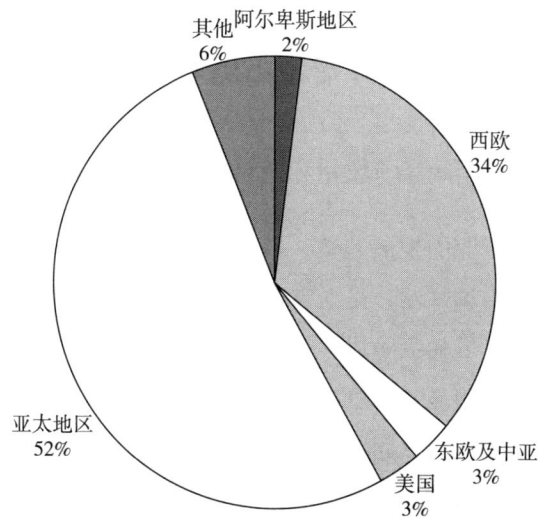

图5　全球各地区运营中的室内滑雪场分布

与室外滑雪场分布不同的是，室内滑雪场主要位于亚太和西欧地区，占全球室内滑雪场总数的86%。其中，中国是全球市场室内滑雪场最多的国家，现有21座室内滑雪场（主要分布于北京和上海周边，2019年前还将新建4座室内滑雪场），其次是荷兰、英国、德国、日本、印度。

大型连锁滑雪集团方面，过去已形成两大强势集团，分别是欧洲市场的阿尔卑斯集团以及北美市场的美国范尔度假村集团。数据统计显示，欧洲阿尔卑斯集团占世界滑雪市场的份额高达36%。欧洲有4500万滑雪人口，每年滑雪人次达2.2亿，市场规模达65亿欧元。以市场规模及游客量计算，阿尔卑斯集团在法国滑雪市场的占有率分别超过32%和27%，在法国2016~2017年雪季，滑雪人次达5110万，仅次于美国和奥地利，是欧洲滑雪市场主要力量，而竞争对手Sofival和S3V的市场份额均为5%左右。从全球滑雪市场看，接连收购澳大利亚和加拿大最大滑雪度假村的美国范尔度假村集团在全球运营14个滑雪度假村，体量可与阿尔卑斯集团相媲美。

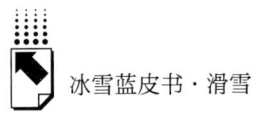

二 全球滑雪市场发展趋势

(一)新兴市场滑雪场数量和人数将进一步提升

综观全球滑雪产业的发展趋势,滑雪场数量由少变多、规模由小变大,最终同一区域内滑雪场联营,是滑雪市场必经的发展过程。而全球滑雪产业的新兴市场虽处于发展初级阶段,但滑雪场数量、滑雪人数正持续增长,滑雪场设备提升也较为明显。尽管在许多国家,如中国,滑雪消费模式仍需在更广泛的范围内为公众所认可,但仍可以肯定,未来10年,东欧和亚洲市场的滑雪人数是会增长的。到2020年,这些市场的滑雪者可能达到其他主要区域的规模。

(二)收购、联合和规模化将成为滑雪场发展大势

在滑雪产业成熟的欧美国家,大型山地集团一直没有停下收购、扩张、联合的脚步,欧美等成熟滑雪市场发生了一些变化:联合市场策略的滑雪场数量不断上升,大型集团收购滑雪场步伐不断加快。例如美国范尔集团在完成收购加拿大惠斯勒黑梳山滑雪胜地、斯托山滑雪场后,于2018年又加快步伐,收购了佛蒙特州Okemo山地度假村、新罕布什尔州MountSunapee度假村与科罗拉多州CrestedButte山地度假村的母公司TriplePeaks。而同年,美国KSL、HCC两大旅游集团成立合资公司Alterra山地集团。Alterra山地集团目前拥有12家北美度假村及1家全球最大的直升机滑雪运营公司。拥有众多滑雪场也使其成为范尔集团的强劲竞争对手,这一局面也将直接改变全球滑雪市场格局。

B.2
中国滑雪产业发展研究报告[*]

摘　要： 北京联合张家口成功申办2022年冬奥会以来，中国滑雪产业呈现快速发展态势。国内滑雪场数量、滑雪人次及滑雪人数稳步增长，滑雪场设备设施、滑雪者装备、滑雪培训、滑雪赛事等相关产业持续发展。如何在今后的4年间，把握好冬奥会的时代机遇，实现中国滑雪产业的快速持续发展，进而使中国逐步迈进世界冰雪先进国家的行列，是值得思考的问题。本报告通过分析中国目前滑雪产业发展现状，总结目前中国滑雪产业存在的问题，以期为今后滑雪产业的发展提供些许借鉴。

关键词： 滑雪场　滑雪者　滑雪产业

一　滑雪场及滑雪者

（一）滑雪场发展概况

1. 滑雪场数量及分布

图1是1998~2017年中国滑雪场数量情况。截止到2017年年底，国内共有滑雪场703家，其中，有架空索道的雪场有145家。

2017年新增滑雪场57家，增长率为8.82%，同2016年13.73%的年增

---

[*] 本章基础数据均来源于伍斌、魏庆华先生的《中国滑雪产业白皮书（2017年度报告）》。

长率相比增速有所放缓。新增的57家滑雪场中，有20家雪场建设有架空索道。

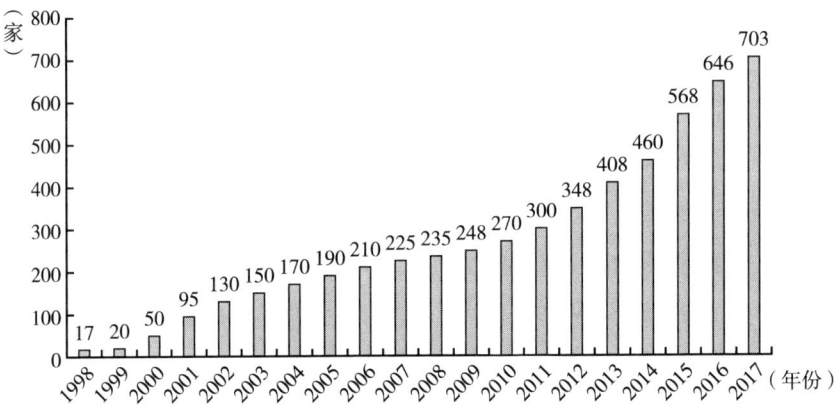

图1 1998~2017年全国滑雪场数量统计

说明：①2011年及之前的数据是依据中国滑雪协会的官方数据修正而来的。2012年之后的数据是根据《2017中国滑雪场大全》提供的相关滑雪场统计，在剔除嬉雪、娱雪乐园部分后，结合实际调研情况复核修正后得到的。2017年滑雪场数量及滑雪人次都包含室内滑雪场，不包含旱雪及模拟滑雪器等仿真场馆设施及滑雪人次。

为清晰地展示中国各地区滑雪场分布，本报告按照华北、华东、华南、华中、西南、东北、西北七大区域做具体分析。

2017年七大区域滑雪场分布状况如图2所示。各大区滑雪场所占比重排名与2016年一致。其中东北区域滑雪场数量占比为28.73%，依旧位居七大区域首位，同2016年30.19%的占比相比有所下降；其次分别为华北区域25.18%、西北区域18.35%。

2017年七大区域滑雪场新增数量占比如图3所示。2017年华北地区新增滑雪场20家，占新增滑雪场的35.09%，稳居增长量第一位；其次分别为西北地区11家，占19.30%，东北地区、华东地区与西南地区各7家，均占12.28%。受2022年京张冬奥会的持续影响，华北地区新增滑雪场数量较多，其中河北省新增滑雪场12家，位居全国第一位。2013~2017年全国各大区域滑雪场数量变化如图4所示。

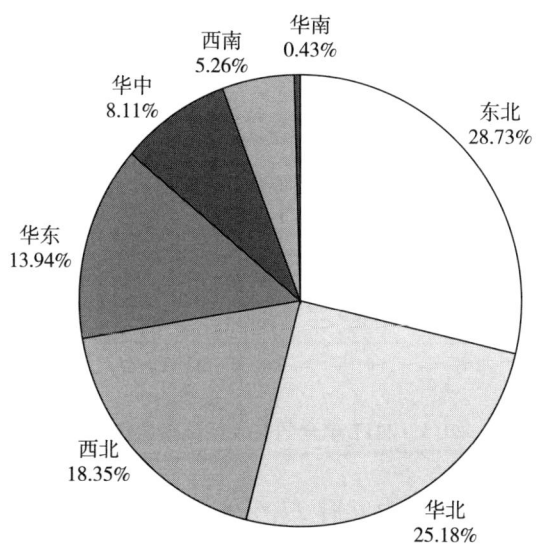

图2 2017年中国滑雪场区域分布

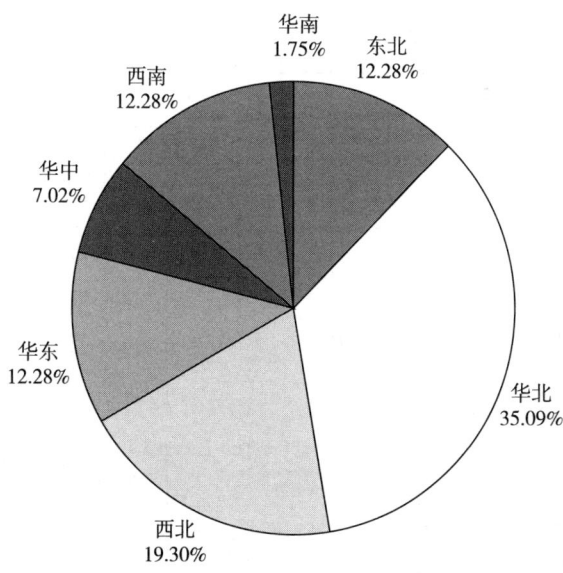

图3 2017年中国滑雪场增长数量区域分布

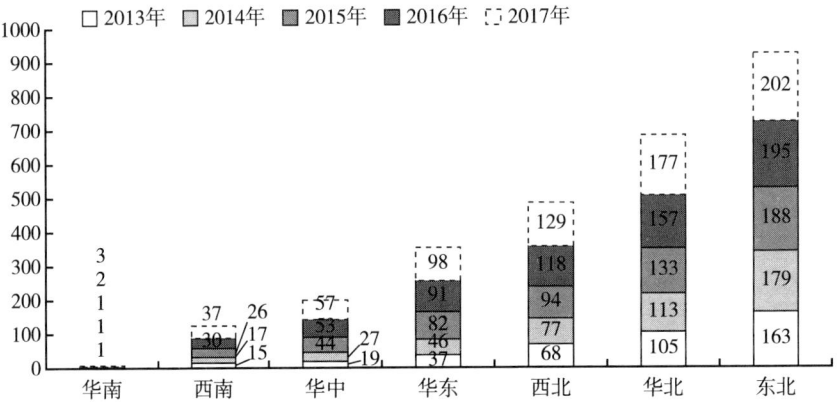

图 4　2013～2017 年全国各大区域滑雪场数量变化

截止到 2017 年底，国内共有 27 个省（自治区、直辖市）有滑雪场，其中黑龙江省滑雪场数量为 124 家，居于全国首位，比第二名山东省（61 家）多出 63 家，第三、第四名分别为新疆维吾尔自治区 59 家、河北省 58 家（见表 1）。

表 1　2017 年全国各省（自治区、直辖市）滑雪场数量以及新增数量

单位：家

排序	分区	省份	2017 年滑雪场数量	2016 年滑雪场数量	2017 年新增滑雪场数量
1	东北	黑龙江	124	122	2
2	华东	山东	61	58	3
3	西北	新疆	59	57	2
4	华北	河北	58	46	12
5	华北	山西	45	42	3
6	华中	河南	42	41	1
7	东北	吉林	41	38	3
8	东北	辽宁	37	35	2
9	华北	内蒙古	37	33	4
10	西北	陕西	31	27	4
11	华北	北京	24	24	0
12	西北	甘肃	20	16	4

续表

排序	分区	省份	2017年滑雪场数量	2016年滑雪场数量	2017年新增滑雪场数量
13	华东	浙江	18	18	0
14	华东	江苏	15	13	2
15	西南	重庆	14	11	3
16	华北	天津	13	12	1
17	西北	宁夏	12	11	1
18	西南	四川	11	11	0
19	西南	贵州	10	6	4
20	华中	湖南	8	7	1
21	西北	青海	7	7	0
22	华中	湖北	7	5	2
23	华东	安徽	3	1	2
24	西南	云南	2	2	0
25	华南	广西	2	1	1
26	华东	福建	1	1	0
27	华南	广东	1	1	0
合计			703	646	57

从2017年滑雪场数量排名变化来看，前五名与2016年一样，依旧是黑龙江、山东、新疆、河北与山西。2017年中国共新增57家滑雪场，按照新增数量排序，河北省新增12家，位居首位；内蒙古、陕西、甘肃、贵州4个省（自治区）分别新增4家，并列第二名；山东、山西、吉林、重庆4个省（直辖市）分别新增3家，并列第三名；北京、浙江、四川、青海、云南、福建、广东7个省（直辖市）滑雪场数量未发生变化。

室内滑雪场方面，截止到2017年底，国内共有室内滑雪场21家，其中2017年新增9家（见图5）。

2017年中国室内滑雪场增长率达到75.0%，实现了较快的发展。同时，根据实地走访信息与各方面公开统计信息，目前国内处于建设状态的室内滑雪场还有19家。

目前，中国室内滑雪场数量已位居全球第一。2017年6月开业的融创

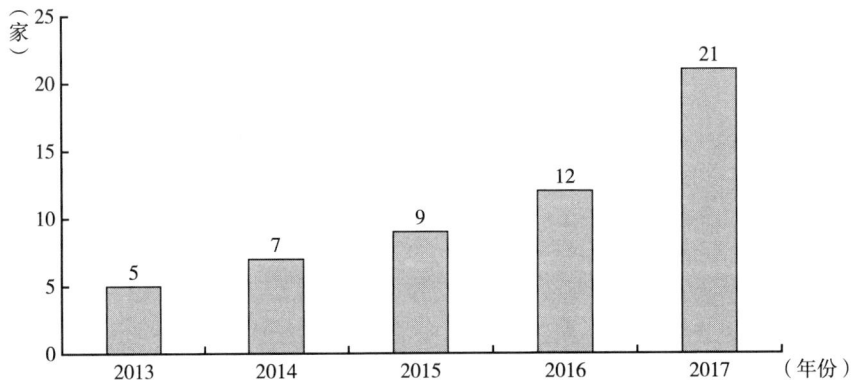

图5 目前中国已投入运营的室内滑雪场数量

哈尔滨万达娱雪乐园,建筑面积达80000平方米,远大于迪拜室内滑雪场,是迄今为止全球规模最大的室内滑雪场。调查结果显示,截止到2017年底,融创哈尔滨万达娱雪乐园已实现20万滑雪人次的业绩。

2. 滑雪场分类统计信息

本节报告根据滑雪场核心目标客群、垂直落差、雪道面积等各类标准对雪场进行科学分类,通过2015~2017三年纵向数据比较,分析目前中国滑雪场现状及发展趋势。

(1)按照核心目标客群进行划分

滑雪场核心目标客群是指与雪场关系密切的消费群体,按照核心目标客群的差异,可将滑雪场分为旅游体验型、城郊学习型及目的地度假型三类。

2015~2017年,三种不同类别的滑雪场占比基本无变化(见表2),其中旅游体验型以75%的占比位居第一位,目的地度假型占比为3%。

(2)按照垂直落差进行划分

滑雪场垂直落差的大小,是衡量滑雪场所在山地资源规模的重要指标。本报告延续前两版雪场分类标准,将全国滑雪场分为三类,分别是垂直落差大于300米的雪场24家、垂直落差在100~300米的雪场138家、垂直落差小于100米的雪场541家。

表2 中国滑雪场按核心目标客群分类

	旅游体验型	城郊学习型	目的地度假型
数量占比	75%	22%	3%
客群定位	旅游观光客	本地居民	度假人群
滑雪属性	旅游属性	运动属性 旅游属性	度假属性 运动属性 旅游属性
雪场特征	设施简单 仅初级道 位于景区或城郊	山体落差小 初中高级雪道 位于城市郊区	一定的山体规模 齐全的雪道产品 住宿等设施配套
客群特征	90%一次性体验 平均停留2小时	多为本地自驾 平均停留3~4小时	多为过夜消费人群 平均停留1天以上
典型案例	雪世界 鸟巢	南山 军都山 万科石京龙	万科松花湖 万达长白山 北大壶、亚布力 万龙、富龙 云顶、太舞

综合2015~2017年三年数据可以看出,垂直落差大于300米的雪场数量由19家增加到24家,增长率为26.32%;垂直落差在100~300米的雪场数量分别是103家、120家、138家,2016年增长率为16.50%,2017年增长率为15.00%;垂直落差小于100米的雪场数量分别是446家、507家、541家,2016年与2017年增长率分别为13.68%和6.71%(见图6)。

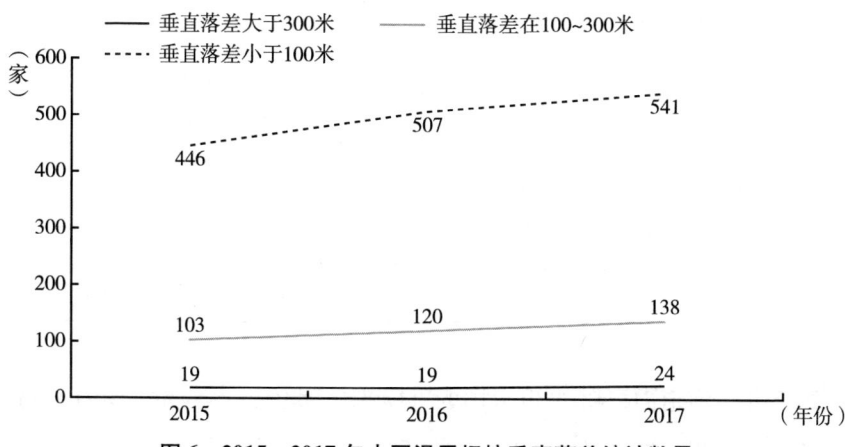

图6 2015~2017年中国滑雪场按垂直落差统计数量

截止到2017年底，全国范围内垂直落差超过300米的24家滑雪场中，河北省有7家（均位于张家口市崇礼区），吉林省有4家，黑龙江省、新疆维吾尔自治区各有3家，内蒙古自治区有2家，辽宁、河南、云南、甘肃与北京5个省（直辖市）各有1家。

2017年新增5家垂直落差大于300米的雪场，按照垂直落差由高到低的顺序排列分别是阿尔泰山野雪公园、河北富龙滑雪场、内蒙古岱海滑雪场、河北翠云山银河滑雪场与甘肃抱龙山凤凰岭滑雪场，其垂直落差分别为1000米以上、480米、468米、315米和304米。

阿尔泰山野雪公园与长白山天池雪滑雪场是垂直落差最大的两家滑雪场，均属于天然雪雪场，未配置索道设施。上行需求依靠雪地摩托、压雪车、直升机等多种移动设备解决。其他22家滑雪场均搭配架空索道。

（3）按照雪道面积进行划分

雪道面积是衡量滑雪场大小的重要指标。2017年除新建雪场外，吉林北大壶滑雪场、长春庙香山滑雪场、崇礼万龙滑雪场与云顶滑雪场等均加大了雪场扩建、改建的力度。截止到2017年底，全国雪道面积超过100公顷的滑雪场增加到6家（见表3），雪道面积超过50公顷的雪场数量达到13家。

表3　2015~2017年中国滑雪场按雪道面积统计数量

雪道面积（公顷）	2015年数量	2016年数量	2017年数量
≥100	1	3	6
50~100	7	5	7
30~50	5	7	15
10~30	20	26	34
5~10	50	87	105
<5	485	518	536
总计	568	646	703

2017年，雪道面积超过30公顷的雪场共有28家，占全部雪场的3.98%；2016年雪道面积超过30公顷的雪场有15家，占全部雪场的2.32%；2015年

雪道面积超过30公顷的雪场有13家，占全部雪场的2.29%。

3. 旱雪场和模拟训练场

（1）旱雪场

旱雪作为滑雪的替代品，近几年在国内得到了长足的发展。尖峰旱雪是国内旱雪的主要供应商。根据尖峰旱雪提供的资料，截至2017年年底，国内已投入使用的尖峰旱雪场地达到21家。

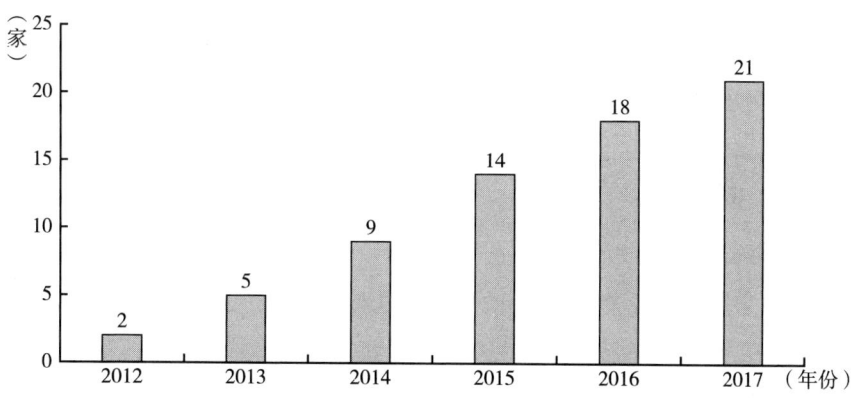

图7　2012~2017年运营的尖峰旱雪场地数量

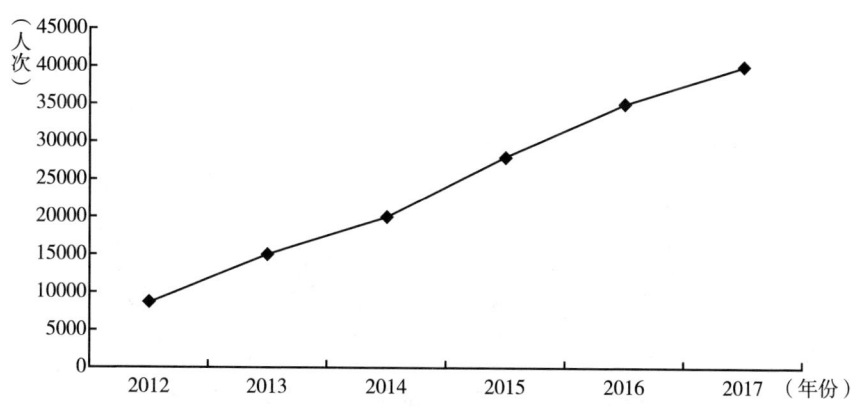

图8　2012~2017年滑旱雪的人次年增长量

资料来源：成都四季滑雪场。

除尖锋旱雪外,其他品牌的旱雪类产品也都发展很快。如北京克莱思沃科技有限公司旗下的极速旱雪已建成并投入运营10家场馆,还有5家在建;奔流极限公园是北京第一家以滑雪为主题的四季旱雪极限公园,使用面积达3000平方米,可以满足基本的训练项目。

(2)模拟训练场

另外,室内滑雪模拟训练场地同样发展迅速。以雪乐山(北京)体育文化有限公司雪乐山俱乐部为例,截止到2017年底,其已在北京开设12家室内模拟滑雪训练中心,共投入28台模拟滑雪设备,聘请滑雪指导员59人,预计全年滑雪人次14万。

(二)滑雪者特征

1.滑雪者人次及分布

依据《中国滑雪产业白皮书(2017年度报告)》及调研数据,2017年中国共有1750万滑雪人次,1210万滑雪者(见图9)。2014～2017年,中国滑雪场数量、滑雪者及滑雪人次均呈现增长趋势。

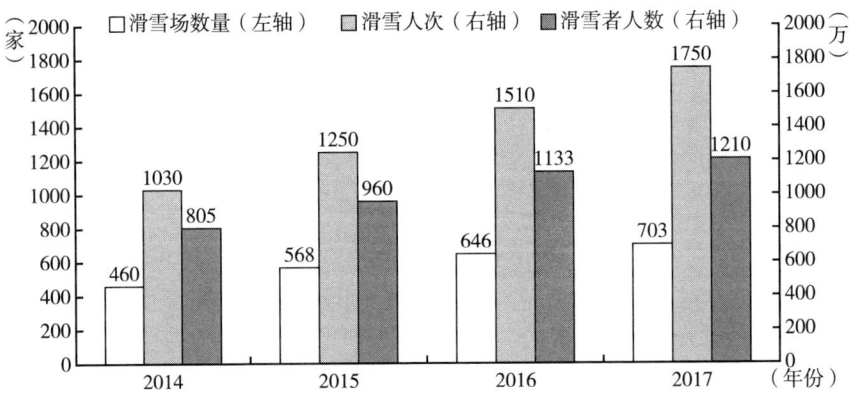

图9 2014～2017年中国滑雪场数量、滑雪人次、滑雪者人数

2015～2017年,中国滑雪一次性体验者人数占比由80%下降到75.2%(见图10)。

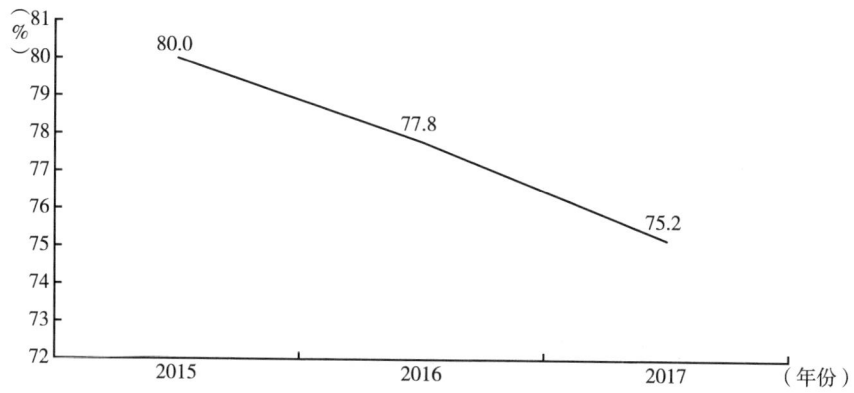

图10　2015～2017年中国滑雪一次性体验人数占比

2015～2017年间，中国滑雪场、滑雪人次与滑雪者增速均有减缓趋势（见图11）。

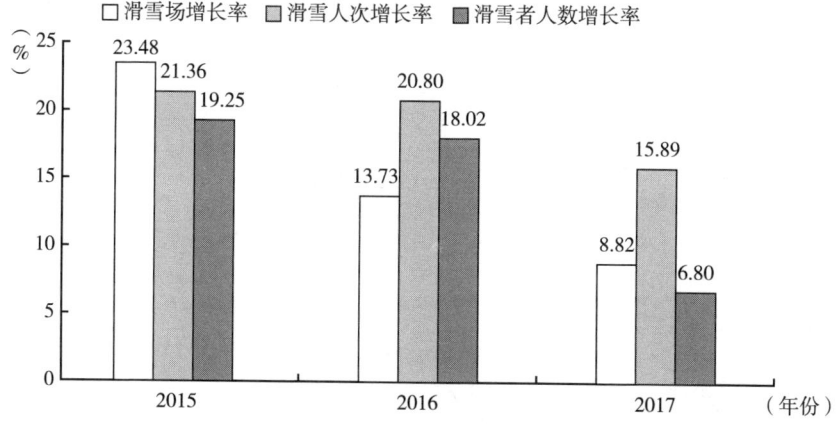

图11　2015～2017年中国滑雪场、滑雪人次、滑雪者增长率

国家滑雪人口渗透率是一个国家滑雪人口除以国家总人口得到的。图12显示了2017年世界部分国家滑雪人口渗透率，中国滑雪人口渗透率与世界其他滑雪大国相比仍然存在巨大差距。

滑雪人口人均年滑雪次数，是一个国家某一年滑雪人次除以当年滑雪者数量得出的数值，反映出一个国家滑雪人口转化率的高低。2013～2017年，

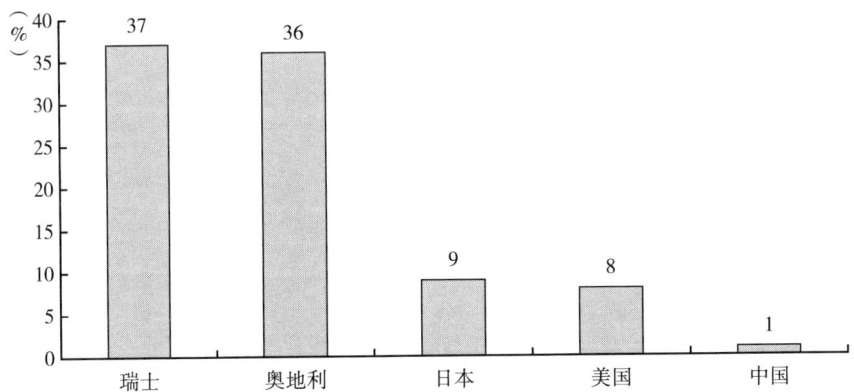

图12 2017年世界滑雪大国滑雪人口渗透率

世界滑雪人口人均年滑雪次数最多的国家为奥地利，滑雪人口人均年滑雪次数多达5.9次，其次分别为法国4.6次、瑞士4.2次，中国滑雪人口人均年滑雪次数仅为1.4次（见图13）。这表明，中国仍是全球最大的初级滑雪市场，一次性体验滑雪者仍占滑雪者的绝大部分，从滑雪体验者到滑雪爱好者的转化率较低。

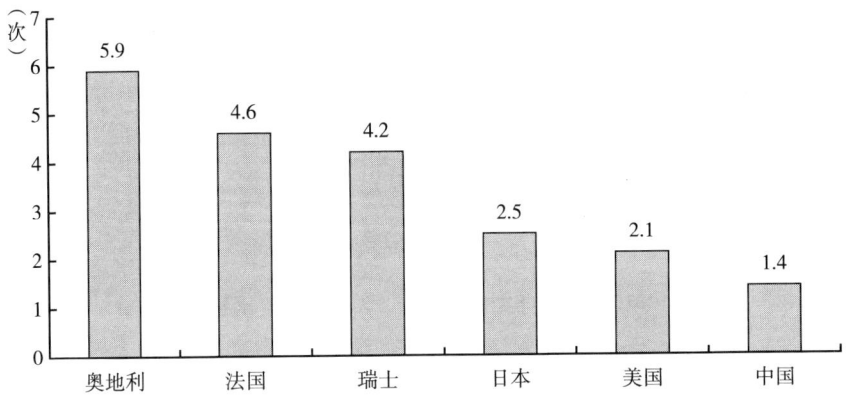

图13 2013~2017年5年间各国滑雪人口人均年滑雪次数

2014~2017年，中国人均年滑雪次数由1.28次增长到1.44次，增长13%（见图14）。

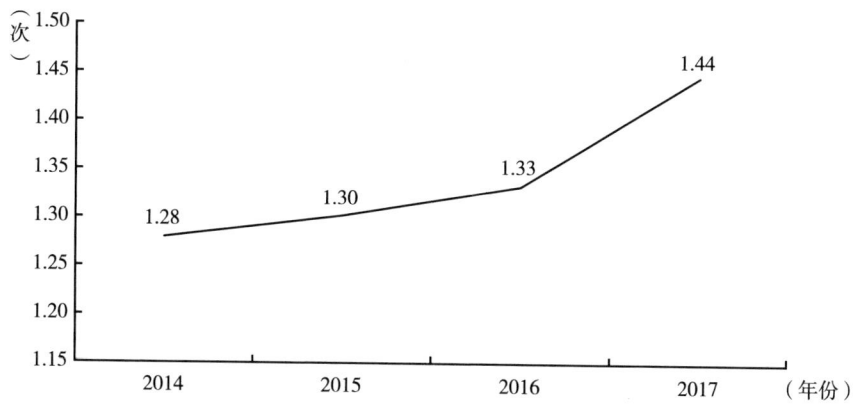

图 14　2014～2017 年中国滑雪人口每年滑雪次数

图 15 为 2015～2017 年中国七大区域滑雪人次变化与比较。3 年间，各大区域滑雪人次排名没有变化，位居第一的为华北地区，其次分别为东北地区、华东地区。

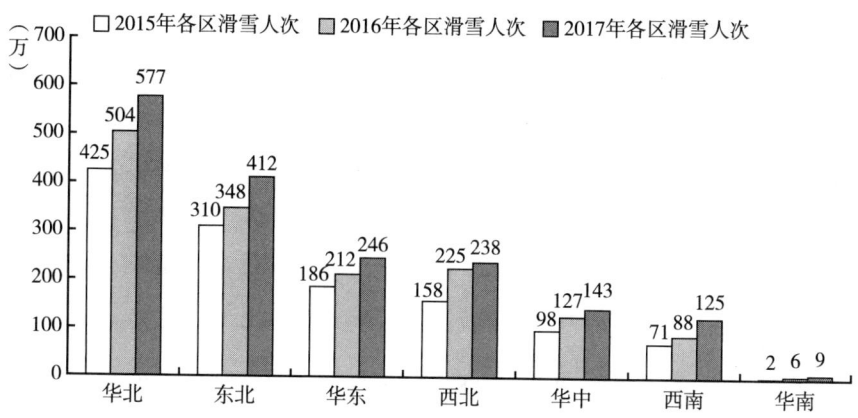

图 15　2015～2017 年中国各区域滑雪人次统计

从图 16 看 2017 年各大区域滑雪人次增长率，华南地区以 50.00% 的增长率位居全国第一位，其次分别为西南地区 42.05%，东北地区 18.39%。

结合 2017 年中国滑雪场区域增长数量占比分析可得，相对其他区域来讲，华北、东北地区滑雪市场日趋成熟，相对饱和，滑雪消费者相对稳定。

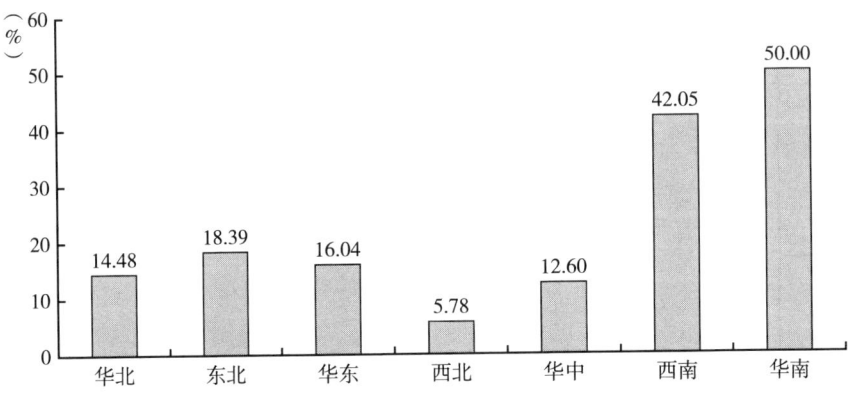

图16 2017年各大区域滑雪人次增长率

按照省份统计，2015年全国滑雪人次前五位分别为北京、黑龙江、吉林、山东、河北；2016年分别为北京、黑龙江、河北、吉林、新疆。2017年，黑龙江以196万滑雪人次位居全国第一，随后分别为河北176万人、北京167万人、吉林147万人、山西110万人。除北京外，其他四个省3年间年滑雪人次均实现稳步增长。2017年北京市滑雪人次位居全国第三位，同2016年相比，北京滑雪人次减少4万人。2016年新疆滑雪人次位居全国第五位，2017年滑雪人次减少13万人次。2017年山西年滑雪人次位居全国第五位，结合2017年华北地区新增滑雪场20家，数量位居全国七大区域第一位的数据分析可得，2017年中国华北地区滑雪产业实现快速增长（见图17）。

2017年全国滑雪人次前五位的省份在2016年与2017年的滑雪人次增长率如图18所示。其中，河北省两年增长率均保持在40%以上，吉林省两年增长率均保持20%以上。

2.滑雪者特征

对于中国这样一个初级市场而言，获取滑雪者更多的个人信息以便充分描绘出滑雪者的特征一直是一个相对困难的工作。本报告集合了编辑部专项问卷调查得出的滑雪者特征报告，以及专注于滑雪市场的移动客户端提取的

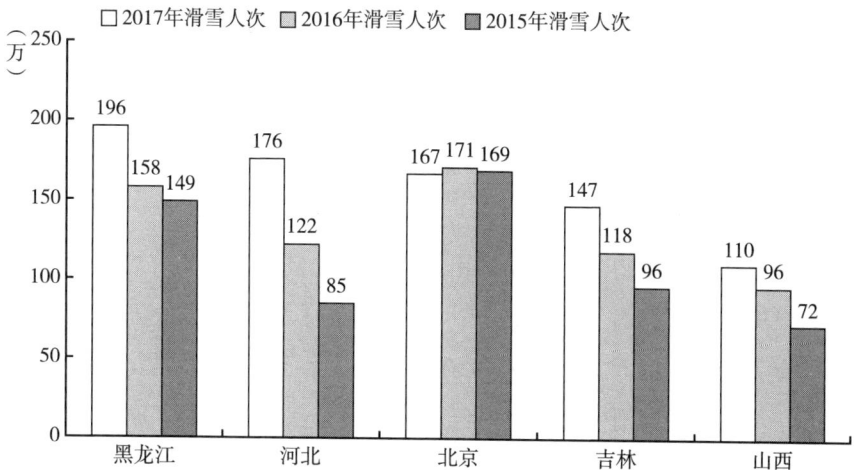

图17 2017年滑雪人次前五位省份3年间滑雪人次变化对比

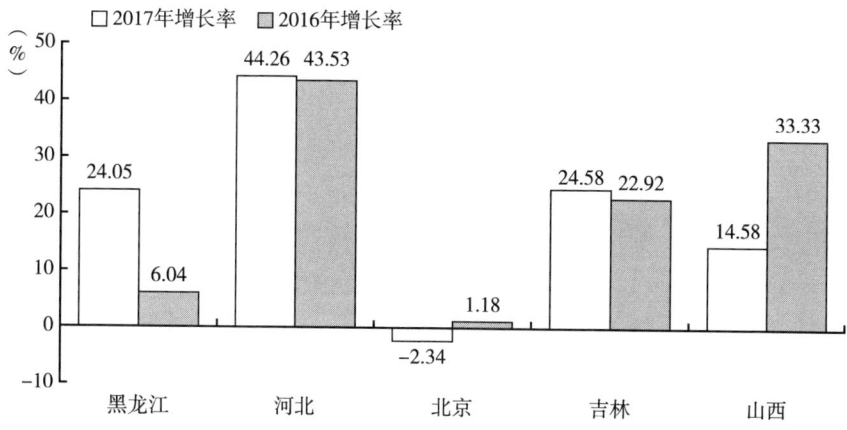

图18 2017年滑雪人次前五位省份两年间滑雪人次增长率

相关数据报告供读者参考。

（1）专项问卷调查滑雪者特征报告

通过社交网络、展会论坛、雪场实地走访等渠道，针对目前中国滑雪群体相关消费特征，编辑部进行了专项问卷调查，并对中国滑雪群体消费情况做了简要分析。本次调查回收问卷共计822份，其中有效问卷806份。调查问卷共18题，由于问卷样本数量及问卷问题设置数量有限，本问卷分析结果难免存在疏漏。同2017年相比，本问卷发放对象更多地倾向于滑雪爱好者及滑雪发烧友，相对而言，能够更好地展示出目前中国滑雪群体的实际发展现状。

①中国滑雪者性别结构

根据问卷结果可得，目前中国滑雪群体，尤其是滑雪爱好者与滑雪发烧友依旧以男性居多，占比达53.23%（见图19）。这也与本次问卷发放对象的不同有关。国内滑雪产业应持续充分挖掘女性市场，增加女性滑雪者数量，进一步平衡现有滑雪人群性别结构，提高全民滑雪热情。通常而言，女性往往是家庭出行的最终决策者，因此更多关注并持续挖掘女性滑雪市场，是促进整体滑雪市场的有效方式。

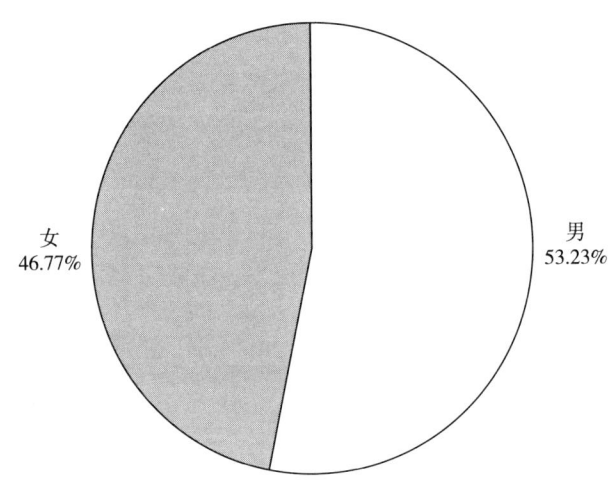

图19 中国滑雪者性别结构

②中国滑雪者年龄结构

根据调查问卷结果可得，目前中国滑雪人群集中在18~44岁（青年）与45~64岁（中年）两个年龄段①，分别占60.20%和37.31%，而17岁及

---

① 根据世界卫生组织年龄定义。

以下的滑雪人群占比最少，为0.75%。这与参与问卷调查人群的年龄结构有关。

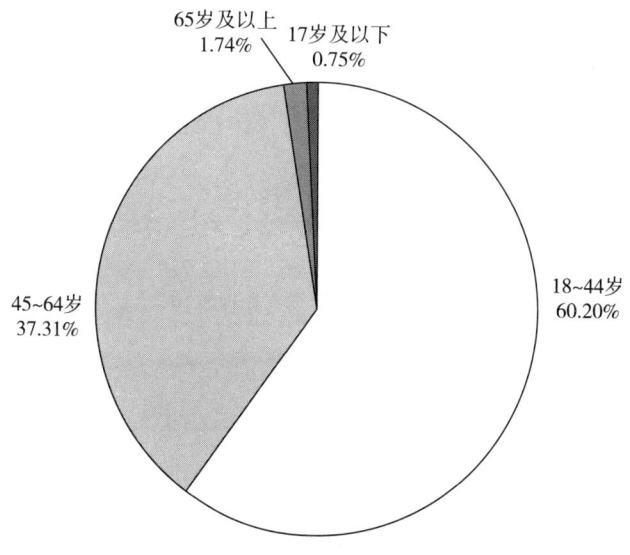

图20　中国滑雪者年龄结构

③滑雪者职业性质

滑雪者职业构成方面，公司职员占比最高，达35.07%，此外除其他未统计职业外，分别为自由职业者占17.16%，私营企业者占11.94%，政府工作人员占10.45%。公司职员与自由职业者信息接收面广，对滑雪相关信息接受度高，比较容易成为滑雪运动的积极参与者。学生占比较低，仅占全部样本的3.98%（见图21）。随着冰雪进校园等各类面向高校、中小学生滑雪活动的普及与开展，这一群体数量将会大大增多。

④滑雪者月收入情况

滑雪人群月收入方面，收入在5000～9999元的人群占比最高，为37.31%，另外1～9999元的人群占样本总体的74.37%。月收入在10000～14999元与15000元及以上的人群占比分别为12.94%和12.69%。调查结果显示，目前中国滑雪人群并没有体现出中产阶级的概念，月收入在10000元

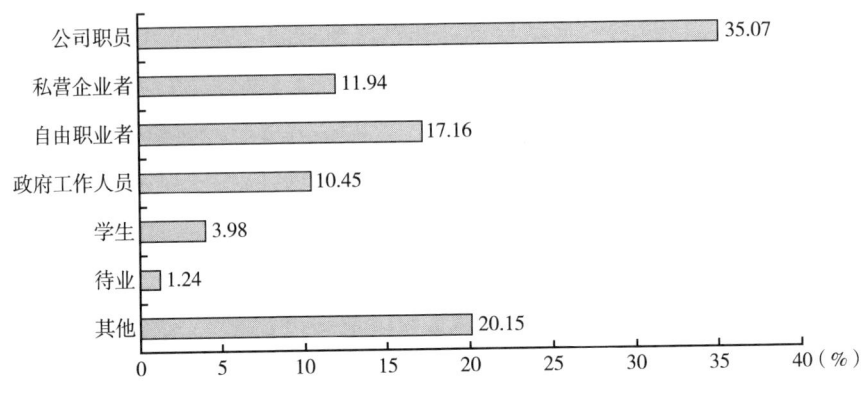

图 21 中国滑雪者职业性质

以下的人群居多,这与现阶段国内将滑雪作为一项大众普及运动在推广有关,也反映出国内大部分滑雪场的收费标准适合大众消费(见图22)。

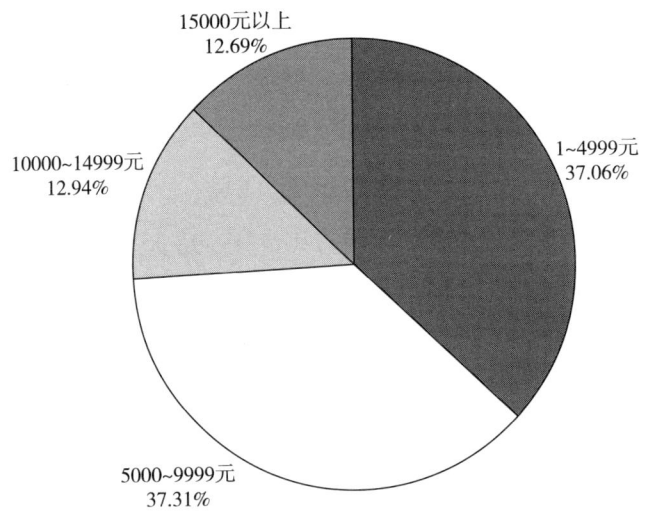

图 22 中国滑雪者收入情况

⑤滑雪者文化程度

同2017年调查相比,滑雪人群中本科文化程度占比最大且有所提高,为56.72%,其次分别为高中16.42%,硕士10.95%(见图23)。

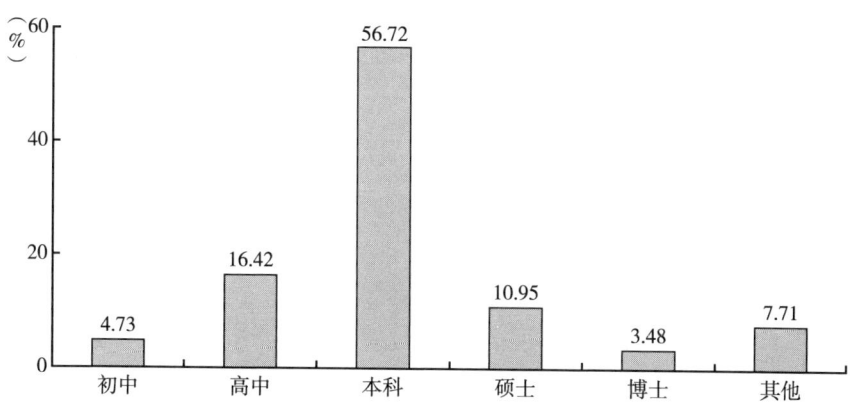

图23 中国滑雪者文化程度

⑥滑雪者滑雪旅游度假次数

此次调查问卷调查结果显示，目前中国每年滑雪旅游度假1~5次的人群占比最高，达49.50%；第二位为5~10次，为25.62%（见图24）。同2017年年滑雪旅游度假次数相比，2018年滑雪者每年滑雪旅游度假次数有所增加。

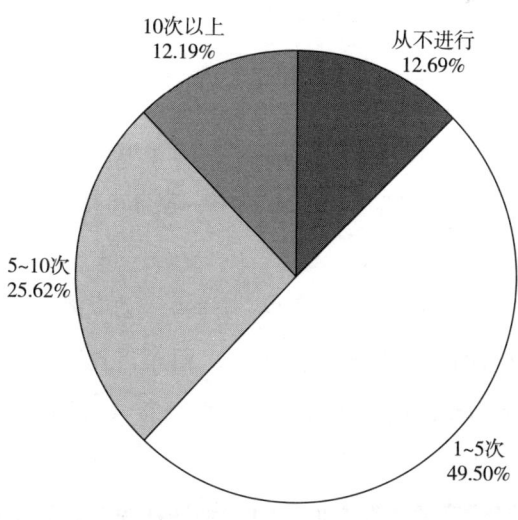

图24 中国滑雪者滑雪旅游度假次数

⑦滑雪者滑雪动因

消费者滑雪动因方面,有63.77%的滑雪者滑雪动因为休闲娱乐,其次为运动健身54.34%。这两部分人群中很大一部分可以转化为滑雪爱好者,成为中国滑雪运动的主力人群。以提升品位为目的的滑雪者占比最少,为16.13%。同世界其他滑雪大国相比,目前滑雪运动在中国普及度相对较低,一次性体验者占比较高。

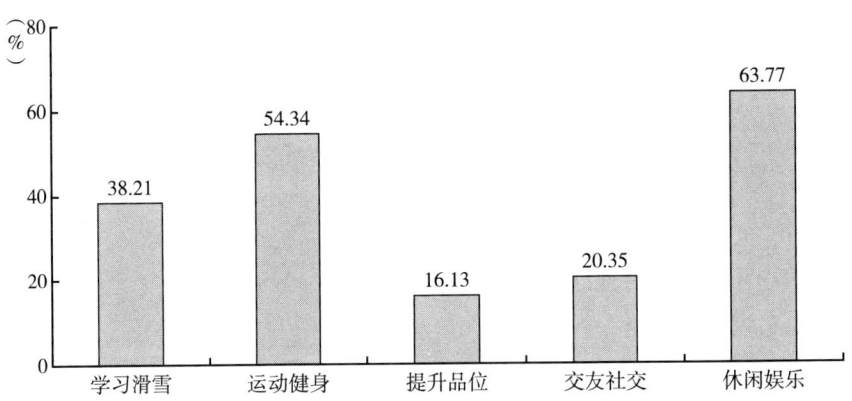

图25 中国滑雪者滑雪动因

说明:本题为多选,所以各个选项占比之和大于100%。

⑧滑雪者出行方式

滑雪者出行方式方面,选择与同事朋友一起出行的滑雪者占比最高,达54.73%;其次为与家人一起,占比24.88%;独自出行占比较少(见图26)。

⑨滑雪者采用的交通方式

通过调查可知,目前中国滑雪者参与滑雪运动或滑雪度假时多选择自驾车出行,占比为68.41%;乘坐公交车、出租车占比较少,为9.2%;乘坐旅行社车辆参与滑雪运动的占比最少,为5.72%(见图27)。

⑩滑雪者滑雪消费

中国滑雪者滑雪运动消费方面,每次消费在500元以下的滑雪者占比最高,为41.79%;其次为500~1000元,占比为28.86%;2000元及以上占

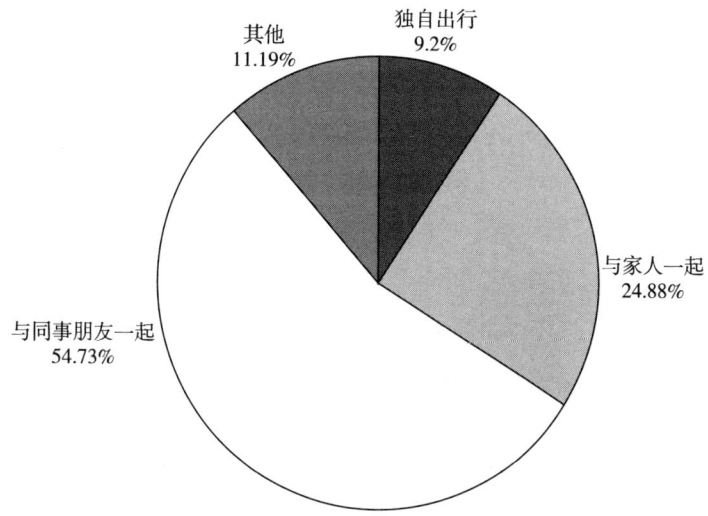

图 26　中国滑雪者出行方式

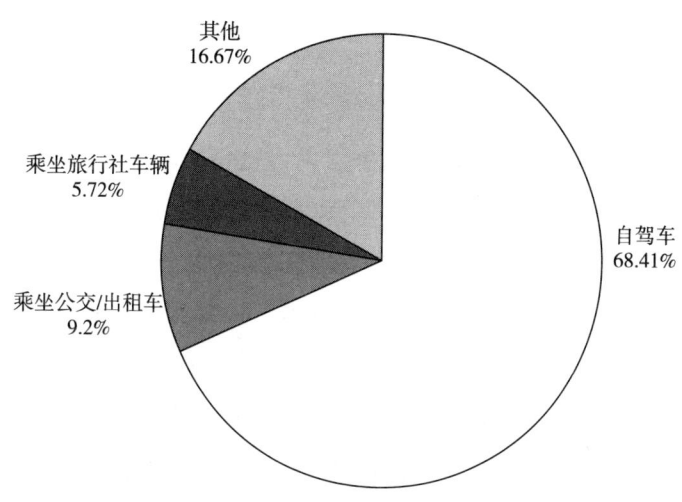

图 27　中国滑雪者采用的交通方式

比为 17.41%（见图 28）。此项结果与第④项滑雪者月收入情况基本相符，也充分说明目前中国滑雪者参与滑雪消费以一次性体验为主，从体验者到滑雪爱好者与滑雪发烧友的转化率较低。同 2017 年 2000 元及以上消费者占

8%相比,高消费水平群体数量有所增加,这与中国居民收入增加、人均消费能力提高有密切的关系。

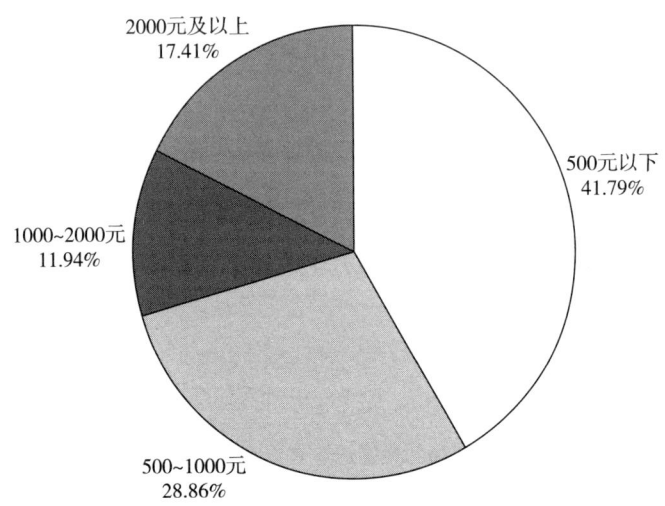

图28　中国滑雪者滑雪消费

⑪关于滑雪者滑雪装备选择

此次调查中,有40.8%的受访者表示选择线下购买滑雪装备,其次有34.08%的受访者表示选择在雪场租用装备,另外有25.12%的滑雪者选择线上购买装备(见图29)。同2017年调查结果相比,选择雪场租用装备的滑雪者比重降低,越来越多的滑雪者选择线下购买滑雪装备,选择线上购买的滑雪者比重基本持平。

⑫滑雪者滑雪信息获取渠道

关于滑雪者滑雪信息获取渠道方面,有71.71%的受访者表示主要来自朋友圈等互联网渠道;其次为通过他人介绍,占比为32.26%(见图30)。

⑬滑雪者滑雪目的地选择

在滑雪者滑雪目的地选择方面,有37.06%的受访者表示愿意选择东北地区进行滑雪运动,其次分别为北京及周边16.92%、河北地区10.45%,另外有10.20%的受访者表示愿意选择国外滑雪场(见图31)。这同中国东

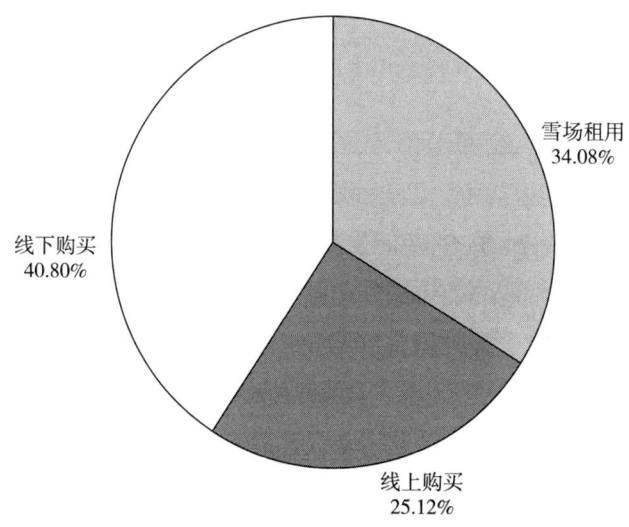

图 29　中国滑雪者滑雪装备选择

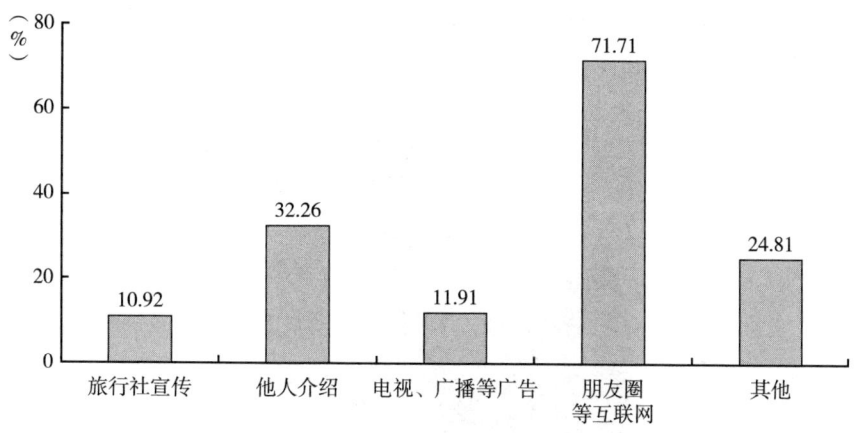

图 30　中国滑雪者滑雪信息获取渠道

北地区滑雪历史相对悠久、滑雪运动相对普及有关。

（2）雪族科技滑雪族用户特征报告

如图 32 所示，2017 年滑雪族用户分布地主要集中在北京、河北、黑龙

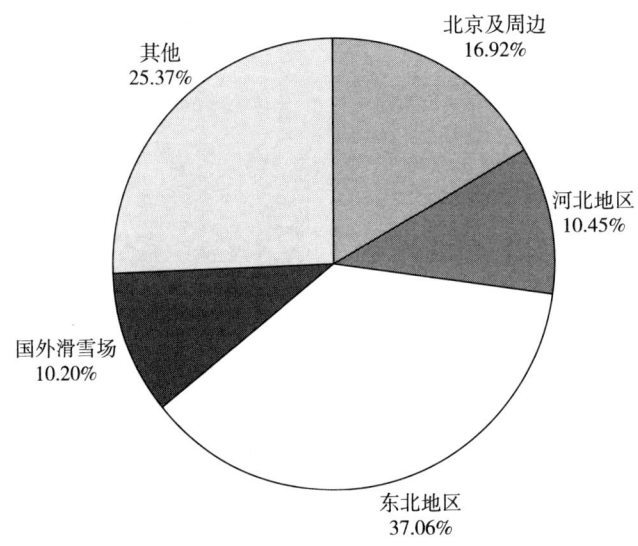

图 31 中国滑雪者目的地选择

江、河南等省（直辖市）。其中，北京市以 24% 居第一位。前三位北京、河北、黑龙江三地 2017 年的滑雪人次同样居全国前三位。

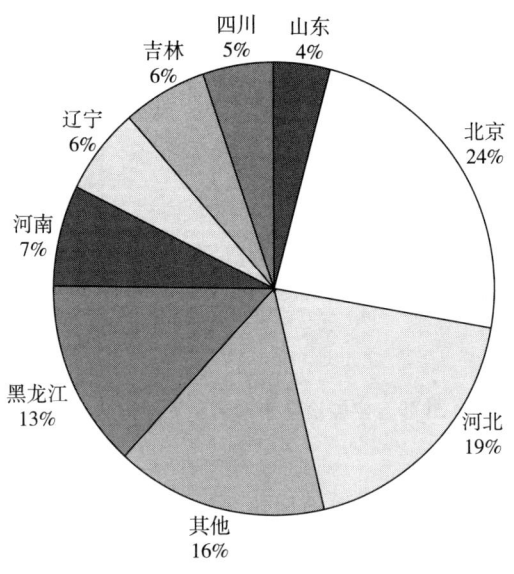

图 32 2017 年滑雪族用户分布

图33是滑雪族用户性别分析数据。其中男性占53%，人数仍多于女性，与前述调查报告的结果基本一致。未来国内滑雪产业可适当开发女性滑雪者市场。

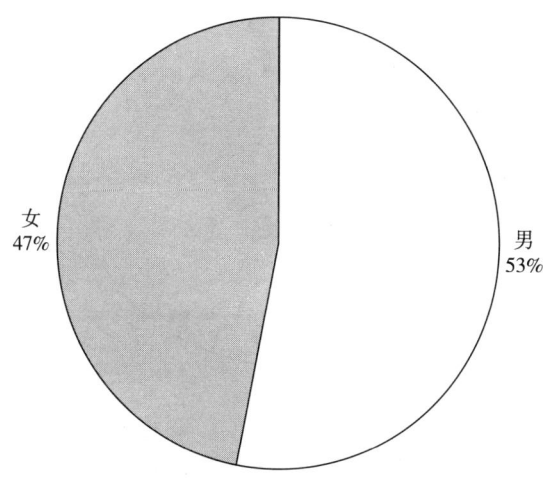

图33　滑雪族用户性别分析

滑雪族用户装备方面，双板用户占总人数的67%，约为单板用户的2倍；雪板租赁用户占74%，自带用户仅为26%。这表明，目前中国滑雪者仍以双板为主，自带板用户占比较低。这同目前国内市场滑雪者装备多为国外品牌、滑雪者装备价格昂贵、中国滑雪者多为一次性体验者等因素息息相关。

（3）Goski用户特征报告

作为国内相对专业的滑雪社交平台，Goski团队主要涉及单板方面的滑雪业务。

Goski用户客源地分布情况如图34所示。其中北京以39.54%的占有率稳居第一位，其次分别为辽宁10.70%、吉林9.27%、河北7.28%。从整体来看，这同北京是中国最大的滑雪客源地和滑雪目的地相吻合。

图35为Goski用户男女比例。其中男性占50.40%，男女占比基本持平。同2016年男性53.82%、女性46.18%的占比相比，女性用户占比有所增加且增速明显。

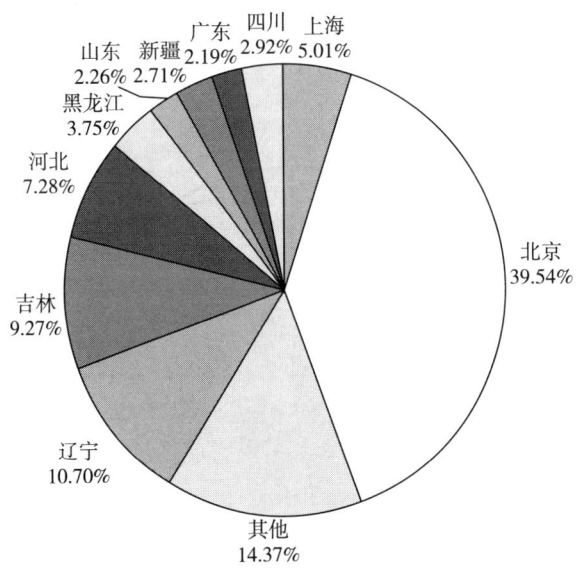

图34　Goski用户客源地占比

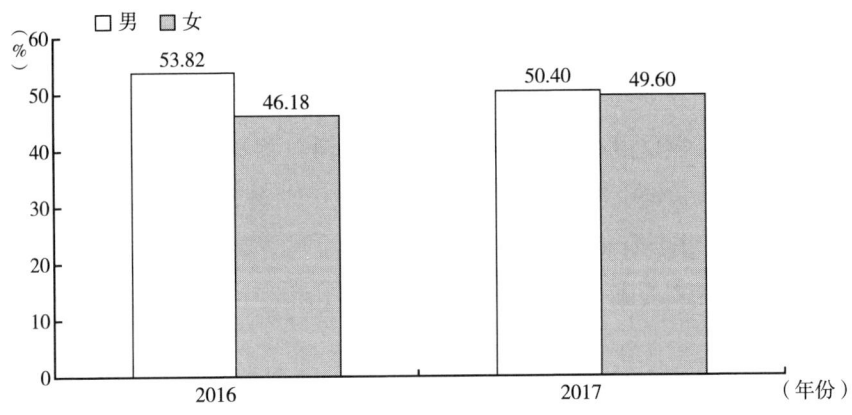

图35　Goski用户男女比例

（4）粉雪科技（滑呗）用户特征报告

滑呗是一款基于地理位置信息为滑雪爱好者提供雪场交友和滑雪影像服务的应用，是中国滑雪领域移动社交、滑雪轨迹记录和滑雪影像服务平台。

通过比较2016年与2017年两年间滑呗基础信息，可分析目前国内滑雪应用的发展趋势，并可深入分析中国滑雪产业发展前景。

对比分析2016年与2017年滑呗运动数据覆盖的滑雪场（见图36）可以看出，2017年滑呗覆盖国内滑雪场数量达219家，占全国滑雪场数量的31.15%，与2016年的180家（占27.86%）相比，新增39家，增长率高达21.67%；而国外滑雪场由2016年的168家增加到2017年的191家，新增23家，增长率为13.69%。

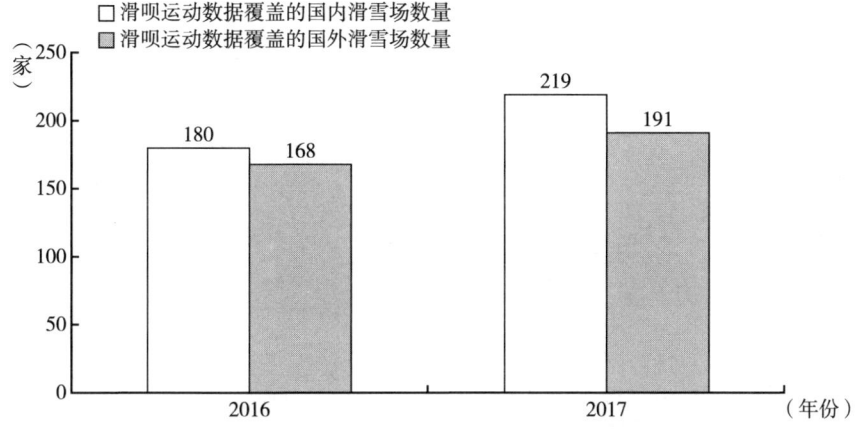

图36　2016年、2017年滑呗基础信息

滑呗用户方面，2017年滑呗运动数据累计用户总数达到37.3137万人，相比2016年的17.9632万人，新增19.3505万人，增幅超过100%；2017年单车滑呗运动轨迹记录人数9.6444万人，同2016年相比新增4万余人，增幅超过80%（见图37）。

滑呗运动轨迹人均滑行记录公里数方面，2017年人均新增12.7公里，增长56.95%（见图38）。

2017年滑呗运动数据TOP 10滑雪场排名如表4所示。10家滑雪场中，有5家位于河北省，3家位于吉林省，2家位于黑龙江省。

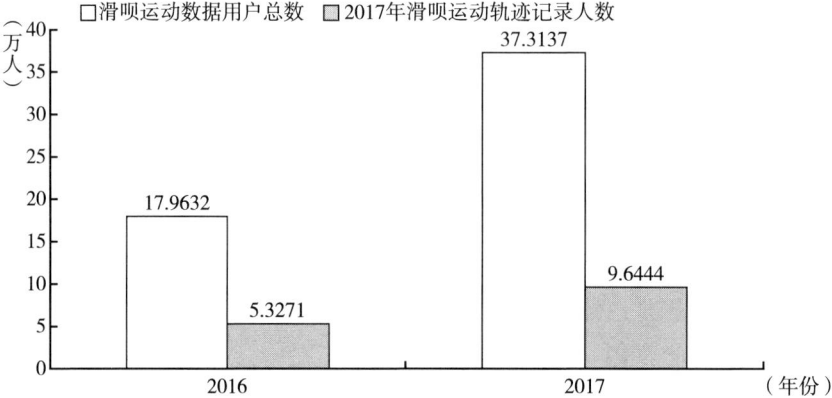

图37 2016年、2017年滑呗运动数据用户相关

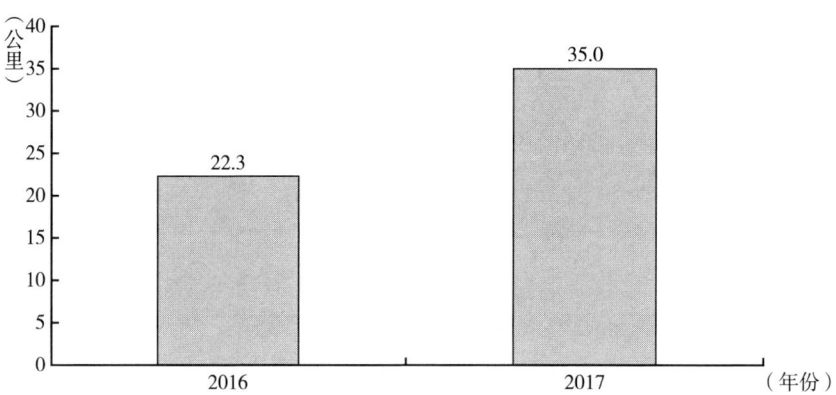

图38 2017年滑呗运动轨迹人均滑行记录公里数

表4 2017年滑呗运动数据TOP 10滑雪场排名

排名	滑雪场名称	记录人数（人）	记录总里程数（公里）	人均里程数（公里）	人均滑行落差（公里）
1	万龙度假天堂	8347	634493.84	76.01	15.69
2	松花湖度假区	9353	580569.18	62.07	13.4
3	密苑云顶乐园	5155	313796.49	60.87	10.53
4	北大壶度假区	4919	272470.24	55.39	12.65
5	亚布力阳光	2877	269435.85	93.65	19.66
6	太舞滑雪小镇	3825	176659.33	46.19	9.69

续表

排名	滑雪场名称	记录人数（人）	记录总里程数（公里）	人均里程数（公里）	人均滑行落差（公里）
7	万达长白山	3182	113471.25	35.66	7.11
8	多乐美地	2020	79504.12	39.36	7.58
9	帽儿山滑雪场	3101	79435.99	25.62	8.36
10	富龙四季小镇	1852	72315.56	39.05	4.2

表5为2016年与2017年滑呗注册滑雪俱乐部信息。2017年滑呗注册俱乐部总数为872家，新增391家，增长率高达81.29%；俱乐部注册人数新增10855人，增长率为28.55%。

表5 滑呗注册滑雪俱乐部信息

统计项	2017年数量	2016年数量
注册滑雪俱乐部总数（家）	872	481
俱乐部注册用户人数（人）	48876	38021
平均每个俱乐部用户数（人）	56	79

（5）乐点滑雪滑雪者特征报告

乐点滑雪主要统计中国滑雪爱好者境外目的地选择（见图39）。综合比较2016年与2017年两年数据可得，选择去日本滑雪的中国滑雪者人数增长

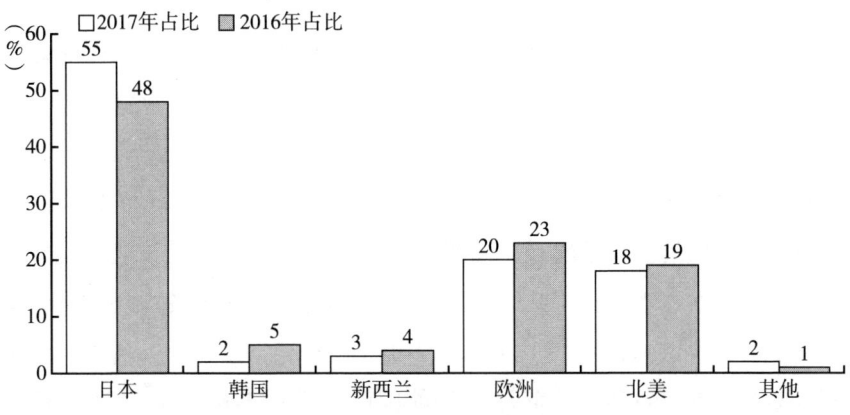

图39 中国滑雪爱好者境外目的地选择占比

明显，由48%增长到55%；其次是欧洲国家，以瑞士、法国、奥地利与意大利居多。

中国滑雪者主要依据当地雪场专业化程度、滑雪历史及目的地距离等因素选择境外滑雪目的地。欧洲阿尔卑斯山地区滑雪场数量与滑雪人次虽居世界首位，但日本由于优越的地理位置，成为越来越多中国滑雪爱好者的首选。

二 滑雪场设备设施

滑雪场硬件设备设施和软件环境是滑雪者体验的重要评价指标。随着国内滑雪市场的迅速发展，滑雪场也加快了硬件设备设施和软件环境的建设步伐。滑雪场硬件主要涉及滑雪设备，包括造雪机、压雪机、魔毯、索道、雪地摩托等；滑雪场软件涉及雪具租借管理、食宿管理、票务管理、滑雪指导员管理、雪场后端管理等模块。

（一）国内滑雪设备市场现状

1. 滑雪场上行设施

滑雪场上行设施数量是衡量滑雪场规模、运营效率的重要指标。国内滑雪场上行设施主要涉及拖牵、架空索道、魔毯三部分。拖牵设备因运力相对较小，主要用于中高级场地的教学和训练，在国内初级雪场已逐步被魔毯取代。架空索道、魔毯是国内滑雪场主要的上行设施。

（1）架空索道

架空索道具有跨越复杂地形、安全、快捷、舒适等优点，逐渐成为国内大中型雪场使用的主要运输设施。2015年国内有架空索道的雪场数量为109家，雪场架空索道总数为179条；2016年国内有架空索道的雪场数量为125家，雪场架空索道总数为199条；2017年国内有架空索道的雪场数量为145家，雪场架空索道总数为236条。目前国内滑雪场架空索道主要分布在河北、黑龙江、吉林、辽宁、北京、新疆、内蒙古等地区。其中，2017年河北、黑龙江、吉林雪场架空索道数量分别为46条、39条、37条,是国内雪场架空索道数量前三名。这三个省的雪场架空索道数量约占全国雪场架空索道总量的51.6%(见表6)。

表6 2017年国内滑雪场架空索道数量及分布

排序	省份	架空索道数量(条)	架空索道分布的滑雪场数量(家)
1	河北	46	22
2	黑龙江	39	26
3	吉林	37	16
4	辽宁	28	19
5	北京	19	11
6	新疆	16	10
7	内蒙古	9	8
8	山西	8	5
9	甘肃	8	7
10	山东	6	6
11	陕西	5	4
12	四川	3	2
13	河南	3	2
14	云南	3	1
15	重庆	2	2
16	贵州	2	2
17	湖北	1	1
18	天津	1	1
总计		236	145

国内大型雪场为提高滑雪者运输效率早已开始使用脱挂式架空索道。2015年国内有脱挂架空索道的雪场数量为10家,雪场脱挂架空索道总数为26条;2016年国内有脱挂架空索道的雪场数量为12家,雪场脱挂架空索道总数为35条;2017年国内有脱挂架空索道的雪场数量为18家,雪场脱挂架空索道总数为48条。国内雪场脱挂架空索道主要分布在黑龙江、吉林、河北、内蒙古、新疆等地区(见表7)。国内滑雪场脱挂架空索道之前一直以进口品牌为主,但近年来,随着国内索道技术的提升,国产脱挂

式索道已逐步占据了一定的市场份额。2015年国内进口架空索道数量为24条，2016年进口架空索道数量为29条，2017年进口架空索道数量为33条。

表7　2017年国内雪场按脱挂式架空索道数量排名

单位：条

排序	雪场	2017年	省份
1	万科松花湖	6	吉林
2	万达长白山	5	吉林
3	万龙	5	河北
4	北大壶	4	吉林
5	云顶	4	河北
6	太舞	3	河北
7	富龙	3	河北
8	亚布力体委	3	黑龙江
9	鲁能长白山	2	吉林
10	翠云山银河	2	河北
11	亚布力阳光	2	黑龙江
12	太白鳌山	2	陕西
13	凉城岱海	2	内蒙古
14	庙香山	1	吉林
15	多乐美地	1	河北
16	帽儿山	1	黑龙江
17	丝绸之路	1	新疆
18	将军山	1	新疆
总计		48	

（2）魔毯

滑雪魔毯是国内滑雪场初级雪道区、室内滑雪场普遍使用的运输设备。根据道沃机电、娅豪等国内主要滑雪魔毯供应商提供的数据，截至2017年底，国内运营的魔毯数量为1076条，运营的魔毯总长度为157000米。2016年国内滑雪场新增魔毯数量为232条，新增魔毯长度为36300米；2017年新增魔毯数量为226条，新增魔毯长度为28700米（见图40）。

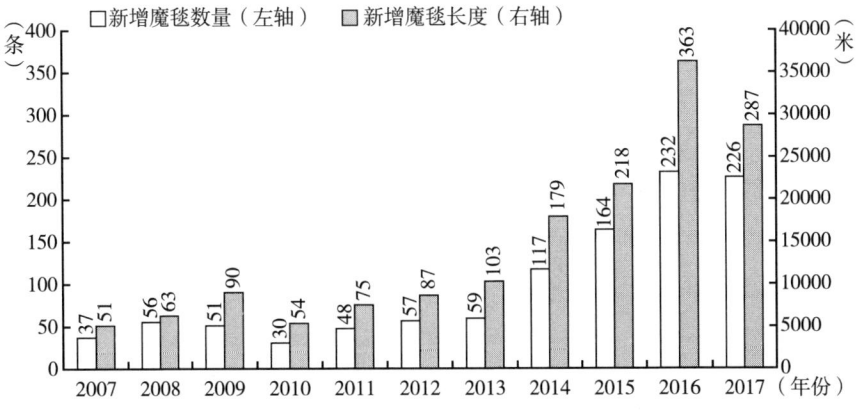

图40　2017年滑雪场新增魔毯数量及长度

2.滑雪场场地设施

（1）造雪机

目前国内多数滑雪场需使用造雪机进行造雪以满足滑雪场运营需求。国内市场造雪机品牌涉及意大利迪马克、天冰，美国SMI，法国苏法格，波兰超级雪，中国诺泰克、铭星、雪霸王、雪城等品牌。2015年国内造雪机销量为700台，2016年销量为1180台，2017年销量为1420台，销售的造雪机以国外品牌为主。截至2017年底，国内造雪机销售总量约为6600台，国产造雪机约占造雪机销售总量的15%。

（2）压雪车

压雪车具有压雪、平雪、推雪、碎雪的功能，是滑雪场维护雪道的重要设备。根据业内调研结果，国内滑雪场压雪车总量约为485台。2014年国内压雪车销售数量仅为36台，2015年压雪车销售数量为71台，比2014年压雪车销售数量增长近1倍。2016年压雪车销售数量为80台，2017年压雪车销售数量为75台。

近3年国内压雪车销售数量增加幅度明显，主要有以下几方面原因。首先，滑雪场对于压雪车的需求量大。在各级政府出台鼓励冰雪产业发展相关政策及大众对休闲体育需求日益增长的背景下，国内滑雪场发展迅速。2014年国内只有460家滑雪场，到2017年国内已拥有703家滑雪场。国内滑雪场发展迅猛，直接推动了滑雪设备的销量。其次，国产压雪车生产数量增加。以广西玉林悍牛工程机器有限公司为代表的企业已成功研发国产压雪车且已在全国范围内开始销售压雪车（见图41）。

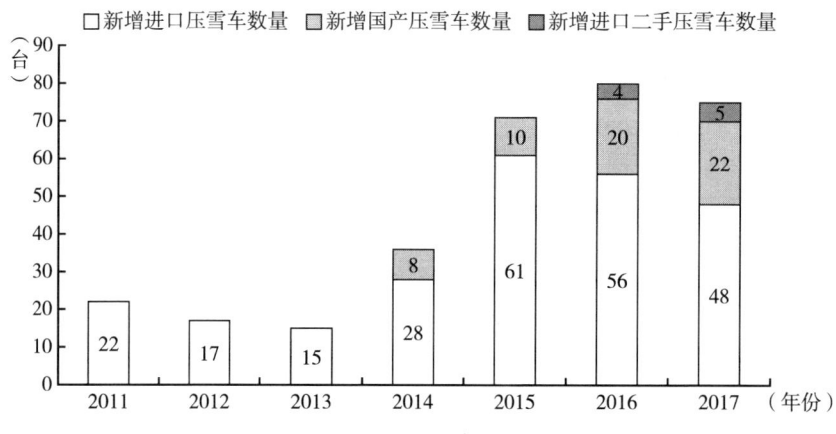

图41　国内新增压雪车情况

（3）雪地摩托

雪地摩托是雪场提供救援、娱乐服务的重要设备。目前世界雪地摩托市场主要被加拿大庞巴迪、日本雅马哈、美国北极猫和北极星四大品牌占据。国内雪地摩托市场主要被庞巴迪、雅马哈、维尼特等品牌占据。国产雪地摩托价格在4000~40000元，进口摩托价格在10万~20万元。

3.国内滑雪设备产业发展特点

（1）支持政策相继出台

目前，河北、吉林、黑龙江等多个省市相继出台冰雪产业规划文件，促进滑雪设备产业发展。其中黑龙江、河北等省明确提出支持滑雪设备企业发展的目标和具体措施。例如黑龙江省在《黑龙江省冰雪装备产业发展规划（2017~2022年）》文件中提出要重点发展哈尔滨鸿基索道工程有限公司、牡丹江雪城机械制造有限责任公司、牡丹江长城造雪机厂等滑雪设备制造企业。其中哈尔滨鸿基公司的重点产品发展方向是架空索道、魔毯。牡丹江雪城机械和长城造雪机厂的重点产品发展方向是造雪机、压雪机、浇冰车。黑龙江省鼓励冰雪设备企业申请认定高新技术企业，享受减按15%的税率征收企业所得税等政策。冰雪产业相关文件的出台为促进滑雪设备产业发展奠定了政策基础。《河北省冰雪产业发展规划（2018~2025年）》指出建设"三个基地"，其中要建设张家口装备制造基地和廊坊装备制造基地，支持企业做大做强、提高自主创新能力、建设冰雪装备制造业集群、加强冰雪装备产品营销，打造张家口高新区冰雪运动装备产业园、宣化卡宾冰雪产业园、秦皇岛冰雪装备产业园、廊坊固安县冰雪装备研发生产基地、廊坊三河冰雪装备研发生产基地、石家庄冰雪装备研发生产基地等。

（2）滑雪设备企业落户冰雪产业园区

在各级政府支持和促进滑雪产业发展的背景下，张家口、吉林市等地着力建设冰雪产业园，政府制定的滑雪企业优惠政策吸引了滑雪设备企业入驻园区。例如张家口市高新技术产业开发区及宣化卡宾冰雪产业园分别设立了冰雪重型设备区，园区管理机构制定税收、资金扶持、人才引进、土地租售等优惠政策以吸引冰雪设备企业入驻。意大利HIT集团、法国ID集团计划进驻高新区冰雪装备产业园区。意大利HIT集团计划生产压雪机、造雪机等滑雪设备；法国ID集团计划生产魔毯、小型缆车、防滑防水垫等产品。滑雪设备企业进驻冰雪产业园不仅有利于园区集中管理和企业协作，也有利于滑雪设备产业集群化发展。

（3）国内滑雪设备市场投资力度加大

目前，国内滑雪设备以进口品牌为主，国产滑雪设备的诸多空白亟待填补。在政策出台、滑雪市场扩大的刺激下，国内滑雪设备市场投资力度开始加大。河北宣工集团、北京卡宾滑雪体育发展股份有限公司、意大利HIT集团、法国ID集团等企业加大了对滑雪设备产品的投资力度。例如河北宣工机械发展有限公司、北京雪之妙公司已合作研发出压雪车，河北宣工集团计划批量生产压雪车。调研发现，国外滑雪装备、设备企业对国内滑雪市场持积极乐观态度。国内外企业加大投资滑雪设备市场的举措，将促进滑雪设备国产化进程，也将带动国内滑雪设备产业快速发展。

4. 国内滑雪设备产业发展策略

从滑雪设备产业方面看，国内滑雪设备企业在市场集中度、市场占有率、认可度、技术自主创新等方面与国外企业存在较大差距。国内滑雪设备产业要实现健康快速发展，离不开政府、协会、企业的支持和努力，可从以下几个方面突破。

（1）提升自主创新能力

鼓励现有滑雪设备企业转型升级，增强自主创新能力，开展技术研发攻关，建立滑雪设备产业创新协会，加强国际技术交流与合作，提升国产设备的技术水平和产品质量。

目前国内还没有研发实力较强的滑雪设备企业。国内滑雪设备研发机构较少，且隶属于滑雪企业或制造企业。滑雪设备研发机构普遍存在规模小、自主研发能力不足等问题。因此，应积极利用国内原有滑雪设备制造基础，鼓励广西玉林悍牛工程机器有限公司、河北宣工机械发展有限公司等企业转型升级，增强企业自主创新能力，主要措施如下。

①开展造雪机、压雪机、索道等设备关键技术攻关

鼓励滑雪骨干企业加大滑雪设备研发投入，与滑雪设备科研机构合作，开展造雪机、压雪机、魔毯、雪地摩托等设备产品的关键技术攻关工作。例如造雪机主要进行水气配比和混合效能、电力电气等技术攻关，压雪机主要加强对压雪车液压系统、电气控制系统、多功能前铲以及后犁技术的研究。

②进行国际滑雪设备技术交流与合作

欧美国家拥有较为先进的滑雪设备制造技术，能够生产科技含量高的滑雪设备。中国作为世界制造业大国、冰雪消费主要市场，与欧美国家具有较强的互补性。在压雪车研发、制造等领域，双方合作的空间和发展潜力巨大，应从以下方面拓展与国际优秀滑雪设备制造企业开展交流与合作的空间。一是开展研究设备技术合作项目。应探讨滑雪设备技术目标、转化路径的异同，积极寻找在滑雪设备技术创新、产品改造等领域的合作机会。二是开展滑雪设备技术交流活动。政府应主导开展国内滑雪设备企业与国际设备制造商开展技术交流活动，支持国内骨干滑雪企业与国际滑雪设备制造企业

合作建立技术研发、咨询机构。三是加强设备技术人员交流培训。充分利用滑雪设备技术对接、技术交流、展会论坛等契机，推动建立国际滑雪设备制造领域相关科技人员定期交流机制。

③建立全国滑雪设备产业创新协会

依托院校、科研机构、企业等滑雪产业专家、技术力量建立全国滑雪设备产业创新协会。协会以提高滑雪设备自主研发能力为目标，积极开展科学研究、信息资源、技术人才、开发应用等方面的交流与合作。支持国内滑雪设备技术骨干企业强强联合、优势互补，扩大技术研发规模、提升技术研发层次。同时，也应注重技术转化环节。积极创建滑雪设备技术转化平台，进行滑雪设备技术项目推广、融资、应用等工作。

（2）提升滑雪设备产品质量

充分发挥国家工程机械、特种设备质量检测中心的作用，建立滑雪设备检测检验体系和标准规范，保证产品质量。鼓励滑雪设备企业提升产品质量。在滑雪设备重点领域，建立设备产品质量分级制度，健全滑雪设备产品评级机制。鼓励滑雪设备企业在滑雪设备研发、市场、管理、销售等方面向精专方向发展，提高设备产品品质。积极推动高质量滑雪设备产品出口，加强滑雪行业产能合作，加快高端滑雪设备产品"走出去"步伐。

引入第三方检测机构，加强对滑雪设备产品检测力度。研究国际滑雪设备标准体系，规划制定国家滑雪设备行业标准、企业标准。积极利用国家工程机械、特种设备质量检测中心的作用，建立国家滑雪设备产品检测中心。鼓励滑雪设备检测机构加入国际互认体系，推动国际采信。推动滑雪设备检测服务区建设试点和检验检测认证公共服务平台示范区建设。

（3）加强销售推广力度

分析滑雪设备市场需求、市场规模和市场分布，扩展销售渠道，建立销售体系，占领国内滑雪设备主要市场，打开国际市场，打造世界级的滑雪设备产品品牌。

从滑雪设备销售方面来看，2016年全国造雪机、压雪车、魔毯、滑雪场索道及缆车设备共计销售1520台，销售收入为14.5亿元。预计2022年四类设备市场需求为2235~2435台,销售收入约87.8亿元。① 从滑雪场馆分布方面来看,全国滑雪场主要分布在东北、西北、华北地区,华南、西南地区滑雪场较少。

从滑雪设备制造商所在地方面来看,目前国内滑雪设备制造商主要分布在黑龙江、北京、河北、广西等地区,新疆、吉林、山西等滑雪场馆数量较多、滑雪设备需求较为旺盛的地区相关企业数量较为缺少。滑雪设备企业可通过全国滑雪设备市场规模、滑雪场馆分布、滑雪设备商所在地分布等数据建立销售网络体系。销售网络体系应遵循优化布局、精确定位、分类管理的原则,实现"线上+线下"的全方位营销覆盖。国内滑雪设备产品要占领国内主要市场,打开国际市场,打造世界级的滑雪设备产品品牌,主要措施有以下三点。

第一,加强滑雪设备产品宣传力度。积极打造河北张家口和廊坊、广西玉林等滑雪设备地区品牌,将"中国滑雪精品设备"进行整体包装,在全国、全世界推介。支持企业创建和培育自主名牌,引导企业在冰雪旅游宣传推介会、国际冬季运动(北京)博览会、体育运动器材展等展会上进行宣传营销。

第二,建立线上销售体系。积极推动企业建立完善的线上销售体系。鼓励企业建立toB、toC线上销售平台。开展定制滑雪设备销售,利用名人代言、媒体赞助、年度优惠等营销方式扩大滑雪装备网上销售量。

第三,建立线下销售体系。在滑雪设备需求旺盛的地区建立线下销售分部。鼓励地区代理商、承销商积极参与滑雪设备销售。积极对接滑雪企业,调研企业设备需求,为线下滑雪设备销售奠定数据基础。

(4)打造滑雪设备销售物流体系

建立高效畅通的滑雪设备物流体系和高水平的售后服务体系。根据全国滑雪设备销售网络分布打造科学、完善的设备物流体系,加快滑雪设备电子物流发展。近些年中小城市滑雪场馆发展迅猛,应加强中小城市滑雪设备电

---

① 《黑龙江省冰雪装备产业发展规划(2017~2022年)》。

商物流发展。积极推进电商物流渠道下沉，支持电商物流企业向滑雪场馆丰富的中小城市和农村延伸服务网络。依托全国滑雪场的分布范围、需求特点建立全国滑雪设备电子物流商务体系，构建统筹城乡发展的滑雪设备物流体系。

在滑雪设备商城、滑雪设备装备园建设物流园区。设立滑雪设备保税物流园区，构建辐射周边省份、面向中国乃至世界的滑雪设备电商物流体系。鼓励国内有实力的优秀电商物流企业在滑雪设备集中区建立物流总部，实施物流企业与滑雪设备企业战略化合作。支持区域物流企业进行强强联合，引导物流企业与地区滑雪设备企业积极对接。建立24小时全天候服务全国的现代滑雪设备物流园，争取物流效率达到世界领先水平。

滑雪设备售后服务体系的核心是解决客户需求。以对接市场、服务顾客、建立评级为原则构建科学的滑雪设备售后服务体系。建立微信、微博、电话、邮件、现场等多渠道售后服务平台。树立向客户提供专业化、标准化、多元化服务的理念，争取达到1分钟内响应客服服务请求，24小时内满足客户需求的目标。建立客户统计、分析、改进信息平台，连接用户与平台，使用户随时了解处理进展。

逐步建立销售服务网点，规划布局合理、功能完善、适合市场特点的滑雪设备售后维修服务体系。积极探索建立滑雪设备售后维修服务体系的分工协作机制，建立滑雪专项设备售后服务点和设备综合维修站滑雪场服务点，重点培育专业型的滑雪设备售后维修服务企业，形成多元化的售后维修服务格局。建立规范化、标准化、社会化的售后维修服务体制。

（二）滑雪场软件设施

2003年，国内开发出第一款严格意义上的滑雪场收费管理系统——金飞鹰。滑雪场软件设施在降低雪场管理成本、提高销售交易效率、进行用户调研、完善用户体验、优化雪场供需产业链等方面具有推动作用。

1. 国内滑雪场软件设施市场情况

据初步调研资料，目前国内滑雪场管理软件研发企业约有11家（见表

8），主要分布在北京、石家庄、西安、沈阳、珠海等城市，而北京是滑雪场软件研发企业数量最多的城市。

表8 国内11家滑雪场管理软件研发企业

序号	产品名称	公司	产品面世时间
1	创通滑雪场管理系统	北京顶航科技有限公司	2001
2	金飞鹰滑雪场管理系统	北京金飞鹰科技发展有限公司	2003
3	明龙滑雪场管理系统	北京明龙电脑科技有限公司	2004
4	欧道智瀚票务管理系统	欧道智瀚（北京）科技有限公司	2004
5	鼎游滑雪场票务系统	深圳市鼎游信息技术有限公司	2004
6	远古滑雪场管理系统	西安远古信息科技股份有限公司	2009
7	佛盛龙滑雪场ETS智能管理平台	湖南省佛盛龙软件有限公司	2011
8	金色飞鹰COOLSNOW冰雪管理系统	北京金色飞鹰数字科技有限公司	2013
9	iSnow冰雪企业云服务	北京雪族科技有限公司	2014
10	闪刷滑雪场管理软件	闪刷（上海）信息科技有限公司	2015
11	浩瀚票务管理软件	上海雪时信息科技有限公司	2017

2.滑雪场管理软件功能

滑雪场软件功能主要包括滑雪场收银、雪具租借及退换、滑雪培训预订、酒店预约、会员管理、后台管理等。此外，国内滑雪场软件市场既有专门针对某个功能的而开发的滑雪场软件（滑雪场餐饮收费管理软件），也有综合多个功能而开发的滑雪场综合管理软件。

3.滑雪场管理软件分类

为更清晰地呈现目前国内滑雪场管理软件的现状，本报告按主营产品类别、软件应用系统两个角度进行分类。

（1）以主营产品类别分类

国内外滑雪场软件研发企业按主营产品类别可分为两类。第一类是旅游休闲行业软件开发企业，例如欧道智瀚（北京）科技有限公司属于该类企业。欧道智瀚（北京）科技有限公司负责开发服务综合性滑雪度假区、综合性山地度假区、景区及相关主题乐园的软件。第二类是专注提供滑雪服务的企业，此类企业以北京金飞鹰科技发展有限公司、北京金色飞鹰数字科技有限公司、北京雪族科技有限公司等为代表。北京金飞鹰科技发展有限公司、北京金色飞鹰数字科技有限公司从事大型滑雪场多业态业务定制开发及实施,将雪场与现有软件系统进行衔接,真正意义上实现线上线下相结合。北京雪族科技有限公司采用互联网"SAAS"服务,深耕冰雪场景信息化经营管理平台,实现以O2O模式管理四季度假小镇。

（2）以软件应用系统分类

按滑雪场管理软件应用系统可分为两类。第一类基于互联网"SAAS"服务系统。"SAAS"即软件服务,又称软件运营,是英文Software As A Service的缩写,是一种通过互联网提供软件的模式。厂商将应用软件统一部署在自己的服务器上,客户可以根据自己实际需求,采用租赁的方式通过互联网从OA软件提供商获得所需的应用软件服务。例如北京雪族科技有限公司开发的iSNOW冰雪企业云服务,是专注于服务冰雪行业的"SAAS"云服务平台,可结合智能化硬件,通过"线上+线下+硬件"的排列组合,构建多通路多点位快速入园体系,打造全新一代的"互联网+物联网"全业态信息化解决方案。第二类是基于传统的ERP服务系统。"ERP"即企业资源计划,是英文Enterprise Resource Planning的缩写,是一种主要面向制造行业进行物质资源、资金资源和信息资源集成一体化管理的企业信息管理系统,包罗了供应链上所有的主导和支持能力,可协调企业各管理部门围绕市场导向,更加灵活或柔性地开展业务活动,实时地响应市场需求。例如北京金飞鹰科技发展有限公司的金飞鹰滑雪场管理系统、北京金色飞鹰数字科技有限公司的金色飞鹰COOLSNOW冰雪管理系统,从供应链范围去优化企业资源,为雪场提供更加全面、先进的系统,更多的移动端产品、自助机产品,实现雪场全方位的信息化管理。

4. 滑雪场软件发展趋势总结

（1）大数据支持将成为行业标配

随着大数据时代的到来,人工智能技术与滑雪场硬件无缝兼容成为滑雪场软件未来发展趋势。北京雪族科技有限公司研发的iSnow冰雪企业云显示,2017年移动支付比2016年上升22%,该数据为滑雪场管理者进行产品调研、销售分析提供了第一手现场资料。因此，如何充分利用雪场大数据，最大限度开发出与滑雪场硬件兼容的滑雪场软件以简化滑雪者手续办理环节、降低管理成本、进行精准营销、做出科学决策是雪场管理者、雪场软件研发者最为关注的问题。

（2）新型技术手段融合利用将成为行业首选

互联网技术、物联网技术、区块链技术的快速发展，使国内滑雪场产品的支付方式更加安全、有效、便捷。预计未来滑雪者消费模式将充分地应用物联网技术与区块链技术。滑雪场软件系统中的门票系统、进销储存系统、门禁系统、交易系统等通过二维码识读设备、射频识别（RFID）装置、红外感应器、全球定位系统和激光扫描器等信息传感设备，按特定的协议与计算机、互联网技术结合，实现物体与物体之间状态信息实时共享以及智能化的收集、传递、处理、执行。商家将滑雪产品数据上传至滑雪场软件，由滑雪场软件记录、分析滑雪产品情况，可加快用户端与物品之间进行信息交换和通信。物联网技术让管理者实现智能化识别、定位、跟踪、监控和管理；而区块链技术更有利于保证用户、管理者信息和交易的安全。区块链技术是利用区块链式数据结构来验证与存储数据、利用分布式节点共识算法来生成和更新数据、利用密码学的方式保证数据传输和访问的安全、利用由自动化脚本代码组成的智能合约来编程和操作数据的信息技术。滑雪场管理软件运用区块链技术的有门票系统、进销储存系统、交易系统、电子商务、社交通讯、信息数据存储、网络营销系统 OTA 数据、身份验证。滑雪场软件与智能科技产品融合是未来的发展趋势。

三 滑雪者装备

（一）前景展望

1. 政策前景

平昌冬奥火炬缓缓熄灭后，冬奥会正式进入"北京时间"。2015 年，

2022北京冬奥会的成功申办把中国冰雪产业发展因子充分激活，所有生产要素的活力竞相迸发。短短三年时间，滑雪产业已驶入发展快车道，滑雪体育消费逐渐成为新的社会消费热点。滑雪者装备作为滑雪产业链不可或缺的组成部分，对确保冬奥会成功举办、满足群众多样化体育服务需求、培育新的经济增长点、促进制造业转型发展、推动京津冀一体化具有重大意义，因此，国家体育总局及地方体育局联合发改委等有关部门相继发布了一系列政策举措，引导推动中国滑雪者装备产业健康快速可持续发展（见表9）。

表9　2022北京冬奥成功申办以来与促进滑雪者装备业发展相关的举措

政策举措	任务及节选内容
《冰雪运动发展规划（2016~2025年）》	创新发展冰雪装备制造业，搭建产需对接平台，扶持具有自主品牌的冰雪运动器材装备、防护用具等企业发展，做大做强东北地区的冰雪装备制造业，挖掘长三角、珠三角京津冀及海峡西岸等体育产业集群在冰雪装备制造的潜力
《北京市人民政府关于加快冰雪运动发展的意见（2016~2022年）》	扩大冰雪运动产品供给，培育扶持一批优秀冰雪企业，支持器材销售等业态发展。冰雪体育企业使用的水电气热等的价格按照不高于区域内一般工业标准执行，对经认定为高新技术企业的冰雪体育企业，减按15%税率征收企业所得税
《河北冰雪产业发展规划（2018~2025年）》	重点发展冰雪装备制造业。2022年全省冰雪装备制造业产值达到50亿元以上，2025年突破100亿元。培育一批冰雪器材装备产业示范基地、单位和项目，打造一批优秀冰雪器材品牌，对冰雪场地设施、冰雪装备制造企业投资全省的重大冰雪项目给予重点支持
《辽宁体育领域供给侧结构性改革实施方案》	建成高端体育智能装备制造产业园区，打造辽宁特色冰雪体育装备中心
《吉林省关于做大做强冰雪产业的实施意见》	着力发展冰雪装备制造，谋求产业领域突破。实现冰雪装备制造国产化突破，积极引进国内外知名的冰雪产业研发、制造与战略投资商，推动吉林省逐步发展成为全国冰雪装备研发、制造和交易中心
《天津市冰雪运动发展规划（2016~2025年）》	支持冰雪装备制造业发展，鼓励符合条件的冰雪装备企业积极申请中小企业创新基金，引导社会资本的投入
《黑龙江省冰雪装备产业发展规划（2017~2022年）》	加快冰雪装备产业发展，支持企业做大做强。鼓励符合条件的冰雪装备企业积极申请国家中小企业创新基金，引导社会资本投入。将冰雪装备产业用地纳入土地利用总体规划和年度用地计划，优先安排用地需求。加大财税政策支持，推进具备条件的冰雪装备企业认定高新技术企业，享受减按15%的税率征收企业所得税等政策

注：根据相关资料整理。

冬奥成功申办后，北京、河北、吉林、辽宁、天津、黑龙江等省市把发展滑雪者装备产业作为主要任务，给以不同程度的政策优惠与财政支持，其中政策内容最明确具体、扶持力度最大的当属《黑龙江省冰雪装备产业发展规划（2017~2022年）》，在税收优惠、规划用地、基金奖励等各方面都给企业带来了保障作用。综上，中央和地方职能部门向相关企业送去了阵阵"东风"，为中国滑雪者装备产业发展创造了明朗的政策前景。

2.市场前景

2022年"三亿人参与冰雪运动"目标的确立，吸引了广大媒体与资本的目光，让冰雪运动的普及化发展成为可能。《冰雪运动发展规划（2016~2025年）》指出，到2025年，直接参加冰雪运动的人数超过5000万，中国冰雪产业总规模将达到10000亿元。万亿级大市场的冰雪"风口"，意味着冰雪产业充满了机遇，这将充分拉动冰雪装备制造业的发展。黑龙江省发展和改革委员会推算，预计到2022年，冰雪装备消费需求将达到300~400亿元[1]，这意味着作为冰雪装备产业一个细分领域的滑雪者装备产业具有非常广阔的市场前景。

另外，从三年《中国滑雪产业白皮书》的数据可以看出，中国一次性体验型滑雪者占滑雪者总人数的比重呈逐年下降趋势，2017年为75.2%，2015年、2016年的这一数据则分别为80%、77.8%（见图42）。对该部分群体而言，租赁装备通常是首选，为了一次滑雪体验即购置装备的滑雪者并不多见。但随着中国滑雪运动普及战略的深入、滑雪人数持续增加以及大众滑雪运动水平不断提高，可以预见的是，一次性体验型滑雪者的比例将继续降低，滑雪者渗透率将稳步上升。受此影响，滑雪者装备需求缺口将进一步扩大，市场也将进一步拓宽，逐渐成为滑雪消费市场主力军。

---

[1] 《黑龙江省冰雪装备产业规划（2017~2022年）》。

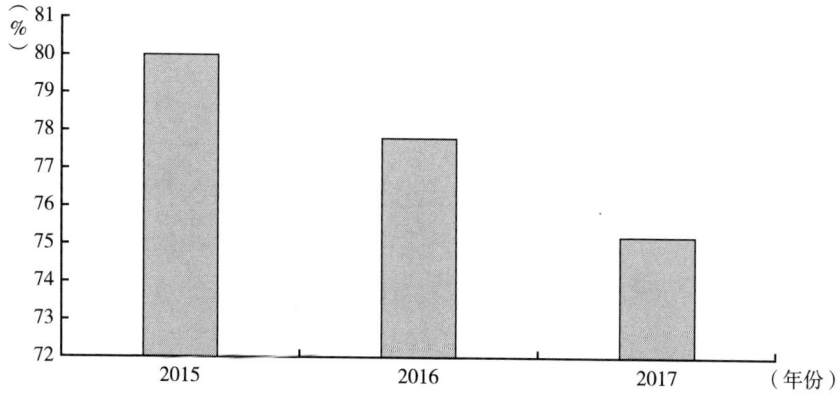

图 42　国内一次性体验型滑雪者占滑雪者总人数比例情况

资料来源：伍斌、魏庆华，《中国滑雪产业白皮书（2015年度报告）》《中国滑雪产业白皮书（2016年度报告）》《中国滑雪产业白皮书（2017年度报告）》。

（二）发展现状

1. 北京领跑全国，北方延续强劲，南方持续升温

目前，中国已成为世界上最大的初级滑雪者市场，这极大地拓展了滑雪者装备需求空间。那么，哪个地区是全国最大的滑雪者装备市场呢？2017年最新数据表明（见表10），北京凭借周边滑雪场数众多、经济发达等优势继续保持领先位置，成为全国最主要的滑雪旅游人群来源地。上海以经济发达、人均消费水平较高紧随其后，与哈尔滨、吉林这两座滑雪文化氛围浓厚的城市组成第二梯队，乌鲁木齐、沈阳、长春、大连、广州、深圳等城市则位于第三梯队。

表10　2017年全国滑雪旅游客源城市前十名

排名	城市名称	排名	城市名称
1	北　京	6	沈　阳
2	上　海	7	长　春
3	哈尔滨	8	大　连
4	吉　林	9	广　州
5	乌鲁木齐	10	深　圳

资料来源：黑龙江省旅游委、旅游消费者大数据实验室，《2017中国滑雪旅游消费者大数据报告》。

北京不只是滑雪旅游客源的排头兵——"最爱滑雪之城",也是全中国最大的滑雪者装备市场。得益于社会中高等收入水平、居民消费观念超前、市场产品供给丰富、滑雪客源全国领先等因素,北京市滑雪运动相关产品销量位居排行榜首位,属独一档的存在(见图43)。乌鲁木齐、哈尔滨、沈阳的产品销量稍微欠缺,位处第二档;长春、成都、上海、延边、广州、天津则同属第三档。

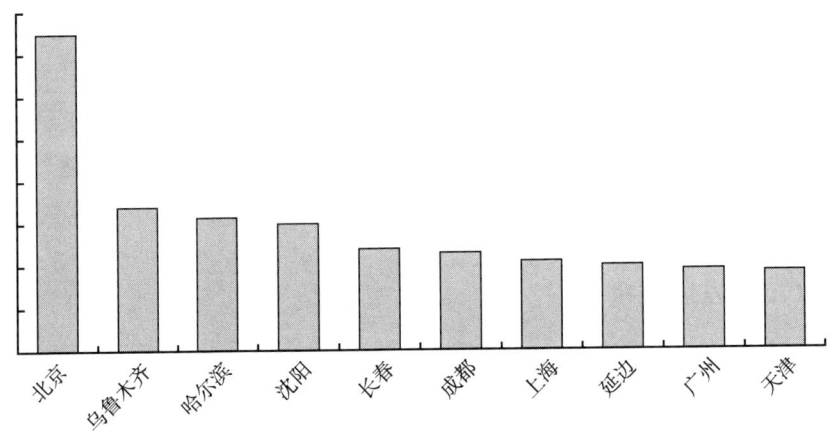

图43　滑雪运动相关产品销量加权指数前十名

资料来源:京东体育、尼尔森,《2017互联网体育消费报告》。

北京、乌鲁木齐、哈尔滨、沈阳、长春、延边、天津等北方城市凭借滑雪氛围相对浓郁、市场需求较大、有效供给较多等优势,延续强劲势头,占据滑雪运动相关产品销量榜单的7个席位,其中北京、乌鲁木齐、哈尔滨、沈阳、长春5个北方城市占据榜单前五名。在气温气候、地理位置等并无优势,场地供给也有限的情况下,成都、上海、广州的市民对冰雪运动仍抱有强烈的热情,不少群众依旧会选择前往本地室内滑雪场或北方滑雪旅游度假区参与滑雪运动。正因此,这三个城市才能从一众北方城市中突出重围,登上滑雪运动相关产品销量榜。

除了滑雪运动相关产品销量首屈一指以外,北京也是全国最大的滑雪者装备品牌汇聚地。不同价格、不同功能、不同定位、不同特色、不同国家的众多滑雪者装备品牌均将目光投向北京。从行业顶尖展会的数据来看，渴望入局的品牌有所增多。据ISPO（亚洲运动用品与时尚展）北京展会数据，2018年有463家展商、745个品牌参加展会，相比于2017年的520家展商、728个品牌，2018年品牌数增长2.3%。

2. 海外品牌主导市场，国产品牌增长空间巨大

综观国内滑雪者装备市场，无论是2015年冬奥成功申办前，还是2015年冬奥成功申办后，国外品牌始终引领市场并占据主导地位。

一是从大众角度来看，国内中、大型雪场供客户租赁的雪板几乎被国外品牌垄断。以吉林万科松花湖滑雪旅游度假区为例，2500余副雪板都是欧美产品。而行业数据则更具宏观性，自2014年以来，国内雪场新增进口租赁双板数量呈递增趋势，2017年新增进口双板数量更是突破5万副大关（见图44）。

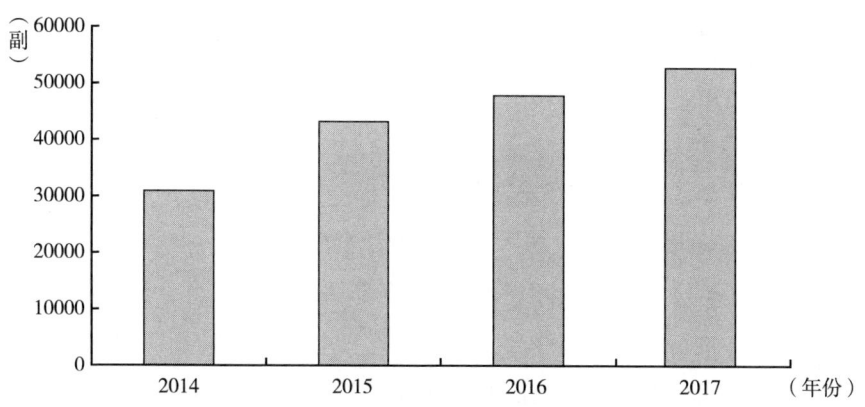

图44　2014～2017年国内雪场新增进口租赁双板数量统计

资料来源：伍斌、魏庆华，《中国滑雪产业白皮书（2017年度报告）》。

二是从竞技角度来看，国外滑雪者装备品牌一直以来都是国内滑雪专业运动员的首选。以滑雪板为例，与国产产品相比，进口产品技术含量更高，碳纤维含量更足，具有高耐磨性与高耐用性等特点，能够满足日常训练、专

业比赛的强度要求。除了这些优势外，国外品牌还能根据选手的身高、体重、技术特点、功能需求专门定制竞技板。据悉，2016年第十三届全国冬运会上，单板滑雪、自由式滑雪以及高山滑雪等项目的参赛选手所使用的滑雪者装备（雪板、雪鞋、脱落器、雪盔、防护器具等）全为进口产品。

海外滑雪者装备品牌在大众领域与竞技领域都如此强势，是不是意味着国产品牌毫无喘息机会和生存空间呢？其实不然。在"大众创业、万众创新"、"三亿人参与冰雪运动"等国家战略的号召下，越来越多的企业与个人将目光聚焦于中国滑雪者装备市场，滑雪服是目前中国滑雪者装备市场的一个亮眼存在。例如，国产滑雪服品牌"奔流极限"凭借成熟的制造工艺、准确的市场定位，在俄罗斯和乌克兰市场连续几年保持着30万件的出货量。而奔流极限雪服的国内市场销量也上浮了50%，虽然总体销售额依然不高，但其品牌的潜力已然开始凸显。也正是因为国外品牌占据着国内滑雪者装备市场的主导地位，市场份额远超国有品牌，所以国产品牌拥有巨大的增长空间。不少国产企业拥有多年代工海外滑雪者装备品牌的经验，制造能力不亚于海外品牌，随着设计、营销、服务等短板的补齐，国内企业将会研发出具有较高技术含量、较强市场竞争力的滑雪者装备，为滑雪者、滑雪场以及市场提供更多选择。

3. 青少年滑雪者装备市场发展迅猛

2022北京冬奥会申办成功后，顶层设计全面发力，《冰雪运动发展规划（2016~2025年）》指出，各级教育、体育部门应积极配合，共同推进冰雪运动进校园，推行"百万青少年上冰雪"与"校园冰雪计划"，促进青少年冰雪运动的普及发展。应以政府购买服务的方式，支持学校与社会培训机构合作开展冰雪运动教学活动。

如表11所示，到2020年我国中小学校园冰雪运动特色学校将达到2000所，冰雪运动特色学校学生对于滑雪者装备的需求将会为青少年滑雪者装备市场创造巨大的增长空间。除了开办学校之外，市场也涌现出更多诸如冬令营、训练营、滑雪培训班、青少年滑雪挑战赛等活动与赛事，培养青少年儿童对滑雪运动的兴趣，提高滑雪者转化率。因此，青少年滑雪者在过去的两年里实现了数量上的陡增,这也拉动了青少年滑雪者装备在我国的销量,越来越多企业将目光投向青少年滑雪装备市场,青少年滑雪者装备成为国内滑雪装备新增长点。

表11 "校园冰雪计划"的任务与具体内容

	具体内容
任务1	2018年编制完成冰雪运动校园教学指南
任务2	全国中小学校园冰雪运动特色学校2020年达到2000所,2025年达到5000所
任务3	鼓励开设冰雪运动相关专业的职业学校或高等院校参与培养中小学冰雪运动教师,到2020年完成对5000名校园冰雪运动项目专职或兼职教师的培训

(三)发展中存在的问题

从欧美冰雪强国的发展经验来看,滑雪者装备产业是滑雪产业链不可分割的重要组成部分,能带动上百亿的产值,是滑雪产业发展的重要推动力。目前,国内滑雪者装备产业发展势头迅猛、增长空间广阔,乘冬奥之风尽可能拉近了与冰雪强国之间的距离,但发展过程中也不可避免地出现了一些问题。从供给侧这一角度来看,存在供给缺位和供需错位两大问题。

1. 供给缺位

供给缺位指的是各个微观主体生产和提供的总供给与供给结构不能适应消费者的有效需求,进而导致有效需求外溢。对于中国体育用品的发展现状,范尧认为供给缺位是供需困境之一[①],而这一体育用品的困境也反映了中国滑雪者装备产业发展中存在的问题——产品线不完整导致供给缺位。

根据滑雪者装备的划分,滑雪者装备可分为三大产品线:滑雪器材(滑雪板、滑雪杖、脱落器[②])、滑雪服装(滑雪服、滑雪鞋)、滑雪配件

---

① 范尧:《供给侧改革背景下体育用品供需困境与调和》,《体育科学》2017年第11期,第11~47页。
② 脱落器(双板称为脱落器,单板称为固定器)是连接滑雪板和滑雪鞋的一个不可或缺的重要部件,对滑雪者具有重要保护作用,若脱落器质量不过关,达不到安全标准要求,将对滑雪运动过程中的人身安全构成严重威胁。

（滑雪手套、滑雪头盔、滑雪镜等）（见图45）。虽然国内已有生产滑雪板、滑雪杖、滑雪服、滑雪鞋、滑雪手套、滑雪镜等滑雪者装备的企业，国内越来越多滑雪场也开始使用国产产品，但这仅限于低端市场，国产装备在中高端市场仍然无法撼动进口产品的垄断地位，差距十分明显。而脱落器（固定器）则可谓是"寒冬已久"，市面上难以寻觅生产这些滑雪者装备的中国厂家，国内几乎所有市场份额都被国外品牌占领。以双板脱落器为例，自2013年以来双板脱落器的进口数量连年上升，2017年的数据值几近冲破14万千克①，相比2013年增加了236%（见图46）。暴露的问题是市场存在对脱落器的需求，但市场上尚未出现国产产品的踪影，使得这些需求被国外产品满足。换句话说，由于我国滑雪者装备产品线尚不完整，中国企业暂时缺失脱落器（固定器）的供给能力，无法满足消费者的有效需求，导致国内滑雪者装备产业供给结构出现了供给缺位现象。

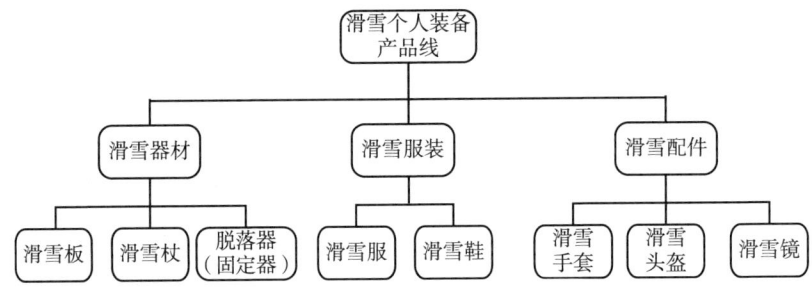

图45 滑雪者装备产品线

2. 供需错位

近几年来，国内社会各行各业的供需关系存在较为严重的结构性失衡，供需错位成为阻碍国内经济持续稳步增长的一大主要矛盾。国内滑雪者装备产业也不例外，同样存在供需错位的困境。

一方面，社会需求趋于高质量化，但国内滑雪者装备产业面临着高端供给不足的困局，消费者高质量需求得不到满足，导致众多滑雪者不得不找人

---

① 伍斌、魏庆华：《中国滑雪产业白皮书（2017年度报告）》。

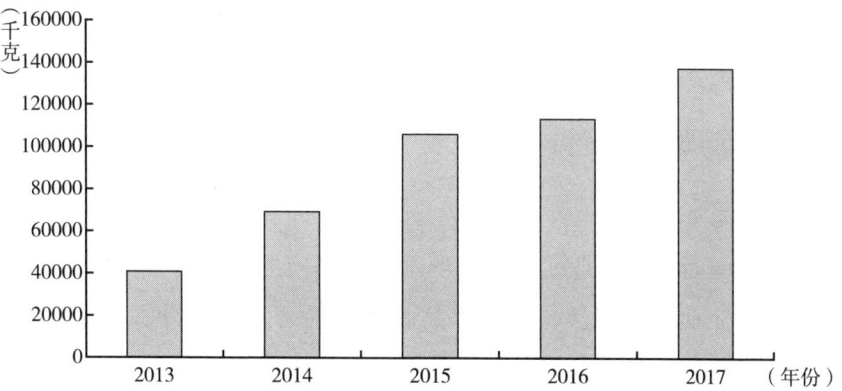

图46　2013～2017年国内双板脱落器进口情况

代购或从海外选购所需滑雪者装备。如图47所示，虽然2015到2017年滑雪板进口增速呈下滑趋势，但增量依然庞大，接近14万副。这严重制约了国内内需驱动力的凝聚，也严重阻碍了国内滑雪者装备滑雪产业的发展。另一方面，在滑雪服低端市场这一滑雪者装备产业细分领域，国产产品产能过剩问题开始显现。目前，大多数国产滑雪服品牌将目标投向低端市场，凭借低廉的产品价格，已获得了一批客户。但定位低端，导致国产滑雪服产品防水、防风等能力相对偏弱，而同处于低端市场的迪卡侬等海外品牌则能在同

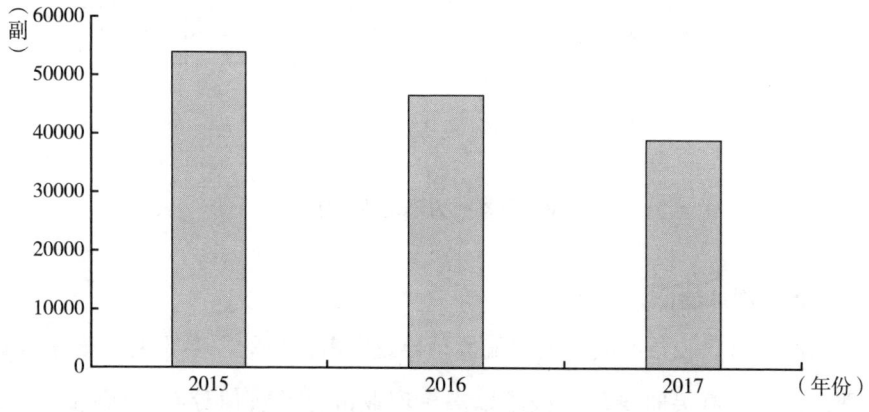

图47　2015～2017年国内滑雪板进口数量情况

资料来源：伍斌、魏庆华，《中国滑雪产业白皮书（2017年度报告）》。

样的价格下，提供更优质的防水、防风功能，这使得国产产品在同价位的低端市场中逐渐失去竞争力，进而产能过剩。

（四）问题成因解析

1. 研发能力不足

国产滑雪者装备企业研发能力严重不足是问题产生的根本原因。国内滑雪者装备企业具有多年代工海外品牌的经验，尤其在滑雪板这一领域，欧洲、北美等冰雪强国的知名品牌滑雪板多为中国制造，可见中国企业的制造能力已获得国内外市场的检验与认可，比肩世界一流水准。但多数国内滑雪者装备企业对扩大研发部门投入的积极性不高，扶持力度较小，且不愿意付出风险成本尝试创新，造成研发环境落后、研发经费不足、研发人才短缺等现象的发生，从而导致研发能力严重不足（见图48）。研发能力不足意味着脱落器生产国产化、高质量供给等难以实现，中国企业无法摆脱劳动密集型企业的身份，与技术密集型的海外企业分庭抗礼成为空谈。

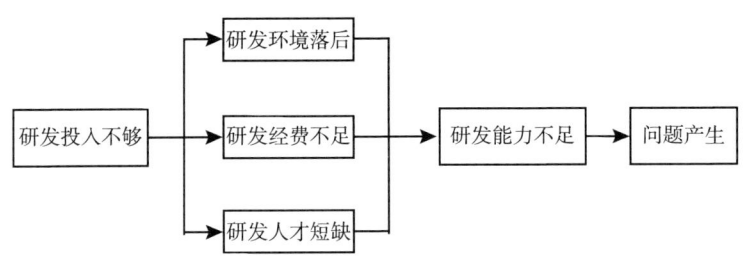

图48　研发能力不足原因示意

2. 产品附加值低

国产滑雪者装备产品附加值偏低是导致供需错位的主要原因。经济学经典理论——"微笑曲线"常被用以揭示产业链上的价值分布。据此，可以将滑雪者装备的出品简单分为研发环节（知识产权、特色设计），制造环节以及营销环节（品牌建设、销售流通），如图49所示。

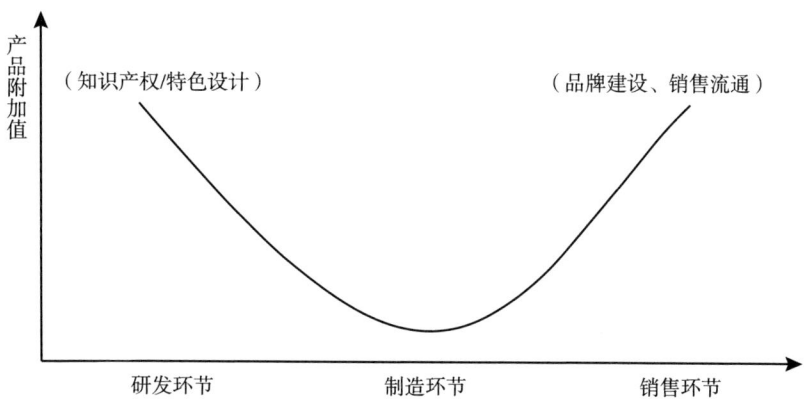

图49 "微笑曲线理论"示意

依照"微笑曲线理论",产业链上游的知识产权与特色设计由于技术含量要求较高,存在明显的技术壁垒,所以能为产品创造高附加值;产业链下游的品牌建设、销售流通则需要投入大量资金和人力资源等,比制造环节更复杂,具有不可替代性,故也能为产品带来高附加值。虽然"微笑曲线理论"比较简单,但它简明扼要地揭示了滑雪者装备价值链的情况,即由上游至下游,产品附加值呈"高——低——高"走势,"微笑曲线"左右两端意味着高附加值、高利润值,而中间则意味着低附加值、低利润值。

将国内滑雪者装备产业代入"微笑曲线"可以发现,国内企业长期为海外品牌代工制造,处于附加值偏低的位置,只能获取微薄的利润,而利润大头则被国外企业赚走。国内滑雪者装备企业不注重研发、设计、服务、品牌等高附加值环节,导致的结果不仅是与高利润无缘,也不利于高质量供给以及品牌无形资产的提升,进而限制产品及品牌竞争力的增强,无法满足市场高质量需求,陷入供需错位困局。

3. 自主品牌较少

国内滑雪者装备产业自主品牌较少是问题产生的重要原因。以滑雪服为例(见表12),目前市面上拥有一定销量的国产滑雪服品牌有探路者、Gsou Snow、奔流、波司登等,以及诸多贴牌仿制品牌,而已进驻国内市场且拥有滑雪服等产品的海外品牌有哥伦比亚（Columbia）、北面（The North Face）、始祖鸟（Arc'Teryx）、猛犸象（Mammut）、土拨鼠（Marmot）、菲尼克斯（Phenix）、博登（BURTON）、金鸡（ROSSIGNOL）、迪桑特（Descente）、蜘蛛（Spyder）、高得运（Goldwin）、博格纳（Bogner），等等。从数量上看，国产自主品牌比较少，这说明了两个问题。一方面，自主品牌较少限制了消费者的选择，如若这些国产自主品牌提供的产品无法满足市场需求，那这些有效需求将会外溢，流失至国外品牌的手里；另一方面，自主品牌较少也意味着国产品牌竞争环境不合理，强度不够，无法在竞争中不断提供更优质的产品。

表12　国内外主要滑雪服品牌

	品牌名称
国产品牌	探路者、Gsou Snow、奔流、波司登等
海外品牌	哥伦比亚、北面、始祖鸟、猛犸象、土拨鼠、菲尼克斯、博登、金鸡、迪桑特、蜘蛛、高得运、博格纳等

4. 技术力量分散

国内从事滑雪者装备生产工作的企业本就不多，协作程度也并不高，这一技术力量不集中的现象同样会引发问题。

由于产业布局原因，国内东北地区为重工业基地，而浙江、广东地区则为轻工业基地。基于此，滑雪板、滑雪服等滑雪者装备的生产地多为浙江、广东地区，但由于滑雪者装备之前在国内的受重视程度既不如一般体育服装，也不如生活服装，专门针对滑雪者装备这一领域的企业并不多，且缺乏合理布局，沟通协作机会较少，造成技术力量分散的局面。此外，国内滑雪者装备产业技术力量分散并不是简单的缺少沟通与协作，而是在技术力量分散的同时，与滑雪产业发达的北方地区存在非常大的物理距离。换句话说，绝大多数滑雪场位处中国北方，而目前滑雪者装备企业多位于南方，物理距离造成严重的信息不对称，再加上技术力量分散，未形成产业集聚化，进而产生供需错位的问题。

（五）建议与对策

1. 加快提高研发能力，完善产品线

可以预见的是，在冬奥红利、政策红利、市场红利的多重刺激下，"滑雪热"现象将进一步升温，越来越多的人将加入滑雪普及大军当中，滑雪者选择购置滑雪装备而不是前往雪场临时租赁的倾向也将更加强烈。因此，加快提高研发能力，完善滑雪装备的产品线是满足滑雪市场需求、直面抗衡海外产品、壮大国内滑雪产业的必由之路。

要做到加快提高研发能力，完善产品线，首先就得加大对研发环节的投入，优化研发环境，保证研发经费充足，吸引国内外优秀研发人才，全方位提高生产技术与工艺水平；其次，引进国外具有多年经验的人才来国内企业担任技术总监，令国产企业快速跟进全球最先进的设计理念与研发水准；最后，优先填补脱落器这一产品空白，尽快实现该产品的国产化，保证市面上存在具有自主知识产权的国产脱落器，完善滑雪者装备产品线。

2. 注重"微笑曲线理论"

与中国滑雪产业一样，起步晚、底子薄是中国滑雪者装备产业的基本特征，其长期以来都扮演着"追赶者"的角色。与进入中国市场已十余年、培养了一大批忠实用户的金鸡（ROSSIGNOL）、阿托米克（ATOMIC）、博登（BURTON）等海外品牌相比，中国滑雪者装备企业尚未找到稳定的客户群体，在设计理念、技术储备、营销方法论、销售渠道建设等方面也存在一定差距，可见国产品牌的突围之道充满荆棘与坎坷。

表13　国内市场主要滑雪板品牌

双板品牌	产地	单板品牌	产地
金鸡（ROSSIGNOL）	法国	博登（BURTON）	美国
诺迪卡（NORDICA）	意大利	金鸡（ROSSIGNOL）	法国
阿托米克（ATOMIC）	奥地利	奈乔（NITRO）	美国
萨洛蒙（SALOMON）	法国	NEVER SUMMER	美国
沃克（VOLKI）	德国	CAPITA	奥地利

续表

双板品牌	产地	单板品牌	产地
斯道克林（STOCKLI）	瑞士	LIB TECH	美国
暴风雪（BLIZZARD）	奥地利	RIDE	美国
菲舍尔（FISCHER）	奥地利	凯图（K2）	美国
海德（HEAD）	奥地利	萨洛蒙（SALOMON）	美国
伊兰（ELAN）	斯洛文尼亚	ROME SDS	美国
哈根（HAGEN）	奥地利	YES	美国
阿克瑞德（ARCRIDER）	中国	ARBOR	美国
猛犸极限（KONQUER）	中国	9010	中国
KASTLE	奥地利	力达克斯（LIDAKIS）	中国

在产品附加值不高、利润空间较小的局面下，国内滑雪者装备产业要想从海外品牌手中抢夺份额，就得注重"微笑曲线理论"。"微笑曲线理论"高附加值左端的启示：首先，加强国内企业自主创新能力，既可将研发人才输送至国外交流学习，也可高薪聘请国外专家来国内任职，强化国内业研发能力，在吃透国外产品知识产权的基础上，争做微创新，提高产品附加值；其次，促进产品的特色凝练，将中国特色传统文化（阿勒泰古老滑雪文化等）融于设计理念，打造具有民族色彩的产品。"微笑曲线理论"高附加值右端的启示：首先，根据细分市场，找出企业目标客群，不断提炼和深化品牌理念，通过参加展会做"自我介绍"，通过组织或赞助大型滑雪赛事与活动的方式"打响名片"，培养品牌溢价能力，扩大利润空间。其次，构建企业成熟销售渠道，提高和夯实产品市场零售价格的控制能力，为客户提供更优质、更全面的服务。

3. 加快产业集群化建设

在政府的积极推进与引导下，黑龙江、吉林、辽宁、河北等地已初步拟定了冰雪装备产业园发展方向和区位规划，产业集群化发展已初具雏形。但从实际推行进度来看，国内滑雪者装备的产业集群化发展仍需提速。

从作用来看，产业集群可以消解技术力量分散困局，显著提升产业整体竞争能力。这种竞争力是非集群和集群外企业无法拥有的，也就是说，在其他条件相同的条件下，位于冰雪装备产业园内的企业将比集群外企业或散户企业更具市场竞争力。产业集群可以促进集群内企业间的合作与竞争，集群内企业间相对较短的物理距离使得企业之间能够及时有效密切地沟通，使得合作关系更加可靠牢固。也正因彼此地理位置接近，激烈竞争压力迫使集群内企业不断创新以适应市场需求的风云变幻。产业集群激发了资源共享效应，可以共建"区位品牌"，以整体形象对外宣传与推广，使集群内的每个企业与品牌都能从中受益①。

总之，加快产业集群化建设，赶在2022北京冬奥会之前，尽快将规划落到实处是当务之急。首先，应着力推动区域转型，鼓励转行转业、万企转型，推进传统产业提质增效。其次，与珠江三角洲城市群展开友好合作，鼓励当地企业前往北方冰雪产业园办厂，提升创新质量与水平。最后，加强区域创新系统建设，丰富科技与知识积累，形成企业间与企业内部的创新互动机制。

四　滑雪教学培训[②]

（一）滑雪教学培训的现状

随着《国务院关于加快发展体育产业促进体育消费的若干意见》出台、北京和张家口申冬奥成功和"三亿人参与冰雪"愿景的提出，中国冰雪产业迎来了快速发展阶段。数据显示，2017年底中国滑雪场增至703个，相比2016年增长了8.82%。近两年中国滑雪人次的增速很快，截至2017年底，国内滑雪人次已达到1750万。随着中国在世界大型滑雪赛事中屡创历史佳绩，滑雪运动也不断深入人心，越来越多的家庭开始关注和参与滑雪运动。少年儿童不仅是中国滑雪人口的重要组成部分，更是国家冬季项目人才

---

① 陈柳钦：《产业集群与产业竞争力》，《经济学研究》2005年第1期。
② 本章由北京体育大学张永泽先生主笔编写。

储备的关键。在滑雪产业中保持客户黏度最好的办法就是教学培训，做好教学培训可以建立起忠实稳定的客户群体，但国内青少年滑雪教学培训的发展现状出现了区域发展不平衡、滑雪指导员教学培训费用普遍偏高等问题，在一定程度上直接影响了滑雪运动的普及，制约了滑雪产业的整体发展。

（二）滑雪教学培训业务的作用和分类

国内的滑雪教学培训服务主要由滑雪场自有培训业务和第三方独立滑雪教学培训业务（见表14）两方面构成。国内大众滑雪运动起步较晚，且在初级发展阶段就暴露出很多问题，使中国滑雪人口增长低于预期，大众滑雪运动发展严重受阻，后发优势难以发挥。除了外部环境，这与中国滑雪产业内部培训业务的先天发育不足有密切联系。

表14　国内第三方滑雪培训机构

第三方滑雪教学培训机构	学校数量（家）	滑雪指导员数量（人）
安泰国际滑雪学校	4	100
魔法滑雪学院	10	300
亚冠雪上运动服务有限公司	50	1000
高山兔	4	23
娅豪滑雪	38	3000
美艺滑雪	5	400
新秀滑雪	3	15
圣祥滑雪	18	1230
郝世花滑雪学校	3	100

对于滑雪产业来说，滑雪教学培训对于稳定滑雪人群、提升转化率[①]具有十分重要的意义，并最终给滑雪产业下游带来持续客流和增值收入，从而有利于整个滑雪产业的转型升级和商业模式的多元化。对初学者来说，滑雪教学培训不仅仅是学习滑雪技术，更重要的是培育学习滑雪的热情。中国是

---

① 滑雪体验者转化成滑雪爱好者的比率。

世界最大的滑雪初级市场，滑雪体验者众多，如何留住体验者并将其转化成滑雪爱好者是滑雪教学培训应思考的重要问题，滑雪培训教学是这个转换链条中最重要的环节。特别是在国内以初学者为主的市场条件下，依据国外先进的滑雪培训教学体系并进行有针对性的调整和修正变得更加重要和紧迫。如果没有能让国内的滑雪初学者在最开始就爱上滑雪的教学方法，那么滑雪教学培训工作就难言成功。

（三）国内滑雪教学培训市场供需端的基本现状和特征

从需求端来看，国内滑雪市场根据不同的标准可以划分为不同的细分市场。

1. 根据年龄分类

根据年龄可分为青少年儿童市场和成人市场。目前，青少年市场增长势头相对于成人市场更为强劲。青少年滑雪教学培训是现阶段滑雪产业中市场规模大、商业模式清晰、变现速度快、具备高速增长性以及具有一定程度可复制性的优质细分市场。从体育产业整体的发展态势来看，青少年体育培训也展示出相当的生命力。将视野扩充至青少年教育培训产业可以发现，形形色色的青少年教育培训产品更是层出不穷，呈现一种既激烈竞争又互为补充的复杂局面。必须指出的是，这种形形色色的青少年教育培训产品对滑雪教学培训的替代性是不容忽视的，因其本质上都是对青少年的时间及其家庭的可支配收入展开竞争。总体而言，国内的青少年滑雪教学培训市场相对于一般的教育培训市场，其商业模式的成熟度和运营模式的精细化程度都有所欠缺，滑雪教学培训产业在自身的人才要素供给等方面也有所欠缺。尽管滑雪运动本身在引发青少年参与兴趣方面具备相当的优势，但仍需在更多的层面上改善自身商业模式的不足，特别是要在人才要素积累和产业链的整合和控制层面做足功夫，以应对更为广泛而全面的针对青少年时间精力及家庭财力的竞争。

2. 根据技术掌握程度分类

根据技术掌握程度可分为初级滑雪者市场、滑雪爱好者市场和滑雪发烧友市场，在国内滑雪市场中初级滑雪者占大多数，呈现典型的金字塔结构。这三个细分市场各有各的特点。首先，数量庞大的初级滑雪者是中国滑雪产业的未来，但这数量庞大的体验型初学者当中，真正能够支撑起中国滑雪度假产业未来的"合适"的顾客比例有多大，是需要我们思考的问题。然而尽管担负着中国滑雪产业未来大发展的希望，大量的初级滑雪者却并没有在参与滑雪运动的初次体验中获得足够的乐趣，甚至相当比例的人群对自己的初次滑雪体验是不满意的，这导致大量滑雪初学者的流失。这也是一对难解的矛盾：低水平需求诱发低水平供给，低水平供给又反过来制约低水平需求的快速升级。当人口红利和政策红利消失之后，这种低水平的供给将导致需求的持续流失，最终导致供给的难以为继。事实上一些迹象已经开始显现，从产业发展的长历史周期来看，着眼于行业整体的商业模式创新和供给侧结构性改革必将到来。

3. 根据消费模式分类

根据消费模式，可细分一日游散客市场和过夜度假市场。将更多的一日游散客转化为过夜度假游客，对于中国滑雪产业链链条的延伸和营收模式的多样化具有长远的战略性意义。特别需要指出的是，对于较为高端的滑雪度假人群而言，中国滑雪产业在资源禀赋、服务质量等方面的竞争力从世界范围来看其实并不突出。不说欧洲和北美市场，就日本市场而言，中国滑雪度假区在雪质、雪道、服务、价格等方面都难言优势。并且有迹象表明，对南方的滑雪度假人群而言，去日本滑雪的吸引力一点都不弱于去中国北方滑雪。与一日游散客的转化率不高和大量流失等问题相比，争夺国内高端度假人群的注意力，其紧迫性和重要性与日俱增。

4. 根据参与程度分类

根据对滑雪运动的参与程度，可分为滑雪者市场和体验者市场。体验者包括来到滑雪场的嬉雪人群以及其他休闲度假人群。大量嬉雪人群的出现对国内目前以初学者为主的市场结构来说并不意外，这是一块不可忽视的重要市场，国外对度假型非滑雪者的关注也是与日俱增的，围绕雪但不局限于雪的市场开发格局将逐步成型。应该看到，国内对嬉雪这块新兴且体量庞大的滑雪消费者市场的重视已初见成效，这种充分考虑本土消费者需求并针对性地设计多样化产品形态的滑雪场目前也不乏先例。以毗邻京津的保定狼牙山滑雪场为例，除了一般滑雪场的雪道之外，它有大面积的嬉雪场地，2/3 的客流量都是嬉雪人群。保定狼牙山滑雪场 2016～2017 年雪季有 30 万人次的接待量，全年盈利 3000 万，经营效益令人眼前一亮。非滑雪者的另一端是高端休闲度假人群。并不是每一个去滑雪度假村的人都要滑雪，陪伴家庭滑雪者出游的其他家庭成员，其休闲度假体验需求同样不可忽视。国内的滑雪度假区应尽快着手研究中国滑雪度假人群的异质化独特需求，在度假产品设计方面给予足够关注，让中国的家庭式度假生活方式更为完善。

总而言之，中国滑雪产业的群众基础是较为薄弱的，对滑雪运动的精神文化内涵的认识较为粗浅，仍是以滑雪初学者为主的初级滑雪者市场。在此基础上，不同细分市场对于滑雪运动的消费态度存在巨大差异，初级滑雪者相对于中高级滑雪者来说对价格更为敏感。从国内外的研究来看，价格始终是阻碍潜在滑雪者参与的重要因素。潜在滑雪人群认为滑雪是一项非常昂贵的运动，因此克服经济花销的限制对于吸引潜在滑雪人群参与滑雪运动至关重要。关于非常昂贵的定义并不是单指滑雪运动本身或者滑雪票价，而是滑雪旅游整体的昂贵，譬如租赁滑雪者装备，以及到滑雪场的交通费用都是提高滑雪者参与率的门槛。当然，对于部分滑雪发烧友而言，他们并不介意滑雪旅游的昂贵，他们主要关注的是是否有与价格相匹配的服务和体验，这实际上体现了初级滑雪市场和中高级滑雪市场消费滑雪产品时的需求差异性。对于初级滑雪市场而言，滑雪运动带来的初次体验和第一印象至关重要，初次体验不佳会极大地影响初级滑雪者进一步参与滑雪运动的兴趣，因而对于初级滑雪市场而言，吸引和留住初级滑雪者是滑雪场需要考虑的首要问题；而对于中高级滑雪者而言，他们更加注重滑雪消费体验的多样化、滑雪技术水平进阶式提升等，对于价格因素则更不敏感。

从供给端来看，目前国内滑雪产业已经形成了滑雪场地设施自有培训服务和第三方独立滑雪教学培训机构两大类型。滑雪场地设施自有培训服务已形成包括大中型目的地滑雪度假区、近郊型当日往返中小型滑雪场、室内四季滑雪馆、旱雪体验馆和城市滑雪模拟体验馆等多样化的滑雪教学培训服务供给格局。第三方独立滑雪教学培训机构则是以"魔法学院"①为代表的专注于提供滑雪教学培训的运营机构。2017年，魔法学院教学复购率达67%，教学转化率达32%，达到3~4级标准。图50为2017年魔法学院持证滑雪指导员人数统计情况分析，魔法学院有专职滑雪指导员220人，兼职滑雪指导员有80人，年增长率达160%。

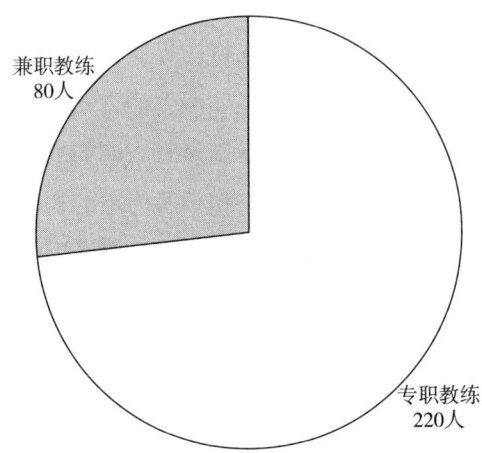

图50　2017年魔法学校持证滑雪指导员人数

图51为2015~2017年魔法学院教学人次情况分析，2015年为3100人次，2016年为10900人次，2017为23000人次，年增长率达到110%。

如图52，2016~2017年魔法学院分校及营地数量由3家增长到10家，增长率高达230%。

滑雪场地设施的自有培训服务质量存在参差不齐的显著特征，这与国内滑雪运动技术人才缺乏、市场总体处于初级阶段等因素密不可分。因为培训市场存在人力供给不足、结构不完善、人才流失率高等诸多难以短期快速解

---

① 魔法学院全称为魔法滑雪学院，是2022年北京冬奥会主赛场之一崇礼云顶滑雪场的滑雪学校唯一合作伙伴。2014年魔法滑雪学院引进美国PSIA-AASI滑雪教学体系，成为国内唯一一家美国滑雪教练协会官方认证的学校。

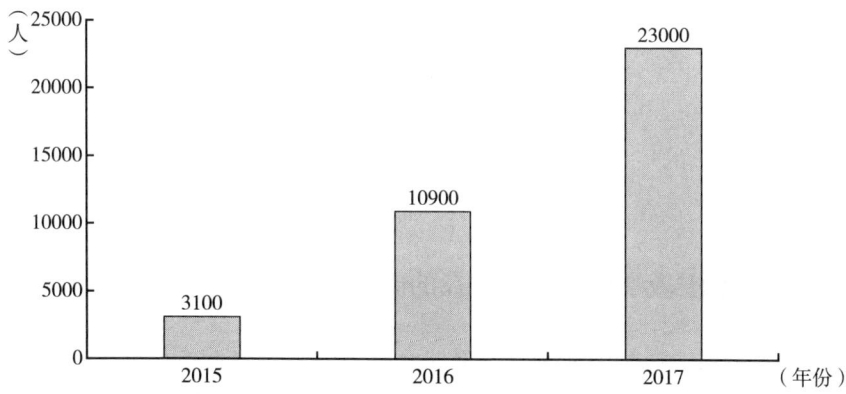

图 51　2015~2017 年魔法学院教学人次

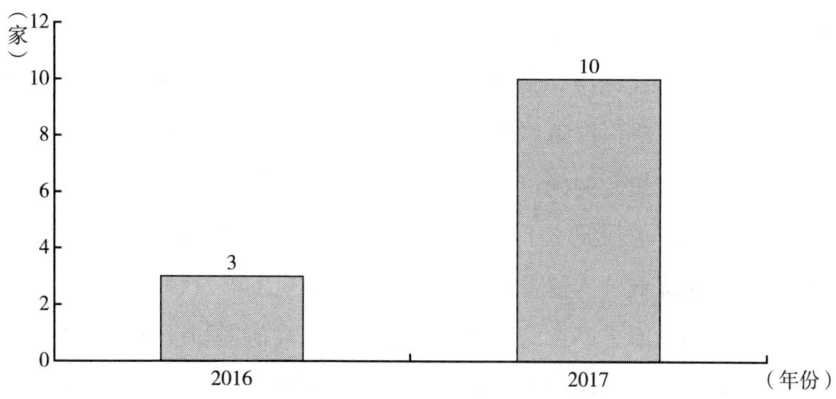

图 52　2016~2017 年魔法学院分校及营地数量

决的行业痛点，但逐步凸显的市场机会又不容轻易失去，所以轻资产运营模式的第三方独立滑雪教学培训机构才以其独特的竞争优势脱颖而出，并在人才的培养和留存、培训课程体系的构建等方面展示出相当的竞争力和显著的创新活力。尽管如此，第三方独立滑雪教学培训机构也存在自身的发展难题。因为对于滑雪教学培训而言，滑雪场地设施是一切工作开展的基础条件，自身的轻资产运营模式考验其对滑雪场地设施的整合度和掌控力。目前其与滑雪场地设施的简单合作模式尚需要进一步深化，以提高对产业链的整

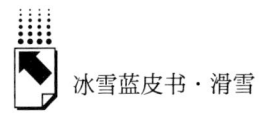

合能力,并确保顾客价值的有效实现。

总体而言,各个滑雪教学培训的从业主体在挑选合适的细分市场方面初步形成了适合自身基本特点的市场定位,也根据不同目标市场的需要形成了多层次、立体化的培训服务产品体系,在无差异地开发服务于所有人的产品还是专注某一类顾客、更精准地设计产品方面进行了有益的探索。

(四)滑雪教学培训市场存在的问题

1.培训业务的瓶颈效应突出,培训产品与滑雪场其他产品业态如雪道产品、装备产品之间各自为政,缺乏有机联系

滑雪教学培训业务作为将滑雪初学者转化为滑雪爱好者进而逐步发展为发烧友的关键业务,其重要性不言而喻。大量的滑雪初学者在进入滑雪场之后由于初次滑雪体验不佳而放弃滑雪运动。滑雪初学者的转化率过低、流失率过高导致营收模式单一、营收多元化受阻,行业整体长期停留在低水平低效益运营的阶段,已经严重影响国内滑雪产业下游多元化商业模式的实现。尽管也曾一度凭借短暂的人口和市场红利在政策利好的影响之下显示出一派欣欣向荣的局面,但深究之下,国内的滑雪产业商业模式难以得到系统性改善,培训环节在促成国内滑雪产业高效益、高质量发展过程中的瓶颈效应依旧突出。不对国内滑雪产业的商业模式进行系统性梳理和全方位革新,目前的发展模式将难以引领国内的滑雪产业不断走向新的高峰,业内甚至对其是否能够可持续发展产生新的忧虑。

2.培训产品的教学体系不健全,培训产品质量参差不齐

国外成熟滑雪市场均建立有各自独特的培训教学体系,法国、瑞士、奥地利已经具备了完善的滑雪教学培训体系,美国、加拿大有本国特色的教学体系,日本、新西兰也有严格的滑雪指导员培训与认证体系。这些国家在滑雪指导员培训、滑雪技术推广、人才输出与培养、国际交流方面积累了相当的经验和方法,而国内目前尚未建立科学的、独立自主的教学体系,各地各个层面的教学体系引进和构建工作尚处在初步摸索和积极推进状态。在这个过程中,国外教学体系的本土化是一方面,另一方面则是构建拥有独立自主

知识产权的本土教学体系。这两项工作中的任何一项都异常紧迫且具有挑战性。紧迫性在于国内教学体系的不完善导致顾客对于部分国内培训产品的满意度低，以及由此带来的转化率低的问题无法改善；挑战性在于，国外的教学体系适用于国外发展上百年的成熟滑雪市场，对国内以初学者为主的市场结构并不能完全适用，需要通过系统的、有针对性的案例教学和案例研究去不断试错，以寻找最优的教学方法体系。特别是在国内滑雪运动文化先天发育不足、度假消费生活方式尚未系统建立、真正有闲有钱阶层人群数量有限的现实条件下，引进并改良国外的教学体系并使之更好地契合本土市场，其重要性与日俱增。

此外，国内滑雪教学培训存在服务质量参差不齐的现象。大中型滑雪度假区培训质量相对较好但难言理想，初级的小型滑雪场培训质量存在较多问题。这种情况的产生有两方面原因：一方面是滑雪教学培训服务的收费相对于雪票、租赁等业务并不算低，滑雪者在支付高昂的滑雪门票之后不倾向购买培训服务产品；另一方面，培训服务产品质量低，花了钱也不一定能学会的现象在一些滑雪场一定程度地存在。为更好地展开滑雪教学培训工作以利于全行业经营状况的持续改善，针对细分市场的滑雪教学培训产品的分级分层势在必行。

3. 滑雪指导员人才要素缺乏，体系不完善

滑雪指导员是提供滑雪教学培训服务产品的人力资本基础，滑雪教学培训服务产品的问题从根本上讲是人的问题。滑雪指导员人才要素供给的缺乏和人才构成体系的不完善，是滑雪教学培训服务产品质量问题的根源。

滑雪指导员面临的客群主要是以休闲娱乐为主的大众滑雪者，客群在年限、技能、学习能力等方面存在着较大的差异。每个层次、每个阶段需要掌握的滑雪知识及保障滑雪者安全的职责，对滑雪指导员提出了更高的要求。滑雪指导员除了要具备高超的滑雪技能，还要在道德、文化、滑雪理论知识、教学方法、语言能力、服务意识等方面不断提升自己。滑雪指导员需要接受客户心理培训、客户服务培训、滑雪场营销培训、沟通技巧培训、教学技术培训以及滑雪技术培训等一系列系统的从业知识和技能培训。而目前国

内滑雪指导员人才的培养和认证体系不健全，人才构成体系跟培训的课程体系不匹配，初级滑雪指导员和中高级滑雪指导员尚未形成有机衔接，专职滑雪指导员和兼职滑雪指导员数量缺口较大是限制国内滑雪教学培训产业发展壮大的现实根源。

就目前的存量滑雪指导员人力资本而言，整体素质偏低和缺乏系统化培训的现象依然不容忽视。从国内指导员的持证情况看，拥有高级证的滑雪指导员数量较少，拥有初中级证的滑雪指导员较多，很多滑雪场还聘用大量的"野教练"或"黑导"。现阶段滑雪指导员中持证的比重较低，已有证书的滑雪指导员中初中级证书持有者也占大多数。没有资格证的滑雪指导员多以经验来教授滑雪，缺乏正规的培训。

从滑雪指导员的收入看，一般由"底薪+提成"构成，其中滑雪场付较少的底薪，收入和提成与滑雪指导员上岗的时间直接挂钩，与证书的关系不大，导致证书的认可度不高。滑雪指导员学习滑雪技能的渠道比较广泛，一些滑雪场急于求成，对滑雪场员工进行短期的培训；一部分滑雪指导员自学滑雪，滑雪的技术并不规范，受过专业的培训少，这严重影响了滑雪场滑雪指导员的技术水平。从教学质量上看，一些滑雪场滑雪指导员主要采取"推、拉、扶"式教学，时间一到小费拿到手就走人，学员没有学到太多的滑雪技术。从滑雪者的角度来看，滑雪自身属于高消费的休闲运动，消费者没有花钱请滑雪指导员的习惯，倾向于不请滑雪指导员的占比很大；已请滑雪指导员的消费者，其满意度也不高。

从行业整体而言，对于优质人才的急切渴求和对人力资本投入的极度欠缺形成强烈的矛盾对比，反差之剧烈和鲜明令人震惊与扼腕。部分滑雪场营收有限，现实生存的紧迫性迫使其相对于在培训人才方面投入成本而言更倾向于从行业中挖掘现有人才，即来即用，这导致滑雪教学培训服务质量缺乏持续改善，部分滑雪场挣快钱的冲动强烈，无暇顾及企业以及行业的长远可持续发展。

4. 培训业务季节性强，培训人才队伍不稳定

国内滑雪场多是单季经营，对滑雪指导员的需求不仅随着季节变化而剧烈变动，也与雪季经营期间滑雪教学培训服务需求的变动息息相关，总体而言对滑雪指导员的人才需求波动相对较大。雪季初与雪季末滑雪者人数较少，此时滑雪场对滑雪指导员的数量需求也相对较少，人才处于供大于求的局面。而雪季中期，滑雪者的人数较多，滑雪场对滑雪指导员的需求猛增，人才处于供不应求的局面。平日的周一至周五，滑雪场的人数较少，此时滑雪指导员对游客的数量供给相对平衡，但当周末、节日滑雪场中的人数猛增时，滑雪指导员的数量就远远满足不了滑雪者的需求。此时，部分滑雪场便对滑雪场的工作人员进行短期培训，让他们成为临时滑雪指导员，但他们无法提供非常专业的指导，他们的安全意识、教学水平、服务意识都相当淡薄。对于滑雪场来说，如何合理地管理好滑雪场的滑雪指导员是一项十分重要的工作。部分滑雪场的滑雪指导员属于临时工，甚至与滑雪场没有正式的用工合同，服务质量难以保证，不排除会做出一些违反职业道德的事情，这一方面对滑雪场不利，另一方面也损害了滑雪者的利益。可以看到，培训服务产品的需求剧烈波动对滑雪场高质量人才供应能力的考验日益加剧，滑雪场需要在需求管理和人才供应两个方面同时着手才能缓和这一基本矛盾。从全年的时间线来看，部分滑雪场企业文化缺失，缺乏长远规划，在实现单一雪季短期财务目标的驱使之下，倾向于四处挖人而非专注于构建长期稳定的人才培养机制，这更导致人才稳定性差、人才流动率高的问题。

  总而言之，人才队伍不稳定的根源在于滑雪场经营的季节性特征明显，经营效益相对较差，员工无法获得整年的持续性收入，无恒产者无恒心，流失率自然高。要破解人才难题，要从根本上解决滑雪场经营的效益问题，特别是季节性经营难题。滑雪场四季经营是一个值得研究和探讨的方向，然而并非所有滑雪场都具备四季经营的基本现实条件，更并非所有的四季经营项目都能顺利落地并取得良好效益。行业整体的摸索和试错在所难免。目前来看，具有良好区位条件的城郊型滑雪场可以选择低成本的四季经营项目，可以以青少年游学营、体验营等山地营地教育模式切入滑雪场的四季经营市场，将滑雪场的概念扩充为山地运营服务商的概念，以行业交叉融合的崭新视角，积极围绕各个细分市场人群的需求进行四季休闲旅游度假产品开发。

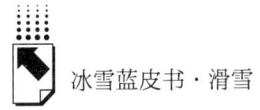

此外，从国外经验来看，并非所有滑雪场都要进行四季经营开发。对区位条件和资源禀赋不具备优势的滑雪场而言，削减自身不必要的成本投入，选择跟独立滑雪教学培训机构合作进行培训服务外包的单季经营模式也不失为低成本经营的可选方案之一。独立的第三方滑雪教学培训机构则因其轻资产经营模式，在破解滑雪人才的四季留存难题时，拥有一般滑雪场所不具备的独特优势。独立滑雪教学培训机构在非滑雪季节可以安排员工前往全国各地的夏季休闲旅游目的地参与航海、户外、漂流等项目的运营服务，实现人才的一人多技、一人多用，这在保障员工全年可持续收入的同时有力扩充了员工的职业生涯、提升了员工的可持续竞争力，因而可以极大地增强员工的稳定性，降低员工的流失率。再加上南方夏季休闲度假目的地的经营也存在显著的季节性，即夏季严重缺人、冬季大量赋闲的状况，正好与冬季的滑雪行业相反。两者一拍即合，持续性、制度化的合作前景广阔。

（五）国内滑雪教学培训市场的发展策略

首先，针对培训环节对国内滑雪产业商业模式业已形成的瓶颈效应，应从滑雪产业整体对培训环节进行全方位的支持。滑雪产业的商业模式应以培训作为一切工作开展的根基，支持的具体表现应该包括以下几方面。一是培训产品和雪道产品之间的互动问题，应加强培训服务产品和雪道产品之间的有机联系，甚至深度绑定培训和雪道产品。二是需考虑培训业务和滑雪者装备租赁、售卖之间的互动问题，如迪卡侬便将培训和装备售卖之间深度绑定，顾客若购买迪卡侬的滑雪者装备则免费接送到滑雪场，并提供2小时免费教学。三是为鼓励顾客购买培训产品推出的其他激励，如国外有请滑雪指导员不用在缆车排队这类服务流程设计方面的创新性举措，鼓励顾客购买培训产品。总之，建立培训产品和其他产品的深度链接和互动，着力提升顾客参与培训的热情和兴趣，并最终大幅提升国内滑雪初学者的转化率，是国内滑雪产业商业模式创新在培训环节方面的当务之急。

其次，就培训业务本身而言，则需在培训教学体系的引进和独立自主开发方面持续发力，尽快建立适合国内滑雪市场现状和特点的培训教学体系，特别是在引进消化和独立自主开发这两方面，应保持合理的节奏，有步骤、分阶段完成，既不可操之过急也不可故步自封。需要边学习、边研究、边总结、边提升，在积累足够丰富的能够反映国内市场现状的典型教学案例之后，再做教学体系的本土化开发。

再次，滑雪指导员人才培养和认证体系要和培训教学体系同步规划。要坚持以人为本的理念，着眼于行业整体发展，持之以恒地吸引人、培养人、塑造人，形成滑雪指导员人才初级和高级有机衔接、专职和兼职互为补充的良好局面。要从滑雪场甚至整个滑雪产业商业模式创新的角度去思考人才的吸引、使用和留存问题，从根源上解决人才流动性强、流失率高的问题。平日要注重滑雪场的需求管理以减少人才需求波动。有条件的滑雪场要注重全年的四季经营以减少人才流失。此外，滑雪场应积极与第三方独立培训机构开展合作，以提高服务水平、增加客流，并尽可能地控制不必要的人力成本。

最后，针对不同的细分客群，应采取针对性的服务措施，增强顾客感知价值。有条件的雪场可以在滑雪休息区设置无烟休息场所，为滑雪指导员和滑雪爱好者成立滑雪俱乐部，还可以设立专门的特殊滑雪场区（如儿童区域），以及建立专门的初级滑雪者练习场所，在此提供免费的基本滑雪知识介绍、婴儿看护等服务。注意各类运营数据的收集和整理，并以各种形式做好顾客满意度调查，为管理者提供实际的运营改善方向和思路，加强运营的精细化管理。

五 滑雪赛事

（一）2017年滑雪赛事市场发展概况

1. 滑雪赛事发展历程

（1）初步发展阶段（1949~1996年）

新中国成立后，政府积极发展滑雪产业，并于1957年在吉林省通化市江南滑雪场举行了第一次全国滑雪比赛。以此为起点,中国滑雪赛事作为一项重要的冬季体育运动得以发展。

(2)探索阶段(1996~2014年)

在此阶段,国内的滑雪运动经历了从缓慢发展到快速发展的过程。特别是在亚冬会的带动下,国内的滑雪场数量不断增多,滑雪运动得到普及和发展。

2002年之前,国内已经有了高山滑雪、越野滑雪、冬季两项、自由式滑雪、跳台滑雪等5个项目。

2002年十九届盐湖城冬奥会结束后,国内开始着手筹备单板U型池滑雪项目。2004年底在黑龙江二龙山首次举办自由式滑雪世界杯,这是目前国内滑雪项目最高级别的比赛。2003年河北崇礼万龙滑雪场建成后,高山滑雪项目有了适合的训练场地,推动了该赛事的发展。不过,滑雪赛事的参赛人员以专业运动员为主,大众参与的机会较少。

(3)转型阶段(2014至今)

2015年国务院正式发布《关于加快发展体育产业促进体育消费的若干意见》,其中指出:"到2025年,中国体育产业总规模超过5万亿元,增加值2万亿元"。商业巨头和资本纷纷开始布局体育产业链。

同年底,国家体育总局全面推进体育赛事审批制度改革,印发了《体育总局关于推进体育赛事审批制度改革的若干意见》《全国性单项体育协会竞技体育重要赛事名录》《在华举办国际体育赛事审批事项改革方案》三个文件,明确了新形势下的全国性和国际性体育赛事审批制度,赛事运营成为焦点。视频内容平台乐视体育、章鱼TV,重金砸下海量体育赛事版权,投资体育产业的有鸟巢乐视体育文化产业基金(乐体创投)、足球俱乐部北京乐视国安队、体育彩票章鱼彩票、体育大数据搜达足球、乐视体育经纪公司、乐视体育海外业务以及体育票务等,腾讯、阿里、万达等也相继通过不同方式抢抓赛事资源。不管以何种方式,意图均是通过传统赛事资源运作,实现价值变现。

赛事方面主要表现为企业支持举办国际A级比赛、政府与企业创办比赛、市场化举办运作比赛等。通过与滑雪场、俱乐部合作的形式，近年来滑雪赛事市场上表现较为活跃的有泰瑞智杰、永乐体育、香蕉体育等专业赛事运营公司，而滑雪族、金达威体育文化传媒等一些滑雪服务、滑雪者装备类公司也在积极向赛事运营方向发力。

目前国内赛事仍处于起步发展阶段，但市场化趋势开始显现，既有围绕体育上游赛事资源重重布局的巨头，也有利用既有资源实现业务转型的滑雪公司，还有立志深耕赛事运营的专业公司。商业模式日渐清晰，市场格局所有凸显。

2. 中国滑雪赛事现状

随着2022年北京张家口冬奥会的申办成功，国家开始着力促进冰雪产业发展，积极培育冰雪赛事，拓展冰雪赛事市场，促进办赛主体多元化，推进冰雪赛事类型和业态呈现多样化。截止到2017年，从我国滑雪赛事的发展现状来看，我国滑雪赛事主要有三种类型。

第一类是以政府机关、协会为主导，相关社会企业进行赛事赞助、冠名，联合承办赛事。承办的赛事主要为国际综合性运动会、世界锦标赛、世界杯赛、亚洲锦标赛以及能够对举办社区整体、城市乃至全球经济产生重要的影响的国际大型赛事。以政府机关、协会为主导，相关社会企业协办的方式能够在一定程度上减轻政府机关的财政压力，充分利用社会资本，保证赛事的成功举办。

第二类是以企业为主导，政府机构、协会组织联合承办。承办的赛事级别主要是国际性邀请赛、大奖赛及具有较大市场吸引力和较高媒体关注度的大型商业性赛事。企业通过承办体育赛事或活动，并围绕赞助活动展开一系列营销，从而借助所赞助体育活动的良好社会效应，提升品牌知名度与品牌形象，以获得社会各界广泛的好感与关注，为企业创造出有利的生存和发展环境。

第三类是企业自主承办赛事。承办的赛事级别主要是以某公司以及某项目为主题的中小型商业性赛事。此类赛事举办频率较高，社会参与度高，容易吸引爱好者、发烧友的参与。企业自主全权承办赛事，能够充分发挥企业的市场影响力，易产生较大的市场效益，也得到政府和体育机构的重视。

(1) 赛事数量和类型均呈快速上升趋势

从赛事数量上看，据初步统计，2017年国内滑雪赛事共计176场次，较2016年同比增长55.8%。其中，国际性赛事35场次，占年度赛事总数的19.9%，较2016年同比增长118.7%；群众性赛事117场次，占年度赛事总数的66.5%，较2016年同比增长31.5%；专业性赛事51场次，占年度赛事总数的28.9%，较2016年同比增长104.0%；综合性赛事8场次，占年度赛事总数的4.6%，较2016年同比增长100.0%。表15为2016~2017年度国内部分滑雪赛事统计情况。

表15　2016~2017年度国内热点滑雪赛事统计情况

	赛事名称	主办方	竞赛种类
1	2016~2017中国大众单板滑雪平行大回转系列赛比赛	中国滑雪协会	大众性
2	2016~2017年度全国单板滑雪U型场地锦标赛	国家体育总局冬季运动管理中心	专业性
3	2016~2017年度全国自由式滑雪U型场地冠军赛	国家体育总局冬季运动管理中心	专业性
4	2016~2017年度全国单板滑雪平行项目冠军赛	国家体育总局冬季运动管理中心	专业性
5	2016~2017年度全国越野滑雪冠军赛	国家体育总局冬季运动管理中心	专业性
6	2016~2017年度全国高山滑雪冠军赛	国家体育总局冬季运动管理中心	专业性
7	2016~2017年度全国冬季两项锦标赛	国家体育总局冬季运动管理中心	专业性
8	2017北京国际雪联单板滑雪大跳台世界杯	国际滑雪联合会	专业性
9	2016~2017年北京市青少年滑雪比赛决赛	北京市体育局、北京市教育委员会	大众性
10	2017国际雪联越野滑雪中国巡回赛	国际滑雪联合会、中国滑雪协会、北京诺迪维管理顾问有限公司	专业性
11	第三届香蕉公开赛	香蕉体育文化有限公司	专业性
12	2017黑龙江省大众高山单双板滑雪赛	黑龙江体育总会冬季运动项目专业委员会	大众性
13	2016~2017年黑龙江省越野滑雪锦标赛	黑龙江省体育局	专业性
14	2017经典滑雪国际职业巡回赛中国站	长春市人民政府、中国滑雪协会、吉林省旅游局	专业性、大众性

续表

	赛事名称	主办方	竞赛种类
15	2017中国长春净月潭瓦萨国际滑雪节50公里赛	长春市人民政府、中国滑雪协会、吉林省旅游局	大众性
16	2016~2017国际雪联高山滑雪远东杯赛比赛	国际滑雪联合会	专业性、大众性
17	第五届8264滑雪公开赛第二站暨极限风筝滑雪挑战赛	天津信一科技有限公司、黑龙江省滑雪协会、哈尔滨市滑雪协会	大众性
18	SNOW ONE超级滑雪季暨明星邀请赛	探路者控股集团股份有限公司	大众性
19	2017~2018赛季全国自由式滑雪雪上技巧锦标赛	国家体育总局冬季运动管理中心	专业性
20	2016~2017年中国高山滑雪巡回赛	中国滑雪协会	大众性
21	2016~2017（中国）精英滑雪联赛总决赛	北京泰瑞智杰体育产业有限公司、中国滑雪赛事联盟	大众性
22	2017HIGHSNOW三人接力赛	滑雪族、百度旅游、百度糯米	大众性

从参赛类型上看，2017年，除了传统的单板滑雪、冬季两项、单板滑雪、自由式滑雪、跳台滑雪、越野滑雪等类型，其他类型明显增多，如双板滑雪、旱雪滑雪、滑雪登山、雪地足球、雪地汽车、雪地摩托、雪地漂移、雪地拔河、滑雪教学等十多种新型形式（见图53），共计31场，占年度赛事总数的17.6%。

综合来看，2017年滑雪赛事数量（见图54）和类型数量都呈快速增长态势。

（2）赛事举办区域性差距明显，黄河以南区域滑雪赛事还有较大发展空间

2017年举办的176场比赛中，前五大举办地分别为：黑龙江55场、河北37场、吉林29场、北京26场、内蒙古8场，占所有赛事总数的88%。从区域性特征来看，东北、华北、西北地区是国内滑雪赛事的主要集中举办区域，其他区域如华东、华中、西南等滑雪赛事较少，各举办1场次，而整个华南区域还未有相关赛事的举办。

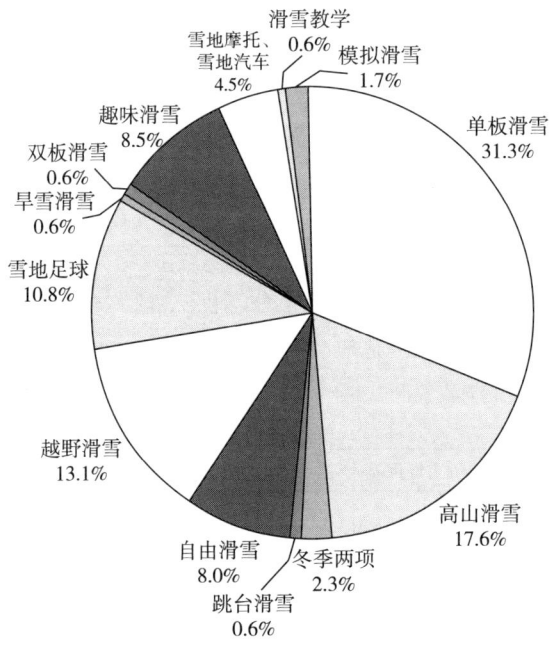

图53　2017年度不同类型滑雪赛事分布比例

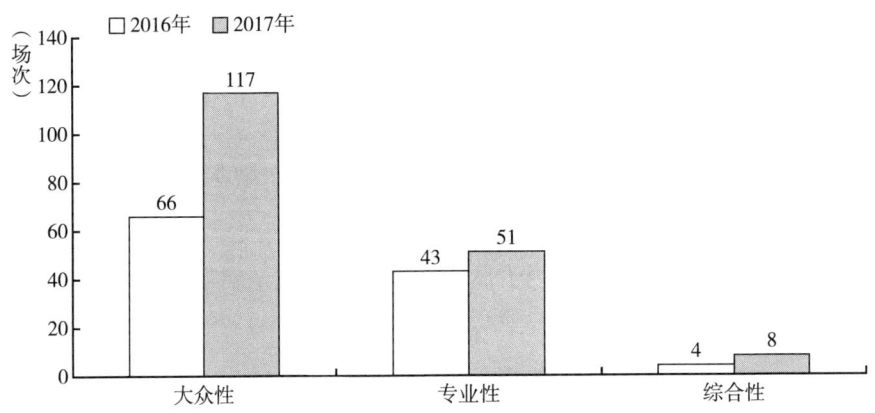

图54　2016、2017年滑雪赛事数量比较

究其原因，一方面这与国内滑雪场主要分布在北方有关，另一方面也得益于北方地区的政策支持、悠久的群众冬季运动文化和丰富的赛事

承办经验。

（3）参赛人群趋向多样化，青少年人群正成为重要力量

从参赛人员上看，专业运动员、滑雪爱好者依然是参与滑雪赛事的主要力量，约占参赛总人数的66.5%。在首届京津冀青少年夏季滑雪挑战赛中，参赛人数达到600余人。

首届京津冀青少年夏季滑雪挑战赛，是唯一以行业为细分、面向青少年的系列滑雪赛事，辐射京津冀的2022冬奥举办区。目前，越来越多的"90后""00后"运动人群乐于成为滑雪一族。重大赛事也逐步呈现年轻化的趋势，在平昌冬奥会上，自由式滑雪双板U型场地国家队基本上可以说是由"00后"组成的"娃娃军"。

因此，青少年群体的滑雪赛事对加速"青少年上冰雪"运动的普及，培养滑雪消费人群，培育滑雪市场都具有深远影响。

（4）滑雪赛事群众性特征明显，大众赛事成为新的增长点

随着市场的变化，2017年竞技赛事数量增幅下降，而综合性赛事数量有所增加，但因其在总的滑雪赛事中比重不足5%，因此其变化对整个赛事发展趋势影响较小。

大众型赛事在赛事总数中占比逐年增加。2017年的89场大众赛事中，以趣味为特征的大众赛事占据较高地位，且将雪地作为工具和载体，结合其他类型的趣味赛事在2017年表现尤为显著，这说明随着消费升级和全民健身意识的不断增强，因地、因需、因人开展的精准赛事才能更好地吸引大众目光。

（5）商业赛事公司收入多依赖于品牌赞助，其他变现渠道有待挖掘

赞助赛事的种类主要有以下几种：世界锦标赛、世界杯赛、总决赛、大奖赛、分站赛、训练比赛、对抗赛、交流性比赛、表演赛。

赞助体育赛事是体育品牌企业扩大品牌知名度与市场影响力的主要做法之一，而市场上体育赛事收入更多依赖于品牌赞助和门票收入。但从目前滑雪赛事看，一方面国际性的精彩赛事还比较少，影响力小，知名赞助商比较少。有相关研究指出，活动影响力对消费者态度具有显著正向影响，活动影

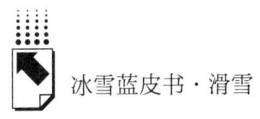

响力对赞助品牌知晓度具有直接的影响效用①。部分知名品牌公司开始自主承办赛事。

因此,积极打造优质赛事、挖掘其他收入途径是商业赛事发展的必然之路。应该依靠独特的办赛理念和定位、科学合理的赛则,吸引越来越多的大众参与。

(二)滑雪赛事市场存在问题分析

1. 赛事认知不够,观赛观念尚未形成

大型滑雪赛事在国内推行较差,根源在于广大群众对冰雪运动认知不足。随着北京成功获得冬奥会举办权,国内冰雪产业迎来了风口,大众消费、冰雪旅游、冰雪赛事、运动培训等领域逐步呈现井喷之势。但频繁追逐风口,追逐者已忘记思考现象背后的本质,不断落入"造风者""吹风者"及"救风者"的棋局。

事实上,相比夏季奥运会的普适性,国人对冬奥会的认知以及对冰雪运动更是呈现出"冰冷"态度。其原因为国内四季交替明显,冬季运动项目过度依托冰雪资源,群众基础差。

2. 费用相对较高,公众接受度较差

2018年以来中国服务业生产指数连续5个月保持在8%以上,现代新兴服务业对服务业生产增长的贡献率达到56.8%。服务消费在居民消费中的占比将越来越高,对拉动消费增长的作用将更加明显。从全民健身的角度来看,公众参与冰雪运动的成本相对较高,因而接受度差。一般体育赛事的传播途径多为电视、网络、移动端和自媒体等,受众人数较多,而滑雪赛事的现场观众,很大一部分是参赛选手。政府应给予一定的财政及政策支持,降低民众参与冰雪运动的门槛,只有让更多群众参与冰雪运动项目,冰雪赛事才能得到快速普及和发展。

---

① 李建军:《活动影响力与赞助品牌的关系——以联想和安踏为例》,《体育科学》2009年第1期。

3. 缺乏优质赛事 IP，吸引力较弱

目前国内的硬件设施已具备承办高水平冰雪赛事的条件，不仅获得了 24 届 2022 年冬奥会的主办权，还开始大量引进了沸雪等知名赛事。滑雪赛事是整个滑雪服务产业链的关键环节，不过国内滑雪赛事的发展现状不容乐观，主要表现为：符合国际雪联的标准雪场和雪道较少，承接国际大型滑雪赛事的经验不足；大型滑雪赛事运营能力、后勤保障、政策支持等基础不足；缺乏独立自主和有影响力的赛事 IP。

优质的表演赛和商业赛事是吸引赞助和观众的重要因素，在赛事运营上有一些较为的成功的案例。美国科罗拉多州的阿斯本雪堆山滑雪度假区，在每年 1 月底举办世界冬季极限运动会（Winter X Games），都会吸引超过 10 万名观众入场观看，酒店入住率高达 95%，为滑雪场的运营带来巨大的收益。在冰上项目中，北美职业冰球联赛（NHL）通过多方面打造，将冰球赛事包装成商品，打造世界级高水准精品赛事，然后以门票与转播等方式进行体育赛事的运作与推广，实现联盟盈利及软实力的提升。

4. 产业链条割裂，商业赛事运营方利益较难把控

赛事活动是一个产业链。上游为赛事版权方，包括政府、协会、滑雪场、俱乐部等及赛事的组织方，负责体育赛事内容的生产；中游主要是赛事服务公司，包括传媒、营销和运营等，负责赛事的综合管理运营；下游为品牌赞助商、媒体、体育衍生品消费者等。

目前滑雪赛事在国内属于小众赛事，受众少，优质资源缺乏，吸引力弱。同时，赛事培育周期长、资源耗费较大，短期内培育困难较大；品牌赞助商少、广告支持力度低，赛事的传播受到影响。大型体育赛事的主办权过去主要在政府和协会的手里，主办方往往忽视前期创意开发和市场需求，追求短期利益，整个赛事产品的服务体验较差，影响赛事的长远发展。

为此，国家积极采取一体化策略，将赛事举办权投放市场，引入资本更雄厚和更有实力的运营公司，试图打破优质赛事总是掌握在政府、协会的局面，着手对上游资源的争夺与把控，打造优质赛事 IP。同时，自建并孵化培育上游赛事 IP，以期获得更大的竞争优势，加快培育赛事观众群体。

（三）滑雪赛事快速发展背后驱动力分析

1. 政策层面

自从国务院发布《关于加快发展体育产业促进体育消费的若干意见》以来，国内的体育产业便步入了快速发展的轨道，体育产业规模与质量不断提升，大众的体育消费水平也上升明显。《体育产业发展"十三五"规划》《关于加快发展健身休闲产业的指导意见》《冰雪运动发展规划（2016～2025年）》等政府文件相继发布，为冰雪产业未来的发展提供了正确的方向。一系列政策，表明了国家在战略层面对滑雪相关产业的重视态度和推动决心，具体包括以下文件。

2014年10月，国务院《关于加快发展体育产业促进体育消费的若干意见》指出，2025年国内体育产业规模要达到5亿元。

2016年，《健康中国2030规划纲要》指出，要积极培育冰雪项目等具有消费引领特征的时尚休闲运动项目。

《体育产业发展"十三五"规划》指出，要以筹办2022年北京冬奥会为契机，推动冰雪等冬季运动发展，大力普及冰雪运动项目。

《冰雪运动发展规划（2016～2025年）》指出，到2025年，要形成产业体系较为完备的冰雪运动发展格局。

《全国冰雪场地设施建设规划（2016～2022年）》指出，要统筹规划建设，加快滑冰场地、滑雪场地、冰雪乐园建设，为参与冰雪竞赛、健身、培训、体验的群体提供配套服务。

《群众冬季运动推广普及计划（2016～2020年）》指出，以京津冀为引领，以东三省提升发展为重要基础，发挥新疆、内蒙古等地区的后发优势，带动南方地区协同发展，点线面结合布局群众冬季运动生态圈（带）。

冬季项目赛事活动创品牌。赛事运营作为较大板块将得到重点的发展主要得益于以下三个原因。一是政策的放宽及审批的简化推动体育文化创新，使得大众接触的体育内容更加多元化。二是政府的财政投入以及对社会资本的引导使得体育基础设施、场地建设更加完善，从而增加大众参与体育运动的机会。三是利好政策为行业发展带来良好预期，吸引更多的企业进入到体育产业中，大众因此能够享受到更为丰富的体育产品和服务。

2. 经济层面

国内生产总值（GDP）是衡量一国总收入的重要指标。在经济扩张时期，居民收入稳定，GDP也高，居民用于消费的支出较多，消费水平较高；反之，经济收缩时，收入下降，GDP也低，用于消费的支出较少，消费水平随之下降。据《中华人民共和国2017年国民经济和社会发展统计公报》显示，初步核算，2017年国内生产总值827122亿元，比上年增长6.9%，全国居民人均可支配收入25974元，比上年增长7.3%。全年最终消费支出对国内生产总值增长的贡献率为58.8%。

随着中国经济的快速发展，国民收入水平稳步提高，体育消费相应提升，精神需求日益旺盛。同时，得益于2022年冬奥和"三亿人参与冰雪运动"的带动效应，新经济形势下滑雪赛事将继续发展。滑雪赛事产业作为滑雪产业链的重要环节，面对民居体育消费升级风口，在政府倡导的振兴体育产业浪潮中拥有巨大潜力和发展机遇。

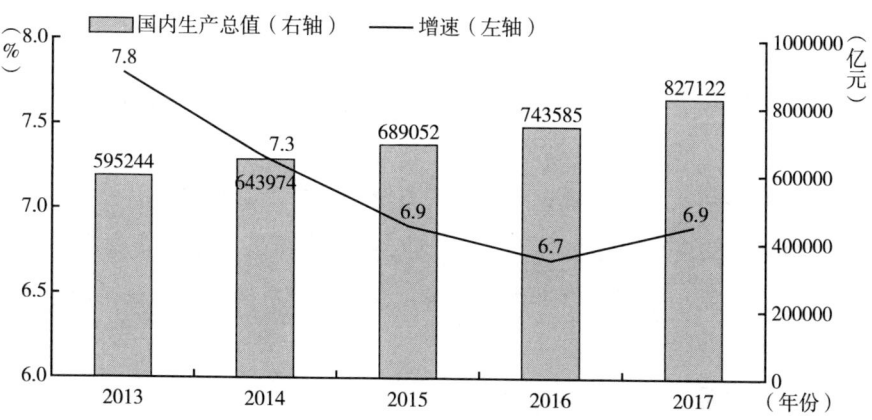

图55　2013～2017年度国内生产总值及增长变化情况

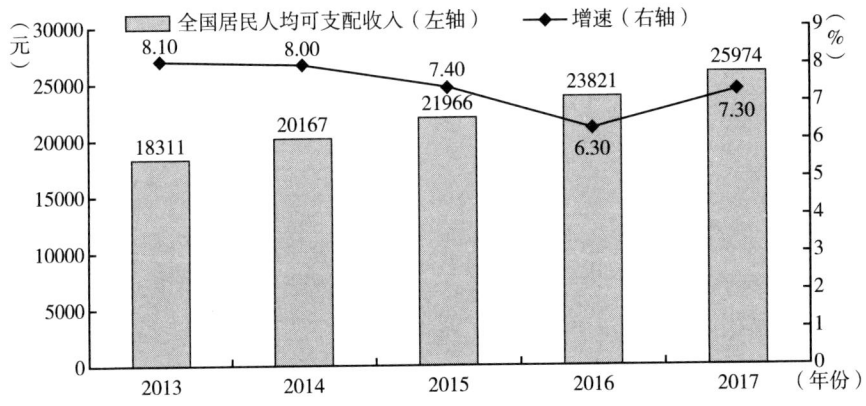

图 56　2013~2017 年度全国居民人均可支配收入及增长变化情况

3. 资本层面

多层次资本市场的完善，也推动了滑雪产业发展。早在 2003 年，中央政府就提出要建立多层次市场体系，侧重满足大量中小型企业尤其是符合国家政策方向、民众需求和创新特征企业的融资需求。经过多年探索，中国目前已初步形成包含主板、中小板、创业板、新三板、新四板在内的多层次资本市场体系。

滑雪类公司站在政策风口，将能获得更多融资渠道和机会，从滑雪场、IP（赛事、活动）、媒体营销、培训、装备、旅游、智能硬件，到互联网参与的工具、社区、电商等各环节均有公司获得资本青睐。如 IDG 资本通过推出基金、孵化器，建立冬季运动培训基地等形式，助力中国冰雪运动的发展。

对于赛事运营公司来说，除了第三方资本支持，其自身都有强大的资源和资金优势。更多的资金介入，为企业安心打造赛事、传播赛事创造了条件。多层次、流动性强的资本市场结构，也为投资机构退出、获得回报提供了更多渠道。

4. 社会层面

群众体育偏好制约了体育产品的消费。人口是社会可持续发展的主体，人口不仅受社会发展制约，还受制于其内在发展规律。作为世界上的人口大国，中国潜藏着巨大的消费市场，而消费结构的变化必将推动滑雪产业进一步发展。

目前，"80后""90后"逐步成为消费主体。据统计，目前冰雪运动的主力是"80后""90后""00后"，他们有着极强的购买力，还有求新求异的消费理念，更易接受、尝试新鲜事物，每年产生2000亿美元的消费额。同时，从滑雪者人群性别分析，女性滑雪者的数量正在逐步增多。据不完全统计，千禧一代的女性代表了一个价值1700亿美元的市场，直接控制影响了全国消费的85%。消费结构和消费方式的巨大变化，将进一步推动滑雪赛事活动的发展。

5. 科技层面

近年来，"智能体育""科技体育"概念悄然风靡，旨在将体育器材与健身器材数据化、网络化、智能化、大众化、娱乐化，将虚拟网络游戏实体化。智能体育装备以物联网的方式，实现对传统行业的变革。

中国有较为完善的基础设施和互联网基础，截至2017年12月，国内网民规模达7.72亿。基础设施如网络带宽、物联网、5G等快速发展，互联网商业模式不断创新，线上线下服务融合加速以及公共服务线上优化步伐加快，成为网民增长的动力。"互联网+"模式更是深入民众生活的方方面面，超过5亿民众使用网购、用手机支付，重度依赖网络、手机已经成为消费人群画像基本特征。

智能科技在赛事中一直在发挥作用。众多新兴高科技技术发展迅速，如基于三维建模的体感控制、虚拟现实、增强现实、电子陀螺仪、各种传感器、高速数字处理芯片和激光电视等技术的诞生都为智能体育的发展奠定了坚实的基础。根据摩尔定律，科技每四年发生巨变，比如刚刚结束的2018俄罗斯世界杯，VR技术的成熟让天涯海角的球迷有了"莅临现场"观看比赛的福气。BBC用VR来全程直播世界杯的33场赛事，观众可以选择"在最靠场地的位置"或是"豪华包厢俯瞰"两种视野来观赛。2018年世界杯还增加了一项新技术——VAR即Video Assistant Referee（视频助理裁判）。据报道，VAR技术在判定球员越位的问题上，能够做出100%的正确决定。

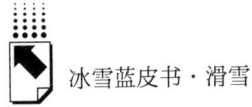

而在 2020 年的东京奥运会，人工智能将进一步介入裁判系统。国际体操联合会（FIG）计划引进人工智能技术来提升 2020 年东京奥运会评分系统。据称，该产品将使打分更容易，还可以协助教练和运动员进行训练。

滑雪赛事中，这些新科技的应用也无处不在。从场地来说，目前，部分雪场引进智能系统，包括信息设施系统、建筑设备监控系统、安全技术防范系统（SPS，包含视频安防监控系统、高级道录像抓拍系统）等应用，提升了客户的体验，也提高了比赛的公平性。从参赛人员角度来说，当滑雪者和滑雪板准备参加比赛时，他们通常难以提前进入比赛路线，但是美国滑雪和单板滑雪队正在做一些与以往不同的事情，在比赛之前使用虚拟现实技术多次查看路线。得益于囤雪技术的发展，人们可以在 20 度的艳阳中踏雪街头。旱雪技术的发展和模拟器的应用，也进一步吸引了更多的大众特别是青少年参与冰雪运动。

（四）重点企业分析

1. 永乐体育

永乐体育隶属于永乐文化集团，成立于 2003 年，是一家以"体育+泛娱乐"为核心理念，引领年轻人全新时尚生活方式的专业体育公司。公司以赛事为基础，以运动联盟 APP 为核心，业务向培训服务、产品零售以及体育经纪方向延伸。该公司目前规划完成京津冀青少年夏季滑雪挑战赛、中国大众滑雪技术大奖赛、橙子体育公园、延安国际滑雪场、崇礼翠云山银河滑雪场等一系列的国内大众体育项目 IP 的开发。

永乐体育、大连市滑雪协会、张家口滑雪协会联合主办的中国大众滑雪技术大奖赛（简称"大技赛"），已成为目前国内规模最大的大众滑雪赛事之一，目前已成功举办三届。第三届大技赛在赛程赛制上也进行了全面调整与升级，从 2017 年 12 月 9 日至 2018 年 3 月，横跨整个雪季，覆盖北京、天津、河北、黑龙江、吉林、新疆、甘肃、湖北、浙江、安徽、河南、陕西等 12 个省（自治区、直辖市）。为了规范大众滑雪技术、提升滑雪者对自己滑雪水平的认识，为"三亿人参与冰雪运动"提供安全保障，第三届大技赛组委会在参考了各国滑雪标准和体系的基础上，协同哈尔滨体育学院及国内有关专家学者，共同制定了《大众滑雪技术等级评定实施方案》。

在前两届的基础上，第三届大技赛将"比赛+跨界"理念贯穿始终，打破"雪圈"的固有概念，通过美食、音乐、亲子、跑步以及街舞等活动，形成跨平台多维度复合社交，打造全新滑雪生活方式，进一步吸引大众人群及其他运动爱好者参与，真正实现人群全面覆盖。无论是初学者还是发烧友，均可一展身手。永乐体育希望通过赛事，为全国滑雪爱好者搭建一个技术交流的平台，检验中国大众滑雪技术水平，力求发现、培养和储备冰雪运动人才，营造浓厚的"全民健身迎冬奥"氛围，为筹办2022年冬奥会贡献力量。

2. 泰瑞智杰

北京泰瑞智杰体育产业有限公司成立于2007年，2009年开始承办及运作大型运动及滑雪类赛事活动、媒介公共关系和广告代理，合作运营各种国家级及国际级大型滑雪赛事活动，并与各类户外运动俱乐部、品牌商保持良好的合作关系，宣传和推广国内户外运动市场的发展情况，是中国精英滑雪联赛的缔造者。在2017~2018雪季，公司共举办14场高规格比赛，比赛人数超过10000人，成为中国滑雪协会指定合作伙伴。

中国精英滑雪联赛是目前国内规模最大的大众滑行赛事，比赛方式主要是滑行，为广大滑雪者提供专业的滑雪体验，覆盖人群范围较广，从儿童到老年涵盖几个不同年龄段。赛事形式多样，2017~2018雪季，泰瑞智杰打造的赛事项目有回转赛、追逐赛、儿童赛、刻滑赛、障碍赛、定制赛等形式。

目前，公司已经与14个雪场建立合作关系，并与松花湖、北大壶、万龙、富龙等几大雪场共同推出了"智能雪道"。在智能雪道上滑雪，雪友可在PC端和手机端查询自己的滑行时间、下载滑行录像。得益于智能雪道的启用，已经举办多年的中国精英滑雪联赛实现了全面升级。

3. 北京诺迪维管理顾问有限公司

北京诺迪维管理顾问有限公司的前身是1998年在北京投资设立的帕克

维特公司，诺迪维发源于瑞典。该公司前期主营定向越野比赛，后期随着赛事种类的增多，为树立更鲜明的企业形象，自2004年开始，该企业更名为诺迪维，主要承办越野滑雪、自行车、跑步、铁人三项以及定向越野等各类职业赛事和群众体育赛事。

从1999年长城嘉年华开始，诺迪维不断设计自创赛事品牌。十余年间，诺迪维始终秉承"因地制宜，打造经典"的理念，通过赛事，推广健康的生活方式，创立并推广了十余个国内经典IP赛事。帮助举办地培养了运动文化氛围，创造了大量的赛事商业消费，成功提升了举办地的旅游知名度与旅游配套服务，在普及大众越野滑雪运动方面，做出了积极贡献。诺迪维承办的经典赛事有国际雪联越野滑雪中国巡回赛、中国长春瓦萨滑雪节、中国香格里拉国际铁人两项挑战赛、长春净月潭森林马拉松、Tough Viking北欧障碍赛、长春净月潭森林山地车马拉松、七彩云南格兰芬多国际自行车节。其中，国际雪联越野滑雪中国巡回赛为欧洲顶尖运动员和中国运动员搭建了非常良好的沟通平台。瓦萨滑雪节更是于2014年纳入世界罗佩特组织，2017年成为世界顶尖长距离越野滑雪赛经典滑雪赛的一站，紧接着被国家体育总局和国家旅游局评为首批国内精品体育旅游赛事。在诺迪维承办的跑步赛事中，铁木真草原马拉松曾被CNN赞誉为"亚洲最美的十大赛事之一"，也在2017年被中国最著名的跑步APP悦跑圈评为最受欢迎的三大马拉松赛事之一。长春净月潭森林马拉松则被跑友称赞为"中国最美的森林马拉松"。

目前诺迪维所承办的赛事已经做到了职业赛与商业赛并行——涵盖专业运动员和业余爱好者。而广泛的赛事类别，冬季与夏季赛事兼顾则让诺迪维的粉丝们能从春暖花开玩到白雪皑皑。

4. 香蕉体育

香蕉体育成立于2015年9月，是一家主要从事体育赛事组织、策划及其他相关业务的公司。香蕉体育以高端赛事为定位，具备国际顶级赛事独立运营经验与国际资源。2016年2月，香蕉体育正式进军冰雪产业，在万达长白山滑雪场创建举办了自主赛事单板滑雪"香蕉公开赛"。

目前，香蕉公开赛已经正式通过世界单板滑雪巡回赛认证，赛事等级为国际级。同时香蕉公开赛将成为中国目前唯一的国际级单板滑雪赛事，更将成为亚洲最高级别的 Slopestyle 单板滑雪赛。香蕉公开赛已成功举办两届，百度搜索量超 190 万次，相关话题讨论超 650 万。

2017~2018 雪季，香蕉公开赛参赛人员少，但参赛人员水平高，共吸引了 20 多名国际顶级选手参赛，CCTV5 + 针对其 IP 进行了赛事转播，覆盖人群及体育新闻报道覆盖人群超 4 亿人。

5. 华录体育

2015 年 6 月，华录百纳成立华录体育，筹划布局体育产业，斥资 3405 万元入股北京欧冠篮体育产业发展有限公司，从而获得了 15 年欧洲篮球冠军联赛中国地区的独家经营权；与河北省达成冰雪产业方面的合作，包括打造融合极限冰雪赛事、冰雪音乐节、演唱会、旅游文化节等于一体的"极限冰雪嘉年华"。

华录体育之前的业务布局，提出"IP3.0 模式"，即体育媒体运营模式，与领先的媒体平台战略合作发展体育传媒业务，布局体育人群，发展衍生业务，抢占体育产业的制高点。但体育方面的投入并未带给华录百纳预期的收益，2016 年财报显示，华录百纳体育赛事运营项目在累计投入 1.23 亿元的情况下，报告期的实现效益却只有 90.50 万元；在 2017 年上半年财报中，华录百纳对体育项目的投资仅收到 64 万元的收益。赛事业务从辉煌到衰落，仅仅用了 2 年的时间。

体育赛事的布局需要一个长周期的培育，需要保持耐心。华录体育应该依托上市公司的媒体资源、客户资源、娱乐资源和资本平台，在体育业务板块稳步经营，加强赛事的营销与运营能力。

（五）赛事市场发展趋势

1. 监管助推，打造规范赛事

近年来，体育产业高速发展，相关赛事活动逐步增多。但赛事活动的市场乱象也随之产生。随着《关于进一步加强体育赛事活动监督管理的意见》

的出台，体育赛事活动监管已迈进一个新的发展阶段。赛事监管旨在进一步规范各项体育赛事活动，促进各项体育赛事活动更加专业有序，保证赛事活动参与者合法权益，确保各类体育赛事活动持续健康发展。

随着监管政策的相继出台，诸多赛事公司正在经历洗牌。以作为先头兵的马拉松来说，广马、杭马相继易主，这有两方面原因。一方面，对体育赛事活动的监管之前有过类似文件，只是这次上升到一个新的更高的层次。另一方面，对赛事活动监管也是制定行业规范的过程。一个良好的市场一定是在规范、完善的规则、制度上建立起来的。

2. 科技助智，逐步打造智能化赛事

有了智能化设备、智能化赛道，必然迎来智能化赛事。近年来，很多企业将物联网、大数据等技术应用于赛事领域。2018年阿里体育以4年超过1亿的价格获得2018~2021年杭州马拉松独家运营和市场开发权，新周期的杭马正式启动。杭马的易主给杭马也带来了新的机遇，主要变化之一就是用科技给选手创造更好的赛事体验和安全保障。

随着生活水平的提高，冬奥效应的继续发酵和冰雪运动的不断普及，老百姓在冰雪领域的支出将大幅增加。同时，智能冰雪装备的成本也在逐步下降，这将进一步带动大众滑雪的热情，促进冰雪领域物联网技术的成熟，拉动相关产业健康发展。

中国滑雪赛事将进入以质量和效益提升为核心的发展新阶段。坚持效率改进、质量提升和创新驱动，通过"智能赛道＋智能设备"提高赛事运营质量和效率，打造智慧化赛事是赛事运营服务企业的发展方向。

3. 绿色助力，逐步打造节约化赛事

在国内经济深度转型、居民环境意识高涨的新背景下，绿色越来越受到重视。2022年的北京冬奥会成功申办，习近平同志多次强调，要坚持绿色办奥，提升全社会环保意识，加强环境治理和污染防控，把绿色发展理念贯穿筹办工作始终。北京冬奥组委与阿里云联合打造北京冬奥云数据中心，该中心利用风能、太阳能等清洁能源提供源源不断的计算力，带给我们绿色奥运的体验，被称为世界级绿色数据中心。目前风电装机容量达233万千瓦以上、签约光伏开发总规模达 14 万千瓦、年风电光伏发电量达 60 亿千瓦时，做到了清洁能源利用 100%。

大型体育赛事的吸引力会让越来越多的企业加入合作伙伴的行列，合作企业不仅是品牌赞助商，还要从事赛事服务、赛事设备、赛事场地、赛事传播、赛事运营等全方位绿色保障工作。如金风科技绿色电力助力下的绿色马拉松，首创置业参与打造的绿色生态密云马拉松赛事。

滑雪赛事是一个生命线很长的产品，但由于滑雪运动的群众基础相对薄弱，培育初期需要很大的耐心。相关企业应根据实际布局发展战略，让更多的滑雪赛事走近大众生活，让更多的赛事起到为群众创造更多更美好滑雪体验的作用，为实现"三亿人参与冰雪运动"目标做出贡献。

热 点 篇
Hot Reports

B.3
滑雪特色小镇空间格局及 发展趋势分析*

摘　要： 北京接棒冬奥会已经证明了国内具备相应的自然条件，除此之外，相关基础设施将迎来一轮升级，相关产业的发展也将被拉动，而这其中备受瞩目的，当属以"滑雪"为主题的休闲文旅型特色小镇。本报告通过研究滑雪特色小镇的发展历程、影响因素，总结国外典型滑雪特色小镇发展经验，探索滑雪特色小镇的空间分布格局及未来发展之路。

关键词： 滑雪特色小镇　影响因素　空间分布

---

* 本报告由中雪众源（北京）投资咨询有限责任公司赵薇女士主笔编写。

一 特色小镇的概念

特色小镇是相对独立于城市地区，具有明确产业定位、文化内涵、旅游功能和社区特征的发展空间载体，是实现生产、生活、生态融合的未来城市发展方向[①]。它既有特色产业，又是一个宜居宜业的大社区。它既有现代化的办公环境，又有宜人的自然生态环境、丰富的人性化交流空间和高品质的公共服务设施[②]。它是地区发展过程中某类特色元素的聚集区（或居民点），试图用最小的空间资源达到生产力的最优化布局。在这样的地区，产业是支柱，文化是内核，旅游是生活，社区是归属。

一般来说，特色小镇是小城镇的核心聚集区，小城镇的其他地区是特色小镇的腹地。城镇化的具体实施进程以特色小镇为起点，逐步向外推进，最终促使整个建制镇地区实现美丽小城镇的发展目标。特色小镇将是中国城乡经济发展的下一个风口。

二 滑雪特色小镇的概念

特色小镇建设已成为中国经济的新热点。2022年北京、张家口联合承办冬奥会，让国内冰雪产业迎来发展良机，滑雪特色小镇也无疑成为一大热点。

滑雪特色小镇区别于其他休闲小镇，滑雪特色小镇以雪地资源和气候资源为依托，以滑雪文化为内涵，是一个旅游休闲和体育运动相结合的项目，是一个"产、城、人、文"四位一体、有机结合的功能平台，是一个融合产业功能、文化功能、旅游功能和社区功能的城镇地区，是一个以滑雪旅游为核心的旅游产业集聚区（或居民点）。

[①]《详解特色小镇产业规划三大路径》，http://www.sohu.com/a/213827480_99924606。
[②]《国家发改委权威发布特色小镇建设标准》，http://www.sohu.com/a/125918998_475962。

三 国内滑雪特色小镇的创建之路

2016年7月1日,住房和城乡建设部、国家发展改革委、财政部三部委联合发布了《关于开展特色小镇培育工作的通知》,我国特色小镇项目获得了来自顶层设计的扶持。2017年5月11日,国家体育总局办公厅下发了《关于推动运动休闲特色小镇建设工作的通知》,正式启动了运动休闲特色小镇建设工作。在2022北京冬奥机遇的推动下,企业家、投资人纷纷将目光投向以滑雪为主题的特色小镇,滑雪特色小镇项目因而进入白热化发展状态,北京周边以及东北地区发展冰雪特色小镇的消息也日益增多。这个格局的形成大致经历了三个相对漫长的演进过程。

(一)1996~2000年——滑雪产业滥觞阶段

- 亚布力风车山庄滑雪场的建成,意味着国内滑雪运动开始由竞技滑雪领域转向大众滑雪领域,标志着中国滑雪产业的诞生。
- 依托于东北、华北以及西北地区的丰富冰雪资源,滑雪运动在三大区域渐次展开,其中黑龙江省处在引领地位。

(二)2000~2010年——滑雪产业初期发展阶段

- "北雪南移"战略显现,京畿滑雪产业开发提档升级。
- 全国范围内中小型滑雪场在区域性消费中心城市如雨后春笋般发展起来。

(三)2010年至今——滑雪产业快速发展阶段

- 2013年10月中国政府正式向国际奥委会递交2022年办赛申请,滑雪产业快速发展的时代来临。
- 滑雪场数量增加,滑雪区域进一步扩大。
- 由传统意义上的滑雪场开发转向滑雪度假区或滑雪小镇开发(如吉林长白山和松花湖区域、河北崇礼区域)。

四　国内滑雪特色小镇发展的基本要素

对于项目来说，具备一定的建设条件是投资项目实现预期目标，取得预计经济效益的保证，也是决定项目取舍的重要因素。创建以"滑雪"为核心的特色小镇时必须要考虑以下几个核心要素。

（一）宏观运行环境评估

项目所在地的宏观经济环境、政策环境、法律环境、社会环境、区位环境、建设环境、发展环境等方面共同组成了宏观运行环境。

1. 宏观经济环境

宏观经济环境是指项目所在地的经济现状和发展变化趋势，它是项目赖以生存的基本条件之一。可通过项目宏观环境评估对项目运行的宏观条件作出基本的判断和评价。

2. 政策环境

政策环境是指各个与项目相互联系、相互作用所形成的项目运行的政策支持体系，主要包括财政政策、货币政策、产业政策、区域经济发展政策等方面。项目政策环境评估就是对项目运行的政策支持体系进行全面分析，通过评估与项目相关的政策对项目运行的影响，明确项目所处政策环境对项目投资的利弊[1]。

3. 法律环境

法律环境是指各种与项目相关的法律制度体系。法律环境评估就是对与项目运行有关的各种法律、法规和司法行为进行全面分析与评估。

4. 社会环境

从某种意义上讲，一定时间、空间的社会文化状态会决定这一特定时空条件下的项目行为。项目社会文化包括文化影响因素、舆论影响因素和社区

---

[1] 周春喜：《投资项目评估》，浙江大学出版社，2010。

影响因素等，对项目的成败起着关键作用。社会文化评估就是分析和评价上述三因素对项目的影响，目的在于评估项目是否适合在某个社会文化环境中运行。

5. 区位环境

滑雪场区位环境包括区位优势度和交通优势度。据统计，滑雪场辐射的1000公里的范围内，最终会有8%~12%的人口成为滑雪者。以滑雪场为中心，滑雪场的影响范围以300公里、500公里为半径梯次减弱。

6. 建设环境

建设环境具体包括人工造雪（气候与经济条件）、基础设施建设水平、符合滑雪条件的天数、滑雪道的连贯性、林地开垦成本、地表植被恢复成本等指标。通过项目建设环境评估，能够保证项目的设立有较可靠的物质基础。

7. 发展环境

发展环境包括雪场建设空间潜力、土地可开发度、滑雪旅游产业重要性、周边环境艺术效果等指标，如空间布局与周边自然环境协调，整体格局和风貌具有典型特征，路网合理，建设高度和密度适宜，土地利用集约节约，小镇建设与产业发展同步协调。

（二）自然环境评估

自然环境主要是指项目所在地的气候条件、地貌条件、生态条件和自然灾害频度与强度等方面。

1. 气候条件

气候条件具体包括降雪量、低温起始时间、低温天气天数、低温天气风速、最冷月平均气温等指标。论气候条件，东北、华北和西北三大区域适合选址，大部分地区雪季可保证四个月左右的时间。

2. 地貌条件

地貌条件具体包括山地海拔高度、落差、坡度、坡向等指标。论地貌条件，东北、华北和西北三大区域多有浑厚圆润的山地，且体量大、坡面连续完整，亦适合选址。

3. 生态条件

生态条件具体包括林地覆盖率和生态系统的脆弱度等指标。从土地质量、土地生态监测角度评价分析土地生态环境敏感性，找准土地利用与生态环境建设之间的动态平衡点，确保基础生态用地规模和布局的科学性与可行性，对生态环境脆弱区土地资源进行合理开发和有效保护，从而实现土地资源可持续利用。

4. 自然灾害频度与强度

自然灾害频度与强度具体包括地质灾害频度和水土流失强度等指标。评估自然灾害风险的潜在可能性，了解不同尺度下的自然灾害风险分布，区分高、低风险区，可为滑雪场选址提供科学的依据。

五 滑雪特色小镇的产业空间组织

城镇是地区经济发展到一定阶段后，以聚集优势而存在的一类特殊区域。每个城镇都有自己特定的腹地做支撑。城镇与腹地之间进行着要素流动，从而维持城镇不断聚集创新要素并向更高级城市演化。地区内部存在不同规模的城镇，在空间上行成一定的梯度。

总体来看，规模越大城市越高端，主导产业也越高端，优质要素也就沿着规模等级不断向上级城市流动，从而形成区域内的城镇等级体系。因而，不同等级的城镇之间也依次以腹地形式而存在，小规模的城镇处于大规模城市的下方。一般而言，小规模等级的城镇就是大规模城市的腹地。这样，除了地区内的首位城市，其他规模的城市都作为上一级城市的腹地而存在，这样的联系被称为城镇之间的纵向联系。城镇规模等级体系是由纵向联系与横向联系组成的网络关系。随着城镇之间的这种网络关系的复杂化，在特定地区又被称为城市群。因此，城镇从来不是孤立存在的，而是与腹地之间、与多层的上级城市以及横向的多个城镇之间，存在着唇齿相依的关系。因此，作为城镇体系的组成部分，小城镇也绝不是孤立存在的。

在这样的城镇网络结构中，中国滑雪特色小镇的格局以其独有的脉络，逐步构建出一幅山地度假的图像。

（一）全国滑雪场分布情况

表1　2017年全国各省（自治区、直辖市）滑雪场数量以及新增数量

单位：家

排序	分区	省份	2017年滑雪场数量	2016年滑雪场数量	2017年新增滑雪场数量
1	东北	黑龙江	124	122	2
2	华东	山东	61	58	3
3	西北	新疆	59	57	2
4	华北	河北	58	46	12
5	华北	山西	45	42	3
6	华中	河南	42	41	1
7	东北	吉林	41	38	3
8	东北	辽宁	37	35	2
9	华北	内蒙古	37	33	4
10	西北	陕西	31	27	4
11	华北	北京	24	24	0
12	西北	甘肃	20	16	4
13	华东	浙江	18	18	0
14	华东	江苏	15	13	2
15	西南	重庆	14	11	3
16	华北	天津	13	12	1
17	西北	宁夏	12	11	1
18	西南	四川	11	11	0
19	西南	贵州	10	6	4
20	华中	湖南	8	7	1
21	西北	青海	7	7	0
22	华中	湖北	7	5	2
23	华东	安徽	3	1	2
24	西南	云南	2	2	0
25	华南	广西	2	1	1
26	华东	福建	1	1	0
27	华南	广东	1	1	0
合计			703	646	57

（二）国内滑雪小镇重点开发区域

表2　国内滑雪小镇重点开发区域

河北	河北滦平金山岭国际滑雪旅游度假区
	泛崇礼滑雪大区
北京	北京延庆小海陀滑雪度假区
黑龙江	黑龙江亚布力
吉林	吉林北大壶
	吉林通化滑雪度假区
内蒙古	内蒙古阿尔山
	内蒙古岱海国际滑雪场
	内蒙古扎兰屯
	内蒙古美林谷滑雪度假区
新疆	新疆阿勒泰国际滑雪大区
	新疆丝绸之路滑雪度假区
青海	青海大通蓝雀山度假区
陕西	陕西太白鳌山滑雪度假区
甘肃	甘肃永登吐鲁沟度假区
宁夏	宁夏泾源六盘水国际滑雪度假区

（三）中国滑雪大区分布

1. 崇礼滑雪大区

自1996年崇礼第一家滑雪场建成，崇礼的滑雪旅游业至今已发展了20年。20年以来，崇礼依托自然资源优势和市场区位优势，大力发展以滑雪旅游为主导的旅游产业，全力打造"国际滑雪基地"的旅游品牌，已经逐步形成了以滑雪旅游为核心的旅游产业集聚区，成为集运动、度假、观光、休闲、商务等多种功能于一体的区域性综合旅游度假胜地。

2. 吉林滑雪大区

东北三省是国内最早开展冬季运动的区域。1957年，吉林省通化市举办中国第一届滑雪运动会。2007年，吉林省长春市举办了第六届亚冬会，其中雪上项目在北大壶滑雪场举办。吉林省与阿尔卑斯等世界滑雪胜地处于同一纬度，自然条件优越，是滑雪度假区黄金分布带。吉林省首创冰雪产业发展目标体系、产业组织架构和相关保障措施，开创性地提出冰雪全产业链，树立了吉林冰雪产业发展的全新目标，吸引桥山、万科、万达等大型企业，打造了以吉林桥山北大壶、万科松花湖、万达长白山为代表的冰雪旅游高端度假区。

3. 黑龙江滑雪大区

黑龙江亚布力区域是中国现代大众滑雪的发源地，为中国滑雪产业提供了弥足珍贵的经验。1996 年风车山庄（亚布力阳光度假村的前身）开业，标志着中国进入大众滑雪时代。亚布力新体委滑雪场（俗称大锅盔）为第三届亚冬会与世界大学生冬季运动会举办地，可承接国际高级别滑雪赛事。2015 年，亚布力区域首次实施三山联网工程，借力"联网效应"打通雪道、提升人气、拉动住宿餐饮，促进滑雪产业发展。

4. 新疆滑雪大区

新疆地区凭借丰富的冰雪资源，滑雪产业蓬勃发展。截止到 2017 年底，新疆共有滑雪场 59 家，居全国第三位。新疆滑雪场科学的规划与配置，使其快速跻身中国优秀滑雪大区行列。第十三届全国冬运会高山滑雪项目的举办，催生了一批世界级竞赛场馆，也为新疆滑雪产业发展带来新的机遇，推动冰雪旅游业的迅猛发展，促进"冷资源"向"热经济"的成功转变。

六 国内外著名滑雪特色小镇经验借鉴

（一）中国崇礼：从山地运动到山地度假生活

在平昌冬奥会落下帷幕之时，"北京 8 分钟"的表演将闭幕式推向高潮，向世界发出了"相约北京"的热情邀请。随着中国接过奥运会的会旗，冬奥会正式进入北京时间。而这其中备受瞩目的，当属以"滑雪"为主题的特色小镇——崇礼。

张家口市崇礼区于河北省西北部,地处内蒙古高原与华北平原过渡地带,总面积224.4平方公里,山地资源丰富,气候条件适宜。

1. 崇礼区域滑雪场集群化发展历程

(1) 集群的初起(1996~2002年)

塞北滑雪场于1996年由几个自然人(包括滑雪指导员、运动健将、全国第一位滑雪冠军、中国第一位世界滑雪冠军等专业人士)一起选址并融资兴建,投资金额约10万元。

1997年翠云山滑雪场由张家口广电局与崇礼合作开发兴建,投资金额约为500万元。

(2) 集群的渐成(2003~2007年)

2003年,张家口万龙旅游运动有限公司在崇礼红花梁开始进行开发建设,启动资金为3000万元。

2003年,河北省体育局投资建设长城岭滑雪场,启动资金为2600万元。

2006年,世界知名滑雪设备供应商莱特纳(LEITNER)公司与意大利现代化滑雪区运营商多乐美地(DOLOMITI)集团入驻崇礼,携手新建第一家外资滑雪场——多乐美地,投资1亿元。

(3) 集群的浅成(2008~2017年)

马来西亚卓越集团、瑞意集团、河北旅投、富龙控股等战略投资商进驻崇礼,开始动工兴建云顶滑雪场、太舞滑雪场、银河滑雪场及富龙滑雪场等项目;2017年万科集团进驻崇礼,开始筹建瀚海梁项目;为备战2022年冬奥会和加强中国冬季运动竞技能力,国家体育总局计划在崇礼建设国家训练基地。这个毗邻京津的小镇,正在塑造新的产业发展格局。

截至目前,已经建成了云顶、万龙、太舞、富龙、多乐美地、翠云山、长城岭7家滑雪场;建成雪道共计133条,其中8条雪道通过国际雪联认证,雪道长度合计达136.6公里;索道、魔毯、拖牵等提升设备56条,总长度为31.1公里。

2. 崇礼区域滑雪产业化效应①

从图1崇礼区城镇居民人均可支配收入变化情况，图2崇礼区域滑雪旅游接待游客量及滑雪旅游收入变化情况，图3崇礼区年度第三产业生产总值变化情况可以看出，滑雪旅游已成为崇礼的立区产业，以滑雪为主的旅游业对其经济和社会发展起着举足轻重的作用。

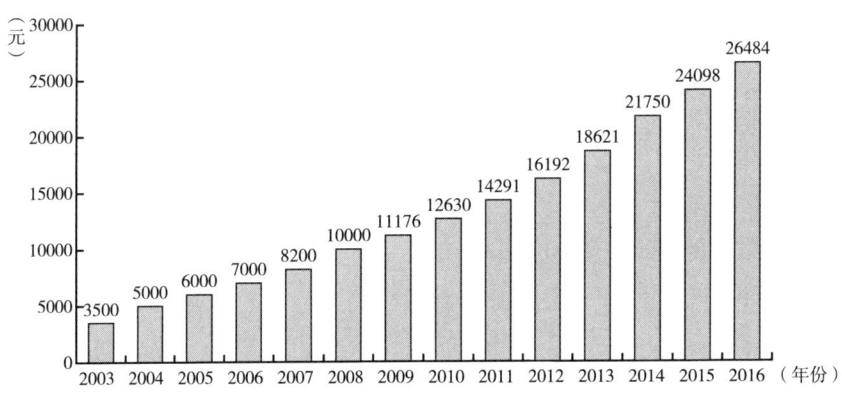

图1　崇礼区城镇居民人均可支配收入变化情况

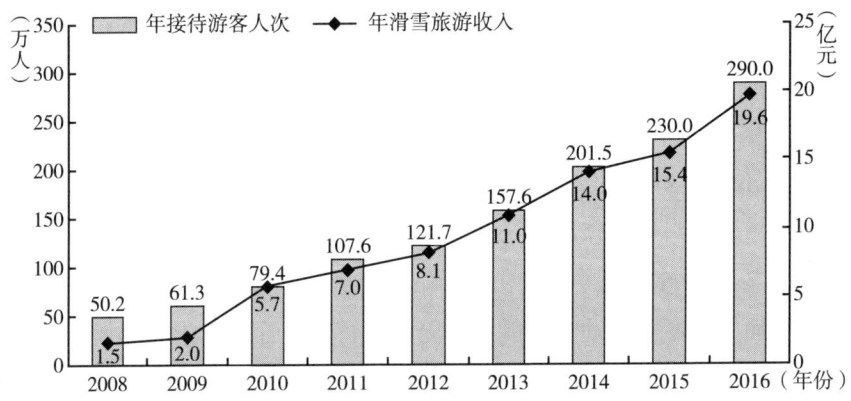

图2　崇礼区滑雪旅游接待游客量及滑雪旅游收入变化情况

---

① 本小结相关数据与图表来源于伍斌、魏庆华《中国滑雪产业白皮书（2017年度报告）》。

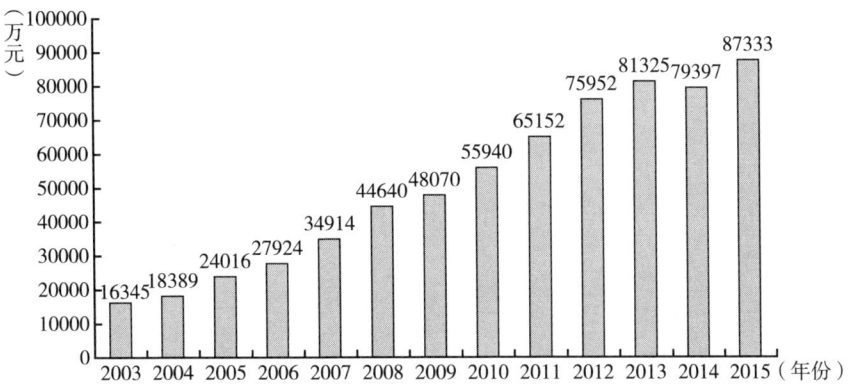

图3 崇礼区年度第三产业生产总值变化情况

在市场和政府推动的双重利好下，崇礼旅游品牌的影响力逐年攀升，荣获"中国县域旅游之星十强"等称号，成功入选中国国际特色旅游目的地创建名单。崇礼冰雪运动线路获评2015中国体育旅游十佳精品线路。

3. 特色小镇的形成因素总结

（1）自然条件优越

自然条件优越，主要体现在六个方面。一是山地资源丰富，森林覆盖率高。崇礼境内80%为山地，森林覆盖率高达54.9%。二是雪期长。崇礼于每年10月中旬左右开始降雪，11月初即可开滑，一直持续到次年4月初，雪期长达150多天。三是雪质雪量有保障。崇礼雪季期间降水量较为均匀，根据近10年的数据，崇礼雪季累计降水量达到514毫米，而年均降雪厚度则达到1米以上。四是温度风速适宜。崇礼夏季平均气温仅为18.4℃，冬季平均气温-12℃，平均风速仅为二级。五是山地条件优越。崇礼境内多为中低山脉，海拔从814米上探至2174米，且地形坡度适中，多在5°至35°。六是空气质量高。空气中负氧离子浓度可达10000个/m³，比城市居民区高出10倍，是长江以北空气质量排名榜首的京都后花园。

（2）文化底蕴深厚

崇礼自古就是汉蒙回满等多元文化交汇之地，因儒家核心思想"崇尚礼仪"而得名。崇礼境内有秦、燕、明等不同时期长城环绕，有与丝绸之路、茶马古道齐名的张库大道，保留了太子城、响铃寺、棋盘梁、辽代古墓群等丰富的古迹。

（3）地理区位优越

崇礼距离张家口 40 公里，距北京 220 公里，距天津 340 公里。

（4）交通条件便利

张承高速和省道张沽线纵贯崇礼全境，北京至崇礼全程高速直达，仅需两个半小时，规划建设的延崇高速通车后，北京到崇礼的路程将比现有路程缩短一半。京张城际铁路已开工建设，张崇轻轨已开工建设，崇礼将融入北京一小时经济圈。此外，张家口军民合用机场已经通航，初步开通石家庄、上海、广州、西安、成都、海口 6 条航线。便捷的高速、铁路、航空，将使京张两地几近同城化。

（5）社会大资本的拉动

马来西亚卓越集团、富龙控股、瑞意投资、河北旅投、万科等多投资主体的参与，战略商的进入，使崇礼成为以滑雪旅游为核心的旅游产业集聚区，且不断地提档升级。

（6）市场消费升级的驱动

根据国际经验，当人均 GDP 超过 8000 美元这一水平时，体育健身将逐渐成为国民经济的支柱型产业。而最新数据显示，2017 年国内人均 GDP 达到 9481 美元，体育特色小镇将成为中国体育产业发展的新动力。中国体育消费已经迎来爆发期，"体育+旅游"成为社会一大消费趋势。

（7）冬奥会申办和筹办的推动

崇礼作为 2022 年冬奥会雪上项目主要赛场之一，规划承担冬奥会雪上项目 2 个大项、6 个分项、50 个小项的比赛。其中，负责越野滑雪、跳台滑雪、冬季两项三个冬奥项目的冬奥会北欧中心越野滑雪场、北欧中心跳台滑雪场、冬季两项中心将在此落成，届时将与万龙、富龙、云顶等滑雪场组成国内最大的雪场集群。规划到 2020 年，建设雪道 228 条近 500 公里，索道 84 条 99 公里，星级酒店将达到 20 多家、农家旅馆 300 多家，日接待能力可达20000多人次，年接待游客突破400万人次，各种滑雪旅游、森林观光、度假疗养等服务设施将一应俱全。

（二）瑞士达沃斯：著名疗养地、运动度假胜地、国际会议集中地

达沃斯（Davos）小镇位于瑞士东南部格里松斯地区，隶属格劳宾登州，坐落在一条17公里长的山谷里，靠近奥地利边境，它是阿尔卑斯山系最高的小镇。海拔1560米，人口约1.3万。常住人口虽少，但这个小城年平均游客接待量可达230万人次，游客来自世界各地。

1. 达沃斯小镇的历史沿革

（1）19世纪：疗养胜地

欧洲的滑雪场有着悠久的历史，文化底蕴深厚。旅游目的地起源于153年前，当时英国出现了很多肺结核病人，他们来达沃斯疗养。那个年代，肺结核这种病在全世界都是非常流行的，很多人由于肺结核病而死亡。一个德国的医生研究出达沃斯空气干燥特别适合这些肺结核病人疗养，对于肺结核病人来说是最理想的自然环境。这个医生就在达沃斯开了一些非常高端的疗养所，一些贵族就来达沃斯疗养。高峰期时候，能达到150万的过夜人次。疗养期间，家人、朋友也会到达沃斯来探望，为了让家人们有一些娱乐项目，他们开始修建酒店，各种娱乐设施等。

（2）1877年：欧洲最大的天然冰场建成

1877年，欧洲最大的天然冰场在达沃斯落成，这里成为世界顶级选手的训练基地。此外，达沃斯还建有一座冰雪体育馆，其也是著名的国际赛事举办地。

（3）1900年后：发展休闲旅游，完善设施建设

游客大多因为休闲和体育运动来此，达沃斯也因此建设了许多相关设施：世界第一条雪橇道、第一条滑雪索道、第一个高尔夫球场等。在接下来的几十年里，达沃斯根据消费者的需求不断更新着自己的场地设施，达沃斯小镇成为人们冬季旅游的热门目的地。冬季旅游的快速发展也反哺了夏季旅游的成长，达沃斯很快成为一个全年旅游胜地。

(4) 1969年：达沃斯会议中心建筑部分建成

这个时间节点是达沃斯迈向新领域的一个标志性开端。从那以后的40年中，达沃斯承办的世界大型会议越来越多，使得一些世界知名会议把这里当成固定地点。其中最著名的是世界经济论坛（WEF），自1970年以来举办地都未发生变动，始终在达沃斯。

2. 达沃斯小镇的定位

(1) 运动度假胜地

达沃斯是国际冬季运动中心之一，各项大型冰雪体育赛事汇聚于此，如世界锦标赛（花样滑冰、速度滑冰、冰球、滑雪、阿尔卑斯滑雪、跨国滑雪）等各项体育比赛。

此外，达沃斯是世界十大滑雪胜地之一，拥有欧洲最大的高山滑雪场和欧洲最大的天然溜冰场，冬天可以在此参与滑雪、滑冰等丰富多彩的活动。

(2) 疗养胜地

达沃斯是阿尔卑斯地区空气质量最高的地方，可谓是欧洲著名的疗养胜地，对人类而言十分宜居。20世纪初，这里设立了治疗呼吸系统疾病的医疗所，对于呼吸器官、呼吸功能存在问题的病人来说，达沃斯是他们调养身体的最佳地点之一。

(3) 国际会议集中地

这个小镇举世闻名，倒不全是因为它是个旅游胜地，而是因为一年一度的世界经济论坛在这里举行。

3. 世界经济论坛

世界经济论坛是一个非官方性质的国际组织，总部设在瑞士日内瓦。其前身是1971年由现任论坛主席、日内瓦商学院教授克劳斯·施瓦布创建的欧洲管理论坛，随着这个论坛在世界上的影响力不断扩大，5年后其把与参会制度改为会员制。1987年，欧洲管理论坛正式更名为世界经济论坛，于每年1月底至2月初在瑞士的达沃斯小镇召开，故也被称为"达沃斯论坛"。论坛的宗旨是探讨世界经济领域存在的问题并促进国际经济合作与交流。随着国际形势的变化，论坛所探讨的议题不再局限于纯经济领域，许多双边和地区性问题也逐渐成为论坛探讨的主要内容。近十多年来，世界上的重大政治、军事、安全和社会事件多在达沃斯论坛上得到了反映，参会者一般是政界、商界、学术界等领域的精英人士。如今，每年在达沃斯举办的300~1500人规模的大型国际会议就有50多个，小型国际研讨会数量则将近200个。达沃斯全年GDP约为8亿瑞士法郎，其中仅国际会议就能给达沃斯带来3亿瑞士法郎的收入。

另外，达沃斯小镇成为世界知名会议中心也带动了当地的基础设施建设，其代表的高端形象也吸引了诸多高端客户。

4. 户外运动

达沃斯小镇的夏季活动主要包括徒步旅行、自行车环游等，而冬季活动则以滑雪、滑冰为主。

小镇内拥有六家滑雪场，分别是Parsenn滑雪场、Klosters滑雪场、Schatzalp滑雪场、Jakobshorn滑雪场、Rinerhorn滑雪场，以及Pischa滑雪场。

Parsenn是6家雪场中规模最大，也是最受社会欢迎的雪场。Klosters是英国皇室的最爱，本地人将此山称为家庭山，滑雪场围绕家庭、儿童设计了丰富的产品，如儿童主题公园等。Schatzalp是最老的疗养所所在地，由于其设施较老，索道比较慢，客流量也不太大，本地人称其成为老山，但是其深受一些老年人喜欢。Jakobshorn是达沃斯小镇的第二大滑雪场，当地人将此山称为快乐之山或者疯狂之山，这里是一些耍酷的孩子们选择的地方，有让他们展示各种技能的公园场地，有很多的酒吧，还有温泉、桑拿等，一些野雪道也在这里。Rinerhorn以家庭为主，也有非常好的野雪道。Pischa是达沃斯最小的雪场，只有一条缆车，没有雪道，全部是野雪道。6家滑雪场雪道累计长度约为300多公里，多条雪道长度超过10公里，最长的雪道有16公里。与之配套的提升设备，如登山轨道车、吊箱、吊椅、拖牵约有50余条。

5. 成功经验借鉴

（1）自然环境造就的欧洲高端旅游产业

这里的自然环境优越，如健康的气候、美丽的风光、恢宏的山脉、连绵的峡谷及辽阔的牧场。

(2)独具魅力的人文生态/文化积淀

这里的人文环境非常吸引人,如世界经济论坛、众多高质量的国际会议及体育盛会等。

(3)产业链的构建与独具匠心的经营管理/市场运作

这里便捷的旅游交通体系和人性化的住宿、餐饮、商业设施,可以为游客提供良好的旅游体验。

(三)总结

不难预见,在现在以及今后很长一段时间里,特色小镇都是我国经济发展的一个重大领域,而以滑雪为主题的特色小镇将是我国运动休闲小镇的一个主要方向。在2022北京冬奥会和顶层设计的推动下,我国以滑雪为主题的特色小镇已取得了阶段性发展,崇礼已成为世界特色小镇平台上的中国名片。但与国际知名滑雪特色小镇相比,以崇礼为代表的我国滑雪特色小镇在各方面仍存在着不小的差距,因此,我国滑雪特色小镇要学习、借鉴国外发展经验,注重文化沉淀、特色凝聚、品牌塑造、服务供给等。

B.4
京津冀地区滑雪场格局演变及经营

摘　要： 近年来我国滑雪行业尤其是京津冀滑雪行业受惠于2022冬奥会契机，得到了快速的发展，孕育了新的产业格局。京津冀地区滑雪场经历了滑雪运动大众参与度较低的早期阶段，临近冬奥周期逐步形成更加广泛和深入的相互竞争、相互补充的高速发展格局，但是我国整体的运动风尚和市场的感召力依旧呈现较为低迷的态势。格局的演进代表了市场综合形势的变化，现阶段滑雪场的运营出现指引不全面、购票环节慢、新老客户服务交叉与干扰、租赁区域服务效率低等问题。应合理规范流程管理，提高租赁区域服务效率，利用科技智能提升服务效率与客户体验，革新运营成本的比重与构成，更好地服务滑雪场经营目标，实现滑雪场的良性发展。

关键词： 京津冀　滑雪场　产业格局

一　京津冀地区滑雪场发展格局演进历史及正在形成的产业格局

2022年北京与张家口冬奥会将近，滑雪场项目进入发展状态，以北京、河北区域为代表的区域滑雪场与主题度假区分布格局演进出新的竞争与互补关系。这源于中国滑雪场行业二十余年的砥砺奋进，更受益于国家经济的持续增长、发展方式的转型与2022年冬奥会的东风。

在过去二十年的时间中，河北崇礼与北京滑雪场先后建设，始终处于既竞争又相互补充的动态平衡中。北京地区、崇礼地区、东北地区以及其他滑雪大国的雪场形成相对明显的级别分化，吸引着不同阶段滑雪爱好者的目光。

2013年前后，冬奥会的申办促使崇礼滑雪场的聚集效应和全国滑雪场的开发速度进一步加快。2017年、2018年，分别以保定涞源七山滑雪度假区和承德滦平金山岭滑雪度假区为代表的京西南方向滑雪目的地和北京东北方向滑雪目的地开始萌芽，簇拥北京、天津的"崇礼—涞源滑雪经济带"与"崇礼—赤城—承德滑雪经济带"最新产业发展格局正在形成。届时北京、天津、廊坊、涿州、保定、唐山、承德、秦皇岛等京津冀重要城市6000多万人口将拥有更加多元化、高水平、高质量的滑雪及山地度假选择，这个格局的形成大致经历了四个相对漫长的演进过程。

第一阶段的肇始得益于崇礼地区丰富的降雪资源和优质的山地环境。这一阶段以1996~1997年雪季华北地区第一家也是国内第一家民营滑雪场——塞北滑雪场在崇礼开业为标志。塞北滑雪场建成之前，国内的滑雪场都集中在黑、吉、辽三省，且以竞技为主。中国早期滑雪行业从业者、时任中国滑雪协会秘书长的单兆鉴先生在积极寻找北京周边能够面向大众的滑雪场的过程中，发现了降雪量丰富、山地坡度合适、自然环境突出的崇礼地区。单兆鉴先生与崇礼的拓荒者、投资人、旅游规划专家、中国大众滑雪行业的开辟人郭敬先生共同开辟了滑雪产业民营滑雪场的先河。塞北滑雪场的成立标志着滑雪运动从资本和参与者两个方面走向民间和大众。塞北滑雪场成立的第二年，翠云山滑雪场开业（现已停业）。1997~1999年，塞北滑雪场和翠云山滑雪场吸引着国内最早期的滑雪发烧友。

第二阶段的发展主要基于靠近消费市场，受惠于人工造雪的技术保障。这一阶段以1999年北京石京龙滑雪场投入运营为标志。石京龙滑雪场作为全国首家引入人工造雪技术的雪场，为日后国内雪场的蓬勃发展开了先河。随后形成了南山滑雪场、军都山滑雪场、怀北滑雪场、渔阳滑雪场、万龙八易滑雪场、天津蓟州国际滑雪场等城市近郊多点发展的格局，极大地方便了市民参与滑雪运动。同时，得益于距离优势，军都山滑雪场、怀北滑雪场、渔阳滑雪场一度开设夜场，吸引北京与天津滑雪爱好者。凭借靠近北京、天津市区客源地的优势，这些雪场逐渐培育了大批的参与群体，这类人群后来补充到了崇礼的滑雪市场。

第三阶段以2011年云顶滑雪场开业为开端。拥有经济学背景的密苑云顶乐园的投资人林致华先生意识到区域协调发展和知名度的重要性，请国际奥委会专家对崇礼大区进行冬奥会举办可行性的分析与评估。2013年10月中国政府正式向国际奥委会递交2022年办赛申请，一个快速发展的时代来临。截止到2018年，崇礼因为太舞小镇、云顶滑雪场二期、万龙滑雪场二期、富龙滑雪场、银河滑雪场、多乐美地滑雪场、长城岭滑雪场，正在形成更加广泛和深入的相互竞争、相互补充的高速发展格局。奥运会带来的区域品牌影响力以及区域推广力度增大正进一步扩大滑雪及滑雪度假的产业红利，但是崇礼区域的滑雪场也面临本地竞争对手瓜分市场的强大压力。

2017年七山滑雪度假区投入运营，2018年金山岭滑雪度假区即将开业，2019年新雪国滑雪度假区将投入运营，万科瀚海梁滑雪场及中冶承德安营寨滑雪场正在规划，表明京津冀其他方位目的地型滑雪场形成的过程正在塑造新的产业发展格局。七山滑雪度假区在距离上靠近长安街以南及廊坊城区、廊坊固安、涿州、保定、雄安新区、石家庄等人口密集且经济密度高的区域。金山岭滑雪度假区则靠北京城区、唐山、天津、秦皇岛、承德等人口基数庞大的富庶地区。崇礼滑雪大区虽然距离远，但2019年高铁的开通将弥补这一不足，会覆盖前两者的目标客群地。凭借冬奥会知名度和滑雪场聚集效应，崇礼还将占有大量的外地市场份额，比如在南方与东北的冬季产品形成竞争关系。

新的产业格局在加剧竞争的同时，也将培育新的度假与运动风尚和行业对市场的感召力，京津冀地区滑雪场蓬勃发展指日可待。

二 决定滑雪场盈利能力和效率的运营方式分析

2022年冬奥会日益临近，持续增长的客流量不断考验传统的滑雪场服务流程与运营水平。高峰客流不仅检验滑雪场员工流程化熟练程度,更检验服务流程本身的合理性。就中等以上规模的滑雪度假区而言,2~3个小时内较为集中地涌入3000~6000名消费者的情况非常常见,且往往50%以上的客户没有滑雪经验,甚至缺乏基本的认知。现阶段滑雪场运营高峰客流通常呈现三个特点:到达集中、离开集中、初级滑雪者多。这种情况下,对运营者的挑战是提高服务效率和客户满意度。

效率是首要目标,而提高效率的方式则是关键中的关键。在不合理的流程上提高效率,就是对效率的忽视和否定。运营者既要考虑运营流程的合理性,也要分析有没有足够的软件和硬件设计来匹配这个流程,并且需要根据实际情况做出总结和调整。

运营中的问题则体现为信息指引不全面、购票环节慢、新老客户服务交叉与干扰、租赁区域服务效率低、空间利用率低、没有充分利用大客流进行数据收集等六个方面。

第一,指引信息不全面。在全球最大的初级市场中,初学者面对滑雪一无所知,甚至把雪板叫作滑板,客观上他们从一开始就迫切需要详细的流程指引。

第二,提高购票环节效率。效率低主要是沟通需要过多时间造成的。由于新客户(初学者)对自己的需求不清楚,缺乏基本的滑雪认知,需向售票员口述需求,甚至不乏反复沟通确认的情况,极大影响服务效率。过多的口头交流也让售票区域异常嘈杂。这是目前国内许多滑雪场运营过程中最大的困扰之一。

购票环节实现新老客户分区,可以减少二者之间的干扰,比如针对老客户设立单独且分散开的雪票窗口(所谓自带板),他们的需求集中且单一,沟通时间短。

第三,避免新老客户服务交叉与干扰。鼓励新客户(初学者)在排队等候区域填写包含性别、年龄、联系方式、身高、城市、租用的滑雪者装备清单(细分)与时长等信息的客户信息表。当客户面对服务窗口的时候,结算员能根据表格上勾选的装备快速核算费用,减少沟通环节,提高效率。

第四，提高租赁区域服务效率：应当合理规范流程管理，明确最佳流程。

首先，客户先领取柜子钥匙、雪服和雪鞋，并且做好更换；客户封存个人物品，避免过多占用双手。

其次，客户领取雪板，调试和确认。雪板质地较硬，可以同时领取、戴上手套。

最后，客户领取头盔、雪镜、雪杖。

要保证流程的秩序性，做到沟通到位、井然有序，最大限度减少消费者领取物品过程中等候以及整理物品花费的时间。同时，流程管理不仅需要与科学的服务软件相配合，还需要与系统的人力资源管理措施（员工培训、岗位设置）配合，更要与充分的客户沟通配合。只有这样才能释放出流程设计和流程优化的能量与价值。

第五，充分提高空间利用效率。从租赁处的早高峰接近尾声一直到晚高峰来临这个时间段，雪具租赁区域人流通常较少，但是空调、照明、保洁等服务却依旧运转。作为一种较为特殊的商业区域，最大限度提高有限空间资源的利用率始终是创造收益的前提。

雪具租赁区域与咖啡厅、饮品店之类的能量补给中心相互协调统一，保证滑雪者可随时更换滑雪者装备，减少不必要的路程。这需要公共区域设计、工程公司设计包含大厅出口、进口在内的整体动线方案。

第六，信息收集与智能化。大客流是积累客户数据的重要条件，一个有数据收集和数据分析的企业不但能够在决策上做出更合理判断，还能与客户实现相对紧密的沟通。

法国凯捷咨询公司（Capgemini）研究发现，数字化程度的高低对企业财务业绩有着巨大的影响。那些具有较高数字化程度的企业能在财务业绩的各个方面胜出行业竞争对手一筹。数字化精英企业的盈利能力较行业其他竞争对手高出26%，市场估值高出12%，创收能力高出10%。

当下，由于滑雪产业运营者更加包容与开放，以及其对市场竞争与成本控制的诉求更加强烈，智能化开始走进滑雪场的运营，如自动造雪系统、自动售票终端等。它们与传统的人工形成良好互补，不但极大地提升了服务效率与客户体验，还在革新着运营成本的比重与构成。

韩非子说，不期修古，不法常可。结论依时而变，行为因地制宜。只有这样，才可以不受过往制约，提高服务效率和客户满意度，更好地服务滑雪场经营目标，实现滑雪场的良性发展。

三 京津冀滑雪场地产新概念：冬季"滑进、滑出"与夏季"骑进、骑出"

几乎所有国内的大中型滑雪场都有地产板块，比如万科松花湖、万达长白山、吉林北大壶、太舞滑雪小镇、万龙度假天堂、云顶乐园、万科崇礼、涞源七山、金山岭、新雪国等。有时项目滑雪板块的开发晚于地产，比如银河小镇、崇礼富龙四季小镇，这些地产项目在推广过程中无一不重点提及"滑进、滑出"（Ski In, Ski Out）的概念。滑雪客流的增长会首先对承载力提出要求，留住客户的前提是保障承载力配置。

崇礼万龙国际公寓与万龙别墅区是京津冀区域地产板块相对具有代表性的案例。2014年是崇礼万龙滑雪场客流急剧上升的一年，悦龙酒店、万龙国际公寓、万龙别墅群均在2014年投入使用。基于滑雪场的服务水平和独一无二的选址所决定的冰雪体验，万龙地产项目在当年就获得了良好口碑，凭借滑雪板块实现地产板块成功增值。

2017年底，经过长期准备，云顶集团地产项目迎来住户，与雪道比邻的住宅给了滑雪者在城市穿行的感觉。更多地产也随着奥运的临近而加速开发。崇礼的后起之秀四季小镇在地产项目旁建设富龙滑雪场，通过首先满足业主度假需求，打造"城区滑雪场"。

在形式上，这些住宅是典型的"滑进、滑出"主题地产，夏季的概念则略有不同。云顶乐园自2013年以来主打山地自行车公园，吸引了年轻的玩家，"骑进、骑出"（Ride In, Ride Out）成了夏季云顶地产项目的主题。自行车公园的定位从最早的"简单易行，面向大众"演化为"飞骑、跳跃、酷玩",不但吸引了喜好山地自行车运动的大众参与,也为自行车公园博得了更为广泛的知名度。2017年太舞滑雪小镇自行车公园开业,太舞地产进入"骑进、骑出"时代指日可待。

山地自行车速降运动借助重力和坡度下行,如果车道修建完善的话,骑手不会迷路(甚至速降自行车道中途没有安装指示牌的必要,只要路线定期维护,走向就非常清晰)。骑行过程中的颠簸对身体协调性要求较高,是一项减肥效果非常好的运动,车道难度适应大众需要是关键的普及条件。

早在2014年,万龙就组织团队在调研后发起了万龙夏季项目的标志性活动——徒步。这项运动本身不见收益,却为整个度假区夏季经营增值,山地度假村在向冬夏双季节经营的转型阶段留住了客户。有登山计划的参与者将万龙徒步作为爬高山的训练场地,亲子家庭、久居办公室的其他顾客则在夏季给万龙的酒店、餐饮带来了活力,徒步和休闲对万龙地产的夏季定义起到了至关重要的补充作用。

四 高山区域滑雪场建设中的水土保持分析

建设与开发滑雪场一般需要选择海拔较高、落差较大的环境,这样的地区生态往往比较脆弱。在海拔1500米以上的高地环境中,土层的自我修复能力薄弱,夏季降水集中、单位时间内降水量大,而夏季又是滑雪场建设和开发的高峰,强降雨容易对雪场裸露区造成严重冲击,造成严重的水土流失。滑雪场开发建设过程中的环保主题日益受到关注。

滑雪场的水土保持与环境保护分为三个时间段:施工前、施工中和施工后。

施工前科学合理的规划能有效控制土方工程量和施工成本,让项目与环境充分协调,可最大限度地结合环境优势,减少施工与环境的冲突。这个过程中制定科学、合理、可行的EHS计划(环境、健康、安全)是必要的工作。惠普、西门子、GE等外企的在华公共区域工程招标,均对EHS有着不可商榷的要求和预期,且他们全程参与讨论和监管,甚至对EHS的预算提

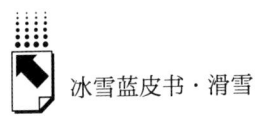

出具体的成本占比要求。

施工中正确地开挖和土方处理是关键要素。在韩国、日本等国家,政府强制建筑实施单位对施工过程中的沙尘和水土防护进行严格处理。常见的手段有洒水、隔离、覆盖和转移,从源头减少甚至杜绝了水土流失和干扰周围环境的可能性。

施工后迅速地进行环境恢复工作是重中之重,就滑雪场而言雪道维护的重要性不言而喻。好的植被环境可以减少自然灾害对雪场设施的损害,从宏观角度看这也规避了水土流失危害附近城区的可能性[①]。

植被恢复是雪场持续发展的重要工作,由于雪道植被养护是一个长期的循环过程,建设期雪道平整后要迅速开始植被恢复。排水系统应做成分散型的鱼翅形状以分散水流,避免其汇合形成强劲的流量。排水沟尽量减少固定的沟槽,可以采用木板或者沙袋铺就的水槽,避免采用混凝土,以避免水流的加速。

环保问题、建设造价、运营成本、违法成本、长期收益都是投资方考虑的要素。企业往往只看自己的成本,而长期的、区域性的宏观效益则需要行政、立法的把关。滑雪场的发展与环境保护既冲突又统一。行政、立法、司法和企业又各有各的使命。滑雪场的发展需要有与之相适应的法律,这样它才可以获得保护,得到规范和约束,从而实现稳定的发展。

五 滑雪目的地人流极值管理浅析

对滑雪场经营产生考验的要数高峰和低谷两个极值:客流高峰对承载力、团队协作能力、应急处理能力提出挑战,而低谷期则真正考验一个滑雪场的市场销售水平和客户体验(服务营销学)。就体验性和参与性强的滑雪运动而言,滑雪者对活动空间要求较高,过于大的人流压力非常容易导致公共区域运营瘫痪。

[①] 太舞小镇副总裁陈刚,《中国滑雪场大全》撰文中的建议。

片段一：

2011年10月2日故宫客流达12.78万人。2012年10月2日故宫客流再次刷新历史纪录：上午9时30分游客数量达4万人；11时逼近10万人，下午4时止共有18万余人挤入故宫。其中17.5万多人现场购票，6000余人网上购票。

片段二：

2012年10月3日八达岭游客突破8万人。上午9时从清河收费站出发，沿京藏高速前往八达岭长城。一过南口收费站，道路立刻拥堵起来，堵车持续了将近20分钟。13时许才到达八达岭长城脚下。北三楼附近游客众多，队伍前进的速度极其缓慢。

片段三：

2018年7月14日，武汉市黄陂区锦里沟景区发出红色预警，截至7月14日下午1时40分景区已经达到最大承载量1.5万人，停车场达到最大载客量4000台车。停车场、游客中心、狂欢广场、马场等人流聚集的地段，中国联通信号拥挤中断。大量游客手机失去信号，无法出具二维码，旅游年卡不能刷卡。

片段四：

关于试行全部网络购票参观故宫的公告

尊敬的各位观众：

为改善参观秩序，提升参观体验和舒适度，方便您安全便捷购买故宫门票，故宫博物院拟于2017年7月起，试行全部网络购票参观措施。参观故宫的观众，可登录故宫博物院网络售票网站（http://gugong.228.com.cn/），购买故宫门票，或通过扫描官方指定二维码，购买故宫当日门票。

感谢您的理解和支持，祝您参观愉快！

故宫博物院

图1 关于试行全部网络购票参观故宫的公告（摘自故宫博物院网站）

片段四是故宫经历数次的高峰客流压力之后做出的决策——网上预约。提前在网上进行门票预订的管理方式不仅可以提高管理水平和服务效率，也能对门票的数量提前管控，保证了游客体验和经营秩序，让故宫免受大客流冲击。尤其是对于每年10月2日这样的高峰客流日而言，故宫管理部门更要严格控制总的售票数量，避免超出承载力的情况出现。

随着冬季运动日益火爆，部分雪场在每年冬季重点节假日和部分周末也出现爆满的情况。为了避免客流过度拥挤对运营秩序和服务质量造成冲击，在高峰日期实施线上预订将有助于正常运营，杜绝安全事故。

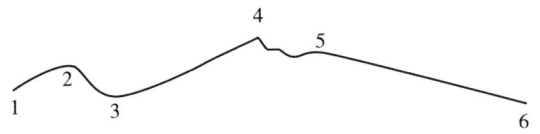

数字	对应情况
1	表示雪季开业
2	表示开业第三周前后与北京辖区雪场开业之前出现峰值
3	北京寻场开业之后，部分初级滑雪人群引流回市区，客流下降
4	寒假到农历正月初七前后出现度假最大客流
5	正月十五前后为学生开学前，出现客流小幅增长
6	从农历正月十五之后客流出现下降，甚至陡降；5和6区间为多数滑雪场困境阶段，收益急剧下滑，所以调整策略增加此阶段收益尤为重要

图2　雪场客流曲线

客流低谷是显示销售部工作水平的时候，根据数据分析判定低谷客流日期和或客户数量，制定相应的销售策略和行动计划尤为重要。在低谷期承载力出现盈余，通过积极的销售行动提高雪板出租率、索道上座率、客房入住率以及各个空间的使用效率是提高滑雪运营单位总收益的必由之路。

高峰运营期价值最高的是散客，散客的单价高，总收益高；低谷运营期，除了散客，更需要团队客户，团队客户虽然单价低，但是数量大，总收益高。诸如旅行社一类的第三方公司在高峰旺季议价会吃力，而在低谷期却可以拿到相对较好的价格。

六 京津冀地区滑雪场的发展将推动高端养老项目发展

毗邻京津地区的崇礼有 7 处主题地产项目，包含万龙国际公寓、太子城小镇、太舞滑雪小镇、云顶丽苑、富龙四季小镇、万科崇礼瀚海梁等；四星级及以上酒店大约 11 家，包含万豪集团的源宿酒店和洲际集团的假日酒店等国际品牌，总床位数达 3000 个。雪场内的高档餐厅数量超过 46 个，包含红花梁山顶、金花梁山顶、玉石梁山顶、富龙山顶等四处顶级山顶风景餐厅。

2019 年延崇高速将全线通车，全长 114 公里，崇礼到北京交通越来越便利。京张高铁也将联通北京和崇礼以及沿线重要市镇，届时崇礼将融入北京 1.5 小时经济圈，凭借得天独厚的自然条件补充到北京的旅游市场中。

崇礼为冬季滑雪旅游而建设的酒店、索道等住宿和设施品质优越、类型多样、层次较全。因为海拔高且处于北京上风地带的水土与气候涵养区，崇礼夏季气候清爽。独特的地理环境让这个地区夏季湿润、负离子多，适宜避暑休闲。夏季有足够的承载力满足游客避暑和休闲。太子城区域规划中的高级酒店及会议中心能满足京津地区企业客户的会议、培训需求。随着环北京天津两大滑雪经济带结构的明晰和设施的完善，夏季养老产品的开发逐渐拥有足够的资源支撑。根据 2017 年和 2018 年人口抽调数据计算得出，京津冀区域发达区域覆盖人口超过 6000 万。老龄化的加速和京津冀产能淘汰与人员结构调整客观上为京津冀滑雪场商业及地产项目储备了大量潜在客源。从 2013 年起，崇礼夏季老年人旅游数量开始增加。在健全的硬件设施、交通优势和气候条件前提下，崇礼具备接待高端养老类型客户的潜质，但短板是医疗水平。当医疗水平短板补齐后，崇礼甚至环京津两大滑雪经济带将迎来繁忙的夏季运营，酒店入住率、餐厅上座率、索道的使用效率也会极大提高。

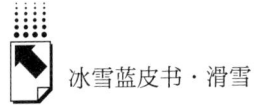

在国内，度假村与酒店运营中短期客户（连住3天以内）的比重始终占据常规酒店项目的80%以上，但是特殊的区域如新建工业区、产业园、疗养区酒店的常住客户比重甚至高于30%，养老客户就是常住客户的重要潜力人群。开展夏季经营不仅可以提高资产使用效率，还可以保持员工的熟练程度。从单一季节开始逐渐延长营业期是滑雪场的发展规律，达沃斯就是一个很好的佐证。但是夏季客户类型定义和开发是首要难点，与高端养老客户相匹配的优质的自然环境和基础设施为高端养老项目的发展提供了前提。虽然短板是医疗条件，但是科学合理的产品设计依然是重要的一环。

京津冀地区滑雪场蓬勃发展与高端养老项目发展相结合已成为可以预见的趋势。

B.5
冰雪产业园发展现状及影响因素分析*

摘 要： 冰雪产业园是以冰雪设备制造和冰雪经济主体为主要元素的综合产业区，在冰雪经济逐年攀升的背景下，冰雪产业园作为一块具备巨大潜力的商业蓝海，开始逐渐走入大众视野。但国内冰雪器材的研发和制造能力与国外仍存在较大的差距，质量基数与质量认证体系缺乏标准化和规范化，这使得我国冰雪经济受整个硬件和软件市场的束缚，在"白色经济"竞争中缺乏竞争力。因此，应通过滑雪产业智能化发展，整合产业上下游的联动关系，依据先进产业理念，对第二产业和第三产业进行合理布局，匹配现代服务业的业态环境，助力国内滑雪市场和滑雪文化的培育。

关键词： 冰雪产业园　综合园区　特殊区位

一　产业园概述

（一）定义及开发模式

产业园定义：产业园是指由政府或企业为实现产业发展目标而创立的特殊区位环境。它的类型十分丰富，包括高新技术开发区、经济技术开发区、科技园、工业区、金融后台、文化创意产业园区、物流产业园区等以及近来

---

* 本报告由山地与滑雪行业从来者、《深海池塘》撰稿人张新利先生主笔编写。

各地陆续提出的产业新城、科技新城等。

产业园开发模式分为政府主导型和企业主导型,如华夏幸福产业新城,采用的是"政府主导,企业运作"的产业新城 PPP 开发模式。

(二)产业园认证标准

1. 冰雪产业园适用认证标准

随着国内冰雪器材的研发和制造业加速发展与升级,在国际市场环境中处于后来地位的中国工业产品想立足,最需要的就是质量基数,因此规范化和严格的质量体系认证,是重要的发展前提和保障。只有过硬的品质和性能才能迅速获得市场的认可和尊重,最终参与"白色经济"的良性竞争。

就目前发展情况来看,国内冰雪产业园所使用的认证标准如表1所示。

表1 冰雪产业园认证标志

认证名称	适用范围
REACH 认证	产业园内雪板、雪服等化学制成品认证标志
CE 认证	产业园产品一般安全合格认证标准
ISO 认证	产业园产品标准化认证标准
EMS 认证	产业园环境方针、环境因素认证标准
EHS 认证	产业园管理模式认证标准

注:REACH 是欧盟规章《化学品注册、评估、许可和限制》(Regulation Concerning the Registration, Evaluation, Authorization and Restriction of Chemicals)的简称,是由欧盟建立,于2007年6月1日起实施的化学品监管体系。

CE 是欧洲统一(Conformite Europeenne)的简称,是欧盟强制认证。

ISO 是 International Organization for Standardization 的简称,中文全名为国际标准化组织。

环境管理体系(EMS, Environmental Management System)来源于环境审计和全面质量管理这两个独立的管理手段。

EHS 是环境(Environment)、健康(Health)、安全(Safety)的缩写。EHS 管理体系是环境管理体系(EMS)和职业健康安全管理体系(OHSMS)两体系的整合。

2. 认证标准对于冰雪产业园的意义

一是加强对产品质量的管控,进一步提高全产业园的整体效益。对于产业园内部而言,通过国际标准化品质体系对相关产品进行监管,可在一定程度上提高产品的质量和市场竞争力，获得更多的经济效益。对于产业园内部而言，产业园能对自身的发展方向有着更为清晰的思路，不断提升自身产品的价值。

二是获得国际贸易绿卡——"通行证"，消除国际贸易壁垒。为了保证本国产品的竞争力，并在全球市场中占有一定的比例，许多国家会通过贸易保护政策，保护本国的利益，而获得认证是消除贸易技术壁垒的主要途径。冰雪产业园积极通过各类认证标准，能够在国内贸易和国际贸易严格界限缺失的大环境中，为中国冰雪产业进入世界市场提供强有力的竞争保障。

三是保证产品在品质竞争中的有利地位。国际贸易竞争的手段主要是价格竞争和品质竞争，在当前国际贸易的竞争中，更多国家主要通过提高商品的品质竞争力，获得更高的市场占有率。许多国家对此也出台贸易保护政策，这在一定程度上有利于提高产品的品质。

四是增强国与国之间的经济交流与技术合作。国家间的相互合作，必须在产品服务及品质相互认可的基础上，遵循相关的原则。统一的认证标准有利于双方迅速达成协议，促进中国与其他冰雪大国的资源互通与协作。

3. 冰雪产业园 EHS 管理体系

EHS 管理体系是环境管理体系（EMS）和职业健康安全管理体系（OHSMS）两体系的整合，是环境（Environment）、健康（Health）、安全（Safety）的缩写。EHS 管理体系是全球多数企业遵守并且特别关注的管理元素，它对企业的健康运营、环保运营、安全运营的标准、流程、质量有着重要的影响。

EHS 在冰雪产业园的整体推进对于园区管理方在整体运营以及与分区配合的过程将起到关键性的作用。高水平运营的制造园区，对吸引企业入驻、保障企业运营、孵化新企业成长都有重要的支撑作用。健全的 EHS 管理也是保障园区存活和发展的基础。

在冰雪产业园区建设和运营周期内，EHS 管理将是产业园区良性发展的运营基础。当前是中国加工与制造业转型和升级阶段，政府和群众对于企业适应环境承载力的要求日益严格。滑雪产业园在建成立项和设计初期阶段就要明确运营环节的排污量级,并选择落地合适的生产环节,避免给环境和生态带来压力。同样的,产业环节的洁净程度既对员工健康有影响,也与周边居民休戚相关。产业园区排污(废气、废水、噪声、光学)等需要在厂房、产区设计和施工阶段就加以关注,也需要在日常运营阶段符合相关标准。生产环境与员工和居民的安全至关重要。

现代化的冰雪产业园一定是人与环境相互协调的产业园,一定是从制度顶层和实施阶段重视员工的产业园。以张家口卡宾冰雪产业园为例,园区业态多样化,从设计阶段就重视制造区域与休闲区域板块协调对后期运营的重要影响,比如正确处理人流、物流动线,正确处理办公区域与生产和休闲区域的布局关系等,这也将影响今后的用户体验,比如噪声干扰等。同时,园区整体的客流与生产板块的物流适当分流也将规避运营阶段交叉干扰。但是从积极角度分析,高水平的研发工人和制造产业所形成的优质常驻人群是诸如餐饮、购物、娱乐等项目的稳定客群;研制出来的冰雪器材可以在园区内的娱乐场地就近测试,可以提高测试效率;教学区域能与制造板块企业互动,丰富教学课程;研发板块和展示区域能作为工业旅游选项补充到娱乐项目经营中。

二 国家政策及宏观产业结构调整分析

2014年2月26日,习近平总书记在听取工作报告时,强调要坚持优势互补、互利共赢、扎实推进,加快走出一条科学持续的协同发展路子来。随后京津冀一体化由上到下开始贯彻和执行,在更大的空间内重新布局和调配资源,实现经济的优质增长成为国家重点关注的事项。

2016年6月13日起实施的《京津冀产业转移指南》中,政府提出要"深化区域合作,建设承接平台围绕五区五带五链①,合理配置三省市要素资源,促进产业链上下游合作。建立京津冀产业转移对接平台,开展不同层

---

① 详见《京津冀产业转移指南》全文。

次、不同行业、不同规模的产业转移对接活动，为政产学研用各方创建交流沟通平台。鼓励三省市共同出资，与社会资本合作成立产业投资基金，支持产业转移承接平台和承载园区建设。鼓励跨省市共建产业转移合作园区，创新合作体制机制，促进要素汇集、资源共享，实现互利共赢"。政府鼓励各个产业在更加科学的产业园形式中协同发展、互补配合，实现更高效率的资源调配。

产业园区是承接产业转移的主要载体。京津冀各产业园区（基地）在依托现有产业的基础上，积极引导，对即将面临淘汰危机的相关企业进行转型升级，从而形成产业集群链。

京津冀一体化国家级经济的战略调配、《京津冀产业转移指南》规划的出台，以及冰雪经济的升温为冰雪产业园这一旨在促进冰雪设备研发、生产的经济学、工业产业概念注入了始发动力。

2017年7月23日，河北省人民政府办公厅发布的《关于支持冰雪运动和冰雪产业发展的实施意见（2017~2022年）》（简称《实施意见》）为提升冰雪器材装备研发制造能力，提出建设冰雪装备制造聚集区，鼓励企业通过海外并购、合资合作、联合开发等方式，引进国内外高端冰雪装备制造企业[①]。《实施意见》出台的背景是当前急剧增长的滑雪产业设备需求同国内产能严重落后之前的矛盾，这也体现出政府层面对于产业链条布局以及冰雪经济全面发展的清醒认识。

2018年5月，河北省政府办公厅印发的《河北省冰雪产业发展规划（2018~2025年）》提出，将立足于培育河北经济新的增长极，以冰雪场馆设施为基础，加快形成以冰雪体育运动、冰雪装备研发制造、冰雪旅游、冰雪人才培训、冰雪文化为核心的冰雪全产业链，加快形成"2344"冰雪产业发展新布局，努力打造世界冰雪体育运动的胜地、世界冰雪旅游目的地、世界冰雪装备制造的聚集区、世界冰雪人才培养基地、世界冰雪论坛会展的

---

① 河北省政府办公厅：《关于支持冰雪运动和冰雪产业发展的实施意见（2017~2022）》。

高地，实现全国领先、世界一流，建成冰雪产业强省的发展目标①。

来自政府层面的号召在冰雪人群逐年增多的背景下，有利于唤醒更多资本的认识，推动国内制造业和山地旅游支撑链条的良性发展。

三 冰雪设备的市场容量分析

（一）中国境内滑雪人次近三年数据统计

2015 年 1250 万人次；

2016 年 1510 万人次，较上年增长 260 万人次，增长 20.8%；

2017 年 1750 万人次，较上年增长 240 万人次，增长 15.9%。

数据显示，2012 年以来，滑雪人次增长速度加快，每年以 100 万以上人次的速度递增。而滑雪者人数自 2014 年有精确数据分析以来呈现较为稳定的增长，2014~2016 年每年增长 150 万人左右；2017 年较上年增速有所减缓，增量为 70 余万人。

（二）第三方平台抽样分析

滑雪族是一款较为专业化的，以滑雪者为主要客群的应用软件，根据其数据，有 74% 的客户需要租赁雪具，是自带雪具客户比重的 2.8 倍；双板用户的比重占全部用户的 67%，高出单板用户一倍多。

Goski 的抽调数据显示，滑雪者中男女比例接近 1∶1，单板用户达 58.9%，双板客户为 24.9%，显示出 Goski 平台单板客户比重远高于单板客户。

（三）个人装备及租赁装备市场分析

2017 年，迪卡侬的滑雪品牌 Wed'ze 增长势头强劲，年增长率达到 30%②。中国海关进口数据显示，双板脱落器的进口数量高速增长，而滑雪板的

---

① 河北省政府办公厅：《河北省冰雪产业发展规划（2018~2025 年）》。
② 伍斌、魏庆华：《2017 年中国滑雪产业白皮书》。

进口数量显著下滑，反映出国产雪板的增长。

根据主流国际品牌雪板供应商提供的信息，雪场租赁双板中进口的国际品牌数量稳中有升。2017年新投入市场的进口租赁板数量超过5万副，其中包括某知名品牌与雪场合作的租赁项目。双板的整体市场租赁总数在60万副以上，平均每家雪场的租赁双板数大约为900副。

（四）重型装备—运力系统

近三年来，雪场中的架空索道数量呈现上升趋势，总量由2015年的179条增加到2017年的236条，2016年、2017年增量分别为20条和37条，增幅分别为11%和18%。国内雪场架空索道两年来的增量分别为9条和13条，增幅为34.6%和37%，呈现较快增长。2016年、2017年中国滑雪场拖挂式索道进口增量分别为5条和4条，增幅为20.1%和10.2%。国产拖挂式索道近两年增量为4条和9条，增幅分别为200%和150%，与进口索道相比呈现快速增长趋势。但截至2017年滑雪场国产拖挂式索道的数量仅占拖挂式索道总数的31.2%，远低于进口拖挂式索道数量。

数据显示，2014年以来，魔毯的年增长量突破100条，2016年和2017年连续两年超过200条。

（五）重型装备—压雪车与造雪装备

数据显示，2014～2017年国产压雪车数量增长较快，其中2017年增幅最大，与进口压雪车数量差距缩小，显示了国产压雪车交易量和市场占有率的稳步增长。同时，2015～2017年进口压雪车的数量呈下降趋势，而进口压雪车和国产压雪车总量上升说明压雪车需求在增加。两者对比显示，国产压雪车给进口压雪车带来明显的竞争压力。

（六）旱雪模块

旱雪雪场数量的增加与滑旱雪人次的增长为租赁雪板销售、冬季滑雪市场培育提供了铺垫，为更多的器材交易增量创造了基础。

四 冰雪产业园发展

（一）河北省张家口市冰雪产业园

1. 宣化区卡宾冰雪产业园

2018年2月，张家口宣化区政府与北京卡宾滑雪体育发展股份有限公司参加了卡宾冰雪产业园建设及入园合作项目签约仪式，双方签订卡宾冰雪产业园及入园合作项目协议，卡宾冰雪产业园正式启动。

卡宾冰雪产业园是宣化区冰雪产业园的子园区，宣化区冰雪产业园位于河北张家口宣化主城区西南方向，规划总占地18.68平方公里，预计总投资300亿元，其中一期占地4.4平方公里，起步区占地约1.6平方公里。园区产业定位以物流为基础，以冰雪为特色，以绿色环保为辅助，着力打造中国北方现代物流中心，东北亚国际商品展示、交易与结算中心等，成为产、城、人、文融合的现代产业园区。2017年，园区在道路及配套管网建设上，完成道路总长度3.2公里，综合管网总长度6.4公里的目标任务，预计投资1.2亿元，建造四江线跨洋河大桥一座，并建设商务中心、日供水量5000吨的供水厂、供热能力为576兆瓦的换热站和最高日处理能力1.75万吨污水处理厂。

卡宾冰雪产业园项目总规划占地1.33平方公里，总投资50亿元，致力于打造国家级冰雪装备全产业链制造基地。卡宾冰雪产业园定位为山地及滑雪运动文化启蒙中心、山地及滑雪运动教学、运动与生态休闲、会议中心与商务、奥特莱斯免税及购物目的地（见图1）。

卡宾冰雪产业规划设置了不同的功能分区，包含办公、自行车公园、山地酒店、精品商业－小镇、冰场、办公、检测检验、工厂等九个主要模块（见图2），将以完善的商业链条激发产业园内部的经济循环作为基础，打造面向京津冀的旅游综合体和面向全国的高水平冰雪研发与制造业高地。卡宾冰雪产业园的工业产品类型包含轻型装备（滑雪个人用品）与重型装备（滑雪场地装备、机械、基础设施）两大类。

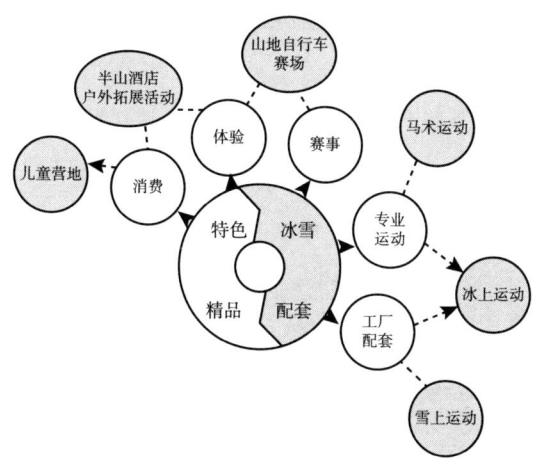

图 1　冰雪产业定位

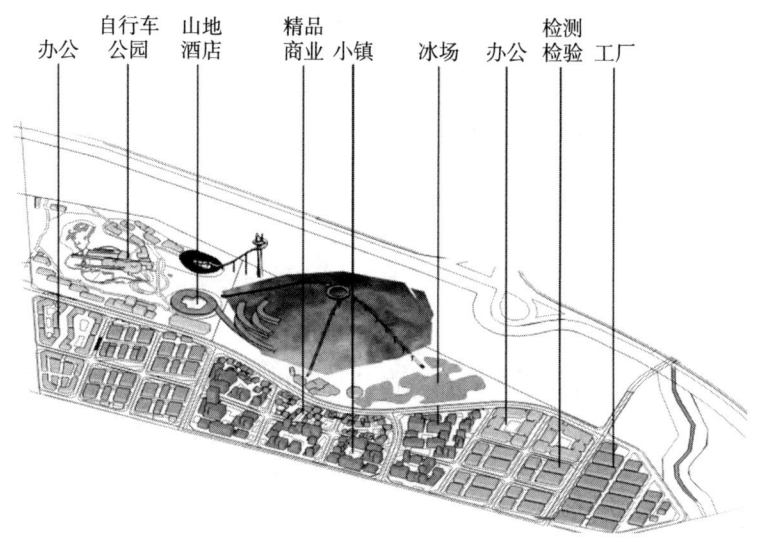

图 2　冰雪产业园区位划分

卡宾冰雪产业园将促使各方充分发挥各自影响力，整合优势资源，在冰雪产业、投融资、商品物流、进出口贸易等领域，建立全方位、多领域的互惠机制及长期战略合作关系。该项目将带动张家口冰雪产业项目的合理有序发展，共同为2022冬奥会提供基础设施、赛道等便利条件。

2. 万全区冰雪运动装备产业园

万全区冰雪运动装备产业园地处张家口市高新技术产业区，该产业园总投资金额为14.66亿元，占地面积为29万平方米。该产业园主要生产冰雪产业的轻装备器材设备。

冰雪运动装备产业园重点引进产业方向有以下三类：一是轻装备类，包括滑雪服、滑雪鞋、滑雪眼镜、头盔、滑雪板、滑雪杖等；二是重装备类，包括造雪机、压雪车、索道、魔毯输送机、雪地摩托车等；三是相关产业，包括体育运动器材、康复训练装备、运动休闲服饰等。同时，着力引进高端服务业和研发机构，打造轻重装备结合、研发制造服务兼顾的全产业链、全生命周期的冰雪运动装备制造基地，成为国际知名的冰雪运动装备产业全方位发展战略航母。该产业园建成投入运营后，预计引进企业20~40家，实现主营业务收入100亿元，利税15亿~20亿元。已有多家国际知名的冰雪设备供应商和生产制造商成功签约入驻产业园，如瑞典万众之星运动联盟、法国MND集团、意大利天冰集团等。

（二）吉林省吉林市冰雪产业园

2016年12月，长春天火公司负责人在中国·吉林国际冰雪旅游产业博览会暨国际旅行商大会上提出天火冰雪娱乐装备产业园的计划。产业园总投资超过20亿元，一期投资5亿元。吉林省建设集团、吉林省政府、长春新区政府和天风证券共同出资，成立吉林省冰雪娱乐装备产业基金，全力推动产业园的建设，快速实现各种产品的规模化生产，打造完备的冰雪娱乐装备产业基地。

2018年，吉林市政府层面通过参与国际山地冰雪装备博览会，与意大利迪马克造雪技术公司、MND集团等十多家知名冰雪制造企业沟通交流，介绍了吉林市冰雪资源、冰雪运动基础和碳纤维等装备制造关联产业的发展情况，阐述了本地的投资环境和招商意愿，以期利用打造冰雪装备制造产业园的发展时机，为入驻园区的企业提供一系列优惠政策和支持，引入欧洲成熟的山地旅游产业技术，积极打造冰雪装备制造业产业新集群。

（三）黑龙江省齐齐哈尔冰雪产业园

作为国内较早开展冰上运动的城市之一，齐齐哈尔的冰雪产业发展得如火如荼。齐齐哈尔有着得天独厚的自然环境，适合发展冰雪运动，其有60多年的冰上体育器材生产史，依托雄厚的工业基础和完备的装备制造产业体系，发展冰雪装备产业优势突出。

自2015年北京联合张家口成功申办冬奥会以来，全国冰雪产业蓬勃发展，齐齐哈尔市冰雪产业也持续升温。2018年，齐齐哈尔市积极推进国际冰雪装备品牌并购和落户，引进资金和技术生产冰雪运动装备，实现产业集聚，谋划建设国家级冰雪装备产业园区，将"冷资源"打造成"热经济"，把国家"三亿人参与冰雪运动"号召落到实处。

为了全面发展冰雪产业，齐齐哈尔规划建设一座相关配套设施完善的集成化冰球运动服务综合建筑体，承接国际冰球比赛任务，并依托场馆设施条件和待建的标准场馆，形成功能完备的赛事中心，逐步形成洲际、国际、国内等不同层次贯穿全年的常态化、专业化和职业化冰球赛事体系。

一座标准化国际冰球馆、一批顶级冰球赛事、一套冰球后备人才培养体系、一批优秀冰雪题材影视作品、一个国家顶级冰雪装备产业园，冰雪体育产业"五个一"工程正在规划筹建中。

同时，齐齐哈尔市将在中小学校建设100所冰球项目基点校，扩大后备人才队伍规模，改进和完善相关服务设施，努力成为全国唯一的具有较大影响力的冰球项目后备人才培训和实训基地，扩大冰雪产业的影响力。

在未来发展过程中，要提高产品研发技术，推动冰雪装备产业链升级、装备功能升级、民族品牌升级、装备质量升级与生产方式的整体升级，提高国内装备产业在全球市场的国际竞争力，推动中国冰雪装备生产方式的根本性变革。

五 冰雪产业创新与产业融合

（一）科技奥运推动滑雪产业智能化发展

科技奥运推动滑雪产业智能化发展，强调智能制造、智能化与工业化相结合。为了更好地改进传统冰雪产业器械的基础工艺、部件，改进冰雪制造业的相关技术，应该以互联网为立足点，将大数据和物联网技术相结合，不断提高滑雪产业高端器械的研发创新能力，进一步实现滑雪产业发展的智能、节能化。因为冰雪运动环境的特殊性，冰雪产业对材料性能的要求比较特殊，为满足智能科技发展和企业降低成本的要求，创新将在冰雪设备应用中正在发挥更大的作用。

以智能造雪系统为例，2013年以后智能造雪系统逐渐开始纳入滑雪场造雪系统中，2018年河北万龙滑雪场进行了全面的自动造雪系统改造，实现了全方位彻底的自动化造雪。当然，鉴于智能造雪的基建和设备成本较高，智能造雪系统前进步伐较慢。从长期效益看，智能造雪节省了人工，提高了造雪效率。智能造雪供应商应将工程造价和长期的成本对比加以分析，以有利于智能造雪的进一步推广。

（二）虚拟现实技术（VR）与滑雪运动

2018年冬奥会前夕，美国滑雪和单板队引入了VR培训系统。在此之前，美国国家滑雪和单板队与加州门罗的VR科技公司Strivr达成合作，国家滑雪和单板滑雪队利用VR平台备战世界杯和奥运会。VR技术实现的场景不断重复对运动员起到了许多帮助作用。选手可以录制赛道的360度视频，通过VR平台重复练习。

VR应用在美国滑雪队中已非常普遍，美国橄榄球联盟、美国曲棍球联合会、美国篮球协会也通过VR给了边缘选手和团队许多可能性。部分运动员通过使用VR训练，反应时间缩短了20%。

VR技术让运动员体能培训更加有效、有趣。除了冰雪领域以外，Strivr公司还与包括达拉斯牛仔队、旧金山队在内的6家美国橄榄球队合作。VR技术的优势在于它运用的是实在的视频录像，而不是计算机生成的演示，这为许多运动员提供了接近实际的体验，尤其帮助了受伤的运动员进行训练。

（三）高地（highlands）旅游与光伏产业可行性分析[①]

1.可行性分析

中国境内的滑雪场、滑雪主题小镇海拔普遍较高。在《中国滑雪产业白皮书（2017年度报告）》统计的落差超过300米的24家雪场中，有过半的山脚海拔将近甚至超过1000米。高山和高原地带光照条件较好，滑雪服务区域的酒店、住宅等建筑物充分利用太阳能将创造附加收益，有助于缩小企业长期的运营成本。

表2　国内垂直落差超过300米的雪场

排序	雪场名称	已开发垂直落差（米）	所在地
1	阿尔泰山野雪公园	1000+	新疆
2	长白山天池雪	900+	吉林
3	亚布力体委	885	黑龙江
4	北大壶	870	吉林
5	云南香格里拉	662	云南
6	万科松花湖	600	吉林
7	万龙	580	河北
8	新疆丝绸之路	580	新疆
9	亚布力阳光	540	黑龙江
10	太舞	510	河北
11	富龙	480	河北
12	美林谷	480	内蒙古
13	岱海国际滑雪场	468	内蒙古

---

① 本节内容参考科技网站：mashable.com。

续表

排序	雪场名称	已开发垂直落差（米）	所在地
14	云顶	420	河北
15	阿勒泰将军山	405	新疆
16	伏牛山	400	河南
17	丹东天桥沟	392	辽宁
18	万达长白山	380	吉林
19	多乐美地	323	河北
20	翠云山银河	315	河北
21	万科石京龙	310	北京
22	帽儿山	308	黑龙江
23	抱龙山凤凰岭滑雪场	304	甘肃
24	长城岭	300	河北

资料来源：伍斌、魏庆华，《中国滑雪产业白皮书（2017年度报告）》。

河北张家口区域的部分房屋住宅已经开始采用光伏发电技术。国家鼓励光伏联网。2018年4月，国家发改委正式批复，将张家口市作为产业创新及可再生能源示范区。未来光伏技术与设备研发将是主题小镇、滑雪聚集区充分收集和利用洁净能源的重要产业支撑。

万龙度假天堂的双龙酒店餐厅和聚龙殿餐厅以玻璃房的形式充分利用太阳能，这在节能的同时，为游客提供了独特的视觉体验。

2.案例：特斯拉集团旗下的Solar City公司

Solar City是美国的一家经营家用光伏发电项目的公司，为加州、亚利桑那州和俄勒冈州的500个社区提供太阳能系统的设计、安装及施工监控服务。

Solar City和U.S.Bancorp社区开发公司为房主和企业的太阳能项目提供加倍的融资。两公司创建了新税金权益资金，用于返回给Solar City的太阳能租赁计划和电力购买合同。太阳能租赁是一个20年的计划，让房主以固定的月租费（55美元起价，没有首付款）租赁太阳能光伏系统，从而降低房主的电力成本。

2016年11月22日，特斯拉汽车正式宣布完成对Solar City的收购。

2017年12月1日，特斯拉在南澳建设的全球最大锂电池储能项目正式并网运行，该项目在此前的测试中已经完成了储能和向电网输送电力的测试。该项目储能容量为100MW/129MWh，采用特斯拉商用储能Powerpack系统，与法国可再生能源供应商Neoen开发的Hornsdale风电场对接，可以为南澳提供稳定清洁的电力。Hornsdale风电场计划装机容量315MW，分三期建设，一期102.4MW和二期102.4MW已建成投产，三期110.2MW已完成安装工程。该项目的成功建设也向人们展示了清洁能源广泛应用的未来，在储能系统的帮助下，清洁能源发电将变得更经济、更智能、更可靠。

六 冰雪装备制造业发展前景与冰雪产业园发展的意义

（一）发展前景

随着国家政策的进一步倾斜，国家对旅游后备工业和创新型工业支持力度的进一步加大以及国内冰雪市场的不断孕育，冰雪装备制造业面临庞大的国内市场需求，总体向好。但是，国产品牌也面临进口产品降价、高速本地化以及高水平公关和品牌运营能力的竞争。因此，国产品牌不仅要做好研发，还要做好制造保证质量，更要提高企业的管理水平，尤其是市场推广水平和销售管理水平。

（二）冰雪产业园的发展意义

1. 深化产业结构，推动各地区产业发展升级

立足于传统产业，积极引入具有金融、商贸属性的现代服务业和高新技术产业。通过不断引进高素质人才驱动产业的发展，从而推动整个各地区产业结构的全面提升。

2. 孵化新企业，为企业提供高效的沟通与合作平台

同一区域的企业在推广上可以更好地互相借力，在区域影响力上更紧密

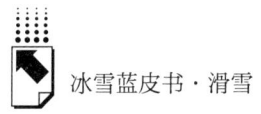

地互相配合，在产业研发上更高效地互相补充。冰雪产业园的规模化协同发展可以更好地形成合力，为采购商提供合理科学的解决方案。

3. 进一步完善现代产业生态链

通过整合产业上下游的联动关系，依据先进产业理念，对第二产业和第三产业进行合理布局，匹配现代服务业的业态环境。

4. 助力国内滑雪市场和滑雪文化的培育

国产品牌省去了关税、长距离运输以及知名品牌溢价产生的冗赘成本，不仅可以降低冰雪目的地的建设造价，还可以降低个人滑雪者的经济压力，促使更多的人和企业参与冰雪运动。

B.6 室内滑雪场发展现状及运营服务分析

摘 要： 在政策刺激、资本助推、冬奥效应的全方位的驱动下，近年来国内室内滑雪场得到了快速的发展，雪场规模不断增大，业态更加多元化，市场容量不断扩大，展现出巨大的发展潜力。但与传统的室外滑雪场相比，目前国内的滑雪产业还处于初级阶段。我国室内滑雪场市场的运营模式较为单一，缺乏较为合理的市场定位。本报告通过对国内较为先进的室内滑雪场的定位及以室内滑雪为特色的综合休闲运动娱乐中心、以室内滑雪为配套的山地旅游休闲中心的典例分析，提出未来室内滑雪场将以文体旅综合体形式走进经济发达城市，运营模式更为多样化，未来室内滑雪场蓝海市场有待进一步挖掘的观点。

关键词： 室内滑雪场　滑雪场运营　滑雪产业

一 室内滑雪场市场概况

2000年深圳"世界之窗"景区的配套设施阿尔卑斯室内滑雪场面世，成为国内第一批室内滑雪场。从最初的体验型滑雪，到后来的滑雪培训，到现在"滑雪+嬉雪"模式，室内滑雪场也经历了不同形态的演变。

（一）室内滑雪场数量方面

从室内滑雪场数量来看，中国室内滑雪场数量已位居全球第一，且在近几年呈现爆发式增长趋势。

截至2017年底，国内已建成并投入运营的室内滑雪场共计21家，占到了全球近1/4的市场份额。国内首家室内滑雪场于2000年建成，2005～2015年保持一个较为缓慢的发展速度。2015年中国获得2022年冬奥会的举办权，室内滑雪场数量开始出现爆发式增长，在两年内从7家增加到21家[1]，增幅达200%（见图1）。

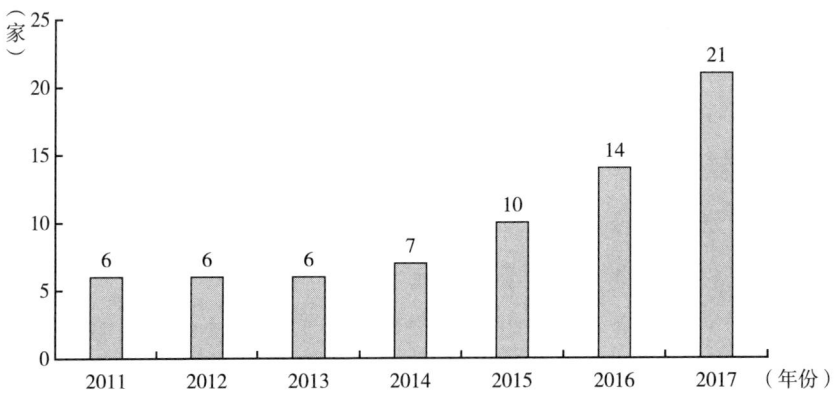

图1　2011～2018年室内滑雪场数量变化情况

（二）室内滑雪场面积方面

从室内滑雪场面积来看，以中等规模为主，且呈现建造面积扩大的趋势。

表1为截止到2017年底国内已建成并投入运营的室内滑雪场建筑面积。初步统计，目前的21家室内滑雪场中，滑雪场建筑面积1万平方米以下的有5家，占整个市场份额的23.8%；滑雪场建筑面积1万～1.5万平方米（含1万平方米）的有6家，占整个市场份额的28.57%。滑雪场建筑面积1.5万平方米（含1.5万平方米）以上的有10家，占整个市场份额的47.63%。

---

[1] 伍斌、魏庆华：《中国滑雪产业白皮书（2017年度报告）》。

表1 国内已建成并投入运营的室内滑雪场建筑面积

序号	省份	室内滑雪场名称	建筑面积(平方米)
1	黑龙江	融创哈尔滨万达娱雪乐园	80000
2	贵州	奇缘谷冰雪小镇室内滑雪场	70000
3	浙江	乔波冰雪世界(绍兴)	20000
4	北京	北京乔波滑雪场滑雪馆	20000
5	贵州	遵义思达欢乐谷室内滑雪场	20000
6	湖南	三只熊冰雪王国	20000
7	安徽	马鞍山启迪乔波冰雪世界	20000
8	内蒙古	达永山滑雪馆	15000
9	湖南	瑞祥冰雪世界	15000
10	浙江	青田乐园室内滑雪场	15000
11	重庆	仙女山冰雪城	14400
12	河北	西部长青室内冰雪馆	14000
13	浙江	文成天鹅堡滑雪场	12222
14	贵州	荔波冰雪水世界主题乐园室内滑雪场	12000
15	河北	四季滑雪馆	10000
16	河北	青青四季滑雪滑草乐园	10000
17	广西	冰河世纪滑雪场	9300
18	河南	伏牛山四季冰雪乐园	8000
19	陕西	秦岭四季滑雪场	8000
20	湖南	桃花雪缘四季滑雪场	8000
21	广东	阿尔卑斯冰雪世界	6100

(三)室内滑雪场投资主体

经过近20年的发展,目前的室内滑雪场已经形成文旅投资集团、大型地产集团、其他综合性投资企业三大参与主体。其中,文旅投资集团占据主导地位,一半以上市场由其参与投资建设。比较典型的有石家庄西部旅游景区管理集团打造的西部长青室内滑雪场、宁陕县山水文体旅游集团投资打造的秦岭四季滑雪场、荔波樟江实业有限责任公司与广西可莘旅游投资有限公司合作开发的荔波冰雪主题乐园等。

近几年，传统单一的商业地产模式已经无法满足人们日益增长的消费需求，而商业地产开发商在土地招标和建设方面拥有独特经验，加之冰雪市场未来的巨大潜力，使得室内滑雪场吸引了地产巨头的目光。

二 典型室内滑雪场分析

文旅投资集团、大型地产集团、其他综合性投资企业是目前室内滑雪场市场三大参与主体。与此相对应，国内室内滑雪场市场逐渐形成了以室内滑雪为特色的综合休闲运动娱乐中心、以室内滑雪为配套的山地旅游休闲中心及以室内滑雪为核心IP的城市文化体育旅游综合体。

（一）以室内滑雪为特色的综合休闲运动娱乐中心

以室内滑雪为特色的综合休闲运动娱乐中心一般位于经济发达城市，平地建设。典型代表：深圳阿尔卑斯冰雪世界、绍兴乔波冰雪世界、北京乔波冰雪世界室内滑雪场。

1. 深圳阿尔卑斯冰雪世界

深圳阿尔卑斯冰雪世界建筑面积约6100平方米，划分为滑冰场、嬉雪场（含冰雕园），是国内最早的室内滑雪场，但整体规模较小，总占地面积约4300平方米，室内温度在零下5度左右，有长114米、宽24米、落差为12米的真雪滑道，最多可同时容纳150人。

2. 绍兴乔波冰雪世界

绍兴乔波冰雪世界是一个以滑雪、嬉雪、娱雪为主，集餐饮、住宿、运动于一体的大型体育休闲综合体公园，是浙江省内唯一一家可提供四季滑雪的运动场所。该室内滑雪场分为滑雪练习区、儿童嬉雪乐园等功能区，建筑面积多达2万平方米。现用雪道长200米，宽40米，平均坡度8%，引进了国际先进的拖引设备魔毯，使初级滑雪爱好者在保证安全的情况下，充分体验滑雪的魅力。各种雪道厚度均在60~80厘米，适合不同熟练程度的玩家尽情享受滑雪乐趣。

3. 北京乔波冰雪世界室内滑雪场

北京乔波冰雪世界室内滑雪场是国内首家以室内滑雪为特色，集娱乐、会议、拓展培训和滑雪运动学校于一体的体育休闲主题公园。滑雪馆建筑面积近4万平方米，日接待能力3000人次，包括单板、双板、嬉雪等多项娱乐运动。初级道长200米，宽40米，平均坡度8%，引进了国际先进的拖引设备魔毯；中高级道长300米，宽40米，平均坡度17%。

（二）以室内滑雪为配套的山地旅游休闲中心

以室内滑雪为配套的山地旅游休闲中心一般位于城郊地区，且依山而建。典型代表：西部长青室内滑雪馆、伏牛山四季冰雪乐园。

1. 西部长青室内滑雪馆

西部长青室内滑雪馆于2015年正式投入运营使用，占地面积超过1万平方米，室内设有滑雪区、嬉雪区等相关功能区，能同时接待500人。该滑雪馆位于石家庄西部长青冰雪小镇。西部长青冰雪小镇是石家庄西部长青旅游景区管理集团精心打造的集生态观光、民俗体验、主题游乐、休闲度假、户外运动、科普教育、大型演艺等多功能于一体的大型综合性山地休闲度假区。

2. 伏牛山四季冰雪乐园

伏牛山四季冰雪乐园于2007年6月开始建设，是洛阳伏牛山滑雪度假乐园的主要组成部分，具有丰富的地形条件，能为消费者提供滑雪、滑冰、自然观光等服务，是一个以冰雪为主题的户外生态度假乐园。

四季滑雪滑冰馆海拔1800米，建筑面积8000平方米，滑雪道长200米，宽60米，能同时容纳300人滑雪。

（三）以室内滑雪为核心IP的城市文化体育旅游综合体

以室内滑雪为核心IP的城市文化体育旅游综合体一般位于经济发达城市的核心区，平地建设。典型代表：融创哈尔滨万达娱雪乐园。

融创哈尔滨万达娱雪乐园由万达集团投资建设，2017年6月30日对外

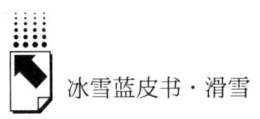

开放，整个娱雪乐园建筑面积8万平方米，其中，娱雪区超过15000平方米，室内温度全年恒定在零下5℃，可同时容纳3000人滑雪。除了滑雪，娱雪乐园还有无重力滑雪车、雪地摩托、雪上悠波球、冰洞探险、DIY冰吧等冰雪娱乐设施。

截止到2017年底，融创哈尔滨万达娱雪乐园作为全球面积最大、落差最大的室内滑雪场，配有6条不同的坡度的雪道，雪道的垂直落差高达80米，其中最长的雪道为500米。2018年4月，融创哈尔滨万达娱雪乐园荣获"最大的室内滑雪设施"吉尼斯世界纪录。

三 室内滑雪场定位分析

（一）定位合理性判断

市场定位在很大程度上受客流群体的影响，而通过相关业态和适合品牌进行的市场定位，也会对客流群体的确定产生影响。通常，客观的数据能为整个市场做出正确的导向和定位。对于室内滑雪场而言，对雪场的客流量、销售量等数据进行研究分析，能够为整个室内滑雪场的发展方向提供一个正确的把控。

室内滑雪场在进行建设选址时，应该选择交通便捷、消费人群密集度较高的位置。从上述分析可知，室内滑雪场可分为两类：一类是城市核心区，另一类是城市郊区。室内滑雪场客群以初级水平的滑雪体验者居多，因此消费者更加注重室内滑雪场每一个细节服务的体验。

对客群进行初步调研统计，最后的反馈结果基本符合客群特点。调查结果显示，客户关注的焦点集中于两个部分：一部分是滑雪指导员的教学质量以及整个场馆的服务水平，如桃花雪缘四季滑雪场规模虽小，但由于滑雪指导员教学的专业性和认真负责的态度，客户好评率较高；另一部分是室内滑雪场业态的配比及产品的创新能力，服务产品多样化、业态多元化的室内滑雪场好评率明显高于业态单一的室内滑雪场。

（二）定位需求供给分析

1. 需求结构分析

从需求结构来看，周边城市消费水平、项目交通条件状况、区域人口结构的变化情况，将对于整个市场产生重要的影响。

判断城市消费水平的主要指标有城镇人均可支配收入、城镇人均消费支出、社会消费品零售总额、消费品价格指数等。项目周边交通，则指城镇道路、交通工具及停车条件等。区域人口结构，指的是具有消费能力的城镇消费群体。

从区域分布来看，中国西北地区与东北地区室内滑雪场数量最少，除了室外滑雪场竞争的影响，这还与该区域的人口基数、消费结构、经济水平等因素息息相关。中国西南地区近几年新增了5家室内滑雪场，其中贵州省新建了3个室内滑雪场。室内滑雪场突破了自然条件的限制，能满足南方大众的滑雪需求。

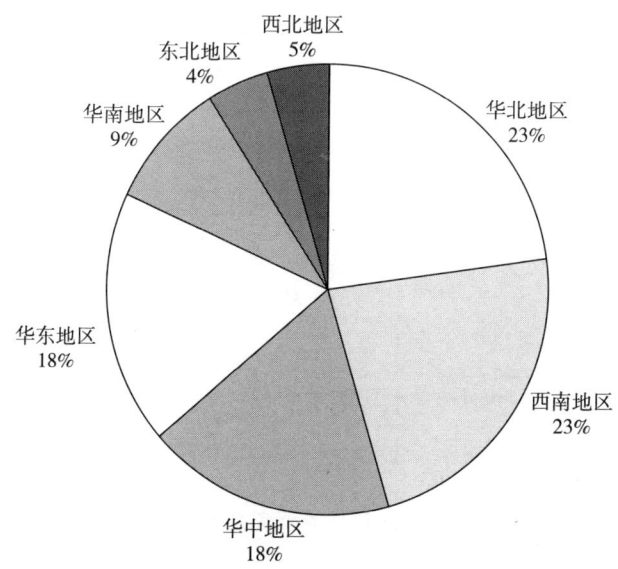

图2　室内滑雪场地区分布情况

2. 供给结构分析

对室内滑雪场定位进行分析，将供给结构（周边市场环境及未来竞争格局）与需求结构相结合，才能更好地了解整个市场定位，并进行相关的定位调整。

供给结构分析包括邻近区域（以该滑雪场为圆心，半径150公里范围内）是否建有或即将建设其他室内滑雪场、区域内是否存在新的文娱商业项目、现有或潜在竞争对手（同类可比项目）的业态覆盖和产品组合情况，以及其对本项目的影响等。

当前同业竞争环境是否激烈是投资室内滑雪场的重要考察指标。现以邻近地区竞争对手（其他室内滑雪场）数量来分析室内滑雪场竞争环境。依据国内室内滑雪场分布的省份情况，把150公里内分布0家其他室内雪场的情况设为A级，1家其他室内雪场的情况设为B级，2家其他室内雪场的情况设为C级（见表2）。

表2 室内滑雪场邻近地区市场竞争度

名称	本省其他室内滑雪场数量(家)	竞争环境分类
阿尔卑斯冰雪世界	0	A
达永山滑雪馆	0	A
北京乔波滑雪馆	0	A
绍兴乔波冰雪世界	0	A
瑞祥冰雪世界	1	B
西部长青室内冰雪馆	1	B
三只熊冰雪王国	1	B
伏牛山四季冰雪乐园	0	A
秦岭四季滑雪场	0	A
四季滑雪馆	1	B
仙女山冰雪城	0	A
青田乐园室内滑雪场	1	B
冰河世纪滑雪场	0	A
万达娱雪乐园	0	A
桃花雪缘四季滑雪场	0	A
文成天鹅堡滑雪场	1	B

续表

名称	本省其他室内滑雪场数量(150公里)	竞争环境分类
青青四季滑雪滑草乐园	2	C
奇缘谷冰雪小镇室内滑雪场	2	C
荔波冰雪水世界主题乐园室内滑雪场	1	B
遵义思达欢乐谷室内滑雪场	1	B
马鞍山启迪乔波冰雪世界	0	A
昆明冰雪海洋世界室内滑雪场	0	A

从结果看，目前50%以上的室内滑雪场都面临供给竞争性问题，如果再考虑冬季现有室外滑雪场的开业、在建及新建的室内滑雪场等因素，未来几年室内滑雪场竞争将更加激烈，个别室内滑雪场会因经营管理不善等因素被淘汰。要想在竞争中生存，关键是要有个性化、特色化的运营服务。

（三）业态定位规划分析

1.业态规划的基本原则

定位层面。定位层面包括区域环境定位、明确目标客群的选择、场地空间规模的选择。区域环境定位，首先要明确各类室内滑雪场需要实现的基本功能；其次要选择明确的目标客群；最后是场地空间规模的选择，如建筑面积、雪道分布、魔毯数量等设备设施情况及横竖向空间结构。

功能层面。功能选择是业态组合规划的基础，应根据每个城市的室内滑雪场不同的定位和区位因素，进行合理的业态布局规划。对于一线城市的核心商业区室内滑雪场来说，在大力推进雪场运营工作的同时，应驱动购物、餐饮、休闲娱乐产业链的发展；而对于一线城市的郊区型室内滑雪场来说，则应加强特定主题性消费，以丰富旅游体验类消费业态；对于二、三线城市的城郊型室内滑雪场来说，应更多地关注实现四季滑雪目的，作为室外滑雪场的补充。

投资回报层面。回报能力评估是进行室内滑雪场业态规划的前提，

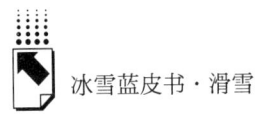

尽管室内滑雪场比室外滑雪场的收入渠道更多，投资周期相对更短，但回报存在更多不确定性、风险。以北京顺义乔波滑雪馆为例，其自2002年建成就面临投资成本和运营成本双高的难题，投资回报率不理想。万达室内滑雪项目作为城市综合体的配套项目而建设，其投资体量超大，更加注重滑雪场周边的商场和地产后期收益。因此，投资者在进行业态规划前，要充分考虑投资回报能力，否则将面临投资在短期内无法回收的难题。

2.业态规划需要注意的事项

室内滑雪场规划必须考虑三大注意事项：一是业态的选择问题，承载哪些功能，涵盖哪些业态；二是配比的问题，包含室内滑雪场在内的所有业态的占比及每一业态中具体每个业种数量的多少及其相互的比例关系；三是落位与分布的问题，各业态之间的相互关系。

四 市场发展趋势分析

（一）文体旅综合体形式室内滑雪场走进经济发达城市

近年来，文化体育旅游产业受到国家政策的鼓励支持得到了快速的发展。因为传统市场单一的商业地产模式已无法满足人们日益增长的消费需求，所以室内滑雪场只有依托旅游资源、体育资源优势，形成特色突出、优势互补的文体旅一体的产品链，推动文体商业化、文化旅游化，才能吸引大规模旅游投资不断涌入，文化体育旅游综合体才能成为时代新宠。

距离2022北京冬奥会越来越近，通过"冰雪旅游+"模式进行场景消费及文化旅游消费，已成为冰雪旅游产业链最重要的环节。文体旅复合模式指的是以"冰雪旅游+"为切入点，引进和融入更多关于文化主题和体育旅游的IP内容，为消费者创造更多冰雪消费场景和冰雪旅游产品服务的一种极具个性的主题型商业模式。

从目前市场情况看，具备典型文体旅复合模式的相关企业有万达、启迪、碧桂园以及鄂武商A。

一方面，万达利用冰雪业态的价值驱动万达城项目落地，通过吸引更多的客流量来促进万达茂的招商，提升周边的地产价值。2017年6月30日，一个集文化旅游、休闲娱乐、多维商业体验于一体，占地面积为37万平方米的冰雪主题购物中心哈尔滨万达茂正式开业。这是万达打造文化体育旅游综合体的具体运作。另一方面，万达运作地产开发的自持商业部分，如成都都江堰万达城、广州万达城。其中，广州万达城自持部分的主要内容包括世界顶级未来科技秀场——粤秀、世界顶级室内滑雪场（万达城滑雪场可同时容纳3000人滑雪和娱雪，是世界最新的第四代滑雪馆，将全面超越著名的迪拜室内滑雪场）、世界级电影科技乐园、世界级大型主题乐园、世界级大型室内水公园等。此外，无锡、重庆、昆明的万达城项目也正在筹备室内滑雪场这一业态。

启迪冰雪集团正着手于打造以冰雪为主体的文体旅复合模式，并先后在三亚等地投资建设了大型冰雪体育中心。

碧桂园与贵阳商业巨头亨特集团联手打造了精品工程——亨特碧桂园·云涧溪山。这是一座空间别墅，未来将被打造成为中国西南地区最大的室内滑雪场，形成占地面积达4万平方米的冰雪世界。

商业零售巨头鄂武商A斥资打造的梦时代项目投资金额达到80多亿元，现已进入地基建设阶段，预计2019年开业。届时，其将成为全国最大的奢侈品一条街、室内滑雪场、海洋馆等高级消费区。

相对于国内盛行的文体旅复合模式，复合的超级运营链作为一种国际高端运营模式，已取得巨大的成效，可借鉴的案例就是沙漠城市迪拜。迪拜能够快速成为全球典范性的新城，除了资本的力量以外，就是它的超级运营链——吃住行游购娱各业态全球顶级运营链的系统性落地。据悉，迪拜的顶级运营链包括世界第一家七星级酒店（帆船酒店）、世界最高的摩天大楼（哈利法塔）、全球最大的购物中心（迪拜购物中心）、世界第二大室内滑雪场（迪拜室内滑雪场），重要的贸易港口（Jebel Ali港、Rashid港）和著名的迪拜国际金融中心（DIFC）等。

（二）传统单一运营模式的中小室内滑雪场面临变革

室内滑雪场未来有两种发展方向：一种是与其他业态融合①，另一种是室内滑雪场个性化发展。对于许多准备建设室内滑雪场的城市而言，在城市核心区开设室内滑雪场需要高额的成本。如果室内滑雪场的运营定位还是简单的滑雪、娱雪，那么随着本地市场需求量的逐步饱和，外来客群的减少，室内滑雪场的发展空间将会越来越小，最终难以维持运营，直至倒闭。

（三）室内滑雪场未来蓝海市场有待挖掘

在"三亿人参与冰雪运动"的大背景下，室内滑雪场成为冰雪产业投资的一大热点。随着居民可支配收入的增长，人们的消费理念已不再是过度重视价格，而是更加注重消费的体验感。

"80后""90后"新生代迅速崛起，文体消费理念开始显著增强。生长在物质条件相对丰富的年代，"80后""90后"群体对于生活品质的追求，远胜于"60后""70后"，他们更愿意为品质服务买单。随着室内滑雪场受众群体的消费升级，室内滑雪场市场也在不断扩大。从全球室内滑雪场发展趋势来看，室内滑雪场数量和价格都将持续上升。

从消费者的数量分析，中国人口基数大，每年滑雪人口总量还在稳定增长。目前，国内滑雪人次占中国总人口的比重为0.1%左右，如果上升至0.5%，每位滑雪者每年滑雪4次，滑雪总人次将达6000万，届时中国将成为世界最大的滑雪市场。在室内滑雪场数量方面，目前中国暂居全球第一。由于中国室外滑雪场的建设发展受时间与空间限制，室外滑雪场四季运营的问题仍然无法得到合理解决，而室内滑雪产业的出现与兴起，巧妙地规避了传统室外滑雪场建设的缺点，打破了时间与空间的约束，更好地诠释出冰雪运动与旅游的特殊魅力，其数量还将进一步增长。

从客群调研结果分析，室内滑雪场客群评价率较高的方面是滑雪指导员

---

① 本书已有相关章节进行详细的介绍，读者可自行参考。

教学、服务态度、业态分布。价格依然是消费者考虑的内容，但已不再是首要问题，这也从侧面反映了目前的消费核心群体对价格并不十分敏感。

在中国冰雪市场繁荣发展的大环境下，室内滑雪场得到快速发展。目前的核心消费群体是中等收入群体，而大部分的中等收入群体通常较有消费的意愿和能力，但缺乏去室外大型滑雪场滑雪的时间和精力。因此，经济发达城市的室内滑雪场便成为相对较优的选择。初步调查显示，室内滑雪场客群人均消费为250元/次，到2020年，客户群体规模达1亿人次，按照一年4次计算，人均消费将达到1000元/年，市场规模将突破1000亿元。

尽管室内滑雪场受资本关注程度高，但仍存在着许多亟待解决的问题。如定位同质化、业态单一化、流程效率低、服务效果差、运营模式旧、产品缺乏创新等。从规划设计角度看，室内滑雪场纯粹地进行滑雪场设计已不符合时代发展需要，当代新型室内滑雪场的规划设计，更多涉及商业、娱乐、文化等元素，并以此来刺激消费者的视觉、感官以及内心体验。

履不必同，期于适足；治不必同，期于利民。细分市场发展是否有前景，也只有其消费群体最有发言权。诊治痛点、开发蓝海是未来的方向。

案 例 篇

Case Studies

B.7 吉林北大壶滑雪度假区

摘　要： 近几年，冰雪运动和冰雪产业热度逐年提升，滑雪场建设不断提速，而市场过快的供给也加速了洗牌。面对激烈的市场竞争现状，老牌滑雪场北大壶通过与 Club Med 国际度假村合作，引进国际一流酒店管理品牌，专注于山地设施提升并将国际标准和中国客户需求有机结合，摸索出一套既着眼未来又立足现实的发展之路，无论是滑雪人次还是服务水平都有较大提升。本报告主要描述北大壶滑雪度假区近几年如何在周边强大竞争对手冲击、客流增长乏力的情况下，明确定位、发掘优势、改造升级，闯出一条差异化竞争之路。同时通过比较总结出目前国际一流国内典型的滑雪度假区发展模式，为我国滑雪度假区未来的发展提供些许借鉴。

关键词： 北大壶滑雪场　改造升级　差异化竞争

一 北大壶滑雪度假区基本概况及发展历程

北大壶滑雪度假区位于吉林市北大壶体育旅游经济开发区内，距吉林市市区53公里，距长春龙嘉国际机场126公里，是集滑雪、旅游观光、休闲度假、竞赛训练及会议服务于一体的一流滑雪度假区。

度假区拥有国内知名的老牌滑雪场——北大壶滑雪场，山体垂直落差870米，雪道总长48公里，是目前国内雪道最长的雪场。到2018年年底，度假区将建成并开放2300个床位，包括北大壶洲际假日酒店、北美时光度假公寓、法国Club Med俱乐部、星空酒店等。届时，北大壶床位数在国内山地度假区中的排名将达到第二位。

北大壶因三面群山环绕，中间高峰突起，北部狭长宛如一只斟水之壶而得名。1993年1月，吉林省政府、吉林市政府为承办1995年第八届全国冬运会和争办1996年第三届亚洲冬季运动会雪上项目的比赛，决定开发建设北大壶滑雪场。是年5月形成总体布局和先期工程规划，6月27日第一期工程全面开工，1994年12月工程结束并作为雪上运动员训练基地以及第八届冬运会比赛场地投入使用。

北大壶发展至今，经历了以下四个阶段。

第一阶段：1994~2003年，纯体育竞技阶段

此阶段，北大壶滑雪场隶属于吉林省体育部门，定位完全服从于竞技训练和比赛，承接了第八届、第九届全国冬季运动会以及大大小小的国内雪上赛事和训练项目。

第二阶段：2003~2009年，"体育+旅游"萌芽阶段

2002年经亚奥理事会和国家体育总局批准，2007年第六届亚洲冬季运动会全部雪上赛事在北大壶滑雪场举行。2003年4月，吉林省省政府批准成立省级开发区——北大壶体育旅游经济开发区。此阶段北大壶滑雪场归属北大壶体育旅游经济开发区管委会。以第六届亚冬会为契机，北大壶滑雪场在基础配套以及硬件设施上得到了大幅度提升，包括雪场专用一级公路、大

型水库、高速脱挂式缆车、造雪系统、亚雪酒店（亚运村），等等。第六届亚冬会的成功举办使北大壶滑雪场一举成为当时国内规模最大、设施最佳的滑雪场，与黑龙江亚布力齐名，成为国内仅有的两家举办过国际运动会（亚冬会）的滑雪场。亚冬会之后，北大壶在原有体育属性定位的基础上逐步尝试旅游的概念，并试探性地引入了新濠集团对滑雪场进行管理。

第三阶段：2009~2015年，"体育+旅游+度假"转型阶段

受2008年全球金融危机的影响，新濠集团未能按计划实施对北大壶的投资，于2009年全面撤出北大壶。之后，北京桥山集团收购北大壶，并于2009年开始投资建设北大壶桥山度假酒店及北美时光度假公寓等项目，逐年对滑雪场进行改扩建。此阶段的北大壶经历两个转型，一方面是管理体制由国营彻底转向民营，另一方面是整体定位由原来单一的滑雪场转型为滑雪度假区，北大壶滑雪场正式更名为北大壶滑雪度假区。同时，此阶段北大壶成功承办了第十二届全国冬季运动会，使其与生俱来的体育属性以及得天独厚的竞技资源优势得到了进一步延续。

第四阶段：2015年至今，综合度假区全面提升阶段

2015年，北京、张家口联合申办2022年冬奥会获得成功，桥山集团作为主要投资人，坚定了大力发展北大壶的信心，在北大壶成功转型的基础上确立了清晰的冬奥发展战略和整体度假区提档升级计划。原亚运村酒店的拆除，以及法国地中海俱乐部CLUB MED的进驻，成为北大壶滑雪度假区全面提档升级的标志性开端。此后，陆续开工并将陆续投入使用的冬奥训练基地服务中心、洲际酒店、星空酒店、青少年二期训练基地等，都使北大壶脱胎换骨，以全新的成熟度假区的面貌迎接消费者。

二 北大壶滑雪度假区的主要特点分析

北大壶在国内资深发烧友心目中一直是"粉雪天堂"，作为亚冬会比赛场地在国际上也有相当的知名度。综合来看，北大壶滑雪度假区具备以下几方面主要特点。

1. 天然滑雪资源得天独厚

北大壶位于北纬43度世界滑雪黄金带，地处长白山余脉，坐拥三面环山的独特山形地貌，冬季风小，有时近似静风，气候适宜。最冷的1月十年日平均气温仅为零下15.4°，非常适宜滑雪运动。

区内北大壶滑雪场现有26条雪道，总面积123公顷，总长48公里，最大垂直落差870米，具有雪道好、雪质佳、积雪深、雪期长等特点。积雪日达160天左右，积雪深度山脚下海拔500米处约1米，山坡中部海拔700米附近约为1.5米，山顶海拔1000米以上的地段积雪可达2米左右。雪质干爽，近乎粉状。

亚洲雪联主席李盛源盛赞北大壶滑雪资源："在亚洲乃至世界都是一流的。"亚冬会以后，每年都有大批日本、韩国、俄罗斯等国家和地区的专业运动员及滑雪爱好者来北大壶滑雪训练、戏雪赏凇、休闲度假。

2. 生态环境资源优势突出

北大壶是中国首批AAAA级景区之一，区内群山环抱，山峦叠翠，海拔超1200米的山峰有9座，其中主峰南楼山海拔1404.8米，为吉林市最高峰。

从植被覆盖情况看，北大壶有着丰富的植被和良好的生态环境，一年四季气候宜人，空气清新，负氧离子含量是城区的五百倍，是天然的氧舱，每年夏季7至8月十年日平均气温仅为18.6℃，是名副其实的避暑胜地。

从地热资源情况看，北大壶地下蕴藏着丰富的温泉资源。核心区已完成温泉资源的钻探，经吉林省水文局初步检测，为偏硅酸水质，各种微量元素丰富，这是北大壶开发区继滑雪和环境资源优势以外的又一核心资源。

3. 交通便利，靠近大中型城市

世界上大型滑雪场一般远离城市，比较近的雪场如美国vail滑雪场距离丹佛160公里，加拿大whistler距离温哥华122公里，park city距离盐湖城60公里。北大壶距离吉林市仅53公里，吉林市城区人口250万；距离长春145公里，长春城区人口500万；距离哈尔滨260公里，哈尔滨城区人口

500万。

交通便利性体现在以下几方面。

（1）高速公路：目前东北五大城市均有高速公路到达北大壶附近。其中哈尔滨至吉林高速已于2018年十月通车，通车后，哈尔滨滑雪爱好者自驾前往亚布力和北大壶是同样的时间。

（2）高铁：长春到吉林市动车仅需30多分钟，沈阳及哈尔滨到吉林市的高铁不到两小时。京沈高铁开通后，北京到吉林的轨道交通时间将缩短到4~5小时，滑雪度假客群出行方便快捷。

（3）航空：每天国航、深航、南航共开通北京飞往长春的航班15班次；上航、东航、国航、春秋、吉祥、南航、深航开通每日上海飞往长春的航班28班次。2018年长春机场扩建后，中心城市飞往长春的航班数量还将大幅度增加。

可以预见，未来的北大壶将是距离大型城市最近的大型滑雪场。

4. 场地专业性强，是国家级训练及比赛基地

北大壶先后被国家体育总局确定为国家滑雪训练基地、国家登山滑雪训练基地、国家拓展运动基地和国家航空运动训练基地，被国家旅游局确定为首个全国冬季休闲旅游度假示范区。2017年3月，北大壶被国家体育总局冬管中心确定为国家队雪上训练基地。2017年8月，国家体育总局正式将北大壶确定为国家综合体育训练基地（雪上项目）。

北大壶曾成功举办了第六届亚冬会和第八届、第九届、第十二届全国冬运会的全部雪上赛事，从2013年开始连续四年圆满承办了国际雪联空中技巧和雪上技巧世界杯比赛。2003年以来，共承办国家级以上赛事20余项。

北大壶滑雪场目前建有高级雪道5条、中级雪道12条、初级雪道8条，另有一条10公里越野雪道。上行设备方面，建有10条索道、4条魔毯，已经成为国内国际重要的滑雪竞技、休闲旅游目的地，具备承办各种国际滑雪赛事的条件。

5. 有效借力国际化品牌，充分借鉴国际先进经验

北大壶是国内引进国际一流酒店管理品牌最多的滑雪度假区之一。2016

年11月北大壶 Club Med（地中海俱乐部）开业，2018年12月北大壶洲际假日酒店开业，2020年喜达屋集团的源宿酒店及洲际 Holiday Inn Express 也将相继落户北大壶。

作为法国成熟的度假品牌，Club Med 已经有68年的发展历程，一直是全球度假市场的领导品牌。Club Med 创始人最初的理念就是"重塑快乐"。68年前，Club Med 在瑞士建立了第一座滑雪度假村，自此开启了独特的冰雪假期体验。伴随欧洲历史悠久的滑雪文化及冬季奥运会的盛行，Club Med 冰雪度假村持续发展壮大，目前 Club Med 已经在全球30个目的地布局了70座度假村，其中欧亚大陆拥有22座度假村。至2020年，Club Med 将致力于成为全球山地滑雪度假村行业的领军品牌。

对于中国市场，Club Med 从2003年就开始了布局，分别是"Club Med 精致一价全包假期""Club Med 奢华空间"以及特别针对现代中国都市旅行者的"全新精致周边游假期系列 Club Med Joyview"。目前，Club Med 已在中国开设两座滑雪度假村，分别位于黑龙江亚布力和吉林北大壶。

Club Med 将其独有的"精致一价全包"度假理念融入法式元素。70余座滑雪度假村的运作经验，加上来自世界各地的 G.O 团队和国际级的专业滑雪指导员，为北大壶旅行者创造了难忘的冰雪假期，进一步提升了北大壶的品牌价值和影响力。

Club Med 北大壶度假村一期为重装改造项目，由法国知名室内设计公司 Dariel Studio 进行设计，集住宿、SPA、会议、雪具存储、健身娱乐、Mini Club 等于一体，装修施工面积1.9万平方米，改造客房176间，年接待量达6万人次，可同时满足450人度假。Club Med 北大壶度假村在开业首季就创下了81%的入住率，目前的入住率维持在90%以上。

6. 战略地位突出，政策优势明显

北大壶是国家队雪上训练基地，因其丰富的赛道条件，在国家队备战2022年北京冬奥会的过程中具有特殊的战略位置。同时，其作为行业标杆，在拉动吉林市、吉林省乃至全国的冰雪产业消费升级方面，也具有不可忽视的重要意义。

在2022年北京冬奥的时间窗口，从国家层面到地方层面都出台了推动冬季运动的各项政策，这些政策对北大壶尤为重要。

国家层面：中国成功申办2022年冬奥会后，习近平同志提出"三亿人参与冰雪运动"的要求，国家又相继出台了《冰雪运动发展规划（2016～2025年）》《全国冰雪场地设施建设规划（2016～2022年）》和《加快健身休闲产业发展的指导意见》。

地方层面：吉林省委、省政府在2016年出台了《关于做大做强冰雪产业的实施意见》（吉发〔2016〕29号），提出了要以满足冰雪消费需求为主线，以冰雪旅游为本体、冰雪体育为基础、冰雪文化为引领，强化冰雪产业优势集聚，构建吉林特色的冰雪产业体系，促进冰雪关联产业融合发展，打造长白山国际冰雪品牌，努力把吉林省建设成为中国冰雪产业大省、冰雪旅游强省和世界级冰雪旅游目的地。《关于做大做强冰雪产业的实施意见》出台近两年，航班加密、支线机场通航、高铁提速、多条高速公路建成通车，大交通的可进入性大幅提高，"冰雪交通"明显改善。2018年4月，《吉林省体育发展"十三五"规划》印发，提出加大对冬季项目扶持力度，努力实现吉林省由冰雪体育运动大省向冰雪运动强省转型。2018年5月，吉林省住房和城乡建设厅公布了吉林省第一批特色小镇名单，共40个镇（乡）入选，其中吉林市入选13个特色小镇，北大壶镇（吉林北大壶体育旅游经济开发区）位列其中。同时，作为全国6个国家级体育综合训练基地之一，北大壶在雪上项目方面独具特色，为区域冰雪产业的发展带来了重大机遇。

7. 总体规划设计达到世界一流水平

2010年北大壶力邀全球著名山体雪道设计公司——加拿大Ecosign为北大壶规划了17个滑雪区，共计120公里的雪道，并以每年增加10公里的速度增加。

2011年，北大壶携手世界排名第一的美国WATG规划设计公司为度假区做整体规划，将总占地6.8平方公里、总建筑面积近150万平方米的北大壶核心区域设计为集滑雪、旅游、度假、会议及体育运动公园等于一体的国际大型度假区。将北大壶整体定位为"中国北方国际旅居休闲度假区"。

根据 WATG 公司为北大壶制定的总体发展规划，整个北大壶开发区将形成"一条龙金鱼、五大功能区"的总体规划布局。"五大功能区"包括户外运动区（冬奥村）、休闲农业区、温泉安康区、多元文化区、北大壶风情小镇。

户外运动区（冬奥村）规划面积为 6.8 平方公里，概算总投资 180 亿元。规划理念以举办冬奥会为目标，以雪上运动、休闲度假、会议培训为主要功能，成为北大壶最具核心竞争力的区域。重点项目：滑雪场、度假别墅、雪具大厅、会议中心、体育运动公园、公寓、星级酒店、商业街洞穴酒店、吉林省雪上项目综合训练中心、国家拓展训练基地、中国滑雪登山学校、停车场。

休闲农业区规划面积为 3 平方公里，概算总投资 30 亿元。该区水源丰富，土壤肥沃，农作物多样，村庄文化浓郁，是农业旅游和亲近自然的最佳选择。规划理念深入挖掘广博的东北农耕文化，开发富有地方特色的农业休闲观光旅游产品，打造集农业观光与自然体验于一体的乡村田园。重点项目：葡萄酒庄园、果园、农场、野外露营地、狩猎场、私人园艺、马术场、北大壶家园、酒店、农贸市场。

温泉安康区规划面积为 3 平方公里，概算总投资 30 亿元。该区是天然温泉所在地，是整个规划区最无可媲美的静谧峡谷区。规划理念是以休闲养生、心灵小憩为主导，利用温泉和自然环境融为一体的天然资源，打造一个集温泉疗养、养生保健、强身健体的最佳静谧度假区。重点项目：温泉水疗度假村、温泉水疗养生馆、温泉水世界、会议中心、健身中心、酒店、中心公园、高端别墅。

多元文化区规划面积为 10 平方公里，概算总投资 90 亿元。规划理念是大力塑造出一个别具一格的文化旅游区，以现代文化、民俗文化和传统文化为灵魂，以产业为支撑，以资源为基础，以功能为核心的多元文化体验区，使之成为融汇民族、民俗与传统文化体验的动感地带和心灵家园。重点项目：游客服务中心、商务机场、水上运动中心、多功能体育馆、滑冰馆、多元文化展示区、寺庙小岛、3D 影院、戏剧院、满族民俗村、朝鲜族民俗村、

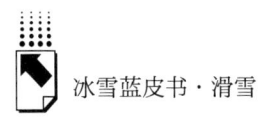

关东民俗村、酒店。

北大壶风情小镇规划面积为3平方公里，概算总投资70亿元。该区位于度假区的主入口处，规划理念是以本地居民为主体，建设一个体现关东文化、关东风情的生态宜居小镇。重点项目：游客服务中心、住宅、娱乐和商业中心、酒店、医院、学校、幼儿园、通信、邮政。

8. 管理团队层次丰富、结构合理

经历过几个不同的发展阶段之后，北大壶滑雪度假区沉淀了一批实战经验丰富、视北大壶为家的雪场基层员工及中层管理团队。尤其是山地运营团队，主要山地及保障人员在北大壶工作都超过十年，他们经验丰富，对北大壶气候地形地貌设备设施都非常熟悉，能够应付各种极端条件下的挑战。

此外，度假区逐年引进外部高端人才加盟。其中，负责规划建设管理的团队成员，大多具有国外博士、硕士研究生，以及国家"985""211"重点大学本科及以上学历。

整体来看，70%以上的管理团队成员在北大壶的工作年限都超过了7年，包括雪场山地和基地规划设计、雪场运营和营销、酒店管理，以及地产开发建设等专业性团队。团队在北大壶近十年的发展过程中，长期和世界一流公司合作，扎根于东北大地，从理论到实践不断沉淀，成为一支专业化的管理队伍。

归本溯源，北大壶近十年的快速发展离不开其主要投资人、桥山集团的掌舵人——董事长刘小山先生。刘小山是一位狂热的滑雪爱好者，走访过全球近100座大型雪场，对国际国内的滑雪度假市场有深刻的理解和认识，对于如何将北大壶打造世界一流度假村更是有独特的见解。

三 北大壶面临的竞争环境分析

对比中美人均GDP的发展以及滑雪市场的发展，可以发现目前中国人均GDP水平与美国六七十年代相当，中国滑雪市场也和美国六七十年代一样进入高速增长期。自2010年开始，大资本纷纷进入滑雪市场，逐步形成了目前的滑雪度假市场竞争环境。

（一）国内区域竞争格局初步形成

中国滑雪市场经过二十多年的发展，经历了从滑雪运动到滑雪旅游，再到滑雪度假几个阶段。目前，国内滑雪度假市场基本形成四分天下的雏形，即河北崇礼滑雪大区、吉林省滑雪组团区域、黑龙江亚布力区域以及新疆丝绸之路和阿勒泰区域。

吉林省滑雪组团区域以桥山北大壶、万科松花湖、万达长白山三大滑雪度假区为代表，以其独特的自然资源优势以及便利的交通优势，吸引了全国各地的度假客源，在整个竞争格局中处于综合实力最强的一脉。但其他三大区域的发展也各具特色，逐步形成与吉林省竞争的格局。

河北崇礼滑雪大区以七大滑雪场为依托，主要吸引北京的大量滑雪客源；借助北京、张家口联合申办2022冬奥会的东风，吸引了全球的目光，成为国内区域性滑雪度假集聚地。崇礼毫无疑问成为吉林区域包括北大壶滑雪度假区在内的强劲竞争对手。

此外，黑龙江亚布力近两年实施的三山联网工程，也意在形成规模效应，增强竞争力。新疆以丝绸之路滑雪度假区以及阿勒泰区域滑雪场为代表，也在逐步打造滑雪度假的目的地。

（二）吉林省内市场竞争加剧

吉林省内北大壶最强有力的竞争者，无疑是万科集团倾力打造的松花湖项目。万科松花湖度假区距离北大壶不到30公里，包含松花湖滑雪场、专业成人及儿童滑雪学校、娱雪乐园、独立滑雪教学区、松花湖西武王子大饭店、青山客栈、白桦旅社、青山度假公寓、青山民宿、度假小镇、商业住宅、VFUN儿童村等多种配套设施。两个滑雪度假区之间尝试过强强联合，2016年年中，二者宣布达成战略合作关系，并成立合资公司万山雪业，由万科控股，并在票务经营、营销推广、客服体系等方面实行统一管理。但由于战略及企业文化等原因，该项目最终不了了之。万科松花湖于2013年开业，在2017~2018年雪季客流量已高达46.7万人次，荣登全国客流量榜首。

此外，同区域的竞争者还有万达集团耗资百亿打造的首个文旅项目——万达长白山滑雪度假区。万达长白山滑雪度假区于2012年12月开业，一直保持着较高的运营水准，2017~2018年雪季客流量在40万人次以上，稳居前三名。

面对万达、万科耗巨资打造的新贵强势来袭，北大壶曾经一度显得有点措手不及，客流增长乏力。

另外，吉林市周边中小型滑雪场林立，包括吉雪滑雪场、鸣山绿洲滑雪场、五家山滑雪场、朱雀山滑雪场等。吉林省其他城市也有很多雪场，例如长春市的莲花山滑雪场和庙香山滑雪场等，另有长白山西坡的长白山天池雪滑雪场可提供出色的野雪体验。这些中小型滑雪场由于价格等方面的优势，吸引了一部分本地客流。

四 积极应对竞争环境，硬件软件全面升级

面对日益加剧的竞争环境，北大壶度假区积极应对，努力提升硬件、升级服务、改善产品结构、专注于改善滑雪度假人群体验，具体采取了以下几项措施。

（一）硬件设备方面

1. 冬奥训练基地服务中心

原亚运村酒店完全拆除，重建世界最大的综合性多功能服务大厅——冬奥训练基地服务中心，现已投入使用。新建的冬奥训练基地服务中心功能分布更加合理。一楼有一排售票窗口，左面是滑雪学校，右边是上下二楼的滚梯，滚梯右面是一片很大的VIP服务中心，中心里有为会员准备的专用柜子，可用于存放雪板、雪鞋等滑雪用品。从门口进入大厅后，背对的则是不同品牌的雪具专卖店。不同消费者可以快捷舒服地到达及使用设施设备，动线十分合理。

2. 多样化酒店

投入建成多样化酒店,满足不同客户的需求。

(1) 洲际酒店集团的假日酒店 Holiday Inn Express。假日酒店 Holiday Inn Express 融合商务与休闲风格,可以为客户提供舒适、熟悉的氛围,可靠友善的服务以及现代化的设施。在这里,客户可以尽情放松和享受各种便利设施,如免费高速网络、餐厅、健身中心和舒适酒廊,尽情享受假期的欢愉。

(2) 星空酒店面对快速增长的年轻爱好者,打造了适合青少年居住及娱乐活动的专属酒店,也非常适合青年家庭或者朋友组合家庭度假。星空酒店总面积 18385 平方米,床位数 1056 张,主要用于住宿、接待、餐厅及休闲娱乐,是国内及国际游客度假、旅游、公司团建、儿童冬令营的理想场所。

专门的儿童活动区安排了入住时的惊喜礼物、餐厅的儿童菜单、客房内的儿童电视频道。酒店的儿童活动区非常有特色,装饰得充满想象力,为培养孩子们的创造力提供了一个平台。儿童活动区所使用的设备,包括桌椅、沙发,甚至画笔、玩具都经过严格筛选,保证环保和使用安全,可满足不同年龄阶段孩子的活动。孩子们可以在这里做游戏、画画或者玩拼图游戏。

酒店公共空间配有餐厅、观影区、休闲区、咖啡吧、舞台活动区等,方便游客就餐、组织活动、结识旅友、分享旅途趣事等。

酒店采用自然质朴的原木、红砖墙、水泥、石材等硬装材质,配以浪漫古典的灯具、舒适的沙发、精致的摆件等软装将营地酒店打造成一个时尚、舒适、趣味十足的居住娱乐空间。

酒店客房分为双人间、四人间和六人间。各个方面都配有独立洗漱套间,并且根据居住人数配置了储物柜、休闲座椅等,为自带雪具和大件行李的旅客提供方便。同时,酒店大堂提供雪具、行李存放服务。酒店距离雪具大厅约 450 米,有度假区内专线巴士免费摆渡,高峰时段 15 分钟一班,十分便捷。

(3) 北美时光公寓:中国首家拥有 Ski in&Ski out(滑进滑出)私属缆

车的北美时光度假公寓,拥有独立的雪具服务中心,缩短了滑雪者上雪道的时间和距离,为滑雪者畅滑提供了更加便利的条件。这是专为滑雪者提供的一处休闲度假目的地,其所有户型都按星级标准进行精装设计,全程星级服务管理,公寓内一至五层设有雪域餐厅、BDH能量站、小角咖啡厅、酒吧、超市等,各种配套设施齐全。

北美时光公寓共有183间客房可供选择,包含79间标准客房、72间大床房,每一间客房都能感受到北美风格的度假风情。北美时光公寓依靠丰富的色彩与流畅的线条,表现出悠闲有活力、自由而开放的设计风格。北美时光公寓注重细节品质,演绎古典情怀,在建筑的整体规划设计上,保留高低起伏的原生地势,形成层次丰富的景观变化。车道、人行道均利用坡地进行设计,有效降低车辆行人的速度,这就是所谓的"北美式慢生活"。

(4) Club Med北大壶度假村:打造专属儿童俱乐部及国内首家电影主题度假村。

Club Med北大壶度假村是由来自23个国家120名G.O团队为客户打造的友好、自由、快乐、分享、开放的度假村。Club Med善于为青少年提供一系列有创造力的娱乐活动,精心设计、舒适安全的设施只为满足孩子们的需求。北大壶的儿童俱乐部以音乐盒电影为设计主题,主打特色是无声电影时代的明星——卓别林。除此以外,还有适合各年龄阶段的众多活动,如体育、创新活动以及游戏。在儿童俱乐部开放时间,父母们可以最大限度地享受自己的时间。

Club Med北大壶处处彰显电影情怀,以法式浪漫演绎各式家庭娱乐活动。来到Petit Bus Rouge餐厅,则是一派趣味景象。其装潢设计大胆前卫,灵感来自法国电影The Flying Frenchies,做的却是地道的中式面点、火锅、中西合璧、别有情趣。以木材与自然景观营造而成的植物园楼,为你还原一个高山冰雪王国里的温暖春日。

3. 雪场设备改善

(1) 新开了三条缆车:一条是D索的8人高速吊厢,用于取代那条被吐槽多年的二号道慢速缆车,运载能力提升了8倍;一条是E索的四人吊椅，用于初学人群及转接 D 索；另一条则是北美时光公寓专属的 H 索，有防风罩的 6 人高速吊椅。D 索全长 1920 米，运行速度每秒 6 米，单程时间仅为 6 分钟；H 索长度为 1400 米，运行速度每秒 6 米，单程时间为 6 分钟。三条新缆车在 2017~2018 雪季投入使用，为广大雪友提供更为舒适、快捷的服务。

（2）为每条雪道新建了造雪管线，由于北大壶天然降雪大，即使不造雪，雪道也能在 12 月底开放，但雪道质量不可控。2016~2017 年雪季，北大壶痛下决心，为除 5 号道外所有雪道都配备造雪管线，将老旧设备全部用国际一流品牌替代，缩短了造雪时间，提升了雪道质量。

4. 完善雪道产品结构

北大壶作为中国最重要的国家竞赛训练基地，雪道主要定位于高水平的比赛和训练。13 条雪道中，高级道占 70% 以上，对于一般滑雪爱好者来说偏难。国内很多爱好者慕名而来，可惜能够滑的雪道寥寥无几。经过这几年的投入，雪道产品结构大幅改善，初中级道占比达到 75%。北大壶地形丰富多变，在未来雪场的扩建规划中，将进一步将雪道结构调整到符合市场需求的完美状态。

（二）雪场服务方面

1. 提供专门的接送机服务

为解决去雪场交通不便的问题，前来北大壶的滑雪者可提前预订 Club Med 官方接送机或提前预订 Club Med 北大壶度假村接送机服务。北大壶在长春机场设立了专门的接送机服务站。

2. 提供品牌滑雪用具的租赁服务

度假区同冬奥会专属的法国品牌 ROSSIGNAL 合作，为滑雪者提供冬奥会 ROSSIGNAL 雪具租赁服务，网上折后价要 3000 元左右，而每天租用只需 100 元。租赁形式不仅可以让滑雪者用低价享受品牌器具，还可以减轻滑雪者旅行负担。

3. 最权威的滑雪指导和教练服务

北大壶度假区有国际滑雪学校，可以为滑雪者提供专业的全方位指导，还有来自法国权威滑雪学校ESF的教练专业私教课程。法国滑雪学校ESF的滑雪指导员会按年龄、水平、项目对学员进行分组教学，耐心将国际最标准的滑雪教学课程带到学员身边。2018年2月，北大壶国际滑雪学校的18位指导员全部通过了韩国滑雪协会KSIA认证，成为KSIA一级指导员。

（三）夏季运营方面

目前，北大壶夏季经营项目有园林花海、国家级登山步道、南楼山山顶观景台、群山不老泉、北大壶神树和云海等旅游项目。面对新的形势，北大壶及时调整运营策略，将主要通过赛事、活动两大抓手带动夏季项目的运营开发。比如2018年6月举办的北大壶山地越野赛、登山竞速赛，比赛线路环境幽静，让参赛者可回归本真、赏花海、观云海，在花海中奔跑，会给广大跑友耳目一新的感觉。北大壶通过赛事的带动，进一步吸引客流，创造价值。

五 北大壶滑雪度假区定位及未来发展展望

面对竞争，北大壶决策者和管理层在充分对比研究中国与世界成熟滑雪市场的基础上，统一思想，决定坚持定位、坚定目标，通过挖掘优势，彰显北大壶特色，将北大壶建设成为世界一流的滑雪度假区。

鉴于本报告篇幅有限，以下仅引用2017年年底桥山集团战略发布会上，刘小山董事长在《中国大型滑雪度假村发展路径》演讲中发布的几张研究图表（见图1~5、表1），显示其对中国滑雪市场、吉林地区以及北大壶未来的信心和决心。

北大壶滑雪场作为东北地区的老牌滑雪场，其独特性表现在以下三个方面。

第一，北大壶滑雪场是全球距百万人口城市最近的大型雪场，全球唯一一个300公里范围内覆盖3000万城市人口的大型雪场。

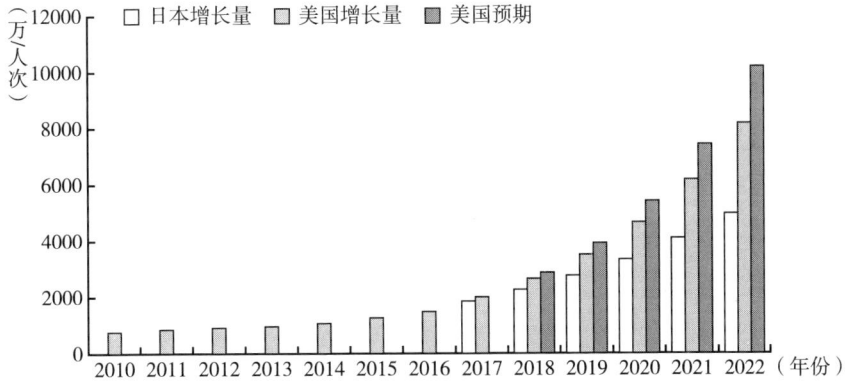

图1 世界部分国家滑雪人次增长

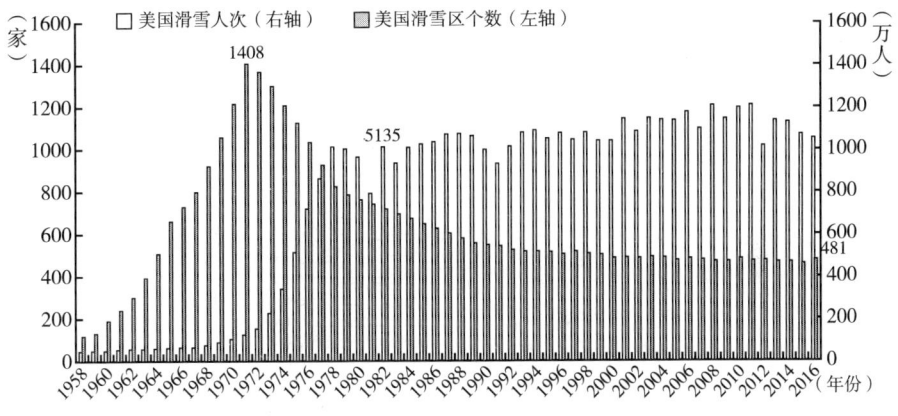

图2 美国滑雪人次与美国滑雪区分布

（2）北大壶滑雪场是中国唯一一个可举办全部冬季奥运会雪上项目的大型雪场。

（3）北大壶滑雪场是中国滑雪爱好者的朝胜地和粉雪度假天堂。

相比北美、日本及欧洲，中国冰雪资源匮乏，北大壶是国内极少的具有发展成世界一流度假村的潜力的地方。根据北大壶的发展规划，北大壶高层管理人员决定克服重重困难，按以下雄伟目标制定北大壶未来五年的发展计划。

冰雪蓝皮书·滑雪

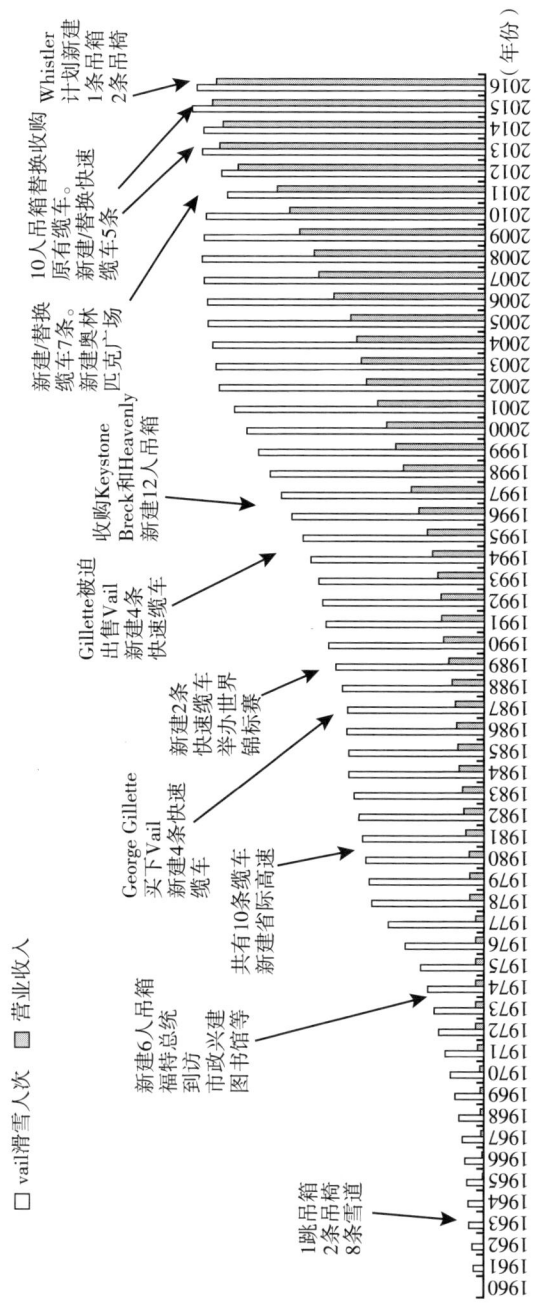

图3 Vail滑雪度假区发展重要节点

吉林北大壶滑雪度假区

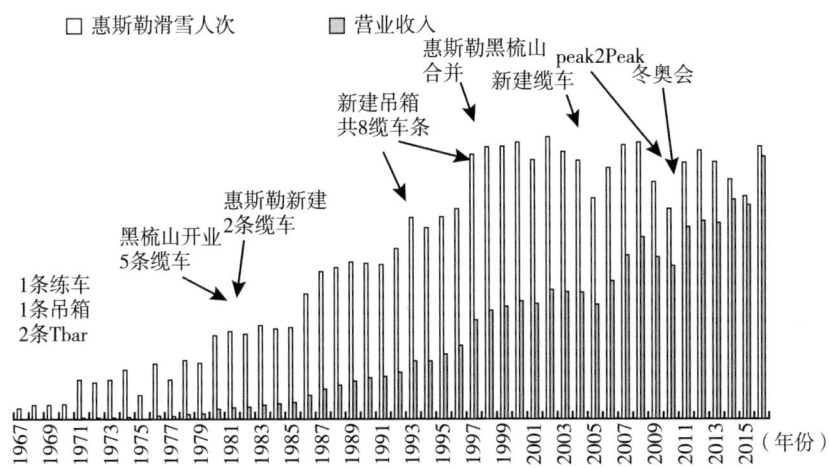

图4　惠斯勒滑雪度假区发展重要节点

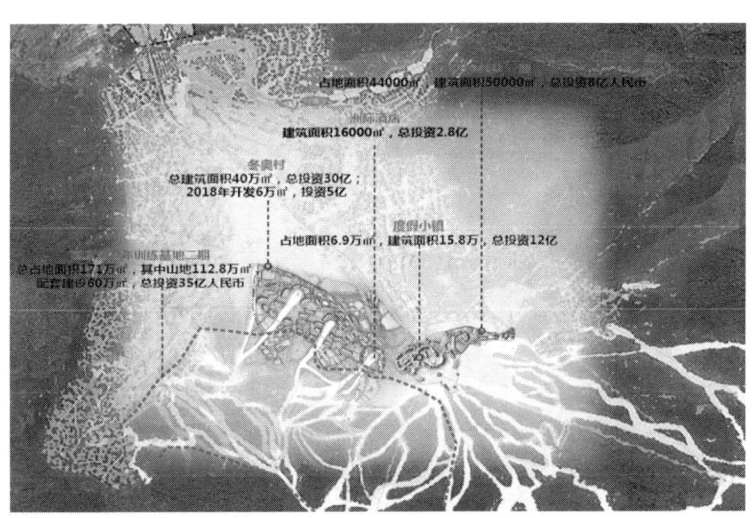

图5　北大壶总体规划及新投资项目

表1　北大壶滑雪度假区五年发展目标

年份	2018	2019	2020	2021	2022
床位数(张)	2300	3200	5200	8000	10600
雪道面积(公顷)	123	220	450	550	650
缆车数量(条)	5	7	10	15	21
接待能力(万人次)	60	80	110	180	220

169

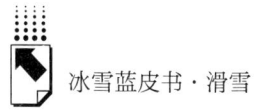

六 结语

从国际经验来看,超大型滑雪区都会经历一个较长的分期发展的过程。北大壶作为国内屈指可数的具备广阔发展空间、有潜质发展成为世界一流的滑雪度假区,在建设和运营方面必然将面临一系列巨大的挑战。把握历史发展机遇,克服困难,充分展现北大壶的潜在优势,这无疑是对北大壶的投资人和管理者提出的严峻考验。唯有坚持一流度假村的理念,坚持品质,不以短期盈利为目标,审时度势,在恰当时机加快建设速度,加强和国际品牌度假村合作,才能创造新的生机和活力。让我们共同期待一个成功实现转型升级的全新的北大壶!

B.8
融创哈尔滨万达娱雪乐园

摘　要： 融创哈尔滨万达娱雪乐园既创下了"全球最大的室内滑雪设施"的吉尼斯世界纪录，也具有突破常规购物中心业态格局、试点万达娱雪乐园"南展"的重要意义。经过深入分析，本报告发现东北地区的游客、高级滑雪者以及初级滑雪者是其主要客群，认为融创哈尔滨万达娱雪乐园在横向比较上具有国际化滑雪教学服务、多元化娱雪项目、差异化综合服务体验三大优势，在纵向比较上则具有四季滑雪服务供给、全年体育服务供给两大优势。

关键词： 室内滑雪　四季生态　娱雪　服务供给

一　融创哈尔滨万达娱雪乐园简介

随着冬奥热度的持续攀升，雪场兴建热潮蔓延至全国各地。截止到2017年年底，全中国建有703家滑雪场，其中已实现开业经营的室内滑雪场达21家，数量位居全球第一。除了数量领先世界之外，中国室内滑雪场的质量与规模也丝毫不亚于国际顶级室内滑雪场，这里面最具代表性的就是万达集团斥资22亿打造的融创哈尔滨万达娱雪乐园。融创哈尔滨万达娱雪乐园是一座为游客提供全天候舒适滑雪、娱雪服务的室内滑雪场，该项目位于黑龙江省哈尔滨市松北区世茂大道与宏源街交汇处，形似一架华丽的红钢琴，是哈尔滨万达茂的地标性建筑。

2017年6月30日，哈尔滨万达乐园正式对外开业，负责四季冰雪旅游板块的融创哈尔滨万达娱雪乐园也于当天开门迎客，上千名游客慕名而来。在接下来为期半年的营运时间里，融创哈尔滨万达娱雪乐园获得了市民、游客以及社会的一致好评与认可，并在2017年年内实现了20万滑雪人次的客流量业绩，创下了中国室内滑雪场的新纪录。

（一）基本信息

融创哈尔滨万达娱雪乐园建筑面积达8万平方米，与10个标准足球场的叠加面积相当，其中接待服务区面积为1.5万平方米、娱雪区面积为1.5万平方米、滑雪区面积为5万平方米，可同时容纳1500人滑雪，全天可容纳3000人畅滑。雪道方面，融创哈尔滨万达娱雪乐园建有6条长度不一、难度不一、坡度不一的雪道，分别设在初级滑雪区（1条初学滑雪道）、娱雪区（1条娱雪道）以及滑雪区（4条滑雪者雪道）。雪道最大垂直落差为80米，最长为500米，最大坡度为25.4°。设备设施方面，融创哈尔滨万达娱雪乐园配有104台制冷机器（全年恒温零下5摄氏度）、50台造雪机（全年雪量充足），以及8架提升设备，包括2条索道（107个双人吊椅）、6条魔毯（其中2条为进口魔毯），最大运力达到8100人/小时（见表1）。

表1 融创哈尔滨万达娱雪乐园雪场信息

指标	数据
滑雪区面积(平方米)	50000
娱雪区面积(平方米)	15000
最大垂直落差(米)	80
雪道数(条)	6
最长雪道(米)	500
提升设备(架)	8
提升设备运力(人/小时)	8100
制冷机器(台)	104
温度控制(℃)	−5
最大瞬时承载量(人)	1500
最大全天承载量(人)	3000
地形公园(个)	1

（二）雪场地位

规划之初，融创哈尔滨万达娱雪乐园将目标定为规模最庞大、技术最先进、业态最齐全的室内滑雪场，因此管理团队邀请了美国 Acer Snowmec 公司担纲设计，中建二局四公司负责建设工作。建成之后，融创哈尔滨万达娱雪乐园多项指标位居全球之首，成为目前世界上雪道最多、长度最长、容量最大的室内滑雪场，并荣膺了"全球最大的室内滑雪设施"（The Largest Indoor Ski Facility In The World）吉尼斯世界纪录。

表2 国际知名室内滑雪场基本信息

室内滑雪场	地区	垂直落差（米）	雪道面积（平方米）	雪道数量（条）	最长雪道（米）
融创哈尔滨万达娱雪乐园	中国	80	65000	6	500
迪拜室内滑雪场	阿联酋	60	22500	5	400
Snow World 滑雪场	荷兰	60	35000	5	480
Snow Arena 滑雪场	立陶宛	66	—	3	450

注：资料整理于网络。

如表2所示，融创哈尔滨万达娱雪乐园在滑雪场运动性方面较为突出，80米垂直落差领先一众国外室内滑雪场；雪道面积的优势则比较明显，约为第二名荷兰 Snow World 滑雪场的2倍；而雪道数量以及雪道长度均有不同程度的领先。综上不难看出，融创哈尔滨万达娱雪乐园的规模效应已经逐渐凸显，与迪拜室内滑雪场等享誉全球的室内滑雪场相比也是有过之而无不及，近几年里基本坐稳国内外室内滑雪场的头把交椅。

（三）品牌荣誉

- 吉尼斯世界纪录"全球最大的室内滑雪设施"；
- 2017年全国室内外滑雪场接待人次十强；
- 全国滑雪场坪效第一；
- 2017年度 WSTOPS（the Winter Sports TOPS）滑雪场30强；
- 2017年度 WSTOPS 最佳嬉雪乐园。

二 融创哈尔滨万达娱雪乐园的意义

(一)突破常规购物中心业态格局

近些年,随着我国社会经济的高速腾飞、城市化进程加快,越来越多的购物中心如雨后春笋般在全国各地涌现,尤其以一、二线城市最为突出。尽管发展态势较为良好,但全国绝大多数购物中心都大同小异,多为集购物、美食、酒店、商务、会演、娱乐、康体、文化、旅游等业态于一体的综合体,在业态规划方面缺乏新意。而融创哈尔滨万达娱雪乐园的出现则突破了这一常规业态格局,在此基础上进行大胆尝试,哈尔滨万达茂因而成为国内首例把四季滑雪服务、冰雪装备零售等冰雪体育服务纳入业态规划的购物中心。

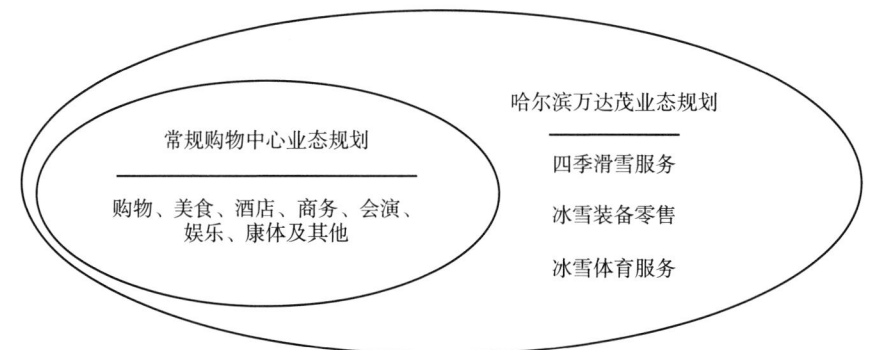

图1 哈尔滨万达茂与常规购物中心的业态规划

从市场反应来看,万达茂这一尝试收效颇丰,引流与招商都取得了非常不错的反响。在客源引流上,短短半年时间,融创哈尔滨万达娱雪乐园即累计接待了20万滑雪人次,直奔2017年中国滑雪场滑雪人次30强,这是许多室外大型滑雪场在开业之初都难以企及的成绩。在门店招商上,融创哈尔滨万达娱雪乐园为万达茂注入了新鲜活力,许多商家因"全球最大的室内滑雪设施"的名号而来,诸如冷山雪具、菲尼克斯(Phoenix)、边城体育、北面（The North Face）等国内外知名户外品牌均选择在此设立旗舰店，而知名运动品牌阿迪达斯、耐克、安踏等也在哈尔滨万达茂开设东北地区的旗舰店。

（二）万达娱雪乐园"南展"试点

在2022北京冬奥会的强烈刺激和有力推动下，全国各地的冰雪热情不断高涨，而冰雪运动南展西扩战略是中国《体育产业发展"十三五"规划》提出的重大措施。在该政策的感召下，中国迎来了室内滑雪场的兴建热潮。数据显示，2017年确认立项的室内滑雪场项目多达19个[1]，其中多个拟建室内滑雪场位于南方。为何诸多企业会将目光聚焦于南方呢？本报告认为主要有三点原因：一是南方相较于北方而言，具有较为强劲的经济实力与消费能力；二是在冬奥的感召下，南方市场对于滑雪运动的需求日益增长；三是受自然条件所限，南方滑雪场有效供给严重不足。由此不难预见，今后南方将成为中国滑雪市场的"兵家必争之地"。

为了更稳妥地开展"南展"战略，万达集团选择先在"冰雪之城"哈尔滨进行娱雪乐园试点，摸清消费者需求与市场潜力，评估试点成效，对效果欠佳之处及时反思跟进，进而总结出行之有效的经验与办法，以便之后将室内滑雪场拓展至滑雪兴趣正浓的南方市场时，能给南方消费者提供更好、更优质、更丰富的冰雪服务。如表3所示，位于我国南方的广州万达滑雪乐园、无锡万达娱雪乐园、成都万达滑雪乐园将在近两年建成。

表3 万达滑雪项目未来布局

	总投资（亿元）	建筑面积（万平方米）	业态项目	开业时间
广州万达滑雪乐园	500	7.5	●室外主题乐园 ●电影科技乐园 ●未来科技秀场 ●室内水乐园	预计2019年

---

[1] 伍斌，魏庆华：《中国滑雪产业白皮书（2017年度报告）》

续表

	总投资（亿元）	建筑面积（万平方米）	业态项目	开业时间
无锡万达娱雪乐园	210	7.5	• 万达茂 • 室外主题乐园 • 舞台秀 • 酒店群 • 酒吧街	预计2019年
成都万达滑雪乐园	550	10.0	• 万达茂 • 室外主题乐园 • 舞台秀 • 酒店群 • 滨江酒吧街	预计2020年

注：资料来源于网络。

三 融创哈尔滨万达娱雪乐园消费者分析

融创哈尔滨万达娱雪乐园作为"全球最大的室内滑雪设施"吉尼斯世界纪录保持者，在项目规划之初即受到了社会、媒体以及广大消费者的广泛关注，在2017年6月30日正式开业后的短短半年时间里，滑雪人次就突破了20万大关，并成功迈入2017年全国室内滑雪场接待人次十强之列。在此之后，融创哈尔滨万达娱雪乐园滑雪人次呈现出阶段性波动、总体稳定的增长之势（见图2）。

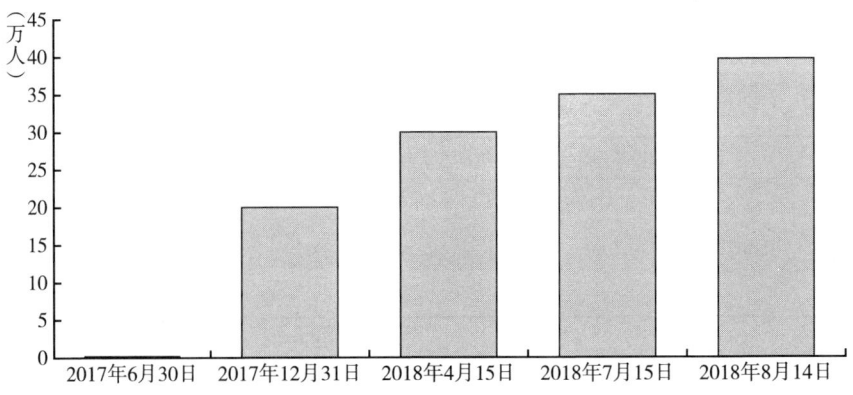

图2 融创哈尔滨万达娱雪乐园累计滑雪人次

- 2018年4月15日，时隔四个半月，融创哈尔滨万达娱雪乐园增长了10万人次，累计滑雪人次达到30万。
- 2018年7月15日，融创哈尔滨万达娱雪乐园累计滑雪人次增长到35万。可以看到，从4月14日到7月15日这三个月时间里，滑雪人次增长较为缓慢，主要是因为这期间并不是寒暑假，且节假日多为小长假，一定程度上影响了非东北地区游客前往哈尔滨的旅行动机。
- 2018年8月14日，融创哈尔滨万达娱雪乐园累计滑雪人次离40万仅有一步之遥，达到39.7万。得益于寒暑假旅游高峰期，在这一个月时间里，融创哈尔滨万达娱雪乐园迅速增长了5万左右的滑雪人次。

（一）滑雪水平结构

融创哈尔滨万达娱雪乐园设有6条雪道，包括初级滑雪区2条雪道、滑雪区雪兔道、长达500米的麋鹿道、最大坡度25.4°的老虎道以及整条雪道都是地形公园的黑龙道，为滑雪者提供了丰富多样的场地条件。不同雪道反映出的滑雪水平结构呈现如下结果：高级滑雪者占比接近半数，具体为45%；初级滑雪者次之，占31%；中级滑雪者则占24%（见图3）

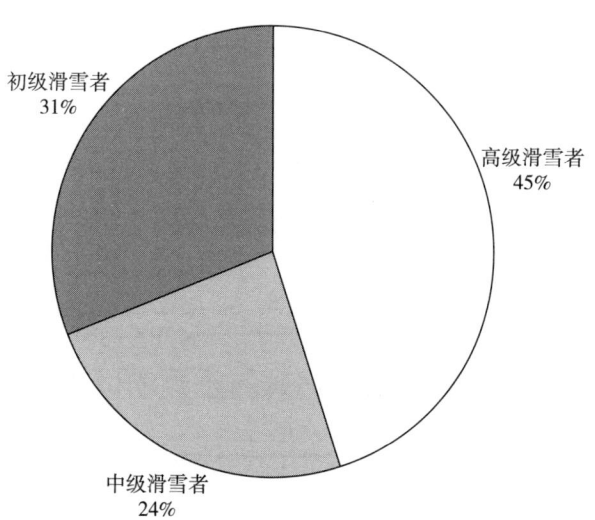

图3 哈尔滨万达消费者滑雪水平结构

（二）客源地结构

哈尔滨市是我国知名旅游城市，每年全国各地的游客来此度假避暑，在此背景下，万达娱雪乐园逐渐成为热门景点。从客源地这一视角来看，来自东北地区的游客最多，为第一梯队，占55%；来自华东地区、华南地区的游客组成第二梯队，分别占19%与15%；来自华北、华中两个地区的游客则处在第三梯队，分别占7%、3%。值得一提的是，国外游客占累计滑雪人次的比重为1%，可见融创哈尔滨万达娱雪乐园对海外游客同样具有一定吸引力（见图4）

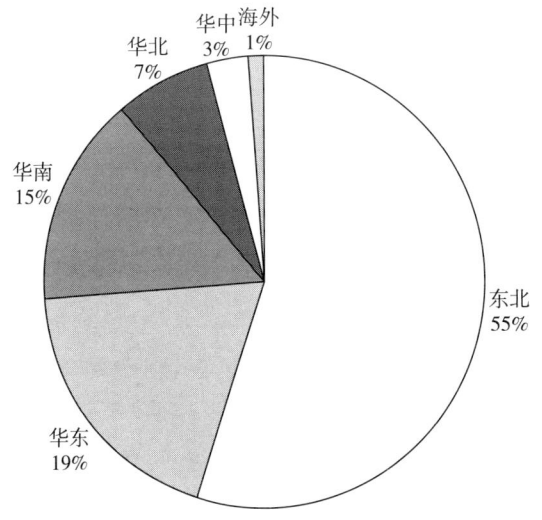

图4　融创哈尔滨万达娱雪乐园客源地

说明：西南、西北地区数据太小，在图中忽略不计。

四　融创哈尔滨万达娱雪乐园的优势分析

（一）横向视角

横向视角指的是从融创哈尔滨万达娱雪乐园作为室内滑雪场这一角度出

发,与国内一众室内滑雪场做比较。凭借着投资规模与硬件设施上的领先,融创哈尔滨万达娱雪乐园已是我国室内滑雪场中的领军者。另外,本报告认为融创哈尔滨万达娱雪乐园具有国际化滑雪教学服务、多元化娱雪项目、差异化综合服务体验三大横向优势。

1. 国际化滑雪教学服务

滑雪教学服务是滑雪服务最核心的环节之一,如果滑雪指导员无法为消费者提供良好的教学服务,那消费者多不会选择二次滑雪。事实上,低质、无序、不规范的滑雪教学服务是当前阻碍中国滑雪者渗透率提升的症结所在。部分打着"赚快钱"算盘入局室内雪场行业的企业,配备的可能是无证上岗、也可能只经过短短几天培训即上岗教学的滑雪指导员,这些教练的技术动作和教学水平严重不符合消费者需求,严重打击了新手滑雪者的积极性,更有损行业的整体形象。对此,融创哈尔滨万达娱雪乐园给出了自己的解决方案——与享誉全球的瑞士滑雪学校展开深度合作,为滑雪教学服务发展有所欠缺的室内雪场行业做个表率。

2018年5月13日,融创哈尔滨万达娱雪乐园"瑞士滑雪学校"授牌仪式在娱雪乐园隆重举行,国际滑雪教练协会(International Ski Instructor Association,简称ISIA)与哈尔滨万达滑雪学校合作,共同成立瑞士滑雪学校(中国)哈尔滨万达分校,引进瑞士雪上运动协会(SwissSnowsports Association)最先进的滑雪教学体系和国际最顶尖的师资力量,从技术和实践教学上推动哈尔滨万达滑雪学校的发展,为融创哈尔滨万达娱雪乐园的消费者带来与国际接轨的优质滑雪教学服务。国内滑雪指导员将接受国际顶级滑雪指导员团队的指导、培训与考核,通过考核后,获得由中国滑雪协会、瑞士雪上运动协会共同认证的国际滑雪指导员证书。

2. 多元化娱雪项目

滑雪场早已不再是一个单纯供滑雪者参与滑雪运动的场地,发展到今天,其已演变成集滑雪、娱雪、山地、旅游、观光、酒店、餐饮等各项服务于一体的综合体。但担任该角色的通常是室外滑雪场,即大型滑雪度假区,室内滑雪场往往只能提供滑雪服务以及部分简单的雪上娱乐服务,其原因就在于和室外大型滑雪场比起来，室内滑雪场的空间有限，施展不开。而融创哈尔滨万达娱雪乐园的建成，意味着该"刻板印象"在一定程度上得到了消解。

如图5所示，融创哈尔滨万达娱雪乐园的室内区域划分做得比较明确、规范，除了常规的滑雪区之外，还专门建造了拥有丰富雪上娱乐活动、面积达1.5万平方米的超大娱雪区。娱雪区采用北欧小镇般的设计风格，是青少年儿童活动、亲友出行和家庭亲子的好去处。具体来说，娱雪区配有3条雪滑梯、4条冰滑梯，广受孩童的欢迎，是雪上最佳的亲子项目；娱雪乐园设有冰上碰碰车项目，提供与夏季碰碰车不同的别样体验；娱雪区中心建有雪城堡，是人们拍照的最佳背景，城堡内设有咖啡厅，可供人们休闲放松。从融创哈尔滨万达娱雪乐园设置的娱雪项目可以看出以下三点特征：一是传统娱雪项目得到改进，与极具冰雪元素的建筑相融——雪滑梯上的雪圈；二是将夏季娱乐项目与冰雪元素有机结合，创新冬季娱雪项目——冰上碰碰车；三是景观元素、餐饮元素、冰雪元素三者相结合，打造冰雪景观——配有咖啡馆的雪城堡。

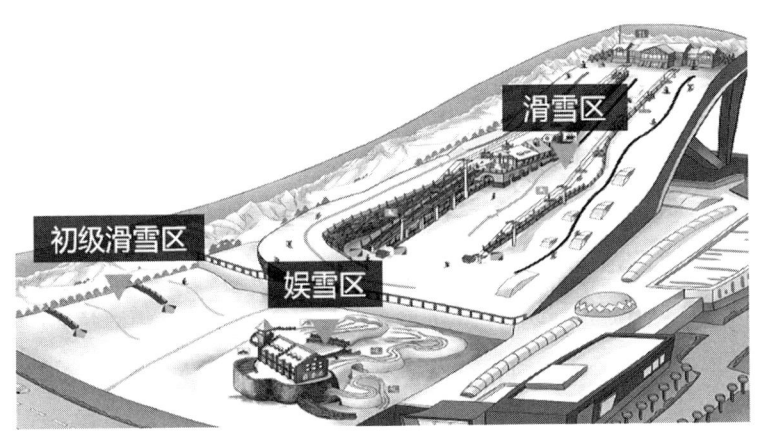

图5　融创哈尔滨万达娱雪乐园室内区域划分示意

3. 差异化综合服务体验

20世纪80年代，美国滑雪产业进入了瓶颈期，绝大多数滑雪场提供的滑雪服务以及娱雪服务出现严重的同质化问题，相互借鉴、相互模仿成了整个行业的大趋势，毫无新意可言，这也使得美国各大雪场开始了恶性竞争。美国各大雪场在市场存量中争个你死我活，而并未去开发增量，使整个行业呈现出停滞不前的状态。从美国滑雪产业的瓶颈现象可以发现同质化的危害性和差异化的重要性。

虽然中国滑雪产业的增量潜力巨大，但当前的中国室内滑雪场行业或多或少陷入了同质化竞争困局——大多室内滑雪场都提供基本的滑雪服务以及雪圈等娱雪项目，而并未做更多的思考与创新。在此大环境下，融创哈尔滨万达娱雪乐园除了在娱雪项目上进行微创新——促进冰雪项目与建筑等其他元素融合以开发新娱雪项目，还在雪场综合服务体验上做了更深层次的探索。首先，推出业界尚未普及的"无押金模式"。室外室内雪场目前都会在向消费者提供滑雪服务时收取一定押金，这是业界共识，然而融创哈尔滨万达娱雪乐园在入园流程上剔除了这一传统环节，即不收取押金，采取"无押金模式"。这有效地避免了因交退押金引起的排队现象，让消费者的综合服务体验更顺畅。其次，融创哈尔滨万达娱雪乐园推出了"免赔"服务，在非恶意损坏的情况下，消费者无须承担因滑雪板、滑雪鞋等滑雪装备损坏而带来的相关责任，他们认为这是正常的雪具损耗。最后，融创哈尔滨万达娱雪乐园提供15分钟快速入院就医服务。由于滑雪是一项具有一定危险性的运动，滑雪者摔倒磕碰在所难免，故此，融创哈尔滨万达娱雪乐园在教育滑雪者树立安全意识、设立索道安全救援部与医务室的基础上，与附近的三甲医院通力合作，提供15分钟入院就医服务，最大限度地保证滑雪者的安全，帮助滑雪者消除顾虑，增强滑雪体验感。

（二）纵向视角

纵向视角指的是从融创哈尔滨万达娱雪乐园作为室内滑雪场这一角度出发，与国内一众室外滑雪场做比较。本报告认为，融创哈尔滨万达娱雪乐园具有四季滑雪服务供给、全年体育服务供给两大纵向优势。

1. 四季滑雪服务供给

一直以来，全球滑雪产业面临的一个最大问题就是如何解决室外滑雪场的非雪季运营问题。受季节限制，全球多数室外滑雪场每年只能营业4个月，少部分可以营业6个月，而对于中国而言，在年均积雪厚度不到1米的自然条件下，绝大多数室外滑雪场都只有营业4个月的水平，换言之，国内室外滑雪场每年都要面临长达8个月之久的"空窗期"。在这期间，滑雪场运营多为支出，鲜有收入。虽说大型滑雪度假区开创出了四季运营这一路径，让雪场在非雪季不再白白支出高额的维护费用，但滑雪者想在非雪季参与滑雪运动仍是市场痛点，室外滑雪场显然无法满足该需求，这一服务的供给主体就只能是室内滑雪场。

因此，融创哈尔滨万达娱雪乐园相较于室外滑雪场而言，其优势在于能够仰仗室内结构这一本质属性提供全年四季滑雪服务，这是后者所不具备的先天优势。另外，融创哈尔滨万达娱雪乐园作为室内滑雪场的优点还有以下三点。一是能够提供四季无风的滑雪环境。要知道，室外滑雪场有时会出现寒风凛冽的现象，这极大地影响了滑雪者的滑雪体验，并加剧了滑雪运动的危险系数，室内雪场则不会受此困扰。二是能够提供四季恒温的滑雪环境。室外滑雪环境的好坏多取决于气候情况，天气寒冷很可能导致室外雪场门可罗雀，而融创哈尔滨万达娱雪乐园则投入大量资金购置了106台制冷设备，保证全年零下5℃的室内环境。三是能够提供四季安全的滑雪环境。2017年张家口崇礼区某室外滑雪场发生两起意外事件告诫人们，中国的滑雪安全教育任重而道远。融创哈尔滨万达娱雪乐园相对于室外滑雪场而言，没有石头、山体等潜在危险，安全系数更高，如若发生意外事故，紧急救援服务也更精确、快速。

2. 全年体育服务供给

在2022北京冬奥会、全民健身等多重因素的积极影响下，冰雪体育赛事、冰雪体育活动、冰雪体育培训的体育服务如雨后春笋般成长起来。雪季，大型滑雪度假区能举办国际大型滑雪赛事以及大型商业活动，中小型滑雪场则能承接小型比赛以及群众自发组织的比赛。但在非雪季，一众室外滑雪场功能缺失，自然条件的受限使其无法提供体育服务，那市场上有没有体育服务的需求呢？国家滑雪队的训练作何调整？是否有合适的场地？答案是肯定的。

融创哈尔滨万达娱雪乐园拥有不亚于一般室外滑雪场的场地指标与规格，譬如垂直落差最高达 80 米、最长雪道达 500 米、最大坡度达 25.4°等参数均足以满足多数冰雪体育服务对场地的要求（见图 6）。融创哈尔滨万达娱雪乐园举办的主要活动如下。

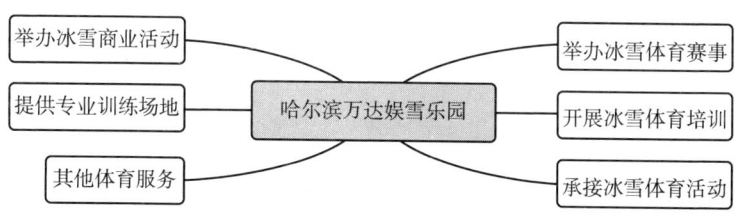

图 6　融创哈尔滨万达娱雪乐园全年体育服务供给路径示意

①举办冰雪体育赛事——2017 年 7 月 22 日，世界最大室内单板滑雪赛事香蕉公开赛夏季赛在融创哈尔滨万达娱雪乐园举行，有超过 20 名国内外顶尖单板滑雪选手来华，争夺高达 5 万美元的赛事奖金。

②承接冰雪体育活动——2017 年 9 月 22 日，湖南卫视综艺节目《我们来了》来此录制，诸多明星体验了滑雪运动、雪圈等娱雪项目，并推动了冰雪体育的夏季普及。

③举办冰雪商业活动——2018 年 5 月 14 日，哈尔滨万达宝马娱雪乐园首届"最美滑雪女孩"公开赛总决赛在娱雪乐园隆重举行，经过一个多月的比赛以及一系列的网络投票比赛，冠亚季军全部产生，并获得了上万元到几千元不等的奖品与"最美滑雪女孩"的专属皇冠。

④为滑雪运动队提供训练场地——任一滑雪运动队在非雪季都有训练需求，以保持良好的训练状态与竞技水准，融创哈尔滨万达娱雪乐园场地素质符合滑雪运动队的标准与要求，并在 2018 年与国家体育总局冬季运动管理中心达成协议，成为全国 31 个省份的滑雪运动队以及韩国、日本、俄罗斯等国家滑雪运动队的非雪季训练基地。

⑤开展冰雪体育培训——与各所高校通力合作，联合培养冰雪人才，在

夏季完成滑雪运动培训，冬季则可直接安排已培训学员在室外雪场上岗开展滑雪教学工作。

除了上述案例，融创哈尔滨万达娱雪乐园还提供规模不一、形式不一的冰雪体育服务。是其超大规格的室内滑雪场地使其有能力、有条件全年举办和承接冰雪体育赛事、冰雪商业活动等各种类型的冰雪体育服务。

五 结语

融创哈尔滨万达娱雪乐园正式营业尽管只有1年多时间，但它目前在滑雪人次上所取得的阶段性成绩，国内一些室外大型滑雪度假区都有所不及。优异成绩的背后，离不开融创哈尔滨万达娱雪乐园管理团队在优化滑雪体验以及综合服务体验等各方面的考察与探索，建设优质滑雪教学团队、无押金模式、"免赔"服务、15分钟快速入院就医等多处创新皆值得业界同仁学习与借鉴。

然而，也正是由于刚建成不久，融创哈尔滨万达娱雪乐园在发展中遇到的问题尚不明显，有待进一步的挖掘与推敲，之后的"冰雪蓝皮书"将继续关注它的发展动向，既关注与分享其在各项服务上的创新之举，也及时发现和剖析其不足之处，为整个滑雪行业提供参考。

B.9 河北狼牙山滑雪场

摘　要： 2017~2018年雪季，国内滑雪场数量、滑雪人次、滑雪人口均继续呈现稳步增长的状态，滑雪产业发展潜力巨大。但同世界滑雪大国目的地型滑雪度假村相比，国内滑雪场目前多为中小型雪场，在发展规模、设施配备、雪场服务、管理经验、交通体验等方面依旧存在很大的不足。狼牙山滑雪场依托自身自然、风景、区位资源，以嬉雪为特色，打造了雪场四季运营的独特发展模式，创造了年客流量50万人次的佳绩。本报告旨在分析河北狼牙山滑雪场的管理模式，分析目前中国滑雪场发展现状及问题，以期为国内其他滑雪场提供一定的参考，从而进一步在全国范围内树立中小型滑雪场成功运营的标杆。

关键词： 运营管理　滑雪目的地　滑雪度假村

一　河北省冰雪产业发展背景

河北全省已有滑雪场58个，其中登记注册33家。河北省山地资源优势居于全国首位，全国垂直落差超过300米的24家滑雪场中，有7家位于河北省，分别是万龙滑雪场、富龙滑雪场、太舞滑雪场、密苑云顶滑雪场、多乐美地滑雪场、翠云山银河滑雪场和长城岭滑雪场。

河北省冰雪产业起步晚、起点低，有的是从零起步的，存有很多不足和短板，主要表现在：①冰雪产业基础薄弱，冰雪企业大多处于成长初期，冰雪装备制造业尚处于起步阶段，规模普遍较小；②冰雪运动的群众普及率不高，河北省参加滑雪人数比例比其他省份小，远低于瑞士等国际先进国家以及北京等城市的水平；③产业链不完善，滑雪市场产值主要来自滑雪场地及设施、器材的出租等；④冰雪场馆总量不足，大型综合场馆少，经营模式较为单一，综合服务设施滞后，服务和接待能力不足；⑤举办的高水平国际赛事少、等级低，传统赛事场地配套不够，赛事组织、管理人才匮乏，截至目前，还没承担过一次世界滑雪锦标赛高等级赛事；⑥滑雪旅游业人才匮乏，河北省从事冰雪服务业人才培养的高等院校、科研机构少，冰雪企业运营、产品创新、技术研发等人才缺乏，产学研结合不紧密，体育品牌设计、产品研发滞后，人才供需矛盾十分突出；⑦滑雪旅游产品趋同，以滑雪运动体验为主，休闲娱乐性旅游项目较少，四季旅游产品体系尚未形成。

综合分析，目前河北省既面临着筹办冬奥会、京津冀协同发展、雄安新区规划建设等大好历史机遇，又具有自然资源、区位、交通等得天独厚的发展优势。未来十年将是河北冰雪产业加快发展的黄金时期，必须牢牢把握难得的机遇，坚持问题导向，坚定不移地走改革创新之路，统筹推进开放发展、融合发展，为实现全省经济转型升级、高质量发展做出积极贡献。

二 狼牙山滑雪场发展现状

河北省保定市目前有7个滑雪场，5个分布于山区县，2个分布在平原县。除崇礼区大型滑雪场外，保定市狼牙山滑雪场以其独有的四季运营风格、丰富的全季旅游服务成为河北省中小型滑雪场发展的典型。狼牙山滑雪场所在的易县是保定地区自然滑雪条件最好的区域，这里风速、气候等自然条件十分适合全民健身活动的开展，人们进行室外活动不易冻伤，而对于雪场设施而言，温和的冬季气候条件有助于机械运转和室外作业。

河北保定易县狼牙山滑雪场位于易县狼牙山脚下龙门湖畔的狼牙山景区，这里风力小、雪质好、地形陡缓适中、水资源丰富。雪场占地面积超过50万平方米，与京津冀核心区域的距离较为理想，交通条件便利，辐射范围广，丰富多彩的旅游项目吸引着周边各地市体验者。

狼牙山滑雪场始建于2012年，是中凯集团投资建设的高标准、综合配套的保定市冰雪运动训练场地和大型旅游观光滑雪场，旨在填补河北省易县冬季体育旅游项目的空白，提升当地四季旅游的影响力。北京卡宾滑雪体育发展股份有限公司为其提供一站式滑雪场建设服务。

图1 狼牙山滑雪场二期滑雪场示意

狼牙山滑雪场风光秀美、交通便利，著名的狼牙山风景区距滑雪场仅8公里。雪场集冬季滑雪、夏季旅游、户外运动、休闲避暑于一体，是开展全民健身活动的最佳场所。狼牙山滑雪场始终遵循中凯集团"精品开拓市场、人品开创事业"的经营理念，不断优化公司品牌，加强公司内部结构管理，逐步提高公司的核心竞争力，助力中凯集团迈入中国旅游企业百强行列，为河北旅游尤其是保定旅游事业的发展做出贡献。

滑雪产业是中凯集团主营项目之一。中凯集团以"休闲·慢时光"为度假理念，打造河北省乃至华北地区规模最大、最具吸引力的冰雪主题旅游品牌。在度假功能上，努力将狼牙山滑雪场打造成一个以大众滑雪为主导，兼具家庭亲子主题游乐的娱雪休闲胜地，力争成为北京滑雪度假后花园与国内规模最大、项目最多的冰雪娱乐城，做到为成功人士提供休闲场所，放松身心；让时尚青年体验刺激项目，娱乐生活；使孩童远离网络虚拟世界，锻炼身体；让老人们找到年少的感觉，其乐无穷。

2014～2015年雪季，狼牙山滑雪场新增高级道2条、猫跳道1条、波浪道1条、单板公园1个、雪魔方80000多平方米，不断满足滑雪者日益增长的各方面需求。2017～2018年雪季，狼牙山滑雪场分为第一滑雪场及第二滑雪场，共设置雪道14条（其中第一滑雪场中初级道10条，第二滑雪场高级道4条），雪道长度5000米，造雪面积约60万平方米（包括雪魔方35万平方米）。对于雪道，狼牙山做了精心设计，做到人工造雪与自然降雪相结合、滑道丰富、形式多变、滑法多变、惊险刺激、安全可靠。

滑雪者装备上，雪场配有国外品牌雪具5100套，其中450套单板雪具。雪场设施设备上，雪场建有7条魔毯、2条缆车，配有进口造雪机51台、压雪车3辆，以及雪上飞碟1000个。另外，4000多平方米的雪具大厅配置了国内先进的雪场管理软件。

自开业以来，雪场最高日游客量为15000人，日均游客量为4000～5000人。雪场四季游客接待量每年均在20万人以上。目前雪场冰雪产业从业人数达400人，2017年被河北省体育局评为"河北省体育产业示范单位"，是保定市首家冬季旅游项目示范基地。2017年成为保定市冰雪运动协会驻地。

自开业以来，狼牙山滑雪场举办了多场冰雪活动启动仪式，连续举办了3届中国保定冰雪节、4届狼牙山国际单板滑雪比赛、6届狼牙山滑雪节，以及冰雪嘉年华趣味活动、冰雪冬令营活动、健康河北欢乐冰雪保定雪战赛等十多项比赛和活动，直接参与人数3000人以上。狼牙山滑雪场的出现，打破了传统意义上消费者只有外出才能体验冬季项目的限制，以冰雪为契机形成新的旅游经济带，进一步推动了地方经济产业的发展。

三 狼牙山滑雪场运营项目

（一）狼牙山第一滑雪场

狼牙山第一滑雪场建有10条雪道，包括高级道、猫跳道、波浪道、中级道、初级道、练习道、儿童道，以及1个单板公园（见表1）。

表1 狼牙山第一滑雪场雪道概况

雪道名称		数量（个）	长度（米）	宽度（米）	垂直落差（米）	平均坡度（°）
Mogul	猫跳道	1	230	40	64	16
Wave	波浪道	1	230	40	48	12
游狼道	单板公园	1	230	40	48	12
猛狼道	高级道	1	300	40	84	16
神狼道	高级道	1	300	40	45	16
狼牙道	高级道	1	350	60	108	18
卧狼道	初中级道	1	300	40	63	12
赤狼道	中级道	1	230	40	48	12
勇狼道	初级道	1	220	60	31	8
舞狼道	练习道	1	200	50	24	7
青狼道	儿童道	1	200	40	20	6

（二）狼牙山第二滑雪场

狼牙山第二滑雪场为高级道滑雪场，于2015年精心设计打造。雪道规划原则：滑雪道面向大众、紧密结合当地实际山势地貌、安全第一、注重生态环保，满足中、高级滑雪者对场地的需求。自营业以来，雪场的日接待量达到3000人次。

雪场分为核心滑雪区、休闲服务区、基础设施区三大部分。核心滑雪区设置了高级道4条，雪道总长度达到1700多米，占地面积10万多平方米，造雪面积达5万多平方米。休闲服务区为占地面积约520平方米的发烧友滑雪服务中心，该区配备雪具2500套，提供雪具租赁服务，并设置了餐饮区及商品售卖区,方便游客就餐休息。运力系统设置了1条缆车,运力可达1400人次/小时。

表2 狼牙山第二滑雪场雪道概况

雪道名称	数量	长度(米)	宽度(米)	垂直落差(米)	平均坡度(°)
1	1				
2	1				
3	高级道	1	440~550	40	88	30
4	1				

(三)狼牙山雪魔方

河北狼牙山的雪魔方是作为旅游滑雪配套的新增娱乐滑雪项目,占地面积约为26万平方米,主要目标客户群体是初级滑雪者、年轻情侣、青少年儿童及家庭单位等。雪魔方设有六大冰雪主题:沐雪之城、魔法雪院、魔方传奇、滑冰场、休闲驿站与冰瀑群。消费客群既可体验冰雪运动项目,也可尝试其他雪上娱乐项目。

图2 狼牙山滑雪场三期戏雪示意

沐雪之城：包含动感雪圈、荷兰空中飞碟、雪上飞碟、雪地战车、雪地摩托车、雪上保龄球等经典项目。

魔法雪院：包含雪地香蕉船、雪地转转、雪地悠波球、愤怒的小鸟等项目。

魔方传奇：儿童专属戏雪区，包含儿童雪橇、雪地迷宫、雪雕部落、冰雪梅花谷、风车林、雪地曲棍球等项目，是整个区域的亮点观赏区和儿童互动区。

滑冰场：包含冰陀螺、滑冰场、亲子冰车、冰上碰碰车、冰上自行车、冰上战车、冰雪驿站等项目。

休闲驿站：玻璃阳光板房，为雪场体验者提供休息场所。

冰瀑群：晶莹剔透、雪白无瑕，置身其中欣赏冰瀑，让人心旷神怡。

（四）餐饮住宿

狼牙山中凯大酒店是狼牙山景区的唯一四星级酒店，区位优势明显，还集酒店集会议、餐饮、休闲旅游于一体，能为不同的消费群体提供丰富多样的服务。

2014～2015年雪季，狼牙山滑雪场把雪具大厅二楼升级改造为全新的特色餐饮区，增设特色小火锅、中式自助快餐、比克利西式快餐厅、阳光热饮吧等美食，满足游客与滑雪体验者的不同需求。

（五）四季经营模式探索

作为河北京西重要旅游片区，狼牙山景区已成为易县"发展全域旅游，建设全景易州"的主战场。秉承"大狼牙山景区"的建设理念，通过核心景区的升级改造，目前狼牙山下已开发了五大旅游观赏与娱乐片区，覆盖周边11个村镇，推出了"滑雪场+风景区+龙门湖水上乐园+万亩花海+沙滩浴场+欢乐世界"的独特四季产品，并打造了春品百花夏玩水、秋赏红叶冬玩雪的多业态四季特色运营模式，使得狼牙山滑雪场成为国内小型滑雪场的运营典范。

1. 龙门湖欢乐世界

优越的地理位置。狼牙山龙门湖欢乐世界位于狼牙山脚下，占地25万平方米，项目包括宝贝水城、漂流河、超级大喇叭、离心滑道、海盗船、旋转木马等14项独立游览设施。狼牙山龙门湖欢乐世界还设置了泳衣店、更衣室、特色风味小食店、救护站等配套服务设施，能满足游客食、游、购、娱的全方位需求。除娱乐项目外，园区还特意引进了国内领先的水循环处理系统，确保园内用水的纯净度与安全性。

独特的资源优势。为了将狼牙山打造为世界知名的四季运营的国际旅游度假区，中凯集团瞄准市场定位，加强与政府及周边旅游景区的合作，在现有资源优势的基础上，通过对资源的组合优化和开发，体现出旅游景区的差异性和独创性。龙门湖欢乐世界作为狼牙山景区的标志性旅游项目，是河北特色旅游项目的典型案例。以冰雪为主题，健全狼牙山景区的旅游产品体系，将极大地推动狼牙山旅游经济及品牌影响力。

2. 狼牙山万亩花海

狼牙山万亩花海休闲农业园位于西山北乡，共设有八大园区，包括狼牙山樱花园、狼牙山郁金香园、狼牙山油菜园、狼牙山蓝香芥园、狼牙山芝樱花园、狼牙山玫瑰园、狼牙山海棠园、狼牙山梨花园。在建设过程中，园方坚持把"认识自然、尊重自然、保护自然"的理念贯穿始终，在保护生态环境、节约土地资源、科学利用规划的同时，应用现代景观设计手法，利用狼牙山滑雪场雪道种植花卉，充分体现花园特色。

狼牙山万亩花海休闲农业园始建于2012年，规划占地面积15000亩，带动周边70多个村镇。2014年，河北易县牡丹花景区被农业部命名为"中国美丽田园"。2015年，狼牙山万亩花海休闲园被评为"全国休闲农业与乡村旅游示范点"，2016年被授予"中国农业公园""保定市现代农业园区""保定市精品特色现代农业园区"称号。

狼牙山万亩花海景区服务设施齐全，备有观光车、观光小火车及餐饮休息区，方便游客游览、休息。狼牙山万亩花海也是花卉生产基地项目之一，是科普教育的好地方，是旅游观光、科普赏花、休闲娱乐、婚纱摄影的好去处。

狼牙山万亩花节主题为"花海田园情·诗画狼牙山",这是一个广义的概念。节日一般从3月持续到6月,随着不同花卉花期的到来,景区内陆续举办相关花卉主题马拉松、美食节、发现之旅、穿越之旅以及同旅行社共同开启的"万人狼牙山赏花"活动。景区整合全部资源,融入"开放性办节"理念,以当地资源为平台,寻求与各种机构或团体进行多层次、多角度、多方面的合作。例如,同当地摄影机构打造六大花海摄影基地、同儿童活动机构打造狼牙山亲子活动基地、与媒体合作打造真人秀专栏节目等,为当地及周边民众提供旅游好去处。

四 2017~2018年冰雪活动

(一)2017~2018年狼牙山滑雪场活动一览

为大力普及发展群众性冰雪运动,助力"三亿人参与冰雪运动"目标的实现,河北省大力推进冰雪基础设施建设,于2017年12月9日在河北易县狼牙山滑雪场正式启动雪季系列活动。除各级别滑雪比赛外,还举办了各类冰雪活动启动仪式、摄影活动等。本次雪季的活动规模、项目种类、参与人群、覆盖范围等均超往年。

表3 2017~2018年雪场活动

活动日期	活动名称	活动举办地
2017年1月13日	京津冀滑雪比赛	第二雪场
2017年12月9日	"健康河北 欢乐冰雪"2017~2018年河北省冰雪活动启动仪式	第一雪场
2018年1月6日	京津冀第三届滑雪比赛	第二雪场
2018年1月20~21日	"健康河北 欢乐冰雪"2017~2018年保定雪战赛	雪魔方
2018年1月20日	"狼牙山杯"易州风光摄影展开幕式	第一雪场
2018年1月20日	"燃情冰雪 助力冬奥"中国·保定狼牙山国际单板比赛	第一雪场
2018年1月21日	"健康童年-滑雪相伴"世界雪日暨国际儿童滑雪节	第一雪场

京津冀滑雪比赛是保定市2017～2018年冰雪季系列活动的重要组成部分，旨在贯彻落实京津冀协同发展战略，支持保定地区营造浓厚的冰雪氛围，打造京津冀地区具有一定影响力的滑雪赛事品牌，推进冰雪体育旅游产业发展。比赛以国家体育总局冬季运动管理中心审定的高山滑雪比赛最新竞赛规则为准，吸引了京津冀地区100多名滑雪选手参加，提高了雪场知名度，推动当地冰雪旅游业的发展。

嬉雪活动及比赛的开展，旨在推广普及冰雪运动，吸引民众体验冰雪运动乐趣，以实际行动贯彻落实党中央提出的全民健身工作的政策要求，落实习近平总书记"三亿人参与冰雪运动"的重要指示，落实河北省体育局"健康河北·欢乐河北"的安排部署。

"世界雪日暨国际儿童滑雪节"活动是国际滑雪联合会倡导的一项世界性青少年滑雪盛事，该活动于2012年登陆中国，并在短时间内成为全国大众冰雪季的重要赛事活动。2018年，世界雪日组委会将中国区活动主题定为"健康童年，滑雪相伴"。该活动吸引了55家雪场参与，其中有8家雪场来自河北省，数量居全国之首。这8家雪场分别是张家口的翠云山·银河滑雪场、密苑云顶乐园、崇礼高原训练基地，石家庄的无极山滑雪场、西部长青滑雪场，以及保定的狼牙山滑雪场、唐山的玉龙湾滑雪场、承德的元宝山滑雪场。

（二）2017～2018年河北省雪季系列活动特点

2017～2018年雪季，"健康河北 欢乐冰雪"活动在狼牙山滑雪场开启。雪季活动主要包括竞技冰雪赛事、大众体验活动、传统特色类冰雪活动等。

2017～2018年雪季的冰雪赛事活动数量由154项增至217项，其中竞技冰雪赛事由上个雪季的17项增至49项，青少年冰雪普及活动较上个雪季增长一倍有余。河北省其他地区举办的活动数量由70项增至145项，大大增加了河北省参与冰雪运动的人次。

依托狼牙山滑雪场，河北省2017～2018年雪季系列活动呈现出以下七个特点。

1. 竞技赛事的高端化和专业化

2017~2018年雪季，河北省成功举办了6项国际级高端赛事，6项国家级高水平赛事，此外还举办了一般性国际级赛事9项、国家级赛事20项和省级及地方性赛事8项。通过打造高端专业赛事品牌，提高了河北省雪场的知名度和竞争力。

2. 区域性冰雪活动的融合性与多样性

举办区域性冰雪活动的主要目的是落实京津冀协同发展战略，强化区域间合作交流。通过举办区域性冰雪活动，实现京津冀冰雪资源共享、冰雪产业协同发展的目标。2017~2018年雪季，狼牙山举办了京津冀运动休闲冰雪体验季活动等14种比赛项目。

3. 大众体验活动的参与性与趣味性

大众体验活动以各设区市和有关县（市、区）自行举办为主，主要侧重参与性、趣味性，河北省共举办张家口市第二届冰雪趣味运动会、秦皇岛市第二届冰雪嘉年华、唐山元旦滑雪活动、中国·保定狼牙山第三届冰雪节、沽源县全民冬季冰雪运动会、邯郸冰雪嘉年华体验活动、兴隆县第三届天桥冰雪谷畅游行活动等70余项。通过开展大众体验活动，提高普通民众的冰雪参与积极性，从而实现3000万人上冰雪的目标。

4. 传统特色冰雪活动的民俗性与地域性

河北省举办的传统特色类冰雪活动有第三届承德龙舟争霸赛暨"城市之间"冰上系列活动等。通过举办传统特色冰雪活动，可重燃民间冰雪历史传统，为冰雪产业新发展提供历史支持。

5. 青少年普及活动的趣味性与普适性

为了让更多青少年参与活动，让他们对雪运动有更深层次的认识，更好地体验冰雪文化和冰雪乐趣，河北省各个地区纷纷推行"冰雪进校园"计划，如承德市双滦区、唐山等。

6. 冰雪人才培养的专业性与全面性

冰雪人才队伍培育活动主要是通过邀请专家教授和专业老师，展开对体育教师、社会体育指导员、滑雪指导员、冰雪爱好者、社区体育骨干等各领域人才的教学培训工作,助长他们的冰雪活动指导能力。

7. 相关业态融合发展活动的交互性与灵活性

冰雪产业与相关业态融合发展主要是以冰雪为媒介,有效整合对接各领域优质要素资源,与文化、旅游、会展等相关产业融合的发展。如宽城冰雕展暨万人狂欢冰雪嘉年华、尚义县第三届冰雪漂移嘉年华、万全区第二届冰雪嘉年华、沧州雪上健身操(舞)展演、张家口张北冰雪文化旅游节、滦县冰雪联谊等①。

---

① 《2016~2017河北省雪季系列活动近日启动》,http://www.sohu.com/a/121119850_114731,2018年9月1日。

B.10
17滑四季滑雪场——北京奥森

摘　要： 近些年，旱雪的流行引起了社会和滑雪产业的广泛关注。对于普通滑雪爱好者来说，旱雪项目既可以建在城市的体育公园、学校、社区等场所，也可以配套建设在景区、度假村、山地、滑雪场等场地，是一个将滑雪运动打破季节和地域限制的大众化、平民化的普及型利民项目。本报告通过分析北京奥森17滑四季滑雪场，认为其团队经验丰富、专业技术能力较强、集团资源互补效应叠加的旱雪场发展模式有利于推动旱雪这项运动在我国的发展，具有明朗广阔的市场前景。

关键词： 旱雪　17滑　四季滑雪

一　国内旱雪发展背景

2022年京张冬奥会的成功申办，为中国滑雪产业带来了前所未有的发展机遇。国家体育总局联合多部委发布《群众冬季运动推广普及计划（2016~2020年）》《冰雪运动发展规划（2016~2025年）》《全国冰雪场地设施建设规划（2016~2022年）》等相关文件，提出"三亿人参与冰雪运动"的号召，在鼓励滑雪产业发展的同时，也带动了旱雪、旱冰、模拟器滑雪等一系列滑雪相关产业的爆发。旱雪场地作为滑雪的补充和辅助品，近几年在国内得到了长足的发展，在引导群众参与滑雪运动、带动社会民间资本投资建设方面，引发了冰雪产业与体育产业的新热潮。

从供给侧来看，中国大部分地区处于温带与亚热带气候，稳定积雪区仅包括青藏高原地区、东北和内蒙古地区及北疆天山地区，面积不到国土的一半。冰雪资源匮乏使得中国滑雪场数量与世界冰雪强国存在较大差距，滑雪运动在中国普及程度远不及欧美、日韩等冰雪大国。

从市场需求来看，随着中国居民收入水平不断提高，居民消费需求迎来升级，越来越多的人开始把目光投向高品质户外运动。在2022年京张冬奥会的契机下，滑雪运动成为人们对高品质户外运动需求的集中爆发点。日益增长的滑雪需求对雪场的数量与质量提出了更高的要求，如何在发展过程中寻找一个平衡点，在满足民众滑雪体验需求的前提下，实现"三亿人参与冰雪运动"的宏伟目标，成为滑雪产业亟待解决的问题。

供给侧的资源匮乏与巨大市场需求之间的落差，正是冰雪产业发展的强大动力。在中国，具备自然资源条件发展冰雪运动的区域经济欠发达，并未形成成熟的市场需求，而东部、南部等地区经济繁荣、人口密集、对滑雪运动需求量大，却不具备冰雪资源，这在很大程度上制约了滑雪运动的发展。同时，发展高能耗的人造冰雪与减排、环保、绿色生态的大趋势不吻合，也成为制约中国冰雪产业发展的瓶颈。低成本、低耗能、高仿真度、高安全性、相对环保的旱雪正好切中市场需求，成为极具发展潜力的产业。

从更深层面来看，旱雪项目还与"冰雪运动跨项跨季跨界选材"相符合。2022年京张冬奥会即将到来，滑旱雪运动有助于为中国冬季运动项目引入跨项跨季跨界人才。

在"一带一路"的宏观背景下，中国旱雪项目逐步走出国门，走向世界，旱雪也成为中国体育连接世界的一个纽带。旱雪挣脱了季节的约束，让滑雪成为一年四季都可进行的运动和娱乐项目，也为实现"三亿人参与冰雪运动"提供了契机。随着旱雪产业的发展，一条连接生产者、经营者和消费者的产业链条逐渐形成。

欧洲是旱雪诞生地，最初，欧洲和美洲一些国家的滑雪运动员在类似塑料等材料制成的人工雪面上（坡道一般长200～400米，宽30～50米）进行高山滑雪及跳台滑雪基本技术练习。是英国最先采用了表面如同刷子的旱雪，意大利则采用了表面类似梳子的旱雪，这两类旱雪表面创造性地解决了旱雪表面滑行的传递性问题。但早期旱雪表面过于坚硬粗糙，对摔倒的滑雪者的保护性很差，而且由于结构材料问题，未能达到十分真实的模拟程度。

中国旱雪最早出现于20世纪80年代，自诞生时即具有完全的独特性和创造性，与传统的旱雪结构完全不同。中国旱雪被改良成了表面充满无数圆珠的金针菇结构，并配合创新的高弹性工程塑料以区别于欧美粗糙的旱雪结构，成为世界旱雪升级换代的替代品。圆珠组成的旱雪表面既能很好地保护滑雪者，也使得旱雪与真雪的模拟性和润滑性相似度提高到接近90%。

近几年来，国内旱雪发展势头迅猛，自2010年起，全国有超过十家的旱雪场已经建成或正在建设，分布在北京、四川、山东、湖南、安徽、甘肃、广东、广西等地。旱雪既能为国家培养初级滑雪运动员提供良好的条件，又能培养数以百万计的普通滑雪爱好者，为实现国家和民族体育强国梦、提高全民健身素质、实现"三亿人参与冰雪运动"的目标打下坚实的群众基础。

二 旱雪场发展优势

旱雪也可称为仿真雪、四季雪，是为适应无雪状态而产生的创新滑雪方式，是冬季滑雪的时空延伸。目前的滑雪场地一般只能在冬季运行，并受地理位置的制约。为解决这一问题，旱雪应运而生，其能够在非雪季满足滑雪爱好者的滑雪兴趣，实现滑雪场四季经营。滑旱雪者与滑真雪者使用相同的雪具和技巧，在摩擦性技巧上达到与真雪类似的体验。旱雪的优点在于仿真性极强，不需要更换滑雪用具即可获得与滑真雪同样的乐趣。另外，旱雪也是一种安全性高、娱乐性强、男女老少皆宜的娱乐项目。

旱雪雪面对于滑雪者来说，更像一种干燥的雪面雪质，旱雪表面相对较平滑，没有野雪的凹凸感。滑旱雪的感觉与滑真雪非常接近，体验者可以在旱雪场地进行平滑、曲滑、越野滑，也可以做出和真雪上一样的高难度动作，如冲破、跳跃、翻滚、立刃、平滑、倒滑、卡宾、侧滑、大回转、小回转等技术动作。任何滑雪比赛都可以在旱雪滑雪场内举行,所以滑旱雪不像滑旱冰、滑草运动那样相对独立。旱雪比真雪摩擦力稍大,纠错容错效果比真雪差,体验旱雪雪质可以丰富滑雪爱好者的雪上技能力和雪上运动经验。掌握旱雪技术的体验者,再滑真雪相对比较容易;相反,真雪爱好者初次滑旱雪有很明显的不适感,不过只需要短时间的试滑就能适应。

图1　旱雪场俯视图

旱雪的种类较多,主要形态有地毯式、刷子式、梳子式、金针菇式等,近期内又出现多种旱雪滑雪模拟设备,大大扩大了旱雪的运营空间。旱雪的普适性、灵活性、门槛较低等特点,使其易于迅速遍布市场,为"三亿人参与冰雪运动"提供更多的场地条件。

相较于真雪场,旱雪场具有无可比拟的特点及优势。

1. 全国普适性

旱雪在全国普适性强,地域适用范围广,能够适应一些无法修建滑雪场的场所,如主题公园、城市中心及近郊景点等。旱雪同时能让更多滑雪爱好者在非雪季也能享受滑雪的乐趣,避免了传统滑雪场在非雪季停业期无法满足滑雪爱好者需求等问题,旱雪场也逐渐成为百姓休闲运动及培养滑雪爱好的场所。

(1) 城市中

城市中的旱雪场适合学习工作压力大因而需要周末释放的学生、家庭及普通公司职员,也适合滑雪发烧友对滑雪技术的加深锻炼,如增强肌肉记忆、拓展滑雪公里数等。

(2) 旅游景区

景区配置旱雪利大于弊。由于旱雪场可四季运营,旱雪场也可建在人流量大的旅游景区内,并作为景区的主要配套项目之一。

(3) 培训基地

旱雪作为冬季滑雪运动的季节延伸工具,可保证滑雪运动员在夏季也能进行滑雪的模拟训练,一定程度上减少运动员在非雪季到南半球进行出国培训的次数,从而降低培训训练成本。

(4) 培训学校

旱雪场内可以开设青少年滑雪培训学校或青少年体验中心,使青少年通过滑旱雪体验,掌握基本滑雪技巧,进一步加深对滑雪运动的了解。

2. 四季全天候

传统室外滑雪场投资成本高,运营时间短,一般仅能单季(3~5个月)运营,在非雪季期间只能处于停业维护状态。旱雪项目的引入能够在一定程度上延长滑雪场经营期,使雪场的四季经营成为可能。随着滑雪市场的扩大,旱雪项目能够提升雪场自有品牌,使雪场掌握市场先机,扩大市场占有率,提升市场影响力,从而为自身发展带来更大的契机。

3. 建设成本低,施工周期短

传统室外滑雪场的经营,除造雪机成本外,人工造雪维护成本相对较高。而旱雪顺应了滑雪旅游发展的趋势,建设周期短(可在6~12个月建成),投资建设成本低,收益见效快;运营维护成本低,不用水、不用电、易安装、易维修、易拆卸;耐候性强,露天使用年限达5年以上。

4. 环保且节能

同传统滑雪场费水、费电的特征相比，旱雪场日常运营管理不用水、不用电、不污染空气、不破坏环境，环保节能，能够轻松拆装，且能全部回收再利用，符合滑雪产业绿色发展的初衷。

5. 环境范围广

旱雪场受气候、季节影响小，环境要求较低，可适用于零下40℃至零上100℃，坡度跨越程度为6度至24度。

6. 高度仿真性，高安全系数

旱雪仿真性高，从外形、声音到体验功能上均接近真雪表面润滑效果，相似性达到91%；同时，旱雪具有回弹耐冲击的特性，能够满足体验者在进行滑雪时做出各种技术动作的需求；另外旱雪体验安全系数较高，表面圆滑，不易伤人，雪道坡度及雪场难度设计相对更加合理。

7. 涉及项目广

旱雪目前可应用于高山滑雪、单板滑雪的四季运营中，随着滑雪产业的发展，滑雪市场的扩大，其已扩大到越野滑雪、滑雪娱乐园等其他领域中，为"三亿人参与冰雪运动"大计再添一份力。

8. 旅游衍生度高

除满足基础的滑雪功能外，旱雪场地可运用于多季旅游项目，如跳台（跳水）、助滑、雪上技巧以及其他娱乐型项目等，大大丰富了雪场的运营项目，可完美融合当地资源，实现场地综合发展。

三 旱雪场发展前景

自2022年京张冬奥会成功申办以来，"三亿人参与冰雪运动""冰雪进校园"等政策导向使得中国冰雪产业火爆发展，滑雪人次一度由1990年代的数千人发展到2018年的数千万人，增长速度十分迅猛。但由于中国冰雪资源分布不均衡，南北冰雪产业发展差异较大，且由于气候变化、环境变暖，旱雪作为新兴力量成为四季雪的代表以及传统雪场的完美替代品，其建设势在必行。

旱雪场地多建在市区、近郊、公园等，空间广阔。随着滑雪产业的持续发展，滑雪热度和普及度的提升，普通民众的滑雪参与度将持续升高，日常滑雪体验场地将越来越倾向于旱雪场这种成本较低的方式。

同时，旱雪主要用户群体是大多数未滑过雪的人，其中，青少年儿童又是主要的群体。随着冰雪进校园的持续推进，青少年儿童将成为旱雪发展的主要力量。通过"滑雪驾校"——旱雪场的初步联系与引导，体验者到滑雪场可以迅速上手，不但能节省练习场地和教练资源，而且能够巩固和加深滑雪技术，提高中国滑雪体验者向滑雪爱好者与滑雪发烧友的转化率。

（一）全业态发展

目前旱雪场发展业态单一化，服务内容有限。在未来旱雪产业发展的过程中，应该注重整合周边丰富的娱乐业态，在满足日常旱雪体验及基本训练的需求外，增加蹦床、攀岩、U槽滑板、自行车骑行等其他运动项目，不断提高游客参与度，满足体验者"骑行＋营建＋定向＋旱雪滑行"等不同需求，形成旱雪生态体系，实现综合运营。同时，应借鉴欧美发达国家赛事文化，形成中国特色的旱雪文化，与传统滑雪相结合，先旱雪后真雪，实现全面良性发展。

（二）四维场景智能化发展

设计搭建模拟户外滑雪的四维空间，将户外滑雪运动教学转移至室内。提供从产品售卖到"一对一"式跟进教学再到实际需求场景体验一站式服务，提供滑雪爱好者四季适宜的练习场所，拉近玩家与滑雪健身项目的距离，让观众体验滑雪运动的时尚乐趣。同时，颠覆传统的教育模式、建立创新的课程体系、提高滑雪指导员的技术专业化水平从而迅速获得滑雪市场客户的高度认可，让青少年体验滑雪并爱上滑雪。

（三）推行"冰雪进校园"计划

旱雪品牌应当积极为全国各地的学校提供全年冰雪进校园解决方案。通

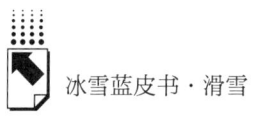

过引进国外先进的科技运动教具、滑雪教学课程及教学法,为全国中小学校园提供免费的设备教具、滑雪装备、教学课程、师资培训、教学内容、活动比赛等。利用"共享旱雪"模式,采用平均全年不低于10堂滑雪课的方式,降低冰雪进校园的资金压力,让滑雪进校园政策得以切实落地。通过运动教学软件的研发,实现运动科技教具的持续性发展,为冰雪运动教学提供科技解决方案,普及滑雪运动,实现中国冰雪强国梦。

(四)与国际接轨

将国外较先进的室内滑雪模拟体验技术引入国内,注重引进时尚前沿的项目内容,配备年轻有活力的运营团队,利用全球领先的高科技设备及手段,打造真实的虚拟滑雪环境,将户外运动室内化、生活化,为中国普通民众提供体验四季滑雪的去处。

四 17滑四季滑雪场——北京奥森

(一)整体概况

17滑四季滑雪场(北京奥森)位于奥森公园南园体育园(国奥村门内),占地面积约为20000平方米,其中雪道面积16000平方米,呈L型分布,分为大众滑雪区、专业滑雪区、越野滑雪区、滑圈道和综合休闲服务区,建设有适合各类滑雪人群的辅助学习道、初级道、单板道、双板道、空中技巧道、越野滑雪道、雪圈道等共计19条雪道,是目前亚洲最大、雪道种类最多、设置最专业的城市室外四季滑雪场,可以满足从零基础到滑雪高手、从学龄前儿童到中老年人、从纯娱乐到专业滑雪等不同阶段、不同年龄、不同水平人群的滑雪需求。

"17滑"(一起滑)是十七华集团有限公司旗下从事旱雪场建设、推动旱雪事业的专门品牌,以领先全球的旱雪技术为核心,以自身特色体育项目为依托,整合冰雪体育产业链资源,融合"体育+文化+娱乐",以新理念、新模式、新标准，通过自身优势的积累，服务产业链上下游，探索中国冰雪运动普及、冰雪产业发展新路径，开创中国冰雪体育事业新局面。

十七华集团有限公司拥有金针菇系列及德国旱雪毯系列等多项旱雪技术专利，以创新驱动提升产业层次，将旱雪业务延伸到产品研发、生产、销售，体育综合体项目及旱雪主题项目投资、策划、设计、开发、建设、运营、培训、移动互联网产品开发等全产业链上下游，拥有较为丰富的经验和团队优势。公司目前已在中国、日本、美国、德国、法国、意大利、丹麦等世界各地拥有多个旱雪场及旱雪娱乐综合体，建成如17滑四季滑雪场——北京奥森等近百家旱雪场，通过自身优势积累，为发展中国冰雪产业蓄势储能。

同时，公司以"时尚运动、运动健康"为理念，创新体育生态模式，在重庆、南京、长沙、邯郸、福州等全国核心城市，建设特色体育文化综合体项目，打造城市体育文化地标，创新打造"共享旱雪"生态体系，与学校、俱乐部等共享旱雪资源。在消费升级时代背景下，引领创造大众健康消费、运动生活新的流行趋势。

自2017年7月1日试营业以来，17滑四季滑雪场——北京奥森通过接待北京市及周边地区的滑雪爱好者进行滑雪体验，起到积极推动冰雪运动、滑雪驾校教学的重要作用，雪场每年可满足20万~30万人次滑雪爱好者的滑雪需求。雪场积极投入中小学生上冰雪和全民公益滑雪，打破了北京市只能在冬季滑雪、郊外滑雪的限制，为"三亿人参与冰雪运动"以及滑雪运动"南展西扩"提供更多的场地支持。旱雪场也将作为中国国家队训练基地助力备战2022年北京冬奥会。中国国家滑雪队、河北省体育局冬季运动管理中心雪上项目多批集训人员、美国单板自由式滑雪国家队等均参与过旱雪场地训练。

北京市政府、北京市体育局、朝阳区政府、朝阳区体育局先后在17滑四季滑雪场——北京奥森举办"8月8日北京市全民健身日滑雪体验活动"、"首届京津冀地区青少年旱雪滑雪比赛"、"北京市青少年旱雪比赛"、"冬奥大讲堂——欢乐冬奥、冰雪家庭系列活动"、"党报进社区，文明相约、畅享冰雪冬奥系列活动""北京市中小学冰雪课程系列活动"等冬奥、冰雪相关活动,对北京市冰雪运动的推广和普及起到了积极的推动作用。

(二)发展特色

作为夏季滑雪训练的辅助手段,旱雪在滑雪发达国家已被广泛使用。17滑四季滑雪场采用旱雪产品第三代技术,环保、节能,运营成本低廉,安全系数高,不仅提升了滑度,还能够减震、防挫伤,充分保证了滑雪者的安全。在喷雾和雪板打蜡的情况下,可有效减少摩擦力,助力滑行,仿真度可达90%以上。旱雪场内使用的雪板、技术动作、魔毯等传送方式与真雪场一致,减少了体验者向真雪场过度的阻力。同时,旱雪由于密度低、颗粒大,摩擦系数比真雪高,非常适合开展滑雪教学活动。

四季运营的旱雪场,解决了传统滑雪场对天气和雪资源的依赖,实现了滑雪场的时空延伸。这不仅能够增加雪场收入,还能够通过延长运营时间,保持雪场管理人员、教练团队等人员的稳定性,减少雪场配套设施的闲置时间,有利于雪场整体运营,塑造雪场品牌。

旱雪场规模偏小,多通过高于传统雪场的单位面积利用率和产出率来保证场地营收。同时,旱雪场场地多选择市区内或近郊,交通便利,可保证周边体验客源,有利于各类培训活动与俱乐部活动的开展,并能在积累一定的基础用户后,形成成熟俱乐部运营模式,发展成为综合性滑雪培训与度假目的地。

旱雪场以初级滑雪者为主要服务对象,其中大部分为青少年儿童。同传统雪场相比,其相对较低的滑雪费用可为初次体验者带来更多的体验机会,为滑雪场培养潜在的爱好者,提高滑雪爱好者与滑雪发烧友的转化率。

针对目前17滑四季滑雪场——北京奥森业态单一的问题,运营方引进德国Mr. snow项目,丰富园区内体验项目;同时,为合理利用空间,运营方将在雪道下打造密室逃脱娱乐中心,满足不同体验者的各类娱乐需求,实现园区综合发展。

图 2　17 滑四季滑雪场——北京奥森

（三）旱雪场运营模式

17 滑四季滑雪场——北京奥森业务输出形式。

- 品牌整体输出：17 滑线上线下整体品牌输出。
- 产品体系输出：雪产品场景化、定制化输出。
- 策略规划输出：针对具体项目进行策划和规划。
- 运营模式输出：商业模式、运营管理标准体系，包括但不限于选址、人员培训、运营指导等。
- 教学体系输出：教材教程、一起滑教育体系、滑雪指导员队伍等输出。

"17 滑"是中国旱雪第一品牌，拥有雄厚的资本、强大的资源实力及国际领先的技术优势。雪场成功在全国布局并进军国际市场，建立国家旱雪运动评价体系企标即行标、国标，成功打造运营高规格旱雪赛事 IP，形成品牌传播及推广体系。

"17滑校园冰雪计划"获国家部委大力支持，旗下APP产品，可提供教学服务、综合服务、滑雪工具、健康服务、运动社区多种综合服务。

针对旱雪的推广，十七华提出"共享旱雪"概念，积极响应"百万青少年上冰雪"和"校园冰雪计划"的号召，借助旱雪自身特色，为冰雪综合业态、学校、社区、俱乐部、社会团体等提供共享资源，为青少年和初学者上冰雪创造条件。

面向更广泛的地区与人群，十七华在北京、上海、广州发展旱雪主题项目，让滑雪与文化、旅游、科技等领域相融合，让滑雪运动深入更多的城市，让滑雪文化广泛覆盖、广泛普及。

另外，十七华提倡"滑雪驾校"理念，通过挖掘旱雪项目运动乐趣与健康生活乐趣等独有内在价值，关注各年龄层消费者体验，转化培养更多初级人群为滑雪爱好者和发烧友，使其对旱雪运动产生兴趣，乐于成为滑雪一族，改善当前滑雪市场以初学者体验为主的不利现状。这对培养滑雪消费人群，培育中国滑雪市场具有重要的促进作用。

"17滑体育综合体计划"走进更多地区，引入更多时尚运动与健康消费主题内容，服务于新消费趋势下人们对健康、运动、品质生活的追求与满足，让更多人领略旱雪运动的无限魅力。

（四）旱雪场发展模式总结

尽管相对于真雪雪场来讲，旱雪属于新事物，社会接受度较低，资本的关注度不够，普通人对于旱雪往往需要一个认识—接受—认可—消费的过程，但与行业内其他竞争对手相比，雪场核心竞争优势主要表现在以下几个方面。

1. 专业技术能力较强

雪场所使用的"旱雪"，是一种由金属与工程塑料合制而成、可以按区块拆装的特殊地面。因为每根"雪"都是和金针菇形状相似的柱状体，因此也被称为"金针菇"。除专业金针菇系列及德国旱雪毯系列外，未来在发展过程中，应该积极开展技术产品研发，实现技术的进一步提升和改进。

2. 集团资源的互补效应叠加

十七华集团公司目前拥有 10 余家子公司，其中，17 滑四季滑雪场——北京奥森是项目运营管理主体。子公司包含策划主体、样板学校、广告资源、产品设计、销售主体等，各子公司之间都有明确的主营业务，且各个业务之间能实现较好的协同。未来可联合多方资源，提高旱雪场地社会接受度，增强品牌效应，实现旱雪产业健康持续发展。

3. 团队经验丰富

17 滑运营管理团队在整体运营、市场营销、品牌推广、教练队伍等方面都拥有丰富的资源及经验，可为雪场的成功发展提供强有力的支持。短短一年的时间，17 滑四季滑雪场——北京奥森被北京市冬季运动管理中心授予"北京市全民健身滑雪培训基地"，被中国滑雪协会授予"国家单板滑雪坡面技巧滑雪队旱雪训练场地"，被国际滑雪联合会授予"国际雪联爱上雪中国培训基地"称号。

B.11
2018雪族科技关于中国冰雪信息化发展的思考

——富龙滑雪场信息化解决方案

摘　要： 2022北京冬奥会的到来，推动了顶层设计对中国冰雪企业的政策倾斜和资源配给，其中除了滑雪场、设备制造商等冰雪企业之外，还有类似于北京雪族科技有限公司这种专注为滑雪场提供软件服务系统的冰雪企业。2018年，继2016年完成Pre-A融资两年之后，北京雪族科技有限公司再次受到资本青睐，成为中国滑雪行业本年度第一家A轮融资成功的公司。本报告对雪族科技的发展历程、发展动向等进行了阐述，并分析了该公司与富龙四季小镇合作的信息化解决方案，可为中国滑雪行业提供一定参考。

关键词： 富龙滑雪场　冰雪信息化　解决方案

一　概述

北京雪族科技有限公司（以下简称雪族科技）作为一家轻资产运行科技公司，深耕冰雪场景信息化经营管理平台，整合冰雪产业上下游资源链，制定标准化服务理念，通过三年半的垂直细分打磨，孵化了HIGHSNOW（滑雪族）、iSNOW冰雪企业云服务、ICENMINI（冰迷）三个子品牌，打造了冰雪SAAS生态圈，为打造中国冰雪民族品牌做出了贡献。

1. 雪族科技发展历程

雪族科技对自己有着坚定不移的使命追求：中国冰雪产业信息化 IT 引擎。雪族科技在资本的寒冬步步为营，获得了资本的认可。

2014 年 10 月，雪族科技通过垂直滑雪媒体平台——HIGHSNOW（滑雪族）走入冰雪运动这个领域，通过原创滑雪泛内容的传播，为滑雪行业文化沉淀做出贡献。

2015 年 12 月至今，历时两年半，雪族科技深耕冰雪场景（iSNOW 冰雪企业云服务）的交易管理信息化开发，推动中国"互联网+冰雪"SAAS 管理模式。一方面，为冰雪企业大量节省人工成本、场地成本等；另一方面，帮助滑雪企业为滑雪用户提供最短暂的排队解决方案，大量提升用户在场景中的流通效率。

2. 创业中不同阶段的发展动向

2022 北京冬奥即将来临，中国冰雪事业得到了快速发展。为了加速我国冰雪事业信息化的底层建设，雪族科技在对冰雪信息化的深度开发过程中，及时对整个行业过往的业态进行总结，探寻出一条适合未来我国冰雪产业信息化的发展之路，将不同阶段的试错结果对社会进行共享，以方便不同企业理解市场，做到相互之间的补充。

（1）中国冰雪经济产生的六个环节

（2）中国冰雪场景信息化解析环节

（3）11 种票务管理方式

3. 雪族科技对于滑雪产业存量市场和增量市场的思考

不管是滑雪场本身还是各个渠道平台，对于滑雪运动本身的传播方式是有局限、场景、季节意识的，而常态化的断档运动传播，让用户的兴趣习惯也产生阶段性选择意识。从运动出发点来说，这对于滑雪运动的普及极具挑战性。

存量市场，是黏性用户和意识用户的组合。由于滑雪场本身具备自有流量资源特质，许多知名的滑雪场通过自身的品牌、服务、口碑，无须进行大量的推广工作，就可以吸引大批量的消费群体。平台（包含旅行社、OTA、

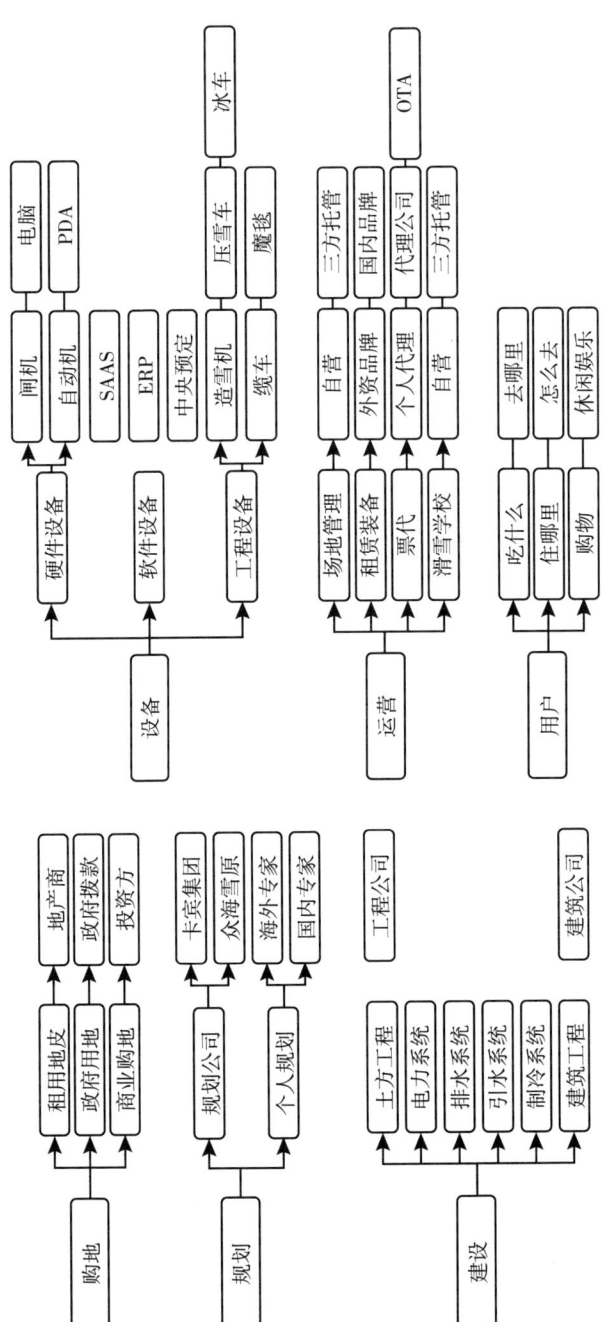

图 1 中国冰雪经济产生的六个环节

2018雪族科技关于中国冰雪信息化发展的思考

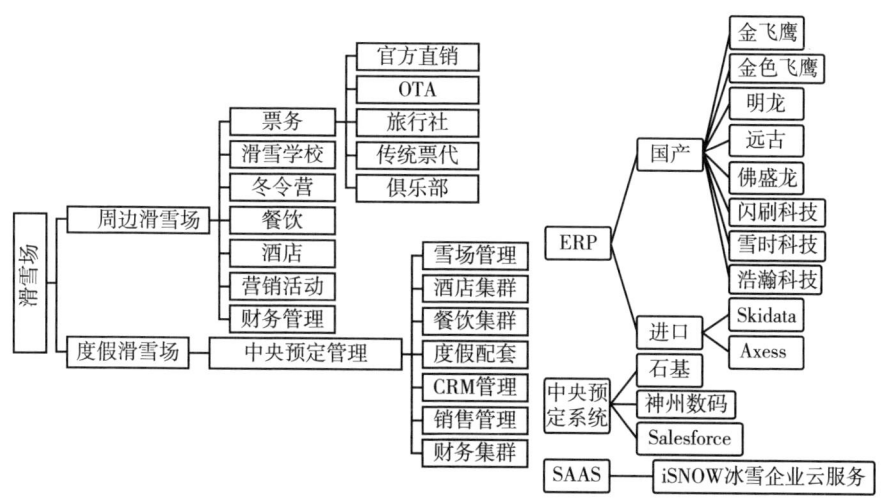

图 2　中国冰雪场景信息化解析环节

票务代理等）通过雪场自有价值获得关注。产品的价格政策、组合方式是雪场通过平台自然获取的流量价值，也是存量自然传播获得的市场价值。

增量市场，是活动、平台推广的用户组合。近些年，雪场对于合作开放进行大胆的尝试，各大雪场的活动内容及形式逐步丰富增加，促进增量市场的拓展。平台推广还处于初步发展阶段。一方面，平台的费率逐年上涨，而平台的运营管理方式没能得到有效解决，用户在平台方面看不到增量市场的变化；另一方面，滑雪市场归根到底还是一个较为小众的市场，主要针对的群体还是"大而泛"的群体，对于"精而准"的用户跟进投入略显不足。增量市场需要循序渐进的投入，不会一次性爆发。

二　富龙四季小镇信息化解决方案

本报告节以 2017~2018 雪季富龙滑雪场为例，简述雪族科技信息化解决方案服务为中国冰雪信息化发展提供的借鉴。

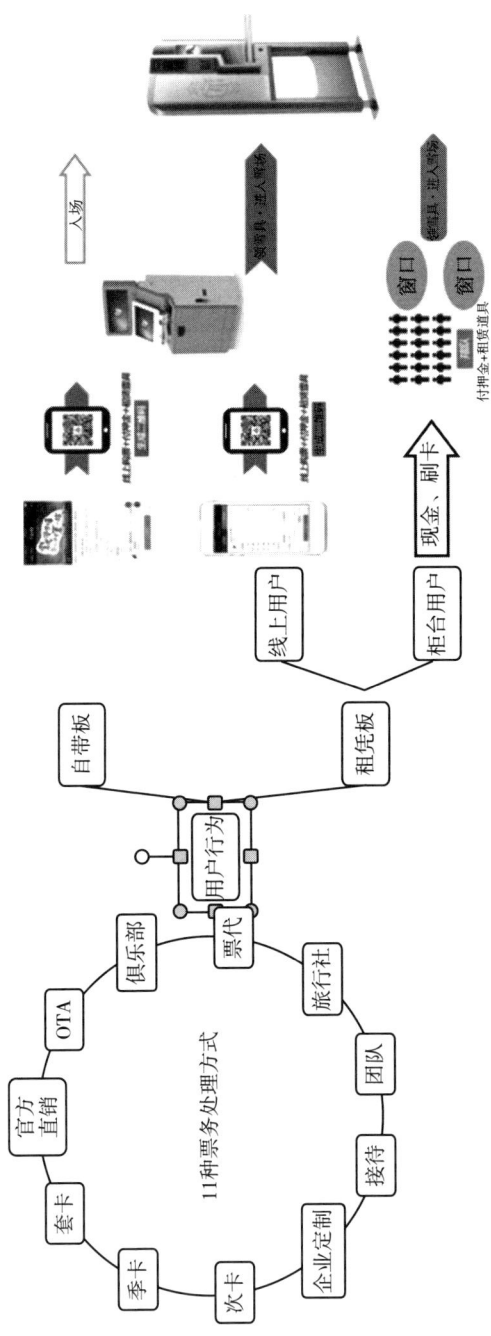

图 3 11 种票务管理方式

（1）度假型滑雪度假区的信息化设计布局；

（2）降低滑雪场管理成本以及场地成本；

（3）客流管控以及用户体验；

（4）优化 OTA 服务方式，变为增量市场。

富龙四季小镇是富龙控股在 2016 年斥巨资建设和运营的全栖休闲度假目的地。其面对富龙四季小镇运动、度假以及居住三大客群，是一个以冰雪运动为核心的山丘度假地。

富龙四季小镇的独特之处：

（1）区域位置，让富龙从起点便与众不同；

（2）大胆尝试，让富龙的每一次都是话题也是期待；

（3）创意创新，只要对用户体验有益，便可以尝试。

从富龙整体定位来看，滑雪度假休闲，以及全年的山地度假将会是经营中的一条主要贯穿线索。在起初的信息化建设中，一直奉行：①多业态场景深入研究；②多业态场景专业配合；③云端多场景数据整合。对于大型度假雪场（综合度假小镇）而言，因其复杂的业态、消费者的不同需求，在众多的场景中很难做大而全的综合信息化业务，所以最好的方法就是采用多场景 SAAS 的配合服务，结合顶层的数据传输集合，做出解决中大型度假业态的信息化方案。

而作为滑雪场信息技术的部署方，雪族科技在每个业态中都找寻最专业的场景方案供应商，兼顾两点：①完整的基础运营的逻辑概念；②更多的互联网方案。在整个过程中，雪族科技通过对富龙滑雪场的业态再次进行解析，定制更多的业务信息化解决方案，针对每个相关的岗位进行更深层次的分析。

设计之初，需要更多地从业务的角度出发看待信息化部署问题（见图 4）。冰雪场景的诉求点是从消费者、使用者与管理者多角度视野出发解析的。信息化的部署匹配是人和事，而非信息化部署之后由人和事去适应。

图 5、图 6 为部分方案展示，未征得富龙四季度假小镇 & 雪族科技同意

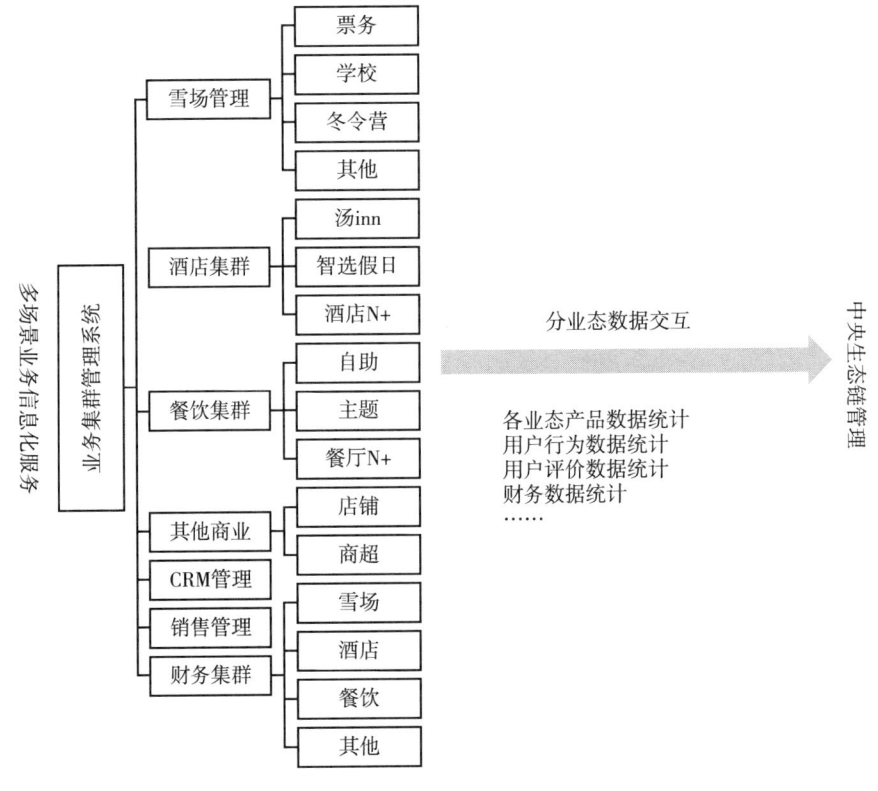

图4 云端中央数据生态链

请勿使用。

在富龙整体项目的实施过程中,雪族科技协同富龙四季小镇,减少了人工收银交互的环节,减少了收银、租赁排队的现象,在冰雪产业信息化上前进了一大步。同时,将每个服务的点重新拆解组合,比如租赁押金在线归还,租赁物、租赁卡的非线性归还,都更加符合当下雪场消费者的消费特性及雪场的管理配置要求。在人效方面也极大地提升了客户的体验感。

在冰雪企业云服务实施之前,绝大多数优秀雪场都会遇见人工窗口过多、消费者排队现象严重、雪场内购票环节投诉不断等问题,这会引发消极

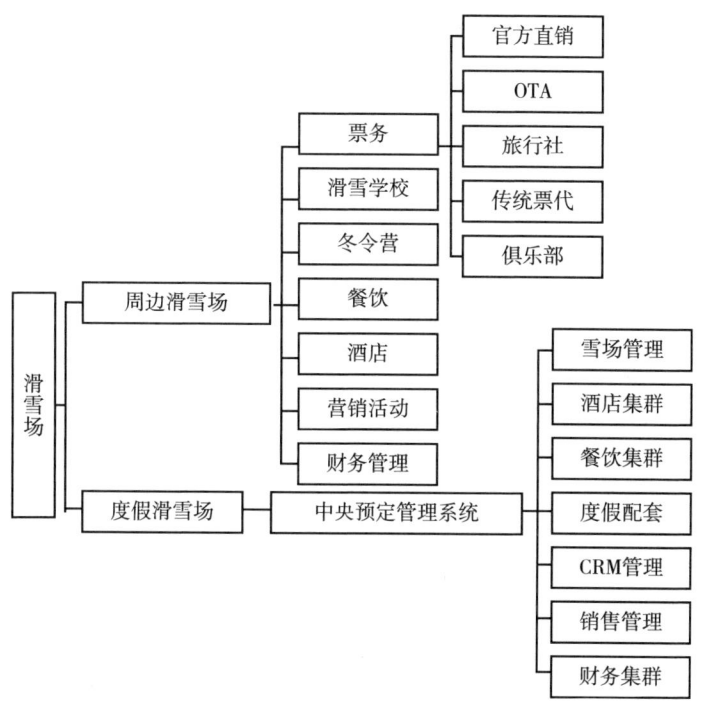

图 5　富龙滑雪场岗位分类

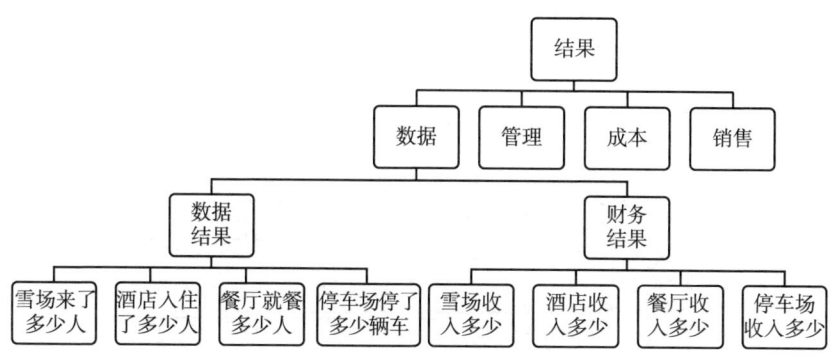

图 6　雪族业务关注点

的连带作用，如滑雪消费者体验差、雪场工作人员工作量增加、排队占用消费时间等。

表1 富龙取票机布置

区域	位置	数量	对象	布置要求	其他建议
地下车库	5#,6#候梯厅	2	地库自驾用户	摄像头覆盖,插座,网络接口	
	7#,8#货梯厅	1	地库自驾用户	摄像头覆盖,插座,网络接口	如禁止用户使用,可取消
	3#电梯厅	1	地库自驾用户	摄像头覆盖,插座,网络接口	可以布置在雪具大厅层
	3-D轴电梯厅	1	地库自驾VIP用户	摄像头覆盖,插座,网络接口	VIP办理如由工作人员代办,可取消。雪具大厅层VIP区域已设
售票大厅	10轴	10	各种类型用户	摄像头覆盖,插座,网络接口	
雪具大厅	VIP接待厅	2	VIP用户	摄像头覆盖,插座,网络接口	
	结算中心	2	业主用户及更衣区域用户	摄像头覆盖,插座,网络接口	
	M轴	4	熟悉富龙的老用户	摄像头覆盖,插座,网络接口	
	滑雪学校洽谈区	1	滑雪学校教练代办	摄像头覆盖,插座,网络接口	
酒店	酒店前台	2	酒店用户	摄像头覆盖,插座,网络接口	

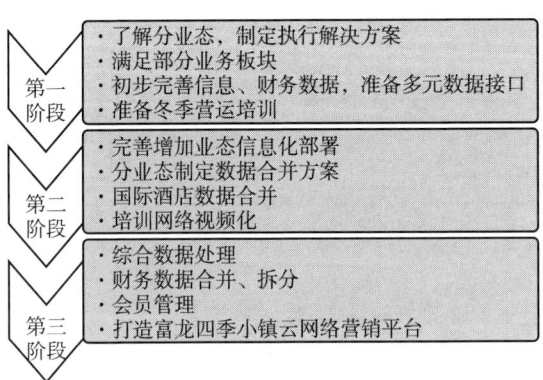

图7 富龙滑雪场信息化部署建议

方案来源：雪族科技。

2017~2018年雪季，富龙四季小镇启用iSNOW冰雪企业云服务后，一楼的售票厅由自助机器加上两个常规售票窗口组成，另外是业主/季卡以及发票窗口。现场排队现象明显减少，消费者不会在收银台积压，原有的收银台窗口压缩了60%，更多的客流通过自助机器的分布和消费者动线的规划，在其他区域内活动，还能够完成消费。同一时间内，故宫完全撤销了人工售票窗口。

在整个服务过程当中，我们可以通过客流数据以及机器使用数据发现消费者的变化。

（1）自助上线后大部分人喜欢使用提前购票；

（2）通过自助机点位的分布可以有效地分散客流；

（3）消费者更多地倾向于人机（手机）交互（在线购票）；

（4）很多消费者直接抵达二楼雪具大厅，而不停留在一楼的收银窗口（此处可设计更多的商业规划）。

更多的人群通过在停车场自助或者直接抵达二楼自助办理业务，租赁、滑雪学校可以同时为消费者提供不同的服务。

而在通往雪场的商业核心区域，即餐饮和购物娱乐等其他商业空间，消费者也可以完成在线自助消费，将原本用来排队的时间直接用于消费。

图8 滑雪场信息化解决方案：滑雪学校——指导员出导管理

同时，滑雪学校通过销售前置，将指导员预约、指导员选择和指导员评价变成闭环，解决了现场消费者和线上消费者同时预约的问题。对于滑雪学校而言，可以重新分配指导员资源，如一定比例的指导员在现场提供服务的

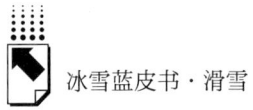

同时主动获取教学订单，其他指导员可在现场随时准备现场出导。而主动获取教学订单的指导员，可以免排队等待。如此一来，滑雪学校可实现更大的人力产出。

对于大型度假雪场而言，借助互联网的力量进行整体业务的信息化部署，会产生以下效果：节约人力成本；释放更多空间进行商业设计，从而产生更多盈利；在人力缩减的情况下，通过重新组合可提供更好的服务；大幅缩短消费者等待时间，提供更良好、更多的商业服务等。

国际借鉴篇

International Experience and Lessons

B.12 美国阿斯本雪堆山滑雪度假区

摘　要： 本报告在梳理阿斯本雪堆山滑雪度假区概况的基础上，对其品牌宗旨、价值观与公司原则进行了详细阐述，认为"三山一市""一山一村"是其品牌结构，具有提高集群效应、互促互补、促进内部竞争等多重效用；发现优质滑雪指导员团队、免费共享服务、多元化引流方式、保留客户创意遗产、生态化非雪季是其五大运营特色；并结合中国滑雪产业现状得出相应启示。

关键词： Aspen 阿斯本　阿斯本雪堆山滑雪度假区　滑雪产业

一　阿斯本雪堆山滑雪度假区概况

美国科罗拉多州是世界著名的冬季度假目的地，在全球范围内拥有与欧洲阿尔卑斯滑雪胜地不相上下的地位与美誉度，每年有上千万名来自各国各地区的冬季运动爱好者前往此地。而提到科罗拉多州，就不得不提到阿斯本雪堆山滑雪度假区（Aspen Snowmass）——一个以悠久历史文化、优质服务体验著称，常住人口仅6000余人但年均吸引140万滑雪人次，有北美富豪、名流以及好莱坞明星"度假后花园"之称的滑雪旅游胜地。

阿斯本雪堆山滑雪度假区坐落于美国中西部科罗拉多州的皮特金县阿斯本城（Aspen，Colorado）。阿斯本城位于咆哮叉谷东南端，西临落基山脉，是一座典型的北美滑雪小城。尽管阿斯本城面积不大，仅占地10.05平方公里，但这座城市却有着近140年的历史。1870~1893年，这里因银矿富余而空前繁荣，常住人口一度达到12000人，但也因白银价格暴跌而一蹶不振。二战后，滑雪产业的兴起为此地注入了新的发展活力。在滑雪产业的推动下，阿斯本城重新焕发生机，完成了从二战后单一的滑雪旅游服务供给到近年来以滑雪旅游为特色，多元化、全域化的度假服务供给的转变，成为集冰雪文化、艺术会展、休闲购物、音乐演出等于一体，包容性十足的冰雪旅游综合体。

自然资源方面，阿斯本雪堆山滑雪度假区可谓是落差大、日照足、雪期长、雪量足、雪质好的最佳诠释。一是山体最大垂直落差高达1813米，这为滑雪场的建设提供了良好地势条件；二是日照天数长达300多天，让滑雪者免受高海拔地区寒风彻骨的影响；三是雪期可达6个月之久，且年均降雪量十分丰富，积雪厚度高达7米以上；四是山脉阻隔且远离太平洋海岸线使得该地区空气水分含量较低，造就了优质粉雪①。

交通出行方面，阿斯本雪堆山滑雪度假区具有多数知名世界级雪场都难以企及的交通优势，通达性位居世界前列。例如，游客从美国的丹佛国际机场、老鹰国际机场以及丹佛市区出发，仅需4个小时左右的车程就可以抵达阿斯本雪堆山滑雪度假区。另外，阿斯本城建有北美唯一位于山上的机

---

① 粉雪（Powder Snow），是指纯天然无修饰的雪，具有雪质松软的特性。由于优质粉雪可遇而不可求，所以绝大多数滑雪者都对其极为向往，但对滑雪技术要求比较高。

场——阿斯本皮特金郡机场，每周降落在该机场的直达航班和转接航班达150趟之多，距离阿斯本雪堆山滑雪度假区不过一石之遥，可谓是"下飞机就可滑雪"。

二 品牌介绍

（一）品牌宗旨、价值观与公司原则

1. 品牌宗旨

阿斯本雪堆山滑雪度假区是阿斯本滑雪公司（Aspen Skiing Company）旗下的品牌，其宗旨是尊重和创造"度假"与"社区"之间的微妙平衡，打造历史、文化、环境、社区、山地运动相结合，且能展现阿斯本价值观的综合体。

2. 品牌价值观

经过70多年的发展，阿斯本滑雪公司将阿斯本雪堆山滑雪度假区最新价值观提炼为：爱（Love）、团结（Unity）、尊重（Respect）、承诺（Commit）。

（1）爱（Love）

毫无保留地分享你的所有给你选择的人，不带任何城府与偏见。

（2）团结（Unity）

克服差异，倡导多样，团队所能实现的成效要远大于单人作战。

（3）尊重（Respect）

敬畏世间上你所发现的一切，并努力使之更好。

（4）承诺（Commit）

言出必行，大胆采取行动支持你的信仰，不要坐视不理，而是让改变发生。

3. 公司原则

阿斯本滑雪公司将充分贯彻以下四项原则：以人为本（Humanity）、卓越（Excellence）、可持续发展（Sustainability）、热诚（Passion）。

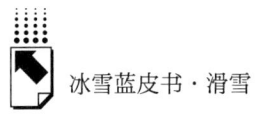

（1）以人为本（Humanity）

以人们期待的态度对待他们，真实、透明、礼貌、尊重以及谦逊。

（2）卓越（Excellence）

在商业格局、产品质量、工艺水准、客户服务及运动成就等方面追求卓越。

（3）可持续发展（Sustainability）

人、环境和社区意味着源源不断的发展。

（4）热诚（Passion）

秉承阿斯本价值观，终身学习，做有意义的工作。

（二）历史沿革

1938年，美国芝加哥企业家沃尔特·佩普基与他的妻子伊丽莎白来到阿斯本城，看中了该地区发展成滑雪胜地的潜力，并提出了阿斯本理念，将阿斯本描绘为一个能让头脑、身体、心灵同时活跃起来的地方。

1945年，沃尔特开始收购土地并与阿斯本滑雪俱乐部、滑雪学校的创始人弗里德尔·普费菲商谈交易事宜。

1946年，协议达成，阿斯本滑雪公司正式成立，阿斯本山（Aspen Mountain）是其第一家雪场。

1947年，阿斯本山建立了当时世界上最长的缆车Lift-1。

1950年，阿斯本山举办了美国首届世界滑雪比赛——FIS滑雪世界杯，吸引了共计1500名参赛者与观众，在全球范围内提高了阿斯本山的知名度。

1963年，阿斯本滑雪公司从弗里德尔·普费菲手中购买了他于1958年开设的奶油山滑雪场（Buttermilk Mountain），作为公司的第二家雪场。

1967年，阿斯本滑雪公司与简斯公司合资新建了雪堆山（Snowmass）雪场。

1989年，阿斯本滑雪公司旗下首家酒店小内尔（The Little Nell）正式开业，是阿斯本山滑雪场唯一一家可供滑进滑出的酒店。

1993年，经过几次所有权变更后，阿斯本公司为芝加哥克朗家族所有。

同年，阿斯本滑雪公司收购了阿斯本高地（Aspen Highlands），创造了一个拥有四座雪场的滑雪旅游胜地——统称为阿斯本雪堆山滑雪度假区。

2002年，奶油山雪场首次举办ESPN冬季极限运动会（The X Games），并在接下来的18年里连续举办。

2007年，阿斯本滑雪公司在雪堆山开设了一家占地面积2300平方米的树屋儿童探险中心（TreehouseKids'Adventure Centre），这个价值1700万美元的项目是该公司迄今为止最大的资本改进项目。

2010年，阿斯本滑雪公司收购莱姆莱特（Limelight）酒店，作为公司旗下的第二个酒店。

2017年，阿斯本滑雪公司与KSL Capital Partners公司合资完成对美国知名山地度假集团Intrawest Resorts Holdings的收购，收购价格为15亿美元。该公司拥有包括1960年冬奥会举办地斯阔谷（Squaw Valley）雪场在内的6家滑雪胜地。

三 品牌结构

阿斯本雪堆山滑雪度假区是阿斯本滑雪公司的品牌母体，在该品牌母体之下有四个品牌，这四个品牌分别对应了四座雪场，分别是阿斯本山、阿斯本高地、奶油山以及雪堆山，它们共同组成了雪道面积超过2200公顷、最大垂直落差1813米、雪道数多达330条、雪道总长度513公里、提升设备41架的超大型滑雪度假区（见表1）。

表1 阿斯本雪堆山滑雪度假区四座雪山信息

滑雪场	雪道面积（公顷）	垂直落差（米）	雪道数（条）	雪道总长度（公里）	提升设备（架）	建成时间
阿斯本山	273.16	996	76	103	8	1946年
阿斯本高地	420.87	1108	114	135	5	1958年
雪堆山	1348.41	1813	96	241	20	1967年
奶油山	190.20	619	44	34	8	1958年

注：根据官网资料整理。

根据地理区位、目标客群以及业态的互补度,阿斯本雪堆山滑雪度假区的品牌结构可视作"三山一市"和"一山一村"两个部分。前者指的是阿斯本山、阿斯本高地、奶油山三座雪场与阿斯本城市区,后者则指的是雪堆山与雪堆山村(Snowmass Village)。由于城市(村镇)和雪山已实现高度有机结合,形成了高水平区域联动,所以在接下来的篇幅当中,本报告将把城市的部分服务供给与内容供给融合到雪山当中予以阐述。

(一)"三山一市"

"三山一市"的"三山"是指阿斯本山、阿斯本高地、奶油山,三座雪场比肩而立,而"一市"则指的是阿斯本城市区,与"三山"相隔较近,只需不到5分钟的车程就可抵达。

1.阿斯本山

(1)雪场概况

阿斯本山,亦被当地人称为阿贾克斯山(Ajax),位于阿斯本城的北侧,是阿斯本滑雪公司最早掌管运营的滑雪场,于1946年落成,是二战后美国最早建立的雪场之一,到2018年已有72年历史。

如表2所示,阿斯本山雪道面积273.16公顷,垂直落差996米,雪道总长度103公里,雪道数76条,其中最长的一条雪道长达4.83公里。在雪

表2 阿斯本山山体信息概况一览表

指标	数据
雪道面积(公顷)	273.16
垂直落差(米)	996
雪道数(条)	76
雪道总长度(公里)	103
最长雪道(公里)	4.83
提升设备(架)	8
索道运力(人/小时)	10755
年均降雪量(米)	7.62
造雪面积比重(%)	33
雪道难度比重(初/中/高/专家)(%)	0/48/26/26

道设置上，该雪场未设初级道（绿色雪道），中级道（蓝色雪道）占48%，高级道（黑钻雪道）占26%，专家级雪道（双黑钻雪道）占26%，近半数雪道为中级雪道。

（2）目标客群

阿斯本山因其独特、多样又极具挑战性的地形而闻名，曾举办过1950年FIS滑雪世界杯。由于这里没有适合初级滑雪者的雪道，阿斯本山因而将目标客群定位为中级滑雪者和滑雪爱好者。

（3）业态分析

①提升设备

阿斯本山配备了8架来自业界顶级供应商的缆车，其中包括从山脚直达山顶的银皇后缆车，以及高速四人座缆车、高速两人座缆车等，每小时运载量可达10755人次。

②餐饮服务

山脚，常年位于"全球100家最佳葡萄酒餐厅"之列的Element 47餐厅提供各式各样、各个年代的葡萄美酒以及美式佳肴。Ajax Tavern餐厅则营造了别具一格的法式文化、美式文化相融合的小酒馆氛围。山顶，建有一家名为阳光露台餐厅（Sundeck）的自助西餐厅，在提供餐饮服务的同时，把高山元素、冰雪元素、阳光元素等自然元素深度融合，为滑雪者创造冰天雪地、沐浴阳光的高台观景环境。

③酒店住宿

阿斯本山脚建有科罗拉多州唯一一个五星级酒店、五钻级酒店小内尔酒店（The Little Nell），以及广受欢迎与好评的四星级酒店莱姆莱特酒店（Limelight Hotel）。

2. 阿斯本高地

（1）雪场概况

阿斯本高地于1958年建成，位于阿斯本山的东边，两山相邻。1993年，阿斯本高地被收购，成为阿斯本滑雪公司的第四座雪场。

如表3所示，阿斯本高地雪道面积420.87公顷，垂直落差1108米，雪道总长度135公里，雪道数114条，其中最长的一条雪道长达5.6公里。在雪道设置上，阿斯本高地的初级道（绿色雪道）占18%，中级道（蓝色雪道）占30%，高级道（黑钻雪道）占16%，专家级雪道（双黑钻雪道）占36%，超过1/3的雪道都是双黑钻专家级雪道。

表3　阿斯本高地山体信息概况

指标	数据
雪道面积(公顷)	420.87
垂直落差(米)	1108
雪道数(条)	114
雪道总长度(公里)	135
最长雪道(公里)	5.6
提升设备(架)	5
索道运力(人/小时)	6400
年均降雪量(米)	7.62
造雪面积比重(%)	20
雪道难度比重(初/中/高/专家)(%)	18/30/16/36

（2）目标客群

阿斯本高地的目标客群主要是中级、高级、专家级滑雪者以及本地人。前者是因为阿斯本高地的山体陡峭度、地貌复杂度与阿斯本山相比是有过之而无不及，最大倾斜度超过40°的碗状雪道多达20条，平均倾斜度大于35°的碗状雪道则有23条，高峻险要的地形使之成为高水平滑雪者的首选。后者则是因为阿斯本高地拥有浓厚的滑雪社交文化与欢愉的滑雪聚会氛围，使其在四座雪场之中最受本地人欢迎。

（3）业态分析

①提升设备

阿斯本高地配有5架缆车，包括3架四人座高速缆车以及2架三人座缆车。

②餐饮服务

山腰，阿斯本高地设有自助餐厅旋转木马餐厅（Merry-Go-Round）以及因浓郁社交文化而闻名的云霄九号高山餐厅（Cloud Nine Alpine Bistro）。滑雪者在云霄九号高山餐厅入餐后,当地滑雪者总会既默契又准时的在下午两点自发组织"雪后聚会"(Après-Ski)①——欢舞、喧闹、随性,这本是欧洲传统滑雪社交文化。阿斯本城当地人将其与本土文化相融,形成了属于阿斯本高地特有的滑雪文化。

③酒店住宿

阿斯本高地与阿斯本山、阿斯本城市区相隔非常近,滑雪者通常多选择小内尔酒店与莱姆莱特酒店。

3. 奶油山

(1)雪场概况

奶油山于1958年建成,位于阿斯本高地东偏南方向,相距甚近,同样处在阿斯本城市区服务供给的辐射范围之内。

表4 奶油山山体信息概况

指标	数据
雪道面积(公顷)	190.20
垂直落差(米)	619
雪道数(条)	44
雪道总长度(公里)	34
最长雪道(公里)	4.83
提升设备(架)	8
索道运力(人/小时)	6900
年均降雪量(米)	5.08
造雪面积比重(%)	27
雪道难度比重(初/中/高/专家)(%)	35/39/21/5

如表4所示,奶油山雪道面积190.20公顷,垂直落差619米,雪道总长度34公里,拥有雪道44条,其中最长的一条雪道长达4.83公里。雪道设置上,奶油山初级道(绿色道)占35%,中级道(蓝色道)占39%,高级道

---

① Après-Ski 一词源于欧洲,指的是滑雪后的社交与娱乐活动,属欧洲传统滑雪社交文化,本报告将此译作"雪后聚会"。

（黑钻雪道）占21%，专家级雪道（双黑钻雪道）占5%。

（2）目标客群

奶油山是一座具有两面性的雪场，因此它的目标客群一个是初学者、青少年儿童及其家庭，另一个则是热衷于自由式滑雪的中高级滑雪者。

一方面，由于山体海拔在四座雪场中相对较低，2/3以上的雪道为初级道与中级道，所以奶油山的目标客群主要是初学者、青少年儿童及其家庭。奶油山作为北美地区最适合初级滑雪者的雪场之一，滑雪者可在此接受最基本、最可靠的滑雪教育。不仅如此，奶油山还专门为低龄儿童建设了一个寓教于乐的综合学习区——The Hideout学习中心，开设适合2岁半至6岁儿童的入门级滑雪课程。另一方面，奶油山被公认为世界最佳地形公园之一。在该雪场中，建有诸如S3公园、奶油山梅恩公园、中途大道公园等多个地形公园和U型槽，且难度各不相同，极具差异化的障碍设计引来众多单板滑雪爱好者前来尝试与挑战。更重要的是，一年一度代表冬季极限运动全球最高水平、最具影响力的体育盛会——世界冬季极限运动会（The Winter X Games）已在此举办过17次之多，因此奶油山被誉为世界顶级自由式滑雪者的朝圣之地。

（3）业态分析

①提升设备

奶油山配备了8架提升设备，其中包括3架高速四人座缆车、1架双人缆车以及4架专为滑雪学校服务的提升设备（魔毯、缆车）。

②餐饮服务

山间建有两家餐厅，分别是Bumps餐厅与Cliffhouse餐厅，可为滑雪者提供滑雪后的能量补充，前者主要提供美式和意大利式菜品，后者主要提美式和亚洲风味菜品。此外，两家餐厅还专门为孩童提供了与其生长发育相配蔬菜、牛奶等。

③酒店住宿

奶油山与阿斯本山、阿斯本高地三山比肩而立，同属阿斯本城市区的辐射范围之内，游客通常多选择小内尔酒店与莱姆莱特酒店。

（二）"一山一村"

"一山一村"的"一山"是指面积最大的雪堆山，"一村"则指的是雪堆山山脚下的雪堆山村，相对而言，二者所处位置较远，位于阿斯本城市区的西北方向，但距离市区也不超过10公里，交通十分便利。

1. 雪堆山

（1）雪场概况

雪堆山滑雪场于1967年落成，是阿斯本滑雪公司旗下四座雪场中占地面积最大、服务功能最齐全、目标受众最广泛的雪场。雪堆山这一名称除了意味"积雪成堆"之外，还说明这里雪道"成堆"、餐厅"成堆"、酒店"成堆"。

如表5所示，雪堆山雪道面积1348.41公顷，垂直落差1813米，雪道总长度241公里，雪道数96条，其中最长的一条雪道长达8.5公里。雪道设置上，雪堆山初级道（绿色道）占6%，中级道（蓝色道）占48%，高级道（黑钻雪道）占17%，专家级雪道（双黑钻雪道）占30%。

表5　雪堆山山体信息概况

指标	数据
雪道面积（公顷）	1348.41
垂直落差（米）	1813
雪道数（条）	96
雪道总长度（公里）	241
最长雪道（公里）	8.5
提升设备（架）	20
索道运力（人/小时）	32358
年均降雪量（米）	7.62
造雪面积比重（%）	8
雪道难度比重（初/中/高/专家）（%）	5/48/17/30%

（2）目标客群

由于雪堆山广袤到"你不会在此体验到同样的雪道"，且山体垂直落差居全美之首，所以它的目标客群具有高弹性的特点——完全可以满足所有客群,既能下探至初级滑雪者、青少年儿童及其家庭,也能上探至中、高、专家级滑雪者;既能满足最常见的滑雪滑行需求,也建有地形公园以满足自由式滑雪者的需求。

(3)业态分析

①提升设备

雪堆山配有20架缆车,包括1架高速八人座厢式缆车、1架八人座厢式缆车、1架六人座高速缆车、8架四人座高速缆车、4架滑雪学校提升设备(缆车、魔毯)。

②餐饮服务

雪堆山提供"成堆"的餐饮服务。山间,新美式餐厅——麋鹿营餐厅(Elk Camp Restaurant)、咖啡馆——双溪咖啡厅(Two Creeks Cafe)、烤肉——山姆熏制餐厅(Sam's Smokehouse)、比萨餐厅——Up 4Pizza餐厅、甜品餐厅Ullrhof餐厅等一应俱全,甚至还有别致的压雪车用餐体验。

③酒店住宿

同样,雪堆山提供"成堆"的酒店住宿服务。雪堆山与雪堆山村建有十几家风格迥异、功能齐全的酒店、小木屋、精致旅馆、公寓、别墅等供游客选择,且97%酒店提供了滑进滑出①服务(见图1)。

(三)小结

从品牌结构来看,阿斯本雪堆山滑雪度假区形成了"三山一市""一山一村"这两大风格差异显著、业态丰富齐全、覆盖人群广泛的滑雪旅游综合体,但二者实现的方式并不相同。前者是通过品牌组合的方式,将三大雪场各自不同的山体特征、文化特色与阿斯本城的历史积淀相融,打造一个"以民俗文化著称又不失现代元素"的雪场品牌;而后者则是通过庞大的山脉资源、高跨度的山体落差以及多重元素等资源的合理配置,打造一个颇具

---

① 滑进滑出(Ski-in, Ski-out)是指建在雪场的酒店做了与滑雪道互相连通的设计,滑雪者可身着滑雪者装备滑进滑出。

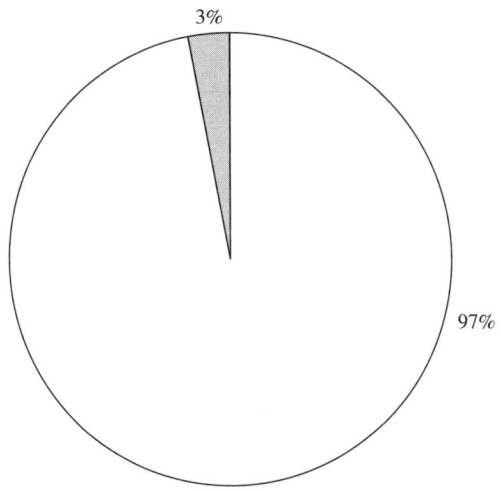

图1 提供滑进滑出服务的酒店数在雪堆山
总酒店数中的占比情况

美式基因的国际化雪场品牌。

如此品牌结构产生了两个主要效用。分开来看,"三山一市"与"一山一村"存在内部的良性竞争关系,有助于互促互补。一个注重历史与民俗,一个注重现代与时尚,消费者的价值取向将会决定他们更偏向于哪个品牌,这将导致竞争关系的产生,但二者并不存在利益冲突,相反,内部良性竞争关系有利于互相促进、优势互补。整体来看,"三山一市"与"一山一村"相隔并不远,不到10公里的路程对于雪场品牌而言,有利于集群效应的产生,加强阿斯本雪堆山滑雪度假区这一品牌母体的市场竞争力,提升品牌影响力、号召力与吸引力。

四 特色运营分析

(一)标杆级滑雪指导员团队

对于滑雪产业而言,滑雪指导员是最不可或缺的组成部分;对于滑雪场内部而言，滑雪指导员团队是重要的创收部门；对于滑雪场外部而言，滑雪指导员是广大滑雪者了解滑雪场实力与魅力的重要窗口。

阿斯本滑雪学校是阿斯本滑雪公司在培训领域的分支机构。阿斯本滑雪学校作为美国滑雪教练协会（The Professional Ski Instructors of America，以下简称PSIA）的故乡，被誉为"北美最优质的滑雪学校之一"，拥有一大批非常优质的滑雪指导员，其中不乏从业经验超过20年的专业教练、曾取得世界冠军的滑雪运动员等。阿斯本滑雪学校在四座雪山均设有分校，当前团队总体规模达1350人，滑雪指导员职业培训总时长32000小时，且所有滑雪指导员均已取得PSIA上岗资格认证，阿斯本山和雪堆山的滑雪指导员则全达到PSIA三级以上标准，充分保证滑雪者的不同需求与教学质量。

阿斯本滑雪公司高度重视阿斯本滑雪学校的滑雪教学服务供给水平，因此无论是对于消费者还是社会，阿斯本滑雪学校都给他们留下了深刻的优质印象。比如，每年向阿斯本滑雪学校购买滑雪教学服务的人在13万到14万。再比如，美国RRC Associates公司出具的一份有关雪场消费者满意度的市场研究报告显示①，阿斯本雪堆山滑雪度假区四座雪场的客户满意度包揽了榜单前4名，其中阿斯本山的净推荐值②（Net Promoter Score）为99%，高居榜首；阿斯本高地和奶油山紧随其后，分列第2、第3位，均为98%；雪堆山排名第4，净推荐值为94%（见图2）。四座雪场的净推荐值均领先于77%的业界平均水平，从这一侧面角度可以看出消费者对阿斯本滑雪学校的认可度。

另外，阿斯本滑雪学校年度营收占整个度假区年度总营收中的比重为30%左右，如此盈利能力实属业界顶尖。那阿斯本滑雪学校是如何实现的呢？

---

① 美国RRC Associates公司成立于1983年，是全美旅游与休闲娱乐行业消费者报告和市场研究的公认领导者。本报告所提到的是该公司所出具的2016/2017雪季有关全美大型滑雪度假区客户满意度的研究报告。
② 净推荐值（Net Promoter Score，简称NPS），又称净促进者得分，是一种计量某个客户将会向其他人推荐某个企业或服务可能性的指数。它是最流行的顾客忠诚度分析指标，专注于顾客口碑如何影响企业成长。

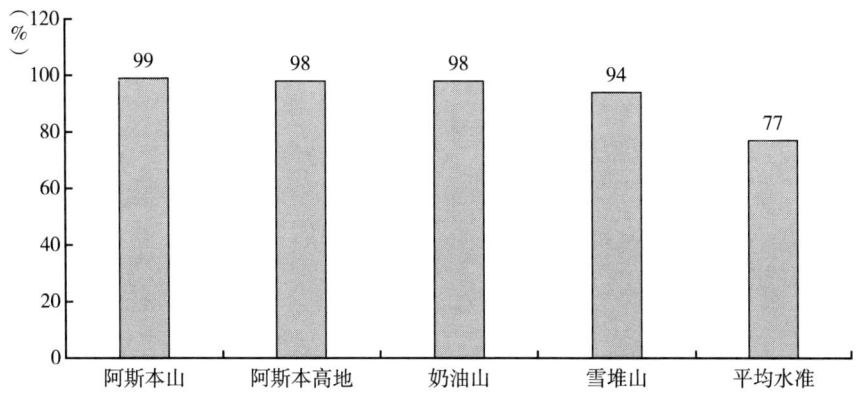

图 2　全美大型滑雪度假区净推荐值

1. 滑雪指导员培养多技能化

室外滑雪场的非雪季运营一直以来都是国内外滑雪产业从业者密切关注的问题，受季节所限，多数室外滑雪场都不得不在冬季过后即停止营运，如此一来引发了种种矛盾：以一季养四季、部分职工过冬即失业，等等。为此，不少大型滑雪度假区推出四季运营模式，比较有效地缓解了第一个矛盾，但部分职工过冬即失业这个问题仍亟待解决，尤其是对于滑雪指导员而言，没有了雪，也就意味着失去了收入。

基于此，阿斯本滑雪学校减少兼职岗位，将全职岗位的比例提至65%以上，保证职工权益。此外，还对公司旗下滑雪指导员进行多技能化培养，使之在雪季司职滑雪指导员，非雪季则可以胜任设备操作、活动执行、运动教练、景区导游等工作，既能解决"过冬即失业"这一矛盾，促进社会就业，增加滑雪指导员收入，还能确保组织架构稳定，增加阿斯本滑雪公司收益。

2. 教学步骤科学化、系统化、流程化

阿斯本雪堆山滑雪度假区拥有年均上百万滑雪人次的庞大客源市场，滑雪者必然存在年龄不一、滑雪水平参差不齐、身体状态各异等现象，因此把教学步骤科学化、系统化、流程化将有助于提高滑雪者的体验感和获得感。

以小组课程为例。首先，阿斯本四座雪场的滑雪指导员根据滑雪者的年

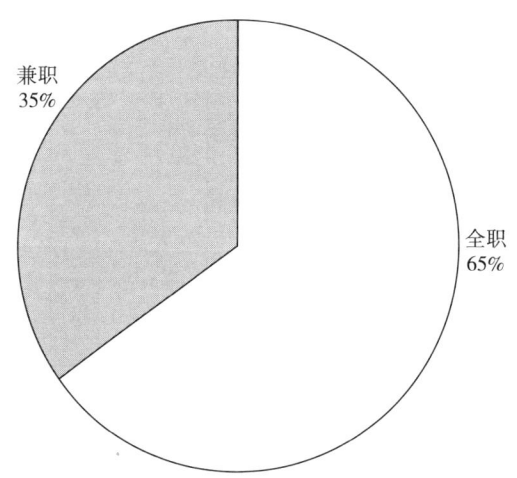

图3 阿斯本滑雪公司滑雪指导员全职/兼职比例分布

龄和身体状态进行粗略的小组划分,青少年儿童方面,设有2~4岁儿童小组课程、5~6岁儿童小组课程、7~12岁儿童小组课程、13~17岁青少年小组课程;在成人方面,设有初学者进阶小组课程、成人小组课程、女性极限小组课程、适应性课程。其次,滑雪指导员必须科学地、全面地了解滑雪者水平,并根据阿斯本滑雪学校滑雪者水平评价系统的9个等级分别对应的评判标准,对每一位滑雪者进行精确的等级评定,然后再配以合适的教练以及与滑雪者能力相符的课程小组进行正式教学。

3. 促进滑雪指导员与滑雪者"关系化"

"关系"一词在中国有特殊的含义,通常表示双方为人处世的融洽度如何,而阿斯本众多滑雪指导员在和滑雪者的相处方式,从某种程度上而言,与中国的"关系"有着或多或少的共性。不少就职于阿斯本雪堆山滑雪度假区的滑雪指导员,有带过"家庭三代"的经验,即教过一个家庭的祖辈、父辈及其儿女,他们与教练因滑雪结缘,也因而产生更多的互动。譬如,部分滑雪指导员会密切关注滑雪者的雪鞋舒适度,如若滑雪者感到不舒适,教练会根据滑雪者的尺码、脚型以及所需功能等,找阿斯本城当地的老匠工定制雪鞋。当然,这通常属于加分项,需建立在滑雪指导员提供优质滑雪教育体验的基础之上。

数据显示，阿斯本滑雪学校的复购率高达70%，也就是说每100名来阿斯本滑雪学校购买滑雪教学服务的消费者中，有70个人属于回头客，而在这70个人当中，有85%的人会指定请某一名滑雪教练，即点名出导率高达85%。从这点不难看出，阿斯本滑雪学校具有强大的用户黏性。

（二）免费共享服务

共享服务，是用"分享共用"的理念提供相关服务，是区域内组织和整合同类资源的有效路径，有助于促进资源利用效率，优化资源配置，从而降低企业成本，提高管理效率，以更合理、科学、有效的方式实现供需匹配。阿斯本雪堆山滑雪度假区便是在共享服务的基础上，加以免费供给，进一步扩大共享服务的使用率与影响力。

1. 雪具快速转运

四山滑雪者装备租赁店（Four Mountain Sports）是阿斯本滑雪公司旗下的官方雪具店，在阿斯本城与阿斯本雪堆山滑雪度假区的四座雪场内共设有9个门店。四山滑雪者装备租赁店提供各类顶级滑雪用具，具有多样化租赁方式，提前预订还可享受一定折扣优惠，儿童选择任意租赁套餐则可免费参与滑雪运动，除此之外，四山滑雪者装备租赁店（Four Mountain Sports）推出了一项人性化服务——雪具快速转运。在雪场，最令滑雪者头疼的事就是因携带滑雪用具引起的不便，而对于大型滑雪度假区的滑雪者而言，这一点尤为明显。每一次滑雪运动的参与，滑雪者都不得不消耗大量的热能与时间，背负着沉重的滑雪用具在雪场与住处之间辗转，而雪具快速转运的出现，则帮滑雪者解决了这个棘手的问题。所有从四山滑雪者装备租赁店租借滑雪板、雪杖、护具等滑雪者装备的滑雪者，均可共享这一服务，将滑雪用具交于四山滑雪者装备租赁店9个门店中的任意一个门店，工作人员会根据滑雪者的要求，在指定时间内把滑雪者装备免费转运至指定雪场，优化滑雪者体验。而自带板用户以及非四山滑雪者装备租赁店的客户，缴纳一定费用也同样可共享雪具快速转运服务。

2. 共享公交系统

出于方便游客出行，提高度假区通达性，加强阿斯本雪堆山滑雪度假区

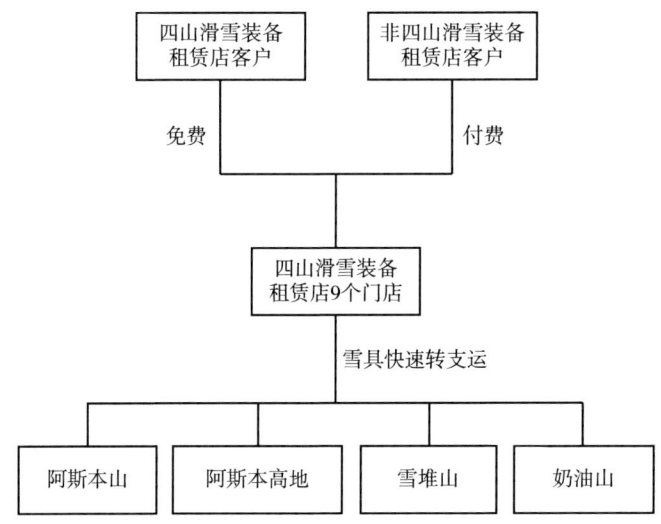

图 4 阿斯本雪堆山滑雪度假区雪具快速转运体系

和阿斯本城一体化建设的目的，阿斯本雪堆山滑雪度假区提供多种交通出行解决方案。从步行到租赁自行车，到当地出租车，到豪华轿车接送，游客可根据自身需求以及不同情形选择适宜的出行方式。不仅如此，阿斯本雪堆山滑雪度假区秉持着"绿色为先、环保为先"的运营理念，建设了所有游客均可享用的公共交通系统（见图5）。一是RFTA（Roaring Fork Transit Authority），在阿斯本四座雪山、阿斯本城市区、雪堆山村之间设有多条线路以及多个公交停靠站点，游客与当地居民均可免费乘坐。在设计上，车厢内部做了滑雪板、滑雪杖的挂靠行李架，最大限度地提高空间合理性、降低空间压力。二是度假区穿梭巴士（Resort Shuttles），阿斯本滑雪公司和位于阿斯本城市区、雪堆山村的众多酒店展开合作，酒店住客可选择免费乘坐度假区穿梭巴士前往四座雪山。

共享交通的推行不仅满足了游客不同的出行需求，极大地提高了雪场与住处之间、雪场与雪场之间以及整个度假区的通行效率，还为阿斯本雪堆山滑雪度假区带来了降低私家车使用率、缓解交通压力、提高交通效率以及区域环境质量等一系列效用。

美国阿斯本雪堆山滑雪度假区

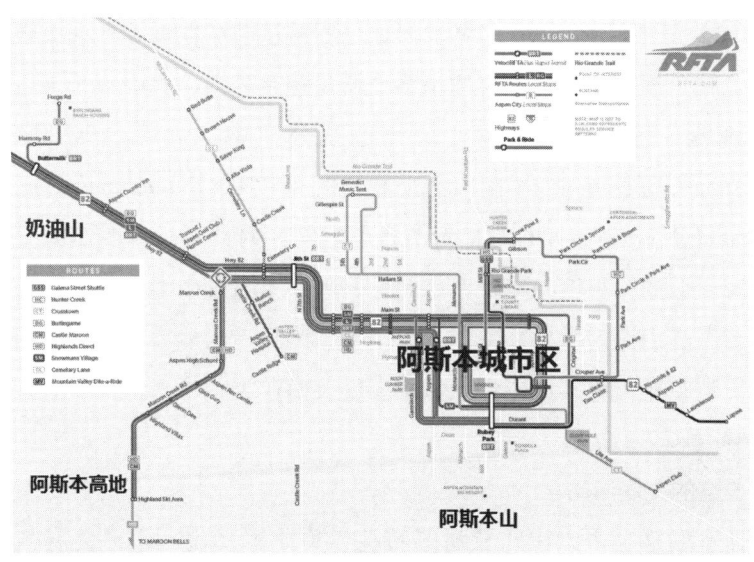

图5　阿斯本城共享交通线路

（三）多元化引流方式

阿斯本雪堆山滑雪度假区受到一百多万人的青睐绝不只是因为滑雪运动，而是在以滑雪运动为营销主体的基础上，融入艺术、音乐、文化等其他元素，并加强度假区与阿斯本城的有机结合，从而夯实区域联动性，保持阿斯本地区的活力，使之不间断地、跨季节地吸引游客。

1. 大型体育赛事

通过举办影响力大、辐射范围广、媒介关注度高的大型国际体育赛事，一个城市（地区）将有机会向世界展现自身"肌肉"，提升城市（地区）关注度与知名度，塑造城市（地区）品牌形象，带动经济、文化的发展。在1960年冬奥会之前，美国斯阔谷滑雪场（Squaw Valley Ski Resort）只是个名不见经传的荒郊野岭，而在成功举办冬奥会之后，美国斯阔谷滑雪场一鸣惊人，跨入世界顶级滑雪胜地之列。

虽然阿斯本雪堆山滑雪度假区未曾承办奥运会级别的赛事，但以世界冬季极限运动会为首的大型体育赛事已成为阿斯本体现竞技一面的名片。自

2002年起的每年雪季，200多名世界顶级冰雪运动员在世界冬季极限运动会上同台竞技角逐。主办方还会邀请多个明星登台表演，吸引成千上万名游客来现场观赛，且美国三大商业广播电视公司中的两家ABC（American Broadcasting Corporation，美国广播公司）与ESPN（Entertainment and Sports Programming Network，娱乐与体育节目电视网）对此进行全美实时直播，保证该体育盛会的关注度与覆盖率。此外，阿斯本雪堆山滑雪度假区还通过承办国际雪联高山滑雪世界杯阿斯本分站赛、国际雪联滑雪世界杯等国际大型赛事、山地摩托车等其他体育项目赛事以及商业类赛事来扩大度假区的知名度与影响力。

2. 丰富的文娱活动

阿斯本城是一个以滑雪旅游为特色，集冰雪文化、艺术会展、休闲购物、音乐演出等于一体的文体综合体，除了参与滑雪外，游客可在阿斯本城和雪堆山村的购物街、购物中心尽情消费，奢侈品、纪念品、顶级滑雪用具等琳琅满目的商品任人挑选。另外，在每年的第52周，阿斯本城诸多场地均得到了充分盘活，几乎全数场地均被租赁给社会用以开办大型展会、文化会演、文娱活动、嘉年华等，为阿斯本城带来了大量游客。

表6 阿斯本城主要文娱活动

活动名称	活动简介
阿斯本音乐节 Aspen Music Festival	世界十大音乐节之一，美国顶级古典音乐节之一。每年雪季结束后，阿斯本城将迎来拥有近70年历史、为期2个月之久的阿斯本音乐节，音乐节期间将开展管弦乐演奏、独奏、歌剧表演等400多场古典音乐活动，吸引10万余名观众。此外，阿斯本音乐节背后还有一所阿斯本音乐教育学院，为学生提供密集的一对一课程和与专业演出经历相结合的独特夏季音乐课程
阿斯本思想节 Aspen Ideal Festival	由世界顶级智库阿斯本研究院（Aspen Institute）发起于2004年，被业界誉为"美国的达沃斯论坛"，是全球经济、政治、文化、教育、医疗、健康等各行各业顶尖人物的聚会。在思想节的10天会期，这里共有400多场形式不一、规模不一的会议与讲座，年均汇聚近3000名与会者共同探讨和推广具有前瞻性的理念和创意
阿斯本艺术节 Aspen Art Festival	开办至今已有16年历史，是艺术爱好者心目中的艺术胜地。这个为期2天的户外艺术展，吸引了成千上万名游客，艺术展包括雕塑、摄影大片、陶瓷、珠宝等多重元素，还提供餐饮美食、观光旅游、参观阿斯本艺术博物馆等服务

除表 6 中主要的文娱活动以外，阿斯本城还有许多诸如美食节、啤酒节、音乐会、戏剧节、热气球节、嘉年华、时装周、电影等各种形式的活动，使阿斯本城始终弥漫着休闲度假的惬意气息。

（四）沿用客户创意遗产

俗话说"舞蹈从劳动中诞生"，许多美好事物都源于人民群众自己。阿斯本雪堆山滑雪度假区的一些精彩活动也由此缘起，儿童 Aprè ski、餐后欢舞均为游客自发组织而后阿斯本滑雪公司将其发扬光大的活动。

1. 儿童雪后聚会

一直以来，北欧地区被广泛认为是现代滑雪发源地，拥有源远流长的滑雪文化，雪后聚会（Aprè ski）等滑雪文化产物即源自欧洲。而美国由于大面积发展滑雪运动已是二战后，所以其滑雪运动的文化产物相对而言并没有欧洲来得丰富饱满。在二战后欧洲滑雪指导员前往美国开展滑雪教学事业的大背景下，美国滑雪文化或多或少地受到了欧洲滑雪文化的影响。

如上文所述，奶油山是青少年儿童与家庭滑雪旅游的首选。某天，一众孩童在奶油山滑雪结束之后，在户外自发地围聚一团，各自分享雪上趣事以及棉花糖、饼干、汉堡、热巧克力等美食饮品。阿斯本雪堆山滑雪度假区顺势沿用孩子们的创意并将其打造成有别于欧洲成人雪后聚会的儿童雪后聚会（Kids Après）活动，于每周四下午 3：30 组织孩子们开展画脸谱、自烤甜点、乘坐雪橇等活动。

2. 餐后欢舞

阿斯本高地在四座雪山当中最受阿斯本城当地人的欢迎与青睐，虽然它名声不显，但当地人和滑雪发烧友都知道阿斯本高地与其他 3 座雪山比起来，有过之而无不及，主要原因有二：一是阿斯本高地山体素质出类拔萃，地形复杂程度高，雪道极具挑战性；二是民间文化聚集于此，在时间与历史的积淀下，已形成浓厚的滑雪文化氛围。

云霄九号高山餐厅（Cloud Nine Alpine Bistro）是阿斯本高地滑雪文化最具代表性的产物，游客在此可享用干酪和拉可雷特干酪一类的瑞士风味美食，还拥有观赏褐铃山（Maroon Bells）① 美景的绝佳视角。更重要的是，阿斯本高地汇聚了大量的阿斯本当地人，每天下午2点，他们完全自发地组织餐后欢舞会，品酒会友，分享滑雪趣闻趣事，而外地游客也会深受感染并加入他们的队伍，这一游客创意活动完全不会受到店员的干涉。相反，云霄九号高山餐厅以此为"金字招牌"，因而被誉为北美地区数一数二的雪后社交及娱乐场所。

（五）生态化非雪季运营

美国大多数滑雪场都建在国家森林范围内，受美国林务局（U.S Forest Service）管制。阿斯本城的四座雪山亦不例外，均处于美国白河国家森林（White River National Forest）境内。背靠丰富多样的森林资源，阿斯本雪堆山滑雪度假区不仅能够提供优秀滑雪服务，还拥有开发世界级山地户外旅游目的地的能力。

1. 循环使用冬季设施

雪道、缆车等冬季设施都是雪场斥巨资配备的硬件设施，全球大多数室外滑雪场在夏季都会暂停这些设施的营运，以降低维护成本，但阿斯本雪堆山滑雪度假区选择将它们充分利用起来，开发为非雪季项目。首先，阿斯本雪堆山滑雪度假区充分运用"与健康结合"的理念，将部分冬季滑雪用的雪道开发为健康步道，并推崇游客以山地徒步的方式游览四座山峰。这样，既解决了雪道在夏季面临荒废的问题，又让游客在徒步旅行的同时兼有锻炼之效。其次，阿斯本雪堆山滑雪度假区选择全年开通运行银皇后缆车，游客因而可享用缆车观光服务，俯瞰阿斯本城全貌，并前往阿斯本山山顶的阳光露台餐厅品尝美食，这样既提高了缆车利用率，也促进了夏季旅游服务的发展。

2. 注重与自然环境结合

阿斯本雪堆山滑雪度假区在做非雪季运营时，并非一股脑地投入大量资

---

① 褐铃山（Maroon Bells），北美最受摄影家喜爱的景点。

金,动土兴建主题公园、水上乐园等休闲娱乐设施,而是充分运用雪山位于国家森林区的资源优势,打造与自然环境相融的休闲娱乐项目。例如:①在原有山林资源的基础上,进行一定量的微调整,搭建名为迷失森林(The Lost Forest)的高空探险场地;②把高山元素与溪流元素相结合,开发峡谷漂流与皮划艇项目;③与美国知名景点褐铃山展开友好互动,游客可通过徒步、自行车、穿梭巴士等方式游览这座受摄影师追捧的高山;④在四座山峰设有8个绝佳露营点,情侣、家庭以及亲友团体可在露营地点附近远足、钓鱼等;⑤将部分雪道在夏季充分串联,形成一个巨大的山地自行车公园,既可以用作户外观光,也可用作赛事场地。除了上述这些,阿斯本雪堆山滑雪度假区还有山地瑜伽、飞盘高尔夫、户外音乐会、自然课程、森林探索等项目,而从阿斯本雪堆山滑雪度假区非雪季提供的夏季休闲户外服务可以看出,他们几乎不会额外建设休闲户外服务所需要的场地,因为那会严重破坏国家森林系统的生态性,而是注重与固有的自然环境相结合,向社会提供"亲近大自然"的机会。事实证明,这样的非雪季开发方式也找准了广泛的社会需求,阿斯本雪堆山滑雪度假区非雪季运营的人流量与创收已将雪季运营甩在身后。

五　结语

阿斯本这座常住人口仅6000余人的滑雪小镇,近5至10年来的平均滑雪人次却高达140万,放眼全球,这般成绩已足够耀眼。尽管阿斯本雪堆山滑雪度假区的悠久历史以及独特文化难以复刻,但他们在如何与本土文化相融方面的思考与实践,以及提升滑雪者体验感和获得感的方法,对我国雪场具有一定启发意义,值得我国滑雪行业学习与借鉴。另外,由于侧重点的关系,本报告并未花较多篇幅阐述阿斯本雪堆山滑雪度假区的非雪季运营,但事实上,阿斯本雪堆山滑雪度假区的非雪季运营非常值得深入探析。之后的"冰雪蓝皮书"系列将对此展开进一步研究,为我国滑雪产业带来前沿、全面、细致的研究报告。

B.13
瑞典 SkiStar 滑雪度假集团[*]

摘　要： 欧洲历来被认为是滑雪胜地，拥有丰富的自然资源和悠久的滑雪文化。在全球滑雪人次保持平稳的趋势之下，SkiStar 旗下的几家雪场在人口少、山地资源不如阿尔卑斯的情况下，带动了滑雪人次的稳步增长。本报告将以 SkiStar 及其旗下的六家雪场为研究对象，对其商业模式、经营特色、运营亮点进行分析，试图探讨其成功之道，以期为中国滑雪产业的发展提供一些借鉴。

关键词： SkiStar　北欧瑞典挪威滑雪场度假区　国外滑雪产业

一　SkiStar 集团介绍

　　SkiStar 集团是一家成立于瑞典的滑雪度假公司，目前拥有 6 个各具特色的滑雪度假区，为瑞典的 Sälen、Vemdalen、Åre，挪威的 Trysil 和 Hemsedal，奥地利蒂罗尔的 StJohann，共计 230 条索道、388 条雪道、1320 万平方米压雪面积、20 个公园、83702 名滑雪学校学员、540 万滑雪人次。

　　SkiStar 起源于 1975 年，最初为 Sälen 的 Lindvallen 一家滑雪场，后于 1994 年在斯德哥尔摩股票交易所上市，其后的数年间逐步收购了其他 4 家滑雪度假区。SkiStar 的运营分为两大单元：度假区单元和商业单元。

---

[*] 本报告由万科冰雪事业部张欣云女士主笔编写，资料来源于 SkiStar 集团财报。

（一）SkiStar 发展历程

1975~1978 年，Mats 和 Erik Paulsson 兄弟买下位于 Sälen 的 Lindvallen 滑雪度假区；

1994 年，Lindvallen 在斯德哥尔摩股票交易所上市；

1997 年，收购 Tandådalen&Hundfjället，当年 ROE8%，毛利率 36%，总资产 6.99 亿瑞典克朗；

1999 年，收购 Åre-Vemdalen AB，当年 ROE11%，毛利率 38%，总资产 7.71 亿瑞典克朗；

2000 年，收购挪威第二大滑雪度假区 Hemsedal，当年 ROE12%，毛利率 28%，总资产 16.16 亿瑞典克朗；

2001 年，集团更名为 SkiStar AB，当年 ROE9%，毛利率 29%，总资产 16.96 亿瑞典克朗；

2005 年，收购挪威最大滑雪度假区 Trysil，当年 ROE17%，毛利率 32%，总资产 20.91 亿瑞典克朗；

2016 年，通过收购奥地利蒂罗尔的圣约翰滑雪场，发行新股并成为主要股东。

（二）愿景和目标

1. 愿景

"成为欧洲山地旅游度假的领导者，为客户创造难忘的山地体验"[①]。

值得注意的是，这是 SkiStar 在 2014/2015 财年修正后的愿景。此前的表述始终是"为客户创造难忘的冬季体验"。由此可见，2014 年起，SkiStar 将战略目标从"冬季"延展到"全年"的山地体验。

2. 经营理念

SkiStar 的经营理念是整合资源，打包产品，通过全方位的服务，提升

---

① 2016/2017 SkiStar Annual Report, P11, SkiStar's vision is to create memorable mountain experience as the leading operator of European alpine destinations.

客户的山地度假体验。

作为一家上市公司，SkiStar 的使命是同时为股东和客户创造价值。SkiStar 的品牌越来越强，定位越来越清晰明确，它整合不同领域的不同产品和服务，通过综合全面的资源，不断提升品牌价值。同时，SkiStar 持续地进行服务的提升和更新，中央预订官网 skistar.com 呈现了所有的服务，并使得预订和购买的流程高效简洁，提升了客户体验。

3. 目标及达成情况

财务目标：强大的财务基础是 SkiStar 相较于欧洲其他雪场、滑雪度假集团的优势，财务目标的制定既要平衡运营风险，又相对积极主动。2016/2017 财年年报显示，SkiStar 的财务目标是不低于 35% 的权益资产率，长期营业利润率达 22%。

运营目标：除收购增长外，SkiStar 运营增长的目标是超过通货膨胀率的 3%。

设定的目标都已达成，股东资本价值增加。2015/2016 财年，SkiStar 股价上涨 39%，斯德哥尔摩证券交易所股票指数（OMXS）同期上涨 7%。

表 1　财务目标及完成情况

单位：%

	结果 2015/2016 财年	目标 2015/2016 财年	结果 2014/2015 财年	结果 2013/2014 财年
股权/资产比率	46	>35	44	39
所用资本回报率	13	8.5	12	7
股本回报率	17	13.5	16	11
营业利润率	22	22	19	14
高于通胀的有机增长	5.7	3.6	11	2

（三）发展战略

1. 商业模式

（1）核心业务是高山滑雪，聚焦客户全程滑雪体验。战略布局包括在各个雪场的缆车索道、滑雪学校、滑雪租赁和住宿服务。

（2）开展活动，丰富度假区活动内容，为客户和 SkiStar 创造更多价值。包括 SkiStarVacationClub 的活动、skistarshop.com 及实体店中出售的高山运动用品。

（3）严格管理和控制渠道，保证服务质量，强化 SkiStar 品牌，为客户提供最佳体验。

（4）积极的地产开发，创造更多更具吸引力的床位和住宿单元，提高度假区的承载力，获得收益。

2. 运营战略

（1）通过优质服务，提高客户回购率，用口碑做营销。

（2）通过投资基础设施配套，客户在度假区中的任何需求，都可以在步行范围内获得满足。住宿和滑雪的连通、住宿区域的电梯直达、滑进滑出的设计，都有助于提升客户体验。

（3）造雪系统是运营的重点，通过现代化改造和持续增加，确保雪质最佳，不受天然降雪的影响。

（4）对客户数据进行分析，旨在为客户提供更贴心和个性化的服务。

（5）重视每个雪场的交通可达性，一方面进行外部合作，另一方面提供自己的交通出行服务。

3. 市场和销售战略

（1）整体市场策略是增加访客数量。

（2）针对不同的目标客群，SkiStar 集团和各个雪场共同制定相应的营销和宣传方案。

（3）唯一预订网站和预订热线，提高效率，优化住房的分配。

（4）增加提前销售的比例，在早期确保收益更高、风险更小、现金流更平衡。

（5）增加线上销售，减少营销费用，鼓励用户注册，进行更好的营销活动。

（6）增加线上访问量，提供附加价值。

（7）客户既是 SkiStar 集团的客户，又是目的地雪场的客户。

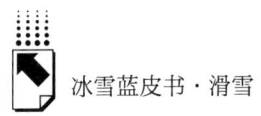
冰雪蓝皮书·滑雪

二 山地度假市场总体分析

（一）全球旅游业

旅游业是世界上最大的产业之一，据联合国世界旅游组织（UNWTO）称，旅游业约占全球商品和服务出口总额的7%。1995年以来，全球游客人数增加了135%，其中，度假、娱乐和其他类型的休闲旅游占53%，商务旅行占13%，探亲占27%。

2016年，全球游客人数增至12.35亿人次，同比增加3.7%，旅游业营业额增至12200亿美元，同比增加2.6%。

全球出境游中，欧洲访问量最大，其中法国每年吸引约8000万游客。2016年，北美洲和南美洲的游客人数增长了4%，非洲8%，亚洲9%，欧洲2%，中东地区减少了4%。

根据世界旅游组织的预测，到2020年，全球游客人数将保持3.8%的速度增长。

（二）北欧及瑞典旅游业

旅游业也是瑞典的重要产业，占GDP的3%，解决169000人就业，为瑞典经济做出了重要的贡献。根据瑞典经济和地区增长局的数据，自2000年以来，瑞典旅游消费总量已经增长了97%。

2016年，瑞典的旅游消费总量增长了6.6%，达到2960亿瑞典克朗，其中1764亿是瑞典本国人的消费，1196亿为外国游客的消费量，其中个人旅行和商务出行，较2015年增长了12.7%。

（三）全球滑雪市场

根据《2018全球滑雪市场报告》，全球约有2000个高山滑雪场，全球滑雪人次相对稳定，约4亿人每年。欧洲有最大的滑雪市场，每年约有2亿

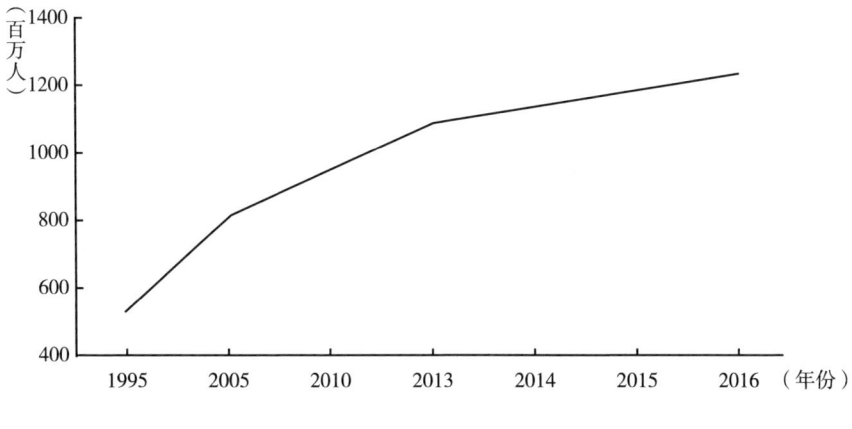

图1a 全球游客人数

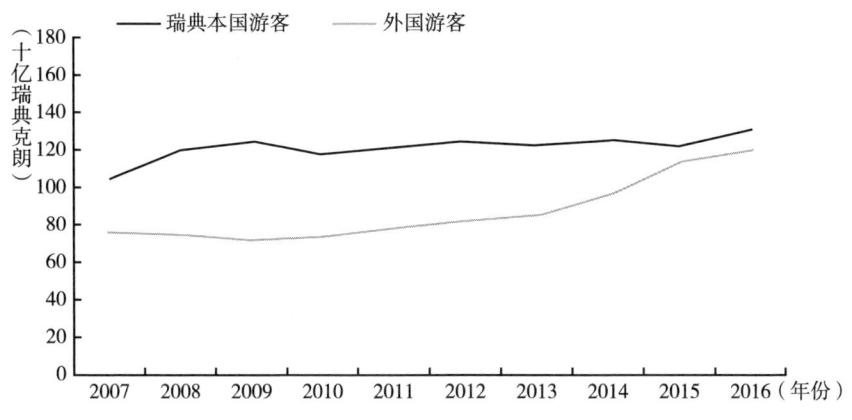

图1b 瑞典旅游消费

资料来源：UNWTO（United Nations World Travel Organisation）；Swedish Agency for Economic and Regional Growth（Tillväxtverket）。

滑雪人次；美国是第二大市场，每年约8000万滑雪人次。北欧的瑞典、挪威和芬兰每年约有1700万滑雪人次。

全球各大滑雪场的所有权是分散的，有许多小公司，但是滑雪产业需要相当高的资本投资，因此我们能看到很多收购行为。通过兼并收购，合作运营和销售，可以实现规模经济。缆车、造雪系统等都是重资产投资，因此需要足量的现金流。收购的资本集团也通常会在不同的地理位置布局，以降低天气等风险。法国的 CDA 和美国的 VailResorts 都是很好的例子。在北欧，除了 SkiStar 外，还有 Branasgruppen，Norlandia，Gronklittgruppen 和 Alpinco。

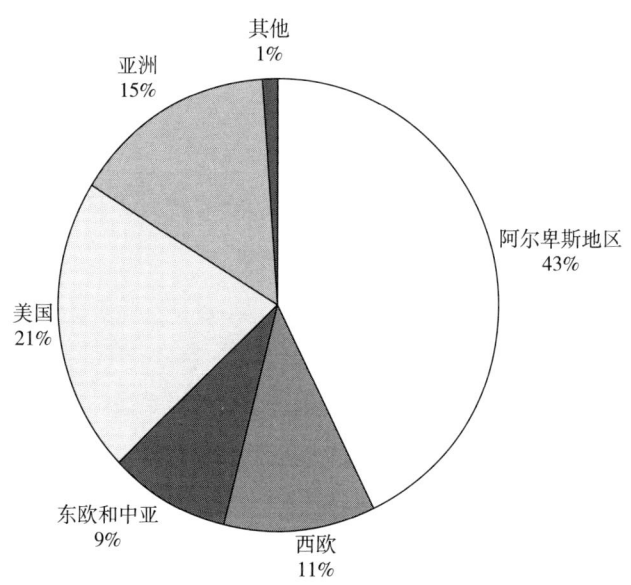

图 2　全球大雪场所有权占比

资料来源：2017 International Report on Snow & Mountain Tourism。

（四）SkiStar 面临的竞争

SkiStar 与竞争对手们争夺的是人们手中的可支配收入，也就是说，SkiStar 的竞争对手还包括其他度假产品、耐用消费品、家具装饰等。其他度假产品还包括阳光沙滩度假、游乐场、购物、全打包套餐等产品。在滑雪领域内，SkiStar 主要与斯堪的纳维亚和阿尔卑斯地区的其他滑雪度假区进行竞争。

SLAO 报告中，针对"户外运动和体验的未来"，总结了以下十点经验，这也是 SkiStar 在迭代更新服务中的重点。

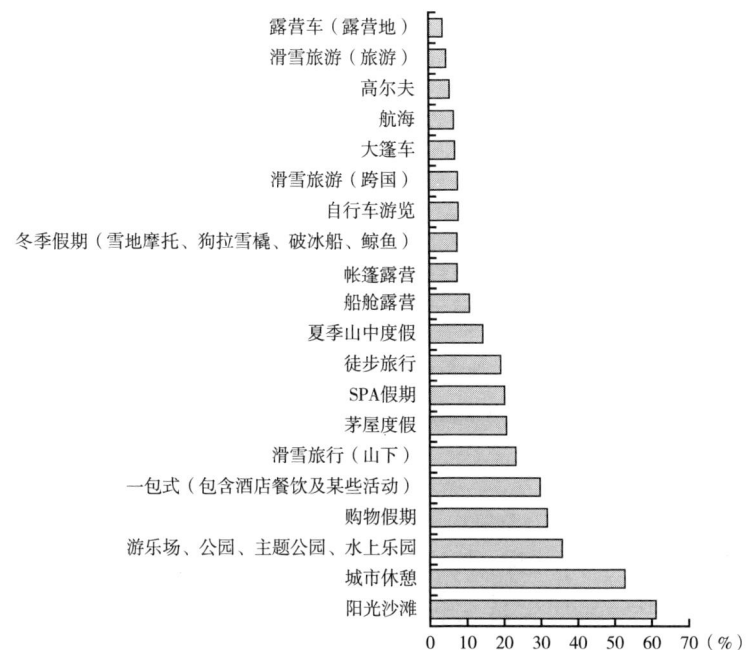

图 3　各类度假竞争潜力

资料来源：Future outdoor experiences and activities, report prepared by SLAO and SCR in collaboration with Kairos Future, 2013。

- 从放松到激活身心；
- 户外活动越来越"城市化"；
- 闲暇时间需要很好地组织起来；
- 对困难和风险的承受能力越来越高；
- 信息化和电子化是很好的推手；
- 需要打造更好的场景，需要人的参与；
- 新一代人眼中以家庭为中心；
- 户外活动有助于孩子成长；
- 工作生活之外，需要户外体验；
- 户外体验能激发新的思考。

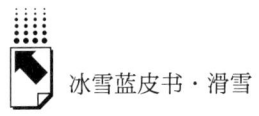

三 SkiStar 集团经营分析

（一）SkiStar 经营特色

1. skistar.com 中央预订网站

SkiStar 的核心业务是高山滑雪，聚焦客户的滑雪体验。skistar.com 是一站式商店，客户可以在网上完成全部预订工作，包括行程安排、酒店预订、滑雪学校、雪具租赁、雪票、保险、装备购买，等等。预订是 skistar.com 最重要的销售渠道，关键在于简单和高效。2016/2017 雪季，网站访问量达到 1430 万人次，一周内访问量达 715000 人次。

MySkiStar 的 app 是一项增值服务，用户在网站中购买雪票后即可添加到自己的 MySkiStar 中，查看自己的滑雪状态，还有不定期的优惠活动。

SkiStar 还积极地增大度假区中的床位数量。在 2016/2017 雪季中，SkiStar 拥有床位 38000 张，都可以在 skistar.com 中预订，约 72% 的床位通过线上预订出去。

2. 滑雪学校

SkiStar 愿意为所有年龄段的客户提供滑雪教学服务，培养人们对滑雪的兴趣。统一的滑雪学校，标准的教程和服务，无论是对初学者还是对进阶者，都能满足他们的要求。2016~2017 年雪季，滑雪学校推出了针对 3~9 岁的儿童滑雪课程。

3. 雪具租赁

对于一年只滑几次雪的人来说，雪具租赁是比较好的选择。SkiStar 在每个滑雪度假区都为消费者提供雪具租赁服务，消费者可以在 skistar.com 上登记信息并提前预订。

（二）销售与市场

1. 使命与目标

总体目标是最大化床位出租率，以及 SkiStar 自营业务的销售量，包括雪票、雪具租赁、滑雪学校、装备售卖、住宿收入等。通过 skistar.com 预订的订单，优先级高于其他所有销售渠道。此外，销售部门还需要积极与外部合作，确保度假区的交通便利性。

2. 品牌策略

SkiStar 品牌包括 skistar.com, MySkiStar, Valle, SkiStarshop.com, SkiStarShop 概念店, SkiStar Business, SkiStar 单板公园和 MountainBerries。

这些品牌之间是相互联动的。造访 SkiStar 度假区的消费者在 skistar.com 官网预订行程、雪票和住宿，在 MySkiStar 上注册获取积分，并可以获取自己的滑雪统计数据，参加线上比赛和挑战。会员在 SkiStarShop 概念店和线上网店的购物可以享受积分和优惠。Valle 是 SkiStar 的儿童滑雪形象，经过了四年的发展，已经深入人心，并且是 SkiStar 的战略性重要形象，旨在鼓励儿童和青少年健康愉快安全滑雪。

3. 市场分析

SkiStar 的主要客户来自北欧，瑞典、挪威和丹麦被定义为国内市场。在 2016～2017 年雪季中，瑞典市场占比从 74% 增加至 76%，挪威和丹麦下降了 1%。

4. 目标人群

SkiStar 最重要的目标人群是有孩子的家庭。Valle 形象是针对这一群体而建立的。

5. 市场推广及销售策略

（1）私人定制的独家旅程

SkiStar 的策略是客户可以定制属于自己的寒假。交通、住宿、餐饮、滑雪学校、雪具租赁、度假的天数等，都可以自己定制。

（2）在线预订，忠诚客户培养

skistar.com 是最重要的预订网站，网站的开发也是 SkiStar 一项很重要的投资，其目标是所有产品和服务都可以在 skistar.com 上销售。积分、滑雪数据统计是两项培养会员的途径，截止到 2017 年 10 月，MySkiStar 拥有超过 675000 名注册用户，比上一年增加了 175000 名。

表 2　各类销售占比

单位：%

	提前销售			目标
	电话	网络	代理商	前台收银销售
滑雪通行证	6	31	2	61
住宿	16	72	11	1
交通	27	66	7	0
雪具租费	3	39	2	55
滑雪学校	15	54	3	28
保险	15	67	1	17
商店	—	19	0	81
合计	10	45	5	40
合计	60	—	—	40

（3）错峰定价

高出租率是雪季高盈利的基础，因此销售部门会根据客户的需求进行差异化定价，例如在淡季期间针对不同目标群体推出主题周和优惠活动。

（4）为顾客提供价格合理的交通方式

为了保证入住率，SkiStar 需要有足够多的客户造访，因此，SkiStar 致力于与外部运输服务合作方合作，提供合理的交通解决方案。例如，SkiStar 与丹麦、德国轮渡公司合作；与英国、俄罗斯和荷兰的航空公司合作；与世界各国的旅行社积极合作。2016～2017 年雪季，SkiStar 开通了一条新的航线，将英国的消费者带到 Åre 和 Vemdalen 雪场。

（5）重视老顾客

复购的客户是 SkiStar 盈利能力的重要部分，因为回头客的拉新成本更低。对于已经到访过 SkiStar 度假区的消费者，销售部门会进行全程跟踪和积极的营销活动。

6. 销售渠道

销售渠道有四类：线上、热线、目的地现场和代理商。前三者的销售额占 95%。2016～2017 年雪季，线上预订比重为 45%。住宿销售额的 72% 是通过线上预订获得的。

总销售额中有 5% 是由零售代理贡献的，包括旅行社，他们对于瑞典和挪威以外的市场至关重要。对于 SkiStar 而言，优先发展的市场是丹麦、芬兰、英国、荷兰、俄罗斯和德国。

表3 出租床位各国客户比例

单位：%

	Åre	Vemdalen	Sälen	Hemsedal	Trysil	SkiStar total
瑞典	74	97	89	36	49	76
丹麦	4	1	8	29	31	12
挪威	11	0	1	23	8	6
德国	0	0	0	5	5	1
英国	2	0	0	2	3	1
芬兰	4	0	0	1	0	1
俄罗斯	2	0	0	0	1	1
荷兰	0	0	0	2	1	1
波罗的海各国	2	0	0	0	1	1
其他	1	2	2	2	1	0

7. 新项目的获取

2016 年春季，SkiStar 完成了奥地利蒂罗尔滑雪场圣约翰 St. Johann 的收购，2017~2018 年雪季中，客户即可在 skistar.com 上预订圣约翰雪场的住宿、雪票、装备租赁和滑雪学校。

（三）运营分析

SkiStar 旗下共有 6 家雪场，共计 230 条索道、388 条雪道、1320 万平方米压雪面积、20 个公园、83702 名滑雪学校学员、540 万滑雪人次。

1. 核心产品

（1）雪票

滑雪是集团的核心业务，集团的主要利润来源于票务收入。2016/2017 财年，雪票销售总额达到 11.66 亿瑞典克朗，平均价格变动为 3.6%，雪票销售中瑞典占市场份额的 50%，挪威占 31%，斯堪的纳维亚半岛占 42%。滑雪人次 540 万，较上一年增长 5%，其中圣约翰雪场贡献了 25.5 万滑雪人次。

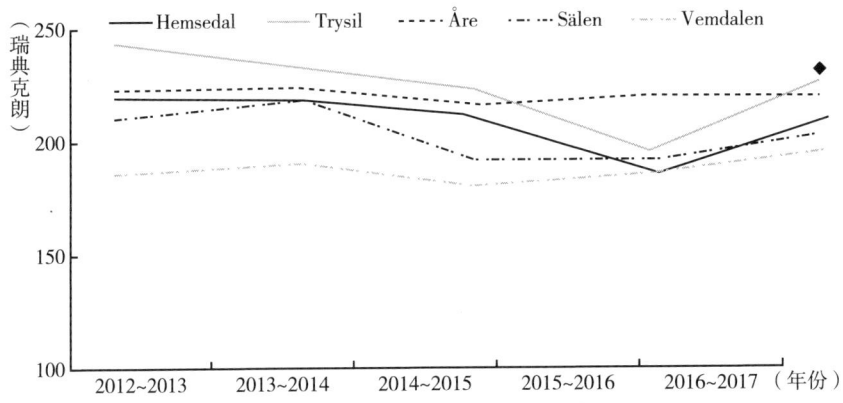

图 4 滑雪者每日消费水平

（2）住宿

为了保证雪季运营中的收入，SkiStar 需要尽可能控制雪场的出租床位。2016～2017 年雪季（圣诞节到 4 月 30 日），小木屋和公寓的入住率达到 80%，总收入为 2.58 亿瑞典克朗。

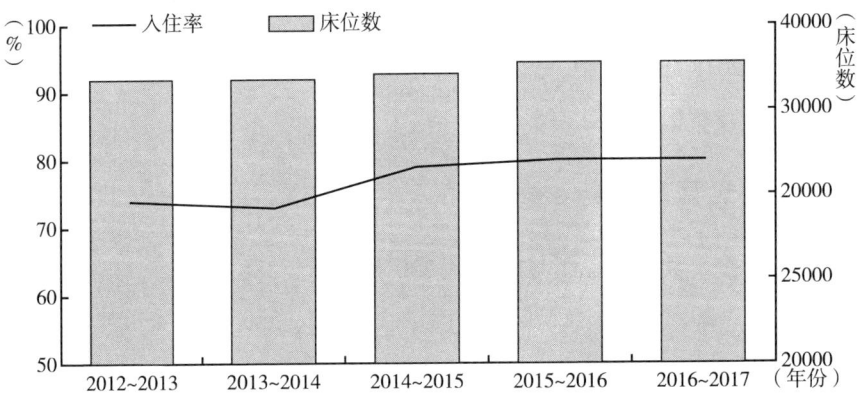

图 5 五个雪季床位数和入住率

（3）租赁

SkiStar 在每个度假区都有数家临近雪道的雪具店，店内的雪具都是擦亮、打蜡并且调制好的，都可以通过互联网在线提前预订。

2016~2017年雪季，SkiStar共有26个租赁网点，9个在Sälen，9个在Åre，3个在Vemdalen，2个在Hemsedal，3个在Trysil。来自雪具租赁的净销售额达1.67亿瑞典克朗。

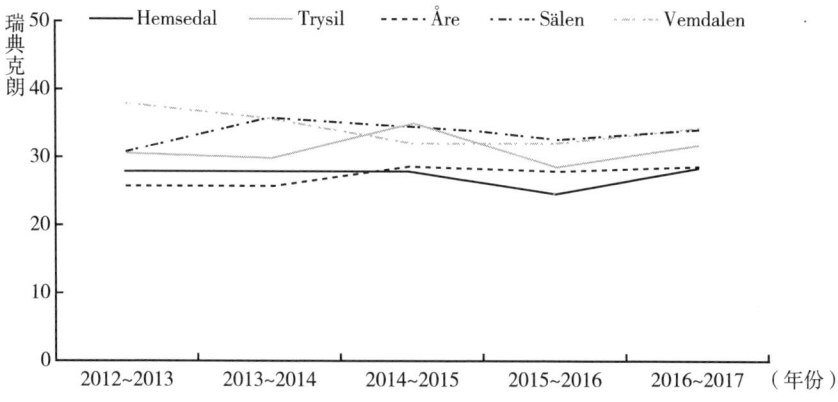

图6 雪具出租收入

（4）滑雪学校

SkiStar认为，滑雪学校对于整个度假事业具有重要的战略意义，因为它可以帮助雪场、教练与顾客之间建立长久的联系。早期学习滑雪的儿童和青少年，通常会对这项运动产生持久的兴趣，而这些兴趣又会传递给他们的孩子。

SkiStar在几乎所有的度假区都设立了自己的滑雪学校，除了两个例外：一是在Trysil，SkiStar占滑雪学校股份的35%；二是在圣约翰滑雪场，滑雪学校由四家不同的外部公司运营。

2016~2017年雪季，滑雪学校的净销售额为55万瑞典克朗，SkiStar滑雪学校的学员人数为83702人。

2. 其他产品

（1）装备

SkiStar在线上线下都零售运动装备，在Åre、Hemsedadl、Sälen和Vemdalen都有零售商店。2014年上线的SkiStarshop.com是一个在线商店。

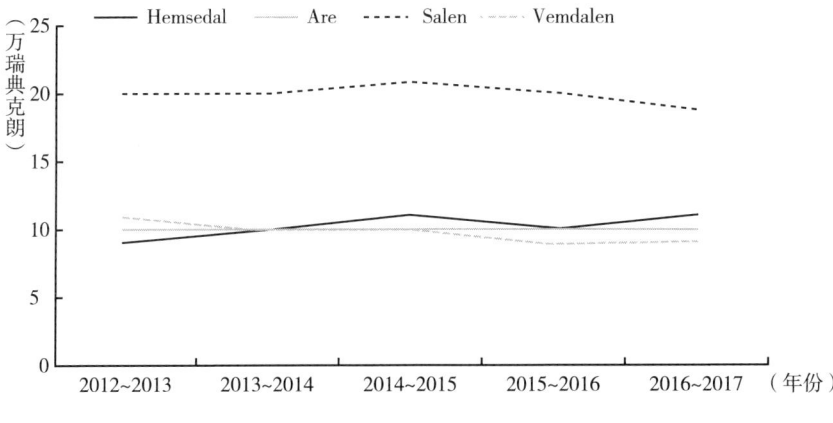

图7 滑雪学校收入

说明：As of 2014/15, 6–8 days' skiing with a SkiPass corresponds to 8 skier days. The dip in sales per skier day for Trysil and Hemsedal in 2015/16 is due to a weaker Norwegian krone.

2016/2017 财年，滑雪者装备销售额为1.44亿瑞典克朗，大多数的增长源于线上零售。

（2）物业服务

物业包括建筑管理、木工、电工、保安以及其他个人服务。物业收入包括度假区商铺的租金收入，客房服务和保洁费用。2016/2017 财年，物业服务收入为9800万瑞典克朗。

（3）其他

其他收入包括体育赛事收入、广告位租售、售货亭、电子索道票等，这部分收入达到1.77亿瑞典克朗。

四 SkiStar旗下的六家雪场

（一）Sälen：北欧最大的高山滑雪度假区

1.雪场概况

Sälen山脉位于Dalarna西北部，距离斯德哥尔摩约420公里，距离哥德

表 4　Sälen 概况

概况	Sälen	概况	Sälen
床位数(个)	13900	最长雪道(公里)	1.8
入住率(%)	84	压雪雪道长度(公里)	82
滑雪学校学员(人)	44300	最大高差(米)	303
雪具租赁数(套)	13000	最高海拔(米)	860
滑雪人次(人)	1596000	压雪面积(平方米)	2882000
索道数量(条)	87	造雪面积(平方米)	2215000
索道运力(人次/小时)	87600	夜场灯光雪道(条)	31
雪道数量(条)	102	公园数量(个)	3
儿童区域(个)	9		

堡约 460 公里。SkiStar Sälen 包括四个度假村：Lindvallen、Högfjället、Tandådalen 和 Hundfjället。在这里可以体验到北欧垂直落差最大的雪道、公园、野雪等丰富的滑雪体验。SkiStar 儿童滑雪的概念，也在这里得到很好的体现，Valle 的戏剧表演、儿童晚餐、儿童木偶等非常吸引小朋友的目光。作为雪场配套，Experium Lindvallen 是重要的综合体，这是一个 11500 平方米的体验中心，建有冒险游泳池、水疗中心、餐厅、保龄球馆、电影院、商店和健身房。Sälen 的滑雪场还提供各种餐厅、酒吧、咖啡馆、狗拉雪橇、雪地摩托车、越野滑雪道等服务。

2. 雪场运营

SkiStar 在 Sälen 的运营包括雪道、雪具租赁、SkiStarshop 商店、滑雪学校、SkiStar Lodge 和 Experium Lindvallen。SkiStar 在这里拥有自己的土地。

Sälen 的可出租床位约为 14000 张，其中 SkiStar 拥有约 2800 张。此外，SkiStar 还将 Sälens Högfjällshotell、两家雪具店以及雪道两侧的餐厅承包给外部合作方。

3. 市场情况

2016~2017 年雪季，Sälen 的滑雪人次为 1596000。从近五年数据看，滑雪人次呈现积极的增长趋势，SkiStar 自有床位的入住率为 85%。

Sälen 大多数消费者来自瑞典，占 89%；丹麦人占 8%。大多数消费者开车前来，也有从斯德哥尔摩、哥德堡、马尔默和哥本哈根乘坐巴士前来的。Hundfjallet 雪场离机场较近，带来了许多国际消费者。

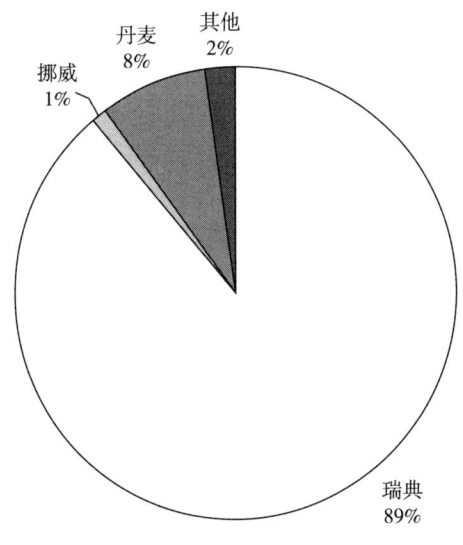

图 8　各国游客占比

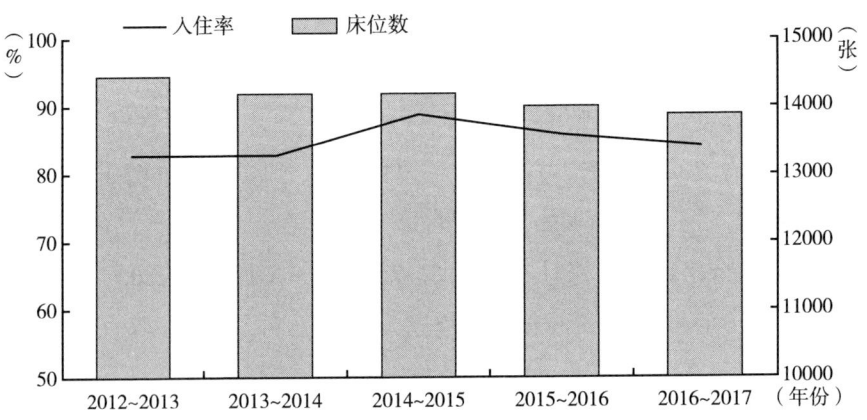

图 9　五个雪季床位数和入住率

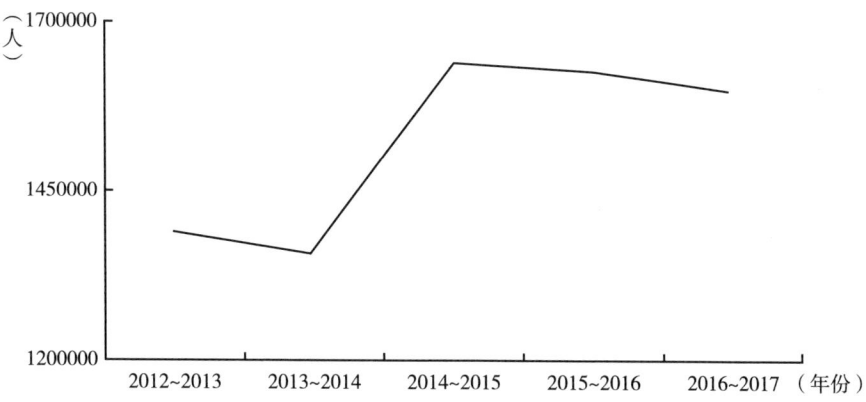

图 10　五个雪季滑雪人数

说明：As of 2014/15, 6-8 days' skiing with a SkiPass corresponds to 8 skier days。

（二）Åre：国际化滑雪度假区

表 5　Åre 概况

概况	Åre	概况	Åre
床位数（个）	6100	最长雪道（公里）	7
入住率（%）	77	压雪雪道长度（公里）	191
滑雪学校学员（人）	15528	最大高差（米）	890
雪具租赁数（套）	7540	最高海拔（米）	1274
滑雪人次（人）	1170000	压雪面积（平方米）	3282394
索道数量（条）	41	造雪面积（平方米）	2008405
索道运力（人次/小时）	54555	夜场灯光雪道（条）	8
雪道数量（条）	89	公园数量（个）	3
儿童区域（个）	4		

1. 度假区概况

Åre 位于斯德哥尔摩西北 650 公里处，由三个度假区组成：ÅreBjörnen，ÅreBy 和 Duved。每个度假区都有各自的特色和目标群体。ÅreBjörnen 度假区位于东部，颇受孩子的喜爱。ÅreBy 最负盛名，位于一个滑雪小镇中，拥有良好的冬季运动氛围和滑雪旅游传统，周边的餐厅和娱乐而活动也很丰富。Duved 位于 ÅreBy 以西，同样拥有悠久传统，节奏相对平和安静，适合所有类型的滑雪者。

2. 雪场运营

SkiStar 在 Åre 的业务包括雪道、雪具租赁店、雪具装备店和滑雪学校。SkiStar 拥有 32% 的土地，剩余的 68% 通过 30～50 年租约持有。租期结束时，SkiStar 有权按照现行的条款续签协议。

SkiStar 在 Åre 管理 6100 张床位，其中 600 张床位自有。此外，公司还将四家餐厅转租给了外部合作方进行经营。

3. 市场情况

2016/2017 雪季，Åre 滑雪人次达到 117 万，增长了 5.2%；床位出租率 77%。Åre 的消费者以瑞典人居多，占 74%，大多数来自斯德哥尔摩周围的 Mälardalen 地区。最大的国外市场是挪威，其次是丹麦、芬兰和俄罗斯。Åre 也在积极开拓国外市场，在 2018 年 3 月举办了高山滑雪世界杯决赛。

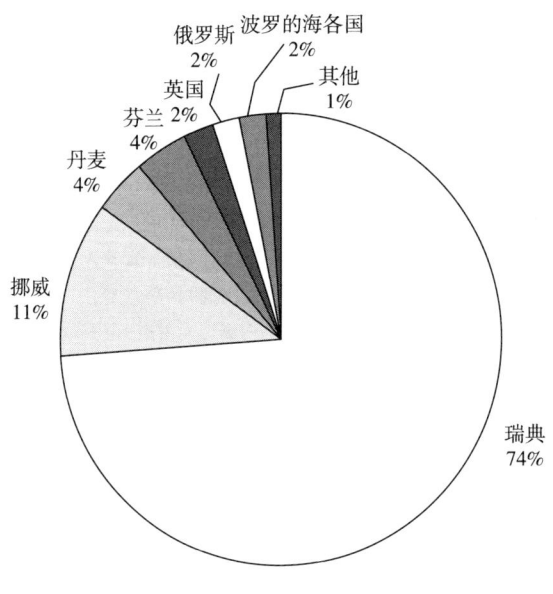

图 11　各国游客占比

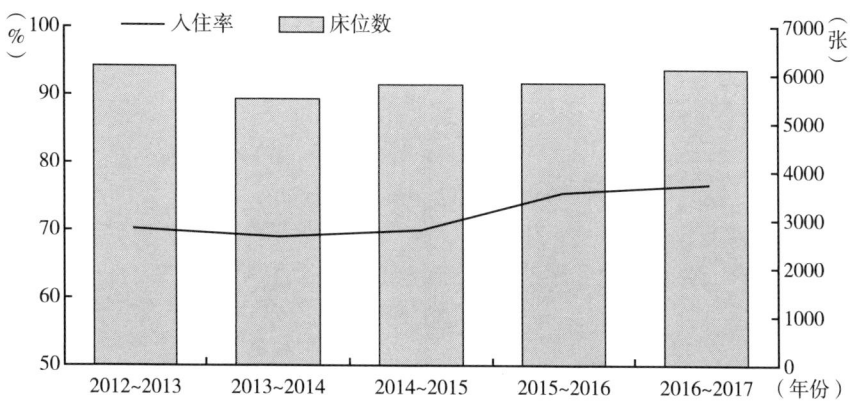

图 12　五个雪季床位数和入住率

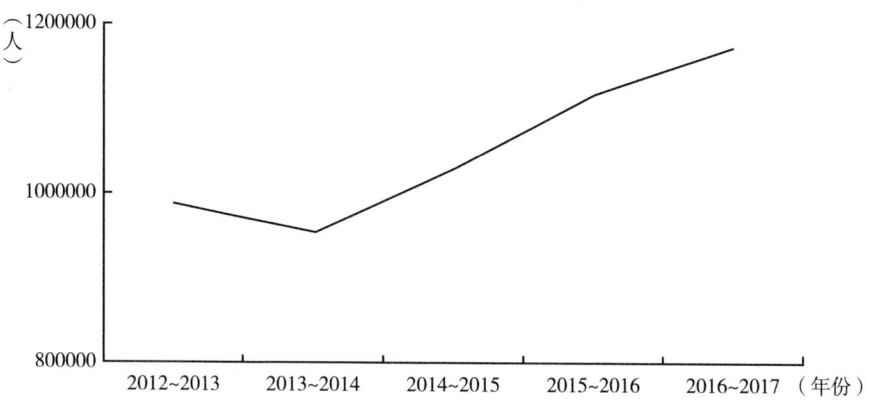

图 13　五个雪季滑雪人数

说明：As of 2014/15, 6 – 8 days' skiing with a SkiPass corresponds to 8 skier days。

（三）Vemdalen：山之宝石

1. 度假区概况

Vemdalen 位于斯德哥尔摩西北约 480 公里处，Härjedalen 和 Jämtland 省的边界，由三个度假村组成：Björnrike，Vemdalsskalet 和 Storhogna。

表6 Vemdalen概况

概况	Vemdalen	概况	Vemdalen
床位数(个)	6600	最长雪道(公里)	2.2
入住率(%)	71	压雪雪道长度(公里)	52.3
滑雪学校学员(人)	14927	最大高差(米)	470
雪具租赁数(套)	7178	最高海拔(米)	946
滑雪人次(人)	721000	压雪面积(平方米)	2013900
索道数量(条)	35	造雪面积(平方米)	1502853
索道运力(人次/小时)	38512	夜场灯光雪道(条)	18
雪道数量(条)	58	公园数量(个)	3
儿童区域(个)	4		

Vemdalsskalet是最大的度假胜地，除了滑雪外，还提供各种娱乐和活动。Björnrike是有孩子家庭的选择。优质的雪道以及附近的住宿、配套服务，让Björnrike颇具吸引力。Storhogna，也被称为"滑雪者滑雪胜地和瑞典最美丽的村庄"，对儿童和初学者特别友好，当然也有面对中高级滑雪者的雪道设置。Storhogna还有瑞典的第一个山区水疗中心。

2. 雪场运营

SkiStar在Vemdalen的业务包括滑雪场、滑雪学校、两个滑雪租赁店和两个体育用品商店。可租用的床位数为6600张，SkiStar自有600张。SkiStar拥有58%的土地，剩余土地长期租赁，有权在到期时续租。

3. 市场情况

2016~2017年雪季，滑雪人次为72.1万，增长了2%，床位入住率71%。大多数消费者来自瑞典，主要客群是有孩子的家庭。大多数消费者自驾前往，雪季时也有斯德哥尔摩和马尔默到度假区的火车接驳。

（四）Hemsedal：斯堪的纳维亚的阿尔卑斯

1. 度假区概况

Hemsedal位于奥斯陆西北230公里处，卑尔根以东280公里处。该地被称为斯堪的纳维亚半岛的阿尔卑斯山，是一片完整的滑雪胜地，为各年龄段

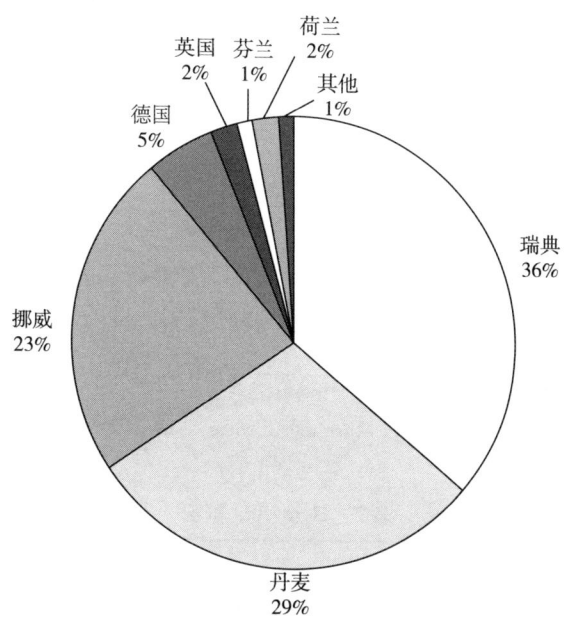

图 14　各国游客占比

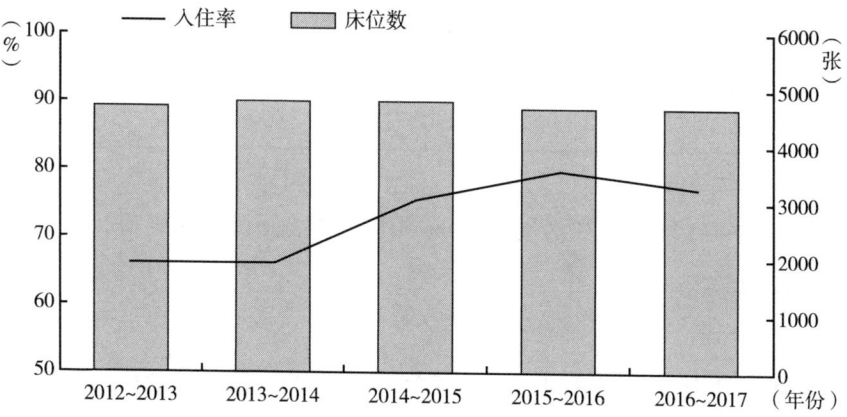

图 15　五个雪季床位数和入住率

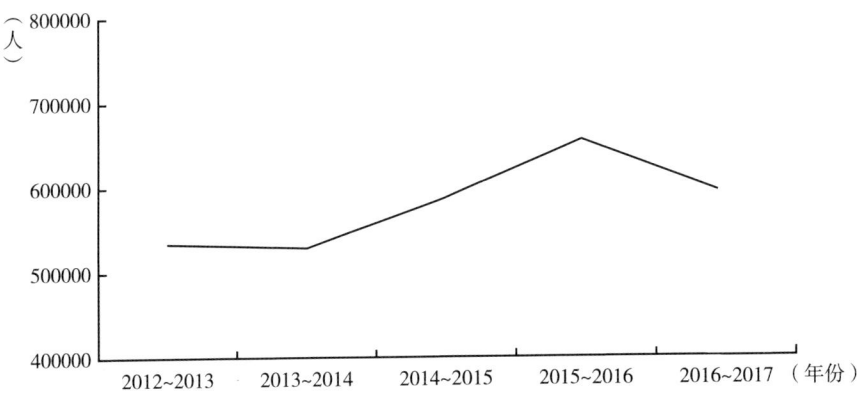

图16 五个雪季滑雪人数

说明：As of 2014/15，6－8 days' skiing with a SkiPass corresponds to 8 skier days。

表7 Hemsedal 概况

概况	Hemsedal	概况	Hemsedal
床位数(个)	4700	最长雪道(公里)	6
入住率(%)	77	压雪道长度(公里)	46
滑雪学校学员(人)	8947	最大高差(米)	830
雪具租赁数(套)	3523	最高海拔(米)	1450
滑雪人次(人)	596000	压雪面积(平方米)	1600000
索道数量(条)	18	造雪面积(平方米)	688555
索道运力(人次/小时)	26000	夜场灯光雪道(条)	12
雪道数量(条)	49	公园数量(个)	4
儿童区域(个)	1		

的滑雪者提供各种服务和活动。Hemsedal 有挪威最长的初级道，也有最具挑战的陡坡。

2.雪场运营

SkiStar 在 Hemsedal 的业务包括滑雪场、滑雪学校、三个滑雪租赁店和三个体育用品商店。该地区约有4700张床位可出租，SkiStar 拥有约500张床位。SkiStar 以长期租赁的方式在这片土地上运营，有权在到期时续签。度假区中六家餐厅转租给外部合作方。

3. 市场情况

由于自然降雪不足，2016～2017年雪季的滑雪人次为596000，较上一雪季下降了9%。床位出租率为77%。Hemsedal有很多外国消费者，大多来自丹麦和瑞典，也有来自德国、荷兰和英国等的消费者。挪威消费者主要来自奥斯陆和卑尔根周边地区，大多数人自驾前往。外国消费者乘坐渡轮、汽车、包机或巴士旅行。

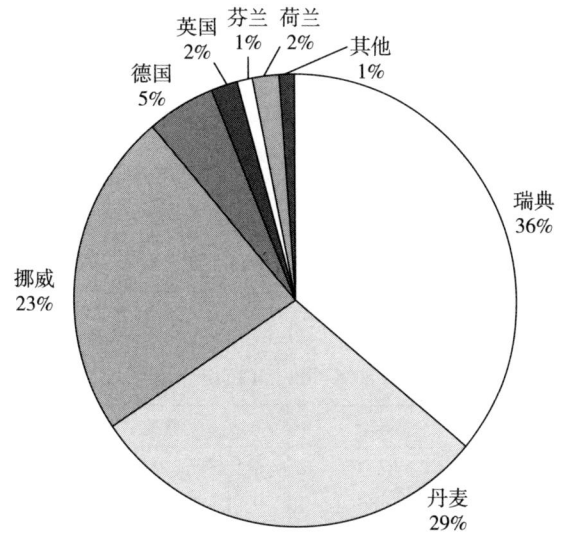

图17　各国游客占比

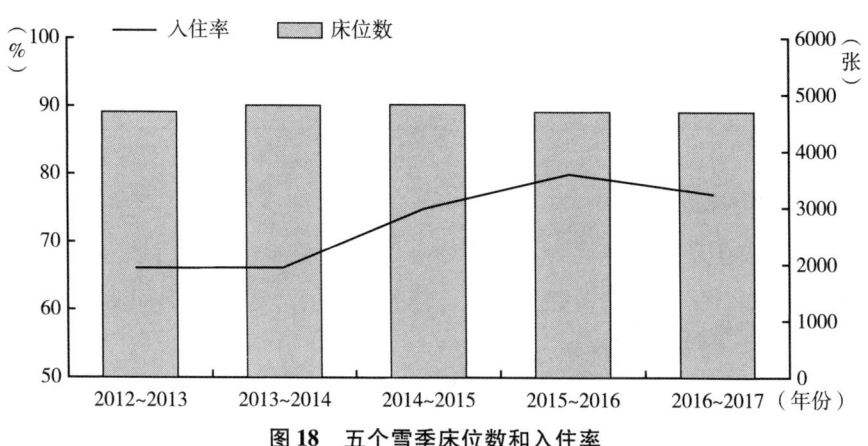

图18　五个雪季床位数和入住率

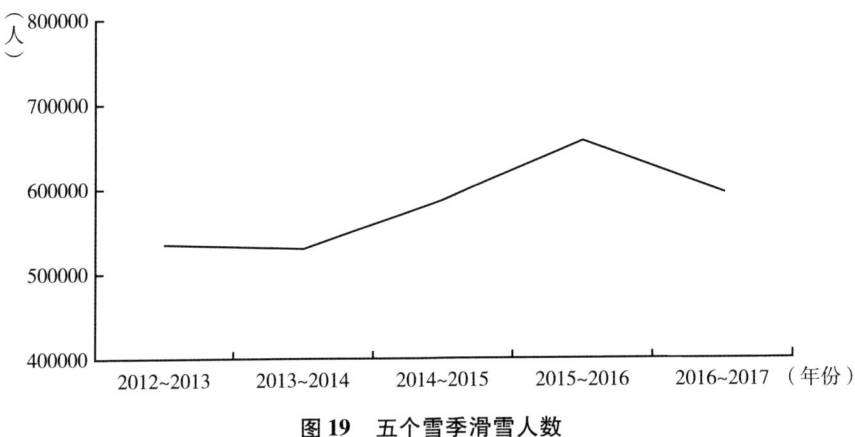

图19 五个雪季滑雪人数

说明：As of 2014/15，6－8 days' skiing with a SkiPass corresponds to 8 skier days。

（五）Trysil：挪威最大的滑雪度假区

表8 Trysil 概况

概况	Trysil	概况	Trysil
床位数(个)	6700	最长雪道(公里)	5
入住率(%)	86	压雪道长度(公里)	78
雪具租赁数(套)	7262	最大高差(米)	685
滑雪人次(人)	1064000	最高海拔(米)	1100
索道数量(条)	32	压雪面积(平方米)	2500000
索道运力(人次/小时)	35915	造雪面积(平方米)	1106000
雪道数量(条)	68	夜场灯光雪道(条)	6
儿童区域(个)	3	公园数量(个)	6

1. 度假区概况

Trysil 位于奥斯陆东北210公里处。山的三面都开发了雪道，雪道总长度为77公里，既对家庭友好，又适合经验丰富的滑雪者。Trysil 是挪威最大的滑雪胜地，地理位置优越，交通便利。

2. 雪场运营

SkiStar 在 Trysil 的业务包括滑雪场、三个滑雪租赁店，以及滑雪学校

35%的股权；可供出租床位数为6700张。SkiStar的运营是在租赁土地上进行的，租赁协议的期限为50年，SkiStar可能会在到期时续订。SkiStar还将Trysil的13家餐厅转租给外部运营商。

3. 市场情况

2016～2017年雪季，滑雪人次为106.4万，增长了3%；床位的入住率为86%。Trysil的消费者中，49%来自瑞典，31%来自丹麦，8%来自挪威。丹麦和瑞典的消费者大多自驾前往；挪威的消费者大多来自奥斯陆地区，也是驾车前来。Trysil将德国北部、俄罗斯和英国视为未来重要的国际市场，而主要目标群体是有孩子的家庭度假群体。

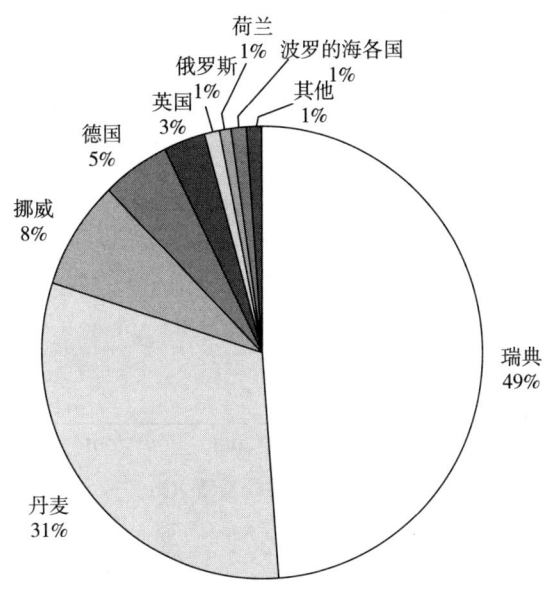

图20　各国游客占比

（六）St. Johann：蒂罗尔中心的家庭度假区

1. 度假区概况

St. Johann，位于奥地利蒂罗尔的中心地带，距离萨尔茨堡约60公里，距离因斯布鲁克100公里，距离慕尼黑160公里。共有17条缆车，直通海

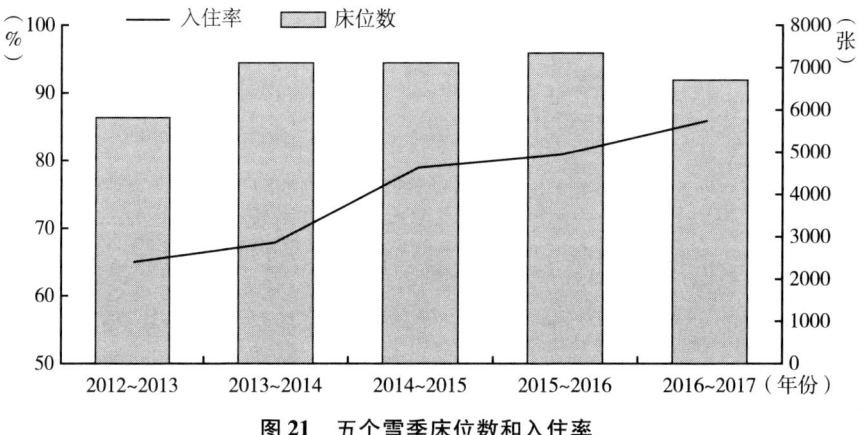

图 21　五个雪季床位数和入住率

说明：Form säsongen 2013/14 inkluderar antalet förmedlade bäddar även hotell。

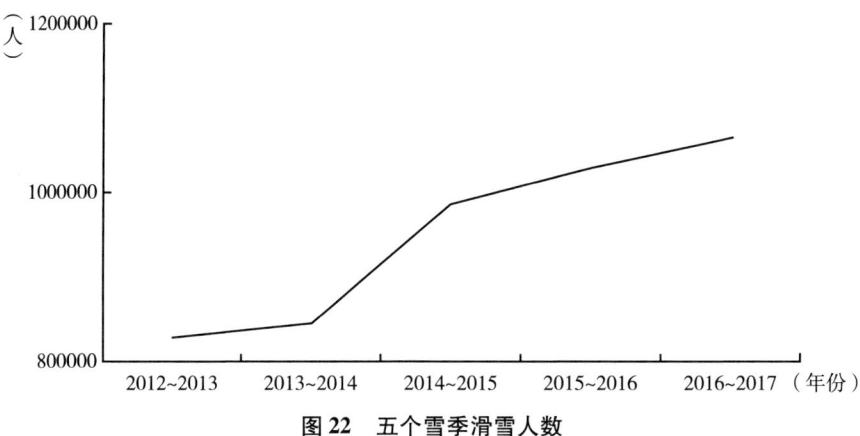

图 22　五个雪季滑雪人数

说明：As of 2014/15, 6 - 8 days' skiing with a SkiPass corresponds to 8 skier days。

表 9　St. Johann 概况

概况	St. Johann	概况	St. Johann
滑雪人次(人)	255000	最大高差(米)	940
索道数量(条)	17	最高海拔(米)	1604
索道运力(人次/小时)	15000	压雪面积(平方米)	1333000
雪道数量(条)	22	造雪面积(平方米)	940000
儿童区域(个)	4	夜场灯光雪道(条)	1
最长雪道(公里)	6	公园数量(个)	1
压雪雪道长度(公里)	43		

拔1604米的山头。从山顶向下，沿着KitzbühelerHorn的北侧，有大约43公里的红道和蓝道，一路下到村庄。St. Johann滑雪场还有大片区域，专门为儿童和初学者设计，提供了独特温馨的家庭度假氛围。

2. 雪场运营

St. Johann主要通过雪票获得收入，缆车和雪道所在的土地是租赁来的。当地的住宿主要由小型当地家庭旅馆提供，雪具租赁和滑雪学校也是与当地的合作方共同经营的。

3. 市场情况

2016~2017年雪季，滑雪人次为25.5万，比去年增加了4%；可供出租的床位有7230张，雪季入住率为60%。消费者主要来自德国、荷兰、奥地利和英国。方圆150公里范围内有三个国际机场和火车站。

4. 投资情况

SkiStar收购St. Johann滑雪场后，投资了350万欧元，用于扩建Schlosserbergsee的造雪设备、安装冷却塔、更新造雪机、增加缆车和吊椅，以及升级其他的机械和设备。

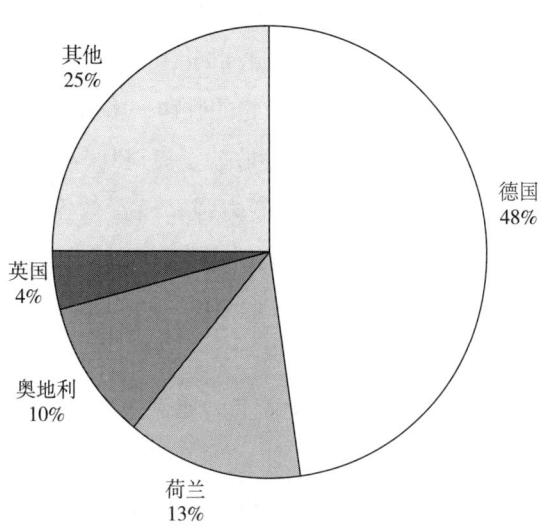

图23　各国游客占比

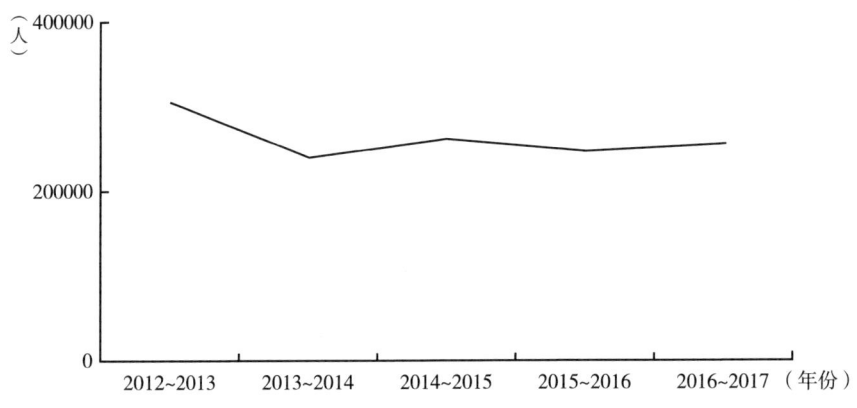

图 24　五个雪季滑雪人数

五　小结

综上，SkiStar 一共运营 6 家雪场，绝对以高山滑雪（alpineskiing）为核心，重视线上销售和提前预订。

SkiStar 历史可以说是一部雪场的收购史，没有一家雪场是自投、自建的。从 1975 年 Paulsson 两兄弟收购 Lindvallen 雪场开始，经过 20 年在斯德哥尔摩股票市场上市，随即展开了新一轮的收购，将瑞典最大、挪威最大的雪场相继收入旗下；2016 年，又大胆地收购了奥地利蒂罗尔的雪场。

从财务角度看，SkiStar 集团获利能力强，经营效率高，财务风险小，堪称滑雪度假行业的运营标杆。根据最新完整财年信息，其净利率为 17%（同期 Vail 为 23%），行业领先的 ROE 为 20%（Vail 为 11%），高资产周转 50.8%（同期 Vail 为 20%）。

从销售渠道来看，SkiStar 预售和线上的比例极高。总收入的 60% 通过预售实现，45% 通过线上预售完成，住宿预订线上占比高达 72%。除雪票（39%）、租赁（45%）、保险（81%）外，其他所有消费预售比例都高过现场。

总的来说，SkiStar 在北欧甚至欧洲滑雪市场中显得越发强势，因为它是全欧洲最大、也是唯一一家大型山地度假运营商。利用品牌优势，不断整合资源，运营索道、住宿，依托中央预订系统，因此它比欧洲其他的运营商具有更强的控制力，也更有能力为客户提供更好的服务。

在过去三年中，瑞典和挪威的滑雪人次呈现上涨态势，一方面，以SkiStar为代表的资本集团对北欧滑雪度假区进行了大规模的投资，大幅度提升家庭度假客户的体验；另一方面，近三年来阿尔卑斯山区雪季开始较迟，一些英国游客开始倾向于去北欧滑雪，因为高纬度的北欧没有高温、雪少等问题。此外，由SkiStar投资建设、2019年即将启用的新机场，也将为北欧滑雪市场带来新一轮的增长。

信息来源与鸣谢

《中国滑雪产业发展报告》是卡宾冰雪产业研究院每年一辑的系列研究报告，本书为第三辑。三年来，随着中国滑雪产业飞速发展，卡宾冰雪产业研究院不断强化品牌塑造、加强专家顾问团队建设，受到社会业内人士与消费者的广泛关注。在多位业内专家的助力下，《中国滑雪产业发展报告》的成长步伐越加坚实有力。

2018年，中国滑雪产业的关键词是"跨界""变革""创新"。用"跨界"的思维带动以滑雪为核心的多业态融合发展，用"变革"的力量突出滑雪装备器材制造困境的重围，用"创新"的思想引领滑雪产业前进的方向。这一年，我们初心不改，与业界同仁一道，共同见证冬奥进入北京周期以来中国滑雪产业的发展变化；这一年，我们审时度势，既找准了产业发展的机遇，也洞悉了产业面临的挑战。新的一年，我们将一如既往，倾尽所能，为中国冰雪产业做出更多的贡献。

特对以下为本报告提供经济支持的单位致以真诚的感谢：

桥山集团	北大壶滑雪度假区
融创哈尔滨万达娱雪乐园	十七华集团

另外，感谢以下单位对本报告提供数据与信息支持：

万科集团冰雪事业部	北大壶滑雪度假区
北京体育大学	融创哈尔滨万达娱雪乐园
北京万达主题娱乐文化有限公司	17滑四季滑雪场——北京奥森
北京雪族科技有限公司	美国阿斯本雪堆山滑雪度假区
北京雪上飞商贸有限公司	泰瑞智杰

Goski 去滑雪　　　　　　　　北京安泰雪业企业管理有限公司
《滑雪场大全》　　　　　　　中雪众源（北京）投资咨询有限
　　　　　　　　　　　　　　责任公司
滑呗　　　　　　　　　　　　魔法滑雪学院
狼牙山滑雪场

Abstract

Since the successful bid for the Beijing-Zhangdong Olympic Games in 2015, Beijing Carving Ice and Snow Industry Research Institute published the *annual report on development of ski industry in China*, and the third edition of the 2018 report officially published with a professional perspective, unique analysis and detailed data. In order to output a certain reference value, and continue to contribute to the development of China's ski industry.

Annual report on the development of ski industry in China (2018) based on the basic structure of the 2016 and 2017 reports, adds celebrity characters. The book is divided into five parts, the general report, the hot report, the case studies, the international experience& Lessons and celebrity characters. The general report mainly combines the *2018 International Report on Snow & Mountain Tourism* and *2017 China Ski Industry White Book* to summarize the development status of the world and domestic ski market, and interpret in all directions on ski-related industry chains such as ski resorts, skiers, training, competitions, etc. Hot report analysis of ski characteristic towns, ice and snow industry parks, mountain theme resorts, and indoor ski resorts with high heat in the development of the current ski industry. Case studies and international experience& Lessons combined with hot report, select corresponding domestic and international cases for interpretation. Celebrity characters selected Shan Zhaojian, China's first national ski champion as representative, on the occasion of his lifetime achievement award honored by ISHA, briefly describe its outstanding contribution to China's ski industry.

The research data and analysis cases of this report mainly come from the first-hand information of the Carving Ice and Snow Industry Research Institute, the questionnaire survey and the information transmission of Chinese ski industry enterprises and organizations. At the same time, the professional opinions of many senior experts in the industry are adopted to ensure the scientific, systematic, objective and completeness of the report to help the development of the China's ski industry.

Contents

I General Reports

B. 1 Overview on Development of Ski Industry in the world   / 001

Abstract: After three years of unbalanced fluctuations in the global skiing industry, the total number of skiers has risen again and the number of ski resorts has increased. The global mature ski market is relatively small and the overall market growth is slow, but the emerging market has great potential. This article refers to the *2018 International Report on Snow & Mountain Tourism* by Mr. Laurent Vannett of Switzerland, discusses the number and distribution of ski resorts around the world, the distribution of the number of skiers and the development trend, and analyzes the changing laws to study the future development trend.

Keywords: Ski Resorts; Skier; Ski Industry

B. 2 Overview on Development of Ski Industry in China   / 007

Abstract: Since Beijing and Zhangjiakou successfully bid the 2022 Winter Olympics, China's ski industry entered a period of rapid growth. Industrial development led to a steady increase in the number of domestic ski resorts, ski trips and skiers, as well as the continued development of ski equipment, personal equipment, ski training, skiing and other related industries. It is a question worth considering how to grasp the opportunities of the Winter Olympics in the next four

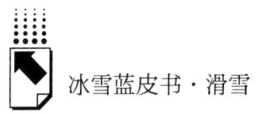

years, realize the rapid and sustainable development of China's ski industry, make China gradually enter the ranks of the world's ice and snow. This chapter analyzes the current development of China's current ski industry and summarizes the problems existing in China's ski industry, in order to providing some reference for the development of the ski industry in the future.

Keywords: Ski Resort; Skier; Ski Industry

Ⅱ Hot Reports

B. 3 Analysis of the Spatial Pattern and Development Trend
of Ski Towns   / 094

Abstract: The Winter Olympic Games in Beijing have proved that there are corresponding natural conditions in China. In addition, the related infrastructure will usher in a round of upgrading, and the related industries will be developed at home. The high-profile Leisure Town is characterized by "skiing". By analyzing the development and influencing factors of the skiing characteristic town, this paper summarizes the experience of the classic skiing town abroad, and expounds the spatial distribution pattern and the way of future development of the skiing feature town.

Keywords: Skiing Characteristic Town; The Influence Factors; The Spatial Distribution

B. 4 Analysis of the Evolution and Management of Ski Resort
Patterns in Beijing-Tianjin-Hebei Region   / 111

Abstract: the development of the ski industry around Beijing is breeding a new industrial pattern. The formation process of the new pattern is not only the process of the industry colleagues' efforts, but also the process of the industry's constant self-adjustment to the market demand and potential conditions. Although the process is clear, the actual path has experienced confusion. The evolution of the pattern represents the change of the comprehensive situation of the market and will certainly put forward a new topic to the enterprises in the industry.

Keywords: Skiing Themed Town; Industry Pattern

B. 5 Analysis of Development Status and Influencing Factors of Ice and Snow Industrial Park / 123

Abstract: ice and snow industry park is a comprehensive industrial area with snow & ice equipment manufacturing and snow & ice economy as the main elements. Under the background of snow & ice economy rising year by year, both the government and enterprises are aware of this huge potential business blue sea. Ice and snow industrial park began to enter the public vision gradually. However, as the snow and ice economy is still in the primary stage of imperfect configuration, the development of snow and ice industrial park is also in the embryonic stage.

Keywords: Ice and Snow Industrial Park; Comprehensive Park; Special Location

B. 6 Analysis of the Development Status and Operation Service of Indoor ski Resort / 139

Abstract: The skiing industry in China is still in the primary stage. Compared with the traditional outdoor ski resorts, the history of the indoor ski resort in china is shorter and less than 20 years. However, under the impetus of policy stimulation, capital promotion and Winter Olympics, China's indoor skiing field has been increasing rapidly in recent years, increasing in scale, and gradually diversified in its format, with large market capacity and great potential for development. This article summarizes the current situation and characteristics of the development of indoor ski resorts, analyzes the positioning of indoor ski resorts and several typical representatives, and puts forward the trend of the market.

Keywords: Indoor Ski Resorts; Present Situation; Ski Industry

Ⅲ Case Studies

B.7   Jilin Beidahu Ski Resort   / 152

Abstract: In recent years, the heat of ice and snow sports and ice and snow industry has increased year by year, the construction of ski resorts has been accelerating, and the fast supply of the market has also accelerated the change. In the face of fierce market competition, Beidahu, the old ski resort, find out a road that both focuses on the future and bases on the reality through cooperation with Club Med International Resort, introduces other world-class hotel management brands, focuses on mountain facilities, and simultaneously combines international standards and Chinese customer needs. Both the number of skiers and the level of service have improved. This article mainly describes how Beidahu Ski Resort has clearly positioned, explored advantages, and upgraded in the past few years, under the circumstances of strong competitors and weak passenger flow growth, created a differentiated competition road. At the same time, we want to provides some guidance for the future development of China's ski resorts by comparing and summarizing the development models of the current world-class domestic typical ski resorts.

Keywords: Beidahu Ski Resort; Upgrading; Differentiation Competition

B.8   Sunac Harbin Wanda Entertainment Snow Park   / 171

Abstract: The completion of SunacHarbin Wanda Entertainment Snow Park has not only set the Guinness World Record for "the world's largest indoor skiing facility", but has the significance of breaking through the conventional shopping mall format and the "South Exhibition" pilot of Wanda Entertainment Snow Park. After in-depth analysis, this paper finds that tourists, senior skiers and junior skiers in the Northeast are the main audiences. We believe that Harbin Wanda Entertainment Snow Park has international skiing teaching services, diversified entertainment snow projects and differentiated comprehensive services. In horizontal comparison. Experience the three major advantages, in the vertical comparison, there are two advantages of four seasons ski service supply and annual sports service supply.

Keywords: Indoor Skiing; Four Seasons Ecological; Entertainment Snow; Service Supply

B.9　Langyashan Ski Resort in Hebei　　　　　　　　　　　／185

Abstract: In the season of 2017 - 2018 years, the number of ski resorts in China, the number of skier visits and the skiing population are steadily increasing, and the development potential of the skiing industry is huge. However, compared with the skiing resort of the developed country, the Chinese ski resorts are mostly small and medium. There are still great shortcomings in the scale of development, facilities, service, management experience and traffic experience, while the skiing resort in Langyashan relies on its own natural, scenic, and location resources. It creates a unique development mode for the four seasons of snowfield, and creates a good result of 500 thousand passenger trips per year. This chapter aims to analyze the management model of the Longmen ski resort in Langyashan, Hebei, and analyze the current situation and problems of the development of the skiing field in China, in order to provide some reference for the other skiing fields in China, so as to further establish the benchmarks for the successful operation of the small and medium skiing fields throughout the country.

Keywords: Operation Management; Ski Resort; Holiday Resort

B. 10　17 Ski Four Seasons Ski Resort-Beijing Olympic Forest Park
　　　　　　　　　　　　　　　　　　　　　　　　　　／ 197

Abstract：The dry skiing is originated in Europe. It is a method of reducing / increasing friction through physical principles. It is a kind of space-time extension for skiers to practice skiing on the simulated slope snow surface made by modified plastic and complete the basic technical movements. The birth of dry skiing has broken the natural law that skiing can only be carried out in the low temperature environment in winter. For ordinary skiers, dry skiing facilities can be built in cities as well as in scenic spots. Dry skiing is a popular project of popularized skiing and populace. This article aims to analyze the status and prospects of the artificial four seasons skiing resorts under the background of the new era of skiing industry by analyzing the 17 skiing company and Beijing Olympic Forest Park peak dry skiing company.

Keywords：Dry Skiing；17 Ski；Four Seasons Skiing

B. 11　2018 Xuezu Science and Technology's Thoughts on the Development of China's Ice and Snow Informationization
　　　　—*Fulong Ski Resort Information Solution*　　　／ 210

Abstract：With the arrival of the 2022 Winter Olympics, China's ice and snow companies have also received more attention. Each year, the *Annual Report on Development of Ski Industry in China* records the growth of these companies. 2018was a very different year for Beijing Xuezu Technology Co., Ltd., which has been the first company in the industry to complete the first round of financing in this year after completing Pre-A financing in 2016. Regardless of the capital promotion of the industry or the recognition of commercial capital, it is a landmark development track for the ice and snow industry.

Keywords：Fulong Ski Resort；Ice and Snow Information；Solution

IV International Experience and Lessons

B.12 Aspen Snowmass / 221

Abstract: Based on the overview of the Aspen Snowmas, this article elaborates on its brand purpose, values and company principles, considers that "three mountains, one city" and "one mountain, one village" are its brand structure. It has multiple functions including improving cluster effect, mutual complementarity and promoting internal competition. It has found that team of high-quality ski instructors, free shared services, diversified drainage methods, retaining customers' creative heritage and ecological non-snow season are the five characteristic operations, thus draw the corresponding enlightenment combining China current situation of the ski industry.

Keywords: Aspen; Aspen Snowmess; Ski Industry

B.13 Sweden SkiStar Ski Resort Group / 244

Abstract: Europe has always been regarded as a ski resort with rich natural resources and a long skiing culture. The steady growth of skiing visits around the world has led to the steady growth of skiing visits in SkiStar's snowfield, with less population and less mountain resources than the Alps in northern Europe. This article will take SkiStar and its six ski resorts as the research object, analyze its business model, try to explore the way of its success, in order to provide some reference for the development of the Chinese skiing industry.

Keywords: SkiStar; Nordic Sweden Norway Ski Resort; Foreign Ski Industry

Information Source and Acknowledgement / 274

社会科学文献出版社　　　**皮书系列**

❖ 皮书起源 ❖

"皮书"起源于十七、十八世纪的英国,主要指官方或社会组织正式发表的重要文件或报告,多以"白皮书"命名。在中国,"皮书"这一概念被社会广泛接受,并被成功运作、发展成为一种全新的出版形态,则源于中国社会科学院社会科学文献出版社。

❖ 皮书定义 ❖

皮书是对中国与世界发展状况和热点问题进行年度监测,以专业的角度、专家的视野和实证研究方法,针对某一领域或区域现状与发展态势展开分析和预测,具备原创性、实证性、专业性、连续性、前沿性、时效性等特点的公开出版物,由一系列权威研究报告组成。

❖ 皮书作者 ❖

皮书系列的作者以中国社会科学院、著名高校、地方社会科学院的研究人员为主,多为国内一流研究机构的权威专家学者,他们的看法和观点代表了学界对中国与世界的现实和未来最高水平的解读与分析。

❖ 皮书荣誉 ❖

皮书系列已成为社会科学文献出版社的著名图书品牌和中国社会科学院的知名学术品牌。2016年,皮书系列正式列入"十三五"国家重点出版规划项目;2013~2018年,重点皮书列入中国社会科学院承担的国家哲学社会科学创新工程项目;2018年,59种院外皮书使用"中国社会科学院创新工程学术出版项目"标识。

中国皮书网

（网址：www.pishu.cn）

发布皮书研创资讯，传播皮书精彩内容
引领皮书出版潮流，打造皮书服务平台

栏目设置

关于皮书：何谓皮书、皮书分类、皮书大事记、皮书荣誉、
皮书出版第一人、皮书编辑部

最新资讯：通知公告、新闻动态、媒体聚焦、网站专题、视频直播、下载专区

皮书研创：皮书规范、皮书选题、皮书出版、皮书研究、研创团队

皮书评奖评价：指标体系、皮书评价、皮书评奖

互动专区：皮书说、社科数托邦、皮书微博、留言板

所获荣誉

2008年、2011年，中国皮书网均在全国新闻出版业网站荣誉评选中获得"最具商业价值网站"称号；

2012年，获得"出版业网站百强"称号。

网库合一

2014年，中国皮书网与皮书数据库端口合一，实现资源共享。

权威报告·一手数据·特色资源

皮书数据库
ANNUAL REPORT(YEARBOOK) DATABASE

当代中国经济与社会发展高端智库平台

所获荣誉

- 2016年，入选"'十三五'国家重点电子出版物出版规划骨干工程"
- 2015年，荣获"搜索中国正能量 点赞2015""创新中国科技创新奖"
- 2013年，荣获"中国出版政府奖·网络出版物奖"提名奖
- 连续多年荣获中国数字出版博览会"数字出版·优秀品牌"奖

成为会员

通过网址www.pishu.com.cn访问皮书数据库网站或下载皮书数据库APP，进行手机号码验证或邮箱验证即可成为皮书数据库会员。

会员福利

- 使用手机号码首次注册的会员，账号自动充值100元体验金，可直接购买和查看数据库内容（仅限PC端）。
- 已注册用户购书后可免费获赠100元皮书数据库充值卡。刮开充值卡涂层获取充值密码，登录并进入"会员中心"—"在线充值"—"充值卡充值"，充值成功后即可购买和查看数据库内容（仅限PC端）。
- 会员福利最终解释权归社会科学文献出版社所有。

卡号：649676893547
密码：

数据库服务热线：400-008-6695
数据库服务QQ：2475522410
数据库服务邮箱：database@ssap.cn
图书销售热线：010-59367070/7028
图书服务QQ：1265056568
图书服务邮箱：duzhe@ssap.cn

基本子库
SUB DATABASE

中国社会发展数据库（下设 12 个子库）

全面整合国内外中国社会发展研究成果，汇聚独家统计数据、深度分析报告，涉及社会、人口、政治、教育、法律等 12 个领域，为了解中国社会发展动态、跟踪社会核心热点、分析社会发展趋势提供一站式资源搜索和数据分析与挖掘服务。

中国经济发展数据库（下设 12 个子库）

基于"皮书系列"中涉及中国经济发展的研究资料构建，内容涵盖宏观经济、农业经济、工业经济、产业经济等 12 个重点经济领域，为实时掌控经济运行态势、把握经济发展规律、洞察经济形势、进行经济决策提供参考和依据。

中国行业发展数据库（下设 17 个子库）

以中国国民经济行业分类为依据，覆盖金融业、旅游、医疗卫生、交通运输、能源矿产等 100 多个行业，跟踪分析国民经济相关行业市场运行状况和政策导向，汇集行业发展前沿资讯，为投资、从业及各种经济决策提供理论基础和实践指导。

中国区域发展数据库（下设 6 个子库）

对中国特定区域内的经济、社会、文化等领域现状与发展情况进行深度分析和预测，研究层级至县及县以下行政区，涉及地区、区域经济体、城市、农村等不同维度。为地方经济社会宏观态势研究、发展经验研究、案例分析提供数据服务。

中国文化传媒数据库（下设 18 个子库）

汇聚文化传媒领域专家观点、热点资讯，梳理国内外中国文化发展相关学术研究成果、一手统计数据，涵盖文化产业、新闻传播、电影娱乐、文学艺术、群众文化等 18 个重点研究领域。为文化传媒研究提供相关数据、研究报告和综合分析服务。

世界经济与国际关系数据库（下设 6 个子库）

立足"皮书系列"世界经济、国际关系相关学术资源，整合世界经济、国际政治、世界文化与科技、全球性问题、国际组织与国际法、区域研究 6 大领域研究成果，为世界经济与国际关系研究提供全方位数据分析，为决策和形势研判提供参考。

法律声明

"皮书系列"（含蓝皮书、绿皮书、黄皮书）之品牌由社会科学文献出版社最早使用并持续至今，现已被中国图书市场所熟知。"皮书系列"的相关商标已在中华人民共和国国家工商行政管理总局商标局注册，如LOGO（ ）、皮书、Pishu、经济蓝皮书、社会蓝皮书等。"皮书系列"图书的注册商标专用权及封面设计、版式设计的著作权均为社会科学文献出版社所有。未经社会科学文献出版社书面授权许可，任何使用与"皮书系列"图书注册商标、封面设计、版式设计相同或者近似的文字、图形或其组合的行为均系侵权行为。

经作者授权，本书的专有出版权及信息网络传播权等为社会科学文献出版社享有。未经社会科学文献出版社书面授权许可，任何就本书内容的复制、发行或以数字形式进行网络传播的行为均系侵权行为。

社会科学文献出版社将通过法律途径追究上述侵权行为的法律责任，维护自身合法权益。

欢迎社会各界人士对侵犯社会科学文献出版社上述权利的侵权行为进行举报。电话：010-59367121，电子邮箱：fawubu@ssap.cn。

社会科学文献出版社

皮书系列

2018年

智库成果出版与传播平台

社会科学文献出版社
SOCIAL SCIENCES ACADEMIC PRESS (CHINA)

社长致辞

蓦然回首,皮书的专业化历程已经走过了二十年。20年来从一个出版社的学术产品名称到媒体热词再到智库成果研创及传播平台,皮书以专业化为主线,进行了系列化、市场化、品牌化、数字化、国际化、平台化的运作,实现了跨越式的发展。特别是在党的十八大以后,以习近平总书记为核心的党中央高度重视新型智库建设,皮书也迎来了长足的发展,总品种达到600余种,经过专业评审机制、淘汰机制遴选,目前,每年稳定出版近400个品种。"皮书"已经成为中国新型智库建设的抓手,成为国际国内社会各界快速、便捷地了解真实中国的最佳窗口。

20年孜孜以求,"皮书"始终将自己的研究视野与经济社会发展中的前沿热点问题紧密相连。600个研究领域,3万多位分布于800余个研究机构的专家学者参与了研创写作。皮书数据库中共收录了15万篇专业报告,50余万张数据图表,合计30亿字,每年报告下载量近80万次。皮书为中国学术与社会发展实践的结合提供了一个激荡智力、传播思想的入口,皮书作者们用学术的话语、客观翔实的数据谱写出了中国故事壮丽的篇章。

20年跬步千里,"皮书"始终将自己的发展与时代赋予的使命与责任紧紧相连。每年百余场新闻发布会,10万余次中外媒体报道,中、英、俄、日、韩等12个语种共同出版。皮书所具有的凝聚力正在形成一种无形的力量,吸引着社会各界关注中国的发展,参与中国的发展,它是我们向世界传递中国声音、总结中国经验、争取中国国际话语权最主要的平台。

皮书这一系列成就的取得,得益于中国改革开放的伟大时代,离不开来自中国社会科学院、新闻出版广电总局、全国哲学社会科学规划办公室等主管部门的大力支持和帮助,也离不开皮书研创者和出版者的共同努力。他们与皮书的故事创造了皮书的历史,他们对皮书的拳拳之心将继续谱写皮书的未来!

现在,"皮书"品牌已经进入了快速成长的青壮年时期。全方位进行规范化管理,树立中国的学术出版标准;不断提升皮书的内容质量和影响力,搭建起中国智库产品和智库建设的交流服务平台和国际传播平台;发布各类皮书指数,并使之成为中国指数,让中国智库的声音响彻世界舞台,为人类的发展做出中国的贡献——这是皮书未来发展的图景。作为"皮书"这个概念的提出者,"皮书"从一般图书到系列图书和品牌图书,最终成为智库研究和社会科学应用对策研究的知识服务和成果推广平台这整个过程的操盘者,我相信,这也是每一位皮书人执着追求的目标。

"当代中国正经历着我国历史上最为广泛而深刻的社会变革,也正在进行着人类历史上最为宏大而独特的实践创新。这种前无古人的伟大实践,必将给理论创造、学术繁荣提供强大动力和广阔空间。"

在这个需要思想而且一定能够产生思想的时代,皮书的研创出版一定能创造出新的更大的辉煌!

社会科学文献出版社社长
中国社会学会秘书长

2017年11月

社会科学文献出版社简介

社会科学文献出版社(以下简称"社科文献出版社")成立于1985年,是直属于中国社会科学院的人文社会科学学术出版机构。成立至今,社科文献出版社始终依托中国社会科学院和国内外人文社会科学界丰厚的学术出版和专家学者资源,坚持"创社科经典,出传世文献"的出版理念、"权威、前沿、原创"的产品定位以及学术成果和智库成果出版的专业化、数字化、国际化、市场化的经营道路。

社科文献出版社是中国新闻出版业转型与文化体制改革的先行者。积极探索文化体制改革的先进方向和现代企业经营决策机制,社科文献出版社先后荣获"全国文化体制改革工作先进单位"、中国出版政府奖·先进出版单位奖,中国社会科学院先进集体、全国科普工作先进集体等荣誉称号。多人次荣获"第十届韬奋出版奖""全国新闻出版行业领军人才""数字出版先进人物""北京市新闻出版广电行业领军人才"等称号。

社科文献出版社是中国人文社会科学学术出版的大社名社,也是以皮书为代表的智库成果出版的专业强社。年出版图书2000余种,其中皮书400余种,出版新书字数5.5亿字,承印与发行中国社科院院属期刊72种,先后创立了皮书系列、列国志、中国史话、社科文献学术译库、社科文献学术文库、甲骨文书系等一大批既有学术影响又有市场价值的品牌,确立了在社会学、近代史、苏东问题研究等专业学科及领域出版的领先地位。图书多次荣获中国出版政府奖、"三个一百"原创图书出版工程、"五个'一'工程奖"、"大众喜爱的50种图书"等奖项,在中央国家机关"强素质·做表率"读书活动中,入选图书品种数位居各大出版社之首。

社科文献出版社是中国学术出版规范与标准的倡议者与制定者,代表全国50多家出版社发起实施学术著作出版规范的倡议,承担学术著作规范国家标准的起草工作,率先编撰完成《皮书手册》对皮书品牌进行规范化管理,并在此基础上推出中国版芝加哥手册——《社科文献出版社学术出版手册》。

社科文献出版社是中国数字出版的引领者,拥有皮书数据库、列国志数据库、"一带一路"数据库、减贫数据库、集刊数据库等4大产品线11个数据库产品,机构用户达1300余家,海外用户百余家,荣获"数字出版转型示范单位""新闻出版标准化先进单位""专业数字内容资源知识服务模式试点企业标准化示范单位"等称号。

社科文献出版社是中国学术出版走出去的践行者。社科文献出版社海外图书出版与学术合作业务遍及全球40余个国家和地区,并于2016年成立俄罗斯分社,累计输出图书500余种,涉及近20个语种,累计获得国家社科基金中华学术外译项目资助76种、"丝路书香工程"项目资助60种、中国图书对外推广计划项目资助71种以及经典中国国际出版工程资助28种,被五部委联合认定为"2015-2016年度国家文化出口重点企业"。

如今,社科文献出版社完全靠自身积累拥有固定资产3.6亿元,年收入3亿元,设置了七大出版分社、六大专业部门,成立了皮书研究院和博士后科研工作站,培养了一支近400人的高素质与高效率的编辑、出版、营销和国际推广队伍,为未来成为学术出版的大社、名社、强社,成为文化体制改革与文化企业转型发展的排头兵奠定了坚实的基础。

 宏观经济类

宏观经济类

经济蓝皮书
2018年中国经济形势分析与预测

李平/主编　2017年12月出版　定价：89.00元

◆ 本书为总理基金项目，由著名经济学家李扬领衔，联合中国社会科学院等数十家科研机构、国家部委和高等院校的专家共同撰写，系统分析了2017年的中国经济形势并预测2018年中国经济运行情况。

城市蓝皮书
中国城市发展报告 No.11

潘家华　单菁菁/主编　2018年9月出版　估价：99.00元

◆ 本书是由中国社会科学院城市发展与环境研究中心编著的，多角度、全方位地立体展示了中国城市的发展状况，并对中国城市的未来发展提出了许多建议。该书有强烈的时代感，对中国城市发展实践有重要的参考价值。

人口与劳动绿皮书
中国人口与劳动问题报告 No.19

张车伟/主编　2018年10月出版　估价：99.00元

◆ 本书为中国社会科学院人口与劳动经济研究所主编的年度报告，对当前中国人口与劳动形势做了比较全面和系统的深入讨论，为研究中国人口与劳动问题提供了一个专业性的视角。

宏观经济类 · 区域经济类

中国省域竞争力蓝皮书
中国省域经济综合竞争力发展报告（2017~2018）

李建平　李闽榕　高燕京 / 主编　2018年5月出版　估价：198.00元

◆ 本书融多学科的理论为一体，深入追踪研究了省域经济发展与中国国家竞争力的内在关系，为提升中国省域经济综合竞争力提供有价值的决策依据。

金融蓝皮书
中国金融发展报告（2018）

王国刚 / 主编　2018年6月出版　估价：99.00元

◆ 本书由中国社会科学院金融研究所组织编写，概括和分析了2017年中国金融发展和运行中的各方面情况，研讨和评论了2017年发生的主要金融事件，有利于读者了解掌握2017年中国的金融状况，把握2018年中国金融的走势。

区域经济类

京津冀蓝皮书
京津冀发展报告（2018）

祝合良　叶堂林　张贵祥 / 等著　2018年6月出版　估价：99.00元

◆ 本书遵循问题导向与目标导向相结合、统计数据分析与大数据分析相结合、纵向分析和长期监测与结构分析和综合监测相结合等原则，对京津冀协同发展新形势与新进展进行测度与评价。

 社会政法类

皮书系列
重点推荐

社会政法类

社会蓝皮书

2018年中国社会形势分析与预测

李培林　陈光金　张翼 / 主编　2017年12月出版　定价：89.00元

◆ 本书由中国社会科学院社会学研究所组织研究机构专家、高校学者和政府研究人员撰写，聚焦当下社会热点，对2017年中国社会发展的各个方面内容进行了权威解读，同时对2018年社会形势发展趋势进行了预测。

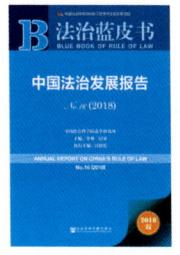

法治蓝皮书

中国法治发展报告 No.16（2018）

李林　田禾 / 主编　2018年3月出版　定价：128.00元

◆ 本年度法治蓝皮书回顾总结了2017年度中国法治发展取得的成就和存在的不足，对中国政府、司法、检务透明度进行了跟踪调研，并对2018年中国法治发展形势进行了预测和展望。

教育蓝皮书

中国教育发展报告（2018）

杨东平 / 主编　2018年3月出版　定价：89.00元

◆ 本书重点关注了2017年教育领域的热点，资料翔实，分析有据，既有专题研究，又有实践案例，从多角度对2017年教育改革和实践进行了分析和研究。

社会政法类

社会体制蓝皮书
中国社会体制改革报告 No.6（2018）

龚维斌 / 主编　2018 年 3 月出版　定价：98.00 元

◆ 本书由国家行政学院社会治理研究中心和北京师范大学中国社会管理研究院共同组织编写，主要对 2017 年社会体制改革情况进行回顾和总结，对 2018 年的改革走向进行分析，提出相关政策建议。

社会心态蓝皮书
中国社会心态研究报告（2018）

王俊秀　杨宜音 / 主编　2018 年 12 月出版　估价：99.00 元

◆ 本书是中国社会科学院社会学研究所社会心理研究中心"社会心态蓝皮书课题组"的年度研究成果，运用社会心理学、社会学、经济学、传播学等多种学科的方法进行了调查和研究，对于目前中国社会心态状况有较广泛和深入的揭示。

华侨华人蓝皮书
华侨华人研究报告（2018）

贾益民 / 主编　2017 年 12 月出版　估价：139.00 元

◆ 本书关注华侨华人生产与生活的方方面面。华侨华人是中国建设 21 世纪海上丝绸之路的重要中介者、推动者和参与者。本书旨在全面调研华侨华人，提供最新涉侨动态、理论研究成果和政策建议。

民族发展蓝皮书
中国民族发展报告（2018）

王延中 / 主编　2018 年 10 月出版　估价：188.00 元

◆ 本书从民族学人类学视角，研究近年来少数民族和民族地区的发展情况，展示民族地区经济、政治、文化、社会和生态文明"五位一体"建设取得的辉煌成就和面临的困难挑战，为深刻理解中央民族工作会议精神、加快民族地区全面建成小康社会进程提供了实证材料。

产业经济类 · 行业及其他类　　皮书系列 重点推荐

产业经济类

房地产蓝皮书
中国房地产发展报告 No.15（2018）

李春华　王业强 / 主编　2018年5月出版　估价：99.00元

◆ 2018年《房地产蓝皮书》持续追踪中国房地产市场最新动态，深度剖析市场热点，展望2018年发展趋势，积极谋划应对策略。对2017年房地产市场的发展态势进行全面、综合的分析。

新能源汽车蓝皮书
中国新能源汽车产业发展报告（2018）

中国汽车技术研究中心　日产（中国）投资有限公司
东风汽车有限公司 / 编著　2018年8月出版　估价：99.00元

◆ 本书对中国2017年新能源汽车产业发展进行了全面系统的分析，并介绍了国外的发展经验。有助于相关机构、行业和社会公众等了解中国新能源汽车产业发展的最新动态，为政府部门出台新能源汽车产业相关政策法规、企业制定相关战略规划，提供必要的借鉴和参考。

行业及其他类

旅游绿皮书
2017～2018年中国旅游发展分析与预测

中国社会科学院旅游研究中心 / 编　2018年1月出版　定价：99.00元

◆ 本书从政策、产业、市场、社会等多个角度勾画出2017年中国旅游发展全貌，剖析了其中的热点和核心问题，并就未来发展作出预测。

行业及其他类

民营医院蓝皮书
中国民营医院发展报告（2018）

薛晓林/主编　2018年11月出版　估价：99.00元

◆ 本书在梳理国家对社会办医的各种利好政策的前提下，对我国民营医疗发展现状、我国民营医院竞争力进行了分析，并结合我国医疗体制改革对民营医院的发展趋势、发展策略、战略规划等方面进行了预估。

会展蓝皮书
中外会展业动态评估研究报告（2018）

张敏/主编　2018年12月出版　估价：99.00元

◆ 本书回顾了2017年的会展业发展动态，结合"供给侧改革"、"互联网＋"、"绿色经济"的新形势分析了我国展会的行业现状，并介绍了国外的发展经验，有助于行业和社会了解最新的展会业动态。

中国上市公司蓝皮书
中国上市公司发展报告（2018）

张平　王宏淼/主编　2018年9月出版　估价：99.00元

◆ 本书由中国社会科学院上市公司研究中心组织编写的，着力于全面、真实、客观反映当前中国上市公司财务状况和价值评估的综合性年度报告。本书详尽分析了2017年中国上市公司情况，特别是现实中暴露出的制度性、基础性问题，并对资本市场改革进行了探讨。

工业和信息化蓝皮书
人工智能发展报告（2017～2018）

尹丽波/主编　2018年6月出版　估价：99.00元

◆ 本书国家工业信息安全发展研究中心在对2017年全球人工智能技术和产业进行全面跟踪研究基础上形成的研究报告。该报告内容翔实、视角独特，具有较强的产业发展前瞻性和预测性，可为相关主管部门、行业协会、企业等全面了解人工智能发展形势以及进行科学决策提供参考。

 国际问题与全球治理类

国际问题与全球治理类

世界经济黄皮书
2018年世界经济形势分析与预测

张宇燕/主编　2018年1月出版　定价：99.00元

◆ 本书由中国社会科学院世界经济与政治研究所的研究团队撰写，分总论、国别与地区、专题、热点、世界经济统计与预测等五个部分，对2018年世界经济形势进行了分析。

国际城市蓝皮书
国际城市发展报告（2018）

屠启宇/主编　2018年2月出版　定价：89.00元

◆ 本书作者以上海社会科学院从事国际城市研究的学者团队为核心，汇集同济大学、华东师范大学、复旦大学、上海交通大学、南京大学、浙江大学相关城市研究专业学者。立足动态跟踪介绍国际城市发展时间中，最新出现的重大战略、重大理念、重大项目、重大报告和最佳案例。

非洲黄皮书
非洲发展报告No.20（2017～2018）

张宏明/主编　2018年7月出版　估价：99.00元

◆ 本书是由中国社会科学院西亚非洲研究所组织编撰的非洲形势年度报告，比较全面、系统地分析了2017年非洲政治形势和热点问题，探讨了非洲经济形势和市场走向，剖析了大国对非洲关系的新动向；此外，还介绍了国内非洲研究的新成果。

国别类

美国蓝皮书
美国研究报告（2018）

郑秉文 黄平 / 主编　2018年5月出版　估价：99.00元

◆ 本书是由中国社会科学院美国研究所主持完成的研究成果，它回顾了美国2017年的经济、政治形势与外交战略，对美国内政外交发生的重大事件及重要政策进行了较为全面的回顾和梳理。

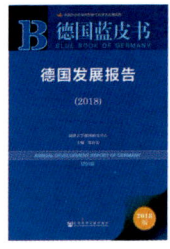

德国蓝皮书
德国发展报告（2018）

郑春荣 / 主编　2018年6月出版　估价：99.00元

◆ 本报告由同济大学德国研究所组织编撰，由该领域的专家学者对德国的政治、经济、社会文化、外交等方面的形势发展情况，进行全面的阐述与分析。

俄罗斯黄皮书
俄罗斯发展报告（2018）

李永全 / 编著　2018年6月出版　估价：99.00元

◆ 本书系统介绍了2017年俄罗斯经济政治情况，并对2016年该地区发生的焦点、热点问题进行了分析与回顾；在此基础上，对该地区2018年的发展前景进行了预测。

 文化传媒类 | 皮书系列 重点推荐

文化传媒类

新媒体蓝皮书
中国新媒体发展报告 No.9（2018）

唐绪军/主编　2018年6月出版　估价：99.00元

◆ 本书是由中国社会科学院新闻与传播研究所组织编写的关于新媒体发展的最新年度报告，旨在全面分析中国新媒体的发展现状，解读新媒体的发展趋势，探析新媒体的深刻影响。

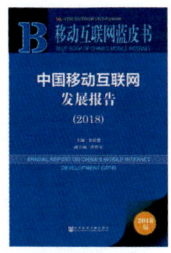

移动互联网蓝皮书
中国移动互联网发展报告（2018）

余清楚/主编　2018年6月出版　估价：99.00元

◆ 本书着眼于对2017年度中国移动互联网的发展情况做深入解析，对未来发展趋势进行预测，力求从不同视角、不同层面全面剖析中国移动互联网发展的现状、年度突破及热点趋势等。

文化蓝皮书
中国文化消费需求景气评价报告（2018）

王亚南/主编　2018年3月出版　定价：99.00元

◆ 本书首创全国文化发展量化检测评价体系，也是至今全国唯一的文化民生量化检测评价体系，对于检验全国及各地"以人民为中心"的文化发展具有首创意义。

地方发展类

北京蓝皮书

北京经济发展报告（2017~2018）

杨松 / 主编　2018年6月出版　估价：99.00元

◆ 本书对2017年北京市经济发展的整体形势进行了系统性的分析与回顾，并对2018年经济形势走势进行了预测与研判，聚焦北京市经济社会发展中的全局性、战略性和关键领域的重点问题，运用定量和定性分析相结合的方法，对北京市经济社会发展的现状、问题、成因进行了深入分析，提出了可操作性的对策建议。

温州蓝皮书

2018年温州经济社会形势分析与预测

蒋儒标　王春光　金浩 / 主编　2018年6月出版　估价：99.00元

◆ 本书是中共温州市委党校和中国社会科学院社会学研究所合作推出的第十一本温州蓝皮书，由来自党校、政府部门、科研机构、高校的专家、学者共同撰写的2017年温州区域发展形势的最新研究成果。

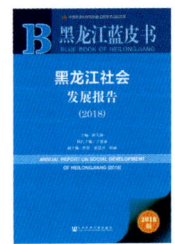

黑龙江蓝皮书

黑龙江社会发展报告（2018）

王爱丽 / 主编　2018年1月出版　定价：89.00元

◆ 本书以千份随机抽样问卷调查和专题研究为依据，运用社会学理论框架和分析方法，从专家和学者的独特视角，对2017年黑龙江省关系民生的问题进行广泛的调研与分析，并对2017年黑龙江省诸多社会热点和焦点问题进行了有益的探索。这些研究不仅可以为政府部门更加全面深入了解省情、科学制定决策提供智力支持，同时也可以为广大读者认识、了解、关注黑龙江社会发展提供理性思考。

宏观经济类

皮书系列 2018全品种
宏观经济类

城市蓝皮书
中国城市发展报告（No.11）
著(编)者：潘家华 单菁菁
2018年9月出版 / 估价：99.00元
PSN B-2007-091-1/1

城乡一体化蓝皮书
中国城乡一体化发展报告（2018）
著(编)者：付崇兰
2018年9月出版 / 估价：99.00元
PSN B-2011-226-1/2

城镇化蓝皮书
中国新型城镇化健康发展报告（2018）
著(编)者：张占斌
2018年8月出版 / 估价：99.00元
PSN B-2014-396-1/1

创新蓝皮书
创新型国家建设报告（2018~2019）
著(编)者：詹正茂
2018年12月出版 / 估价：99.00元
PSN B-2009-140-1/1

低碳发展蓝皮书
中国低碳发展报告（2018）
著(编)者：张希良 齐晔
2018年6月出版 / 估价：99.00元
PSN B-2011-223-1/1

低碳经济蓝皮书
中国低碳经济发展报告（2018）
著(编)者：薛进军 赵忠秀
2018年11月出版 / 估价：99.00元
PSN B-2011-194-1/1

发展和改革蓝皮书
中国经济发展和体制改革报告No.9
著(编)者：邹东涛 王再文
2018年1月出版 / 估价：99.00元
PSN B-2008-122-1/1

国家创新蓝皮书
中国创新发展报告（2017）
著(编)者：陈劲　2018年5月出版 / 估价：99.00元
PSN B-2014-370-1/1

金融蓝皮书
中国金融发展报告（2018）
著(编)者：王国刚
2018年6月出版 / 估价：99.00元
PSN B-2004-031-1/7

经济蓝皮书
2018年中国经济形势分析与预测
著(编)者：李平　2017年12月出版 / 定价：89.00元
PSN B-1996-001-1/1

经济蓝皮书春季号
2018年中国经济前景分析
著(编)者：李扬　2018年5月出版 / 估价：99.00元
PSN B-1999-008-1/1

经济蓝皮书夏季号
中国经济增长报告（2017~2018）
著(编)者：李扬　2018年9月出版 / 估价：99.00元
PSN B-2010-176-1/1

农村绿皮书
中国农村经济形势分析与预测（2017~2018）
著(编)者：魏后凯 黄秉信
2018年4月出版 / 定价：99.00元
PSN G-1998-003-1/1

人口与劳动绿皮书
中国人口与劳动问题报告No.19
著(编)者：张车伟　2018年11月出版 / 估价：99.00元
PSN G-2000-012-1/1

新型城镇化蓝皮书
新型城镇化发展报告（2017）
著(编)者：李伟 宋敏
2018年3月出版 / 定价：98.00元
PSN B-2005-038-1/1

中国省域竞争力蓝皮书
中国省域经济综合竞争力发展报告（2016~2017）
著(编)者：李建平 李闽榕
2018年2月出版 / 估价：198.00元
PSN B-2007-088-1/1

中小城市绿皮书
中国中小城市发展报告（2018）
著(编)者：中国城市经济学会中小城市经济发展委员会
　　　　　中国城镇化促进会中小城市发展委员会
　　　　　《中国中小城市发展报告》编纂委员会
　　　　　中小城市发展战略研究院
2018年11月出版 / 估价：128.00元
PSN G-2010-161-1/1

皮书系列 2018全品种 区域经济类 · 社会政法类

区域经济类

东北蓝皮书
中国东北地区发展报告（2018）
著（编）者：姜晓秋　2018年11月出版 / 估价：99.00元
PSN B-2006-067-1/1

金融蓝皮书
中国金融中心发展报告（2017~2018）
著（编）者：王力　黄育华　2018年11月出版 / 估价：99.00元
PSN B-2011-186-6/7

京津冀蓝皮书
京津冀发展报告（2018）
著（编）者：祝合良　叶堂林　张贵祥
2018年6月出版 / 估价：99.00元
PSN B-2012-262-1/1

西北蓝皮书
中国西北发展报告（2018）
著（编）者：王福生　马廷旭　董秋生
2018年1月出版 / 定价：99.00元
PSN B-2012-261-1/1

西部蓝皮书
中国西部发展报告（2018）
著（编）者：璋勇　任保平　2018年8月出版 / 估价：99.00元
PSN B-2005-039-1/1

长江经济带产业蓝皮书
长江经济带产业发展报告（2018）
著（编）者：吴传清　2018年11月出版 / 估价：128.00元
PSN B-2017-666-1/1

长江经济带蓝皮书
长江经济带发展报告（2017~2018）
著（编）者：王振　2018年11月出版 / 估价：99.00元
PSN B-2016-575-1/1

长江中游城市群蓝皮书
长江中游城市群新型城镇化与产业协同发展报告（2018）
著（编）者：杨刚强　2018年11月出版 / 估价：99.00元
PSN B-2016-578-1/1

长三角蓝皮书
2017年创新融合发展的长三角
著（编）者：刘飞跃　2018年5月出版 / 估价：99.00元
PSN B-2005-038-1/1

长株潭城市群蓝皮书
长株潭城市群发展报告（2017）
著（编）者：张萍　朱有志　2018年6月出版 / 估价：99.00元
PSN B-2008-109-1/1

特色小镇蓝皮书
特色小镇智慧运营报告（2018）：顶层设计与智慧架构标准
著（编）者：陈劲　2018年1月出版 / 定价：79.00元
PSN B-2018-692-1/1

中部竞争力蓝皮书
中国中部经济社会竞争力报告（2018）
著（编）者：教育部人文社会科学重点研究基地南昌大学中国
　　　　　中部经济社会发展研究中心
2018年12月出版 / 估价：99.00元
PSN B-2012-276-1/1

中部蓝皮书
中国中部地区发展报告（2018）
著（编）者：宋亚平　2018年12月出版 / 估价：99.00元
PSN B-2007-089-1/1

区域蓝皮书
中国区域经济发展报告（2017~2018）
著（编）者：赵弘　2018年5月出版 / 估价：99.00元
PSN B-2004-034-1/1

中三角蓝皮书
长江中游城市群发展报告（2018）
著（编）者：秦尊文　2018年9月出版 / 估价：99.00元
PSN B-2014-417-1/1

中原蓝皮书
中原经济区发展报告（2018）
著（编）者：李英杰　2018年6月出版 / 估价：99.00元
PSN B-2011-192-1/1

珠三角流通蓝皮书
珠三角商圈发展研究报告（2018）
著（编）者：王先庆　林至颖　2018年7月出版 / 估价：99.00元
PSN B-2012-292-1/1

社会政法类

北京蓝皮书
中国社区发展报告（2017~2018）
著（编）者：于燕燕　2018年9月出版 / 估价：99.00元
PSN B-2007-083-5/8

殡葬绿皮书
中国殡葬事业发展报告（2017~2018）
著（编）者：李伯森　2018年6月出版 / 估价：158.00元
PSN G-2010-180-1/1

城市管理蓝皮书
中国城市管理报告（2017-2018）
著（编）者：刘林　刘承水　2018年5月出版 / 估价：158.00元
PSN B-2013-336-1/1

城市生活质量蓝皮书
中国城市生活质量报告（2017）
著（编）者：张连城　张平　杨春学　郎丽华
2017年12月出版 / 定价：89.00元
PSN B-2013-326-1/1

社会政法类

皮书系列
2018全品种

城市政府能力蓝皮书
中国城市政府公共服务能力评估报告（2018）
著（编）者：何艳玲　2018年5月出版／估价：99.00元
PSN B-2013-338-1/1

创业蓝皮书
中国创业发展研究报告（2017~2018）
著（编）者：黄群慧　赵卫星　钟宏武
2018年11月出版／估价：99.00元
PSN B-2016-577-1/1

慈善蓝皮书
中国慈善发展报告（2018）
著（编）者：杨团　2018年6月出版／估价：99.00元
PSN B-2009-142-1/1

党建蓝皮书
党的建设研究报告No.2（2018）
著（编）者：崔建民　陈东平　2018年6月出版／估价：99.00元
PSN B-2016-523-1/1

地方法治蓝皮书
中国地方法治发展报告No.3（2018）
著（编）者：李林　田禾　2018年6月出版／估价：118.00元
PSN B-2015-442-1/1

电子政务蓝皮书
中国电子政务发展报告（2018）
著（编）者：李季　2018年8月出版／估价：99.00元
PSN B-2003-022-1/1

儿童蓝皮书
中国儿童参与状况报告（2017）
著（编）者：苑立新　2017年12月出版／定价：89.00元
PSN B-2017-682-1/1

法治蓝皮书
中国法治发展报告No.16（2018）
著（编）者：李林　田禾　2018年3月出版／定价：128.00元
PSN B-2004-027-1/3

法治蓝皮书
中国法院信息化发展报告No.2（2018）
著（编）者：李林　田禾　2018年2月出版／定价：118.00元
PSN B-2017-604-3/3

法治政府蓝皮书
中国法治政府发展报告（2017）
著（编）者：中国政法大学法治政府研究院
2018年3月出版／定价：158.00元
PSN B-2015-502-1/2

法治政府蓝皮书
中国法治政府评估报告（2018）
著（编）者：中国政法大学法治政府研究院
2018年9月出版／定价：168.00元
PSN B-2016-576-2/2

反腐倡廉蓝皮书
中国反腐倡廉建设报告No.8
著（编）者：张英伟　2018年12月出版／估价：99.00元
PSN B-2012-259-1/1

扶贫蓝皮书
中国扶贫开发报告（2018）
著（编）者：李培林　魏后凯　2018年12月出版／估价：128.00元
PSN B-2016-599-1/1

妇女发展蓝皮书
中国妇女发展报告No.6
著（编）者：王金玲　2018年9月出版／估价：158.00元
PSN B-2006-069-1/1

妇女教育蓝皮书
中国妇女教育发展报告No.3
著（编）者：张李玺　2018年10月出版／估价：99.00元
PSN B-2008-121-1/1

妇女绿皮书
2018年：中国性别平等与妇女发展报告
著（编）者：谭琳　2018年12月出版／估价：99.00元
PSN G-2006-073-1/1

公共安全蓝皮书
中国城市公共安全发展报告（2017~2018）
著（编）者：黄育华　杨文明　赵建辉
2018年6月出版／估价：99.00元
PSN B-2017-628-1/1

公共服务蓝皮书
中国城市基本公共服务力评价（2018）
著（编）者：钟君　刘志昌　吴正昇
2018年12月出版／估价：99.00元
PSN B-2011-214-1/1

公民科学素质蓝皮书
中国公民科学素质报告（2017~2018）
著（编）者：李群　陈雄　马宗文
2017年12月出版／定价：89.00元
PSN B-2014-379-1/1

公益蓝皮书
中国公益慈善发展报告（2016）
著（编）者：朱健刚　胡小军　2018年6月出版／估价：99.00元
PSN B-2012-283-1/1

国际人才蓝皮书
中国国际移民报告（2018）
著（编）者：王辉耀　2018年6月出版／估价：99.00元
PSN B-2012-304-3/4

国际人才蓝皮书
中国留学发展报告（2018）No.7
著（编）者：王辉耀　苗绿　2018年12月出版／估价：99.00元
PSN B-2012-244-2/4

海洋社会蓝皮书
中国海洋社会发展报告（2017）
著（编）者：崔凤　宋宁而　2018年3月出版／定价：99.00元
PSN B-2015-478-1/1

行政改革蓝皮书
中国行政体制改革报告No.7（2018）
著（编）者：魏礼群　2018年6月出版／估价：99.00元
PSN B-2011-231-1/1

皮书系列 2018全品种

社会政法类

华侨华人蓝皮书
华侨华人研究报告（2017）
著(编)者：张禹东 庄国土　2017年12月出版／定价：148.00元
PSN B-2011-204-1/1

互联网与国家治理蓝皮书
互联网与国家治理发展报告（2017）
著(编)者：张志安　2018年1月出版／定价：98.00元
PSN B-2017-671-1/1

环境管理蓝皮书
中国环境管理发展报告（2017）
著(编)者：李金惠　2017年12月出版／定价：98.00元
PSN B-2017-678-1/1

环境竞争力绿皮书
中国省域环境竞争力发展报告（2018）
著(编)者：李建平 李闽榕 王金南
2018年11月出版／估价：198.00元
PSN G-2010-165-1/1

环境绿皮书
中国环境发展报告（2017～2018）
著(编)者：李波　2018年6月出版／估价：99.00元
PSN G-2006-048-1/1

家庭蓝皮书
中国"创建幸福家庭活动"评估报告（2018）
著(编)者：国务院发展研究中心"创建幸福家庭活动评估"课题组
2018年12月出版／估价：99.00元
PSN B-2015-508-1/1

健康城市蓝皮书
中国健康城市建设研究报告（2018）
著(编)者：王鸿春 盛继洪　2018年12月出版／估价：99.00元
PSN B-2016-564-2/2

健康中国蓝皮书
社区首诊与健康中国分析报告（2018）
著(编)者：高和荣 杨叔禹 姜杰
2018年6月出版／估价：99.00元
PSN B-2017-611-1/1

教师蓝皮书
中国中小学教师发展报告（2017）
著(编)者：曾晓东 鱼霞
2018年6月出版／估价：99.00元
PSN B-2012-289-1/1

教育扶贫蓝皮书
中国教育扶贫报告（2018）
著(编)者：司树杰 王文静 李兴洲
2018年12月出版／估价：99.00元
PSN B-2016-590-1/1

教育蓝皮书
中国教育发展报告（2018）
著(编)者：杨东平　2018年3月出版／定价：89.00元
PSN B-2006-047-1/1

金融法治建设蓝皮书
中国金融法治建设年度报告（2015～2016）
著(编)者：朱小黄　2018年6月出版／估价：99.00元
PSN B-2017-633-1/1

京津冀教育蓝皮书
京津冀教育发展研究报告（2017～2018）
著(编)者：方中雄　2018年6月出版／估价：99.00元
PSN B-2017-608-1/1

就业蓝皮书
2018年中国本科生就业报告
著(编)者：麦可思研究院　2018年6月出版／估价：99.00元
PSN B-2009-146-1/2

就业蓝皮书
2018年中国高职高专生就业报告
著(编)者：麦可思研究院　2018年6月出版／估价：99.00元
PSN B-2015-472-2/2

科学教育蓝皮书
中国科学教育发展报告（2018）
著(编)者：王康友　2018年10月出版／估价：99.00元
PSN B-2015-487-1/1

劳动保障蓝皮书
中国劳动保障发展报告（2018）
著(编)者：刘燕斌　2018年9月出版／估价：158.00元
PSN B-2014-415-1/1

老龄蓝皮书
中国老年宜居环境发展报告（2017）
著(编)者：党俊武 周燕珉　2018年6月出版／估价：99.00元
PSN B-2013-320-1/1

连片特困区蓝皮书
中国连片特困区发展报告（2017～2018）
著(编)者：游俊 冷志明 丁建军
2018年6月出版／估价：99.00元
PSN B-2013-321-1/1

流动儿童蓝皮书
中国流动儿童教育发展报告（2017）
著(编)者：杨东平　2018年6月出版／估价：99.00元
PSN B-2017-600-1/1

民调蓝皮书
中国民生调查报告（2018）
著(编)者：谢耘耕　2018年12月出版／估价：99.00元
PSN B-2014-398-1/1

民族发展蓝皮书
中国民族发展报告（2018）
著(编)者：王延中　2018年10月出版／估价：188.00元
PSN B-2006-070-1/1

女性生活蓝皮书
中国女性生活状况报告No.12（2018）
著(编)者：高博燕　2018年7月出版／估价：99.00元
PSN B-2006-071-1/1

社会政法类

汽车社会蓝皮书
中国汽车社会发展报告（2017~2018）
著(编)者：王俊秀　2018年6月出版／估价：99.00元
PSN B-2011-224-1/1

青年蓝皮书
中国青年发展报告（2018）No.3
著(编)者：廉思　2018年6月出版／估价：99.00元
PSN B-2013-333-1/1

青少年蓝皮书
中国未成年人互联网运用报告（2017~2018）
著(编)者：李为民　李文革　沈杰
2018年11月出版／估价：99.00元
PSN B-2010-156-1/1

人权蓝皮书
中国人权事业发展报告No.8（2018）
著(编)者：李君如　2018年9月出版／估价：99.00元
PSN B-2011-215-1/1

社会保障绿皮书
中国社会保障发展报告No.9（2018）
著(编)者：王延中　2018年6月出版／估价：99.00元
PSN G-2001-014-1/1

社会风险评估蓝皮书
风险评估与危机预警报告（2017~2018）
著(编)者：唐钧　2018年8月出版／估价：99.00元
PSN B-2012-293-1/1

社会工作蓝皮书
中国社会工作发展报告（2016~2017）
著(编)者：民政部社会工作研究中心
2018年8月出版／估价：99.00元
PSN B-2009-141-1/1

社会管理蓝皮书
中国社会管理创新报告No.6
著(编)者：连玉明　2018年11月出版／估价：99.00元
PSN B-2012-300-1/1

社会蓝皮书
2018年中国社会形势分析与预测
著(编)者：李培林　陈光金　张翼
2017年12月出版／定价：89.00元
PSN B-1998-002-1/1

社会体制蓝皮书
中国社会体制改革报告No.6（2018）
著(编)者：龚维斌　2018年3月出版／定价：98.00元
PSN B-2013-330-1/1

社会心态蓝皮书
中国社会心态研究报告（2018）
著(编)者：王俊秀　2018年12月出版／估价：99.00元
PSN B-2011-199-1/1

社会组织蓝皮书
中国社会组织报告（2017-2018）
著(编)者：黄晓勇　2018年6月出版／估价：99.00元
PSN B-2008-118-1/2

社会组织蓝皮书
中国社会组织评估发展报告（2018）
著(编)者：徐家良　2018年12月出版／估价：99.00元
PSN B-2013-366-2/2

生态城市绿皮书
中国生态城市建设发展报告（2018）
著(编)者：刘举科　孙伟平　胡文臻
2018年9月出版／估价：158.00元
PSN G-2012-269-1/1

生态文明绿皮书
中国省域生态文明建设评价报告（ECI 2018）
著(编)者：严耕　2018年12月出版／估价：99.00元
PSN G-2010-170-1/1

退休生活蓝皮书
中国城市居民退休生活质量指数报告（2017）
著(编)者：杨一帆　2018年6月出版／估价：99.00元
PSN B-2017-618-1/1

危机管理蓝皮书
中国危机管理报告（2018）
著(编)者：文学国　范正青
2018年8月出版／估价：99.00元
PSN B-2010-171-1/1

学会蓝皮书
2018年中国学会发展报告
著(编)者：麦可思研究院　2018年12月出版／估价：99.00元
PSN B-2016-597-1/1

医改蓝皮书
中国医药卫生体制改革报告（2017~2018）
著(编)者：文学国　房志武
2018年11月出版／估价：99.00元
PSN B-2014-432-1/1

应急管理蓝皮书
中国应急管理报告（2018）
著(编)者：宋英华　2018年9月出版／估价：99.00元
PSN B-2016-562-1/1

政府绩效评估蓝皮书
中国地方政府绩效评估报告 No.2
著(编)者：贠杰　2018年12月出版／估价：99.00元
PSN B-2017-672-1/1

政治参与蓝皮书
中国政治参与报告（2018）
著(编)者：房宁　2018年8月出版／估价：128.00元
PSN B-2011-200-1/1

政治文化蓝皮书
中国政治文化报告（2018）
著(编)者：邢元敏　魏大鹏　龚克
2018年8月出版／估价：128.00元
PSN B-2017-615-1/1

中国传统村落蓝皮书
中国传统村落保护现状报告（2018）
著(编)者：胡彬彬　李向军　王晓波
2018年12月出版／估价：99.00元
PSN B-2017-663-1/1

皮书系列 2018全品种

社会政法类·产业经济类

中国农村妇女发展蓝皮书
农村流动女性城市生活发展报告（2018）
著（编）者：谢丽华　2018年12月出版／估价：99.00元
PSN B-2014-434-1/1

宗教蓝皮书
中国宗教报告（2017）
著（编）者：邱永辉　2018年8月出版／估价：99.00元
PSN B-2008-117-1/1

产业经济类

保健蓝皮书
中国保健服务产业发展报告 No.2
著（编）者：中国保健协会　中共中央党校
2018年7月出版／估价：198.00元
PSN B-2012-272-3/3

保健蓝皮书
中国保健食品产业发展报告 No.2
著（编）者：中国保健协会
　　　　　中国社会科学院食品药品产业发展与监管研究中心
2018年8月出版／估价：198.00元
PSN B-2012-271-2/3

保健蓝皮书
中国保健用品产业发展报告 No.2
著（编）者：中国保健协会
　　　　　国务院国有资产监督管理委员会研究中心
2018年6月出版／估价：198.00元
PSN B-2012-270-1/3

保险蓝皮书
中国保险业竞争力报告（2018）
著（编）者：保监会　2018年12月出版／估价：99.00元
PSN B-2013-311-1/1

冰雪蓝皮书
中国冰上运动产业发展报告（2018）
著（编）者：孙承华　杨占武　刘戈　张鸿俊
2018年9月出版／估价：99.00元
PSN B-2017-648-3/3

冰雪蓝皮书
中国滑雪产业发展报告（2018）
著（编）者：孙承华　伍斌　魏庆华　张鸿俊
2018年9月出版／估价：99.00元
PSN B-2016-559-1/3

餐饮产业蓝皮书
中国餐饮产业发展报告（2018）
著（编）者：邢颖
2018年6月出版／估价：99.00元
PSN B-2009-151-1/1

茶业蓝皮书
中国茶产业发展报告（2018）
著（编）者：杨江帆　李闽榕
2018年10月出版／估价：99.00元
PSN B-2010-164-1/1

产业安全蓝皮书
中国文化产业安全报告（2018）
著（编）者：北京印刷学院文化产业安全研究院
2018年12月出版／估价：99.00元
PSN B-2014-378-12/14

产业安全蓝皮书
中国新媒体产业安全报告（2016~2017）
著（编）者：肖丽　2018年6月出版／估价：99.00元
PSN B-2015-500-14/14

产业安全蓝皮书
中国出版传媒产业安全报告（2017~2018）
著（编）者：北京印刷学院文化产业安全研究院
2018年6月出版／估价：99.00元
PSN B-2014-384-13/14

产业蓝皮书
中国产业竞争力报告（2018）No.8
著（编）者：张其仔　2018年12月出版／估价：168.00元
PSN B-2010-175-1/1

动力电池蓝皮书
中国新能源汽车动力电池产业发展报告（2018）
著（编）者：中国汽车技术研究中心
2018年8月出版／估价：99.00元
PSN B-2017-639-1/1

杜仲产业绿皮书
中国杜仲橡胶资源与产业发展报告（2017~2018）
著（编）者：杜红岩　胡文臻　俞锐
2018年6月出版／估价：99.00元
PSN G-2013-350-1/1

房地产蓝皮书
中国房地产发展报告No.15（2018）
著（编）者：李春华　王业强
2018年5月出版／估价：99.00元
PSN B-2004-028-1/1

服务外包蓝皮书
中国服务外包产业发展报告（2017~2018）
著（编）者：王晓红　刘德军
2018年6月出版／估价：99.00元
PSN B-2013-331-2/2

服务外包蓝皮书
中国服务外包竞争力报告（2017~2018）
著（编）者：刘春生　王力　黄育华
2018年12月出版／估价：99.00元
PSN B-2011-216-1/2

 产业经济类

皮书系列 2018全品种

工业和信息化蓝皮书
世界信息技术产业发展报告（2017~2018）
著（编）者：尹丽波　2018年6月出版／估价：99.00元
PSN B-2015-449-2/6

工业和信息化蓝皮书
战略性新兴产业发展报告（2017~2018）
著（编）者：尹丽波　2018年6月出版／估价：99.00元
PSN B-2015-450-3/6

海洋经济蓝皮书
中国海洋经济发展报告（2015~2018）
著（编）者：殷克东　高金田　方胜民
2018年3月出版／定价：128.00元
PSN B-2018-697-1/1

康养蓝皮书
中国康养产业发展报告（2017）
著（编）者：何莽　2017年12月出版／定价：88.00元
PSN B-2017-685-1/1

客车蓝皮书
中国客车产业发展报告（2017~2018）
著（编）者：姚蔚　2018年10月出版／估价：99.00元
PSN B-2013-361-1/1

流通蓝皮书
中国商业发展报告（2018~2019）
著（编）者：王雪峰　林诗慧
2018年7月出版／估价：99.00元
PSN B-2009-152-1/2

能源蓝皮书
中国能源发展报告（2018）
著（编）者：崔民选　王军生　陈义和
2018年12月出版／估价：99.00元
PSN B-2006-049-1/1

农产品流通蓝皮书
中国农产品流通产业发展报告（2017）
著（编）者：贾敬敦　张东科　张玉玺　张鹏毅　周伟
2018年6月出版／估价：99.00元
PSN B-2012-288-1/1

汽车工业蓝皮书
中国汽车工业发展年度报告（2018）
著（编）者：中国汽车工业协会
　　　　　中国汽车技术研究中心
　　　　　丰田汽车公司
2018年5月出版／估价：168.00元
PSN B-2015-463-1/2

汽车工业蓝皮书
中国汽车零部件产业发展报告（2017~2018）
著（编）者：中国汽车工业协会
　　　　　中国汽车工程研究院深圳市沃特玛电池有限公司
2018年9月出版／估价：99.00元
PSN B-2016-515-2/2

汽车蓝皮书
中国汽车产业发展报告（2018）
著（编）者：大众汽车集团（中国）
2018年11月出版／估价：99.00元
PSN B-2008-124-1/1

世界茶业蓝皮书
世界茶业发展报告（2018）
著（编）者：李闽榕　冯廷佺
2018年5月出版／估价：168.00元
PSN B-2017-619-1/1

世界能源蓝皮书
世界能源发展报告（2018）
著（编）者：黄晓勇　2018年6月出版／估价：168.00元
PSN B-2013-349-1/1

石油蓝皮书
中国石油产业发展报告（2018）
著（编）者：中国石油化工集团公司经济技术研究院
　　　　　中国国际石油化工联合有限责任公司
　　　　　中国社会科学院数量经济与技术经济研究所
2018年2月出版／定价：98.00元
PSN B-2018-690-1/1

体育蓝皮书
国家体育产业基地发展报告（2016~2017）
著（编）者：李颖川　2018年6月出版／估价：168.00元
PSN B-2017-609-5/5

体育蓝皮书
中国体育产业发展报告（2018）
著（编）者：阮伟　钟秉枢
2018年12月出版／估价：99.00元
PSN B-2010-179-1/5

文化金融蓝皮书
中国文化金融发展报告（2018）
著（编）者：杨涛　金巍
2018年6月出版／估价：99.00元
PSN B-2017-610-1/1

新能源汽车蓝皮书
中国新能源汽车产业发展报告（2018）
著（编）者：中国汽车技术研究中心
　　　　　日产（中国）投资有限公司
　　　　　东风汽车有限公司
2018年8月出版／估价：99.00元
PSN B-2013-347-1/1

薏仁米产业蓝皮书
中国薏仁米产业发展报告No.2（2018）
著（编）者：李发耀　石明　秦礼康
2018年8月出版／估价：99.00元
PSN B-2017-645-1/1

邮轮绿皮书
中国邮轮产业发展报告（2018）
著（编）者：汪泓　2018年10月出版／估价：99.00元
PSN G-2014-419-1/1

智能养老蓝皮书
中国智能养老产业发展报告（2018）
著（编）者：朱勇　2018年10月出版／估价：99.00元
PSN B-2015-488-1/1

中国节能汽车蓝皮书
中国节能汽车发展报告（2017~2018）
著（编）者：中国汽车工程研究院股份有限公司
2018年9月出版／估价：99.00元
PSN B-2016-565-1/1

皮书系列 2018全品种　产业经济类·行业及其他类

中国陶瓷产业蓝皮书
中国陶瓷产业发展报告（2018）
著(编)者：左和平 黄速建
2018年10月出版 / 估价：99.00元
PSN B-2016-573-1/1

装备制造业蓝皮书
中国装备制造业发展报告（2018）
著(编)者：徐东华
2018年12月出版 / 估价：118.00元
PSN B-2015-505-1/1

行业及其他类

"三农"互联网金融蓝皮书
中国"三农"互联网金融发展报告（2018）
著(编)者：李勇坚 王弢
2018年8月出版 / 估价：99.00元
PSN B-2016-560-1/1

SUV蓝皮书
中国SUV市场发展报告（2017~2018）
著(编)者：靳军　2018年9月出版 / 估价：99.00元
PSN B-2016-571-1/1

冰雪蓝皮书
中国冬季奥运会发展报告（2018）
著(编)者：孙承华 伍斌 魏庆华 张鸿俊
2018年9月出版 / 估价：99.00元
PSN B-2017-647-2/3

彩票蓝皮书
中国彩票发展报告（2018）
著(编)者：益彩基金　2018年6月出版 / 估价：99.00元
PSN B-2015-462-1/1

测绘地理信息蓝皮书
测绘地理信息供给侧结构性改革研究报告（2018）
著(编)者：库热西·买合苏提
2018年12月出版 / 估价：168.00元
PSN B-2009-145-1/1

产权市场蓝皮书
中国产权市场发展报告（2017）
著(编)者：曹和平
2018年5月出版 / 估价：99.00元
PSN B-2009-147-1/1

城投蓝皮书
中国城投行业发展报告（2018）
著(编)者：华景斌
2018年11月出版 / 估价：300.00元
PSN B-2016-514-1/1

城市轨道交通蓝皮书
中国城市轨道交通运营发展报告（2017~2018）
著(编)者：崔学忠 贾文峥
2018年3月出版 / 定价：89.00元
PSN B-2018-694-1/1

大数据蓝皮书
中国大数据发展报告（No.2）
著(编)者：连玉明　2018年5月出版 / 估价：99.00元
PSN B-2017-620-1/1

大数据应用蓝皮书
中国大数据应用发展报告No.2（2018）
著(编)者：陈军君　2018年8月出版 / 估价：99.00元
PSN B-2017-644-1/1

对外投资与风险蓝皮书
中国对外直接投资与国家风险报告（2018）
著(编)者：中债资信评估有限责任公司
　　　　　中国社会科学院世界经济与政治研究所
2018年6月出版 / 估价：189.00元
PSN B-2017-606-1/1

工业和信息化蓝皮书
人工智能发展报告（2017~2018）
著(编)者：尹丽波　2018年6月出版 / 估价：99.00元
PSN B-2015-448-1/6

工业和信息化蓝皮书
世界智慧城市发展报告（2017~2018）
著(编)者：尹丽波　2018年6月出版 / 估价：99.00元
PSN B-2017-624-6/6

工业和信息化蓝皮书
世界网络安全发展报告（2017~2018）
著(编)者：尹丽波　2018年6月出版 / 估价：99.00元
PSN B-2015-452-5/6

工业和信息化蓝皮书
世界信息化发展报告（2017~2018）
著(编)者：尹丽波　2018年6月出版 / 估价：99.00元
PSN B-2015-451-4/6

工业设计蓝皮书
中国工业设计发展报告（2018）
著(编)者：王晓红 于炜 张立群　2018年9月出版 / 估价：168.00元
PSN B-2014-420-1/1

公共关系蓝皮书
中国公共关系发展报告（2017）
著(编)者：柳斌杰　2018年1月出版 / 定价：89.00元
PSN B-2016-579-1/1

行业及其他类 — 皮书系列 2018全品种

公共关系蓝皮书
中国公共关系发展报告（2018）
著（编）者：柳斌杰　2018年11月出版 / 估价：99.00元
PSN B-2016-579-1/1

管理蓝皮书
中国管理发展报告（2018）
著（编）者：张晓东　2018年10月出版 / 估价：99.00元
PSN B-2014-416-1/1

轨道交通蓝皮书
中国轨道交通行业发展报告（2017）
著（编）者：仲建华　李闽榕
2017年12月出版 / 定价：98.00元
PSN B-2017-674-1/1

海关发展蓝皮书
中国海关发展前沿报告（2018）
著（编）者：干春晖　2018年6月出版 / 估价：99.00元
PSN B-2017-616-1/1

互联网医疗蓝皮书
中国互联网健康医疗发展报告（2018）
著（编）者：芮晓武　2018年6月出版 / 估价：99.00元
PSN B-2016-567-1/1

黄金市场蓝皮书
中国商业银行黄金业务发展报告（2017~2018）
著（编）者：平安银行　2018年6月出版 / 估价：99.00元
PSN B-2016-524-1/1

会展蓝皮书
中外会展业动态评估研究报告（2018）
著（编）者：张敏　任中峰　聂鑫焱　牛盼强
2018年12月出版 / 估价：99.00元
PSN B-2013-327-1/1

基金会蓝皮书
中国基金会发展报告（2017~2018）
著（编）者：中国基金会发展报告课题组
2018年6月出版 / 估价：99.00元
PSN B-2013-368-1/1

基金会绿皮书
中国基金会发展独立研究报告（2018）
著（编）者：基金会中心网　中央民族大学基金会研究中心
2018年6月出版 / 估价：99.00元
PSN G-2011-213-1/1

基金会透明度蓝皮书
中国基金会透明度发展研究报告（2018）
著（编）者：基金会中心网　清华大学廉政与治理研究中心
2018年9月出版 / 估价：99.00元
PSN B-2013-339-1/1

建筑装饰蓝皮书
中国建筑装饰行业发展报告（2018）
著（编）者：葛道顺　刘晓一
2018年10月出版 / 估价：198.00元
PSN B-2016-553-1/1

金融监管蓝皮书
中国金融监管报告（2018）
著（编）者：胡滨　2018年3月出版 / 定价：98.00元
PSN B-2012-281-1/1

金融蓝皮书
中国互联网金融行业分析与评估（2018~2019）
著（编）者：黄国平　伍旭川　2018年12月出版 / 估价：99.00元
PSN B-2016-585-7/7

金融科技蓝皮书
中国金融科技发展报告（2018）
著（编）者：李扬　孙国峰　2018年10月出版 / 估价：99.00元
PSN B-2014-374-1/1

金融信息服务蓝皮书
中国金融信息服务发展报告（2018）
著（编）者：李平　2018年5月出版 / 估价：99.00元
PSN B-2017-621-1/1

金蜜蜂企业社会责任蓝皮书
金蜜蜂中国企业社会责任报告研究（2017）
著（编）者：殷格非　于志宏　管竹笋
2018年1月出版 / 定价：99.00元
PSN B-2018-693-1/1

京津冀金融蓝皮书
京津冀金融发展报告（2018）
著（编）者：王爱俭　王璟怡　2018年10月出版 / 估价：99.00元
PSN B-2016-527-1/1

科普蓝皮书
国家科普能力发展报告（2018）
著（编）者：王康友　2018年5月出版 / 估价：138.00元
PSN B-2017-632-4/4

科普蓝皮书
中国基层科普发展报告（2017~2018）
著（编）者：赵立新　陈玲　2018年9月出版 / 估价：99.00元
PSN B-2016-568-3/4

科普蓝皮书
中国科普基础设施发展报告（2017~2018）
著（编）者：任福君　2018年6月出版 / 估价：99.00元
PSN B-2010-174-1/3

科普蓝皮书
中国科普人才发展报告（2017~2018）
著（编）者：郑念　任嵘嵘　2018年7月出版 / 估价：99.00元
PSN B-2016-512-2/4

科普能力蓝皮书
中国科普能力评价报告（2018~2019）
著（编）者：李富强　李群　2018年8月出版 / 估价：99.00元
PSN B-2016-555-1/1

临空经济蓝皮书
中国临空经济发展报告（2018）
著（编）者：连玉明　2018年9月出版 / 估价：99.00元
PSN B-2014-421-1/1

皮书系列 2018全品种
行业及其他类

旅游安全蓝皮书
中国旅游安全报告（2018）
著(编)者：郑向敏 谢朝武　2018年5月出版 / 估价：158.00元
PSN B-2012-280-1/1

旅游绿皮书
2017~2018年中国旅游发展分析与预测
著(编)者：宋瑞　2018年1月出版 / 定价：99.00元
PSN G-2002-018-1/1

煤炭蓝皮书
中国煤炭工业发展报告（2018）
著(编)者：岳福斌　2018年12月出版 / 估价：99.00元
PSN B-2008-123-1/1

民营企业社会责任蓝皮书
中国民营企业社会责任报告（2018）
著(编)者：中华全国工商业联合会
2018年12月出版 / 估价：99.00元
PSN B-2015-510-1/1

民营医院蓝皮书
中国民营医院发展报告（2017）
著(编)者：薛晓林　2017年12月出版 / 定价：89.00元
PSN B-2012-299-1/1

闽商蓝皮书
闽商发展报告（2018）
著(编)者：李闽榕 王日根 林琛
2018年12月出版 / 估价：99.00元
PSN B-2012-298-1/1

农业应对气候变化蓝皮书
中国农业气象灾害及其灾损评估报告（No.3）
著(编)者：矫梅燕　2018年6月出版 / 估价：118.00元
PSN B-2014-413-1/1

品牌蓝皮书
中国品牌战略发展报告（2018）
著(编)者：汪同三　2018年10月出版 / 估价：99.00元
PSN B-2016-580-1/1

企业扶贫蓝皮书
中国企业扶贫研究报告（2018）
著(编)者：钟宏武　2018年12月出版 / 估价：99.00元
PSN B-2016-593-1/1

企业公益蓝皮书
中国企业公益研究报告（2018）
著(编)者：钟宏武 汪杰 黄晓娟
2018年12月出版 / 估价：99.00元
PSN B-2015-501-1/1

企业国际化蓝皮书
中国企业全球化报告（2018）
著(编)者：王辉耀 苗绿　2018年11月出版 / 估价：99.00元
PSN B-2014-427-1/1

企业蓝皮书
中国企业绿色发展报告No.2（2018）
著(编)者：李红玉 朱光辉
2018年8月出版 / 估价：99.00元
PSN B-2015-481-2/2

企业社会责任蓝皮书
中资企业海外社会责任研究报告（2017~2018）
著(编)者：钟宏武 叶柳红 张蒽
2018年6月出版 / 估价：99.00元
PSN B-2017-603-2/2

企业社会责任蓝皮书
中国企业社会责任研究报告（2018）
著(编)者：黄群慧 钟宏武 张蒽 汪杰
2018年11月出版 / 估价：99.00元
PSN B-2009-149-1/2

汽车安全蓝皮书
中国汽车安全发展报告（2018）
著(编)者：中国汽车技术研究中心
2018年8月出版 / 估价：99.00元
PSN B-2014-385-1/1

汽车电子商务蓝皮书
中国汽车电子商务发展报告（2018）
著(编)者：中华全国工商业联合会汽车经销商商会
　　　　　北方工业大学
　　　　　北京易观智库网络科技有限公司
2018年10月出版 / 估价：158.00元
PSN B-2015-485-1/1

汽车知识产权蓝皮书
中国汽车产业知识产权发展报告（2018）
著(编)者：中国汽车工程研究院股份有限公司
　　　　　中国汽车工程学会
　　　　　重庆长安汽车股份有限公司
2018年12月出版 / 估价：99.00元
PSN B-2016-594-1/1

青少年体育蓝皮书
中国青少年体育发展报告（2017）
著(编)者：刘扶民 杨桦　2018年6月出版 / 估价：99.00元
PSN B-2015-482-1/1

区块链蓝皮书
中国区块链发展报告（2018）
著(编)者：李伟　2018年9月出版 / 估价：99.00元
PSN B-2017-649-1/1

群众体育蓝皮书
中国群众体育发展报告（2017）
著(编)者：刘国永 戴健　2018年5月出版 / 估价：99.00元
PSN B-2014-411-1/3

群众体育蓝皮书
中国社会体育指导员发展报告（2018）
著(编)者：刘国永 王欢　2018年6月出版 / 估价：99.00元
PSN B-2016-520-3/3

人力资源蓝皮书
中国人力资源发展报告（2018）
著(编)者：余兴安　2018年11月出版 / 估价：99.00元
PSN B-2012-287-1/1

融资租赁蓝皮书
中国融资租赁业发展报告（2017~2018）
著(编)者：李光荣 王力　2018年8月出版 / 估价：99.00元
PSN B-2015-443-1/1

 行业及其他类

皮书系列 2018全品种

商会蓝皮书
中国商会发展报告No.5（2017）
著（编）者：王钦敏　　2018年7月出版 / 估价：99.00元
PSN B-2008-125-1/1

商务中心区蓝皮书
中国商务中心区发展报告No.4（2017~2018）
著（编）者：李国红　单菁菁　　2018年9月出版 / 估价：99.00元
PSN B-2015-444-1/1

设计产业蓝皮书
中国创新设计发展报告（2018）
著（编）者：王晓红　张立群　于炜
2018年11月出版 / 估价：99.00元
PSN B-2016-581-2/2

社会责任管理蓝皮书
中国上市公司社会责任能力成熟度报告No.4（2018）
著（编）者：肖红军　王晓光　李伟阳
2018年12月出版 / 估价：99.00元
PSN B-2015-507-2/2

社会责任管理蓝皮书
中国企业公众透明度报告No.4（2017~2018）
著（编）者：黄速建　熊梦　王晓光　肖红军
2018年6月出版 / 估价：99.00元
PSN B-2015-440-1/2

食品药品蓝皮书
食品药品安全与监管政策研究报告（2016~2017）
著（编）者：唐民皓　　2018年6月出版 / 估价：99.00元
PSN B-2009-129-1/1

输血服务蓝皮书
中国输血行业发展报告（2018）
著（编）者：孙俊　　2018年12月出版 / 估价：99.00元
PSN B-2015-582-1/1

水利风景区蓝皮书
中国水利风景区发展报告（2018）
著（编）者：董建文　兰思仁
2018年10月出版 / 估价：99.00元
PSN B-2015-480-1/1

数字经济蓝皮书
全球数字经济竞争力发展报告（2017）
著（编）者：王振　　2017年12月出版 / 定价：79.00元
PSN B-2017-673-1/1

私募市场蓝皮书
中国私募股权市场发展报告（2017~2018）
著（编）者：曹和平　　2018年12月出版 / 估价：99.00元
PSN B-2010-162-1/1

碳排放权交易蓝皮书
中国碳排放权交易报告（2018）
著（编）者：孙永平　　2018年11月出版 / 估价：99.00元
PSN B-2017-652-1/1

碳市场蓝皮书
中国碳市场报告（2018）
著（编）者：定金彪　　2018年11月出版 / 估价：99.00元
PSN B-2014-430-1/1

体育蓝皮书
中国公共体育服务发展报告（2018）
著（编）者：戴健　　2018年12月出版 / 估价：99.00元
PSN B-2013-367-2/5

土地市场蓝皮书
中国农村土地市场发展报告（2017~2018）
著（编）者：李光荣　　2018年6月出版 / 估价：99.00元
PSN B-2016-526-1/1

土地整治蓝皮书
中国土地整治发展研究报告（No.5）
著（编）者：国土资源部土地整治中心
2018年7月出版 / 估价：99.00元
PSN B-2014-401-1/1

土地政策蓝皮书
中国土地政策研究报告（2018）
著（编）者：高延利　张建平　吴次芳
2018年1月出版 / 定价：98.00元
PSN B-2015-506-1/1

网络空间安全蓝皮书
中国网络空间安全发展报告（2018）
著（编）者：惠志斌　覃庆玲
2018年11月出版 / 估价：99.00元
PSN B-2015-466-1/1

文化志愿服务蓝皮书
中国文化志愿服务发展报告（2018）
著（编）者：张永新　良警宇　　2018年11月出版 / 估价：128.00元
PSN B-2016-596-1/1

西部金融蓝皮书
中国西部金融发展报告（2017~2018）
著（编）者：李忠民　　2018年8月出版 / 估价：99.00元
PSN B-2010-160-1/1

协会商会蓝皮书
中国行业协会商会发展报告（2017）
著（编）者：景朝阳　李勇　　2018年6月出版 / 估价：99.00元
PSN B-2015-461-1/1

新三板蓝皮书
中国新三板市场发展报告（2018）
著（编）者：王力　　2018年8月出版 / 估价：99.00元
PSN B-2016-533-1/1

信托市场蓝皮书
中国信托业市场报告（2017~2018）
著（编）者：用益金融信托研究院
2018年6月出版 / 估价：198.00元
PSN B-2014-371-1/1

信息化蓝皮书
中国信息化形势分析与预测（2017~2018）
著（编）者：周宏仁　　2018年8月出版 / 估价：99.00元
PSN B-2010-168-1/1

信用蓝皮书
中国信用发展报告（2017~2018）
著（编）者：章政　田侃　　2018年6月出版 / 估价：99.00元
PSN B-2013-328-1/1

皮书系列 2018全品种 — 行业及其他类

休闲绿皮书
2017~2018年中国休闲发展报告
著(编)者：宋瑞　2018年7月出版 / 估价：99.00元
PSN G-2010-158-1/1

休闲体育蓝皮书
中国休闲体育发展报告（2017~2018）
著(编)者：李相如　钟秉枢
2018年10月出版 / 估价：99.00元
PSN B-2016-516-1/1

养老金融蓝皮书
中国养老金融发展报告（2018）
著(编)者：董克用　姚余栋
2018年9月出版 / 估价：99.00元
PSN B-2016-583-1/1

遥感监测绿皮书
中国可持续发展遥感监测报告（2017）
著(编)者：顾行发　汪克强　潘教峰　李闽榕　徐东华　王琦安
2018年6月出版 / 估价：298.00元
PSN B-2017-629-1/1

药品流通蓝皮书
中国药品流通行业发展报告（2018）
著(编)者：佘鲁林　温再兴
2018年7月出版 / 估价：198.00元
PSN B-2014-429-1/1

医疗器械蓝皮书
中国医疗器械行业发展报告（2018）
著(编)者：王宝亭　耿鸿武
2018年10月出版 / 估价：99.00元
PSN B-2017-661-1/1

医院蓝皮书
中国医院竞争力报告（2017~2018）
著(编)者：庄一强　2018年3月出版 / 定价：108.00元
PSN B-2016-528-1/1

瑜伽蓝皮书
中国瑜伽业发展报告（2017~2018）
著(编)者：张永建　徐华锋　朱泰余
2018年6月出版 / 估价：198.00元
PSN B-2017-625-1/1

债券市场蓝皮书
中国债券市场发展报告（2017~2018）
著(编)者：杨农　2018年10月出版 / 估价：99.00元
PSN B-2016-572-1/1

志愿服务蓝皮书
中国志愿服务发展报告（2018）
著(编)者：中国志愿服务联合会
2018年11月出版 / 估价：99.00元
PSN B-2017-664-1/1

中国上市公司蓝皮书
中国上市公司发展报告（2018）
著(编)者：张鹏　张平　黄胤英
2018年9月出版 / 估价：99.00元
PSN B-2014-414-1/1

中国新三板蓝皮书
中国新三板创新与发展报告（2018）
著(编)者：刘平安　闻召林
2018年8月出版 / 估价：158.00元
PSN B-2017-638-1/1

中国汽车品牌蓝皮书
中国乘用车品牌发展报告（2017）
著(编)者：《中国汽车报》社有限公司　博世（中国）投资有限公司　中国汽车技术研究中心数据资源中心
2018年1月出版 / 定价：89.00元
PSN B-2017-679-1/1

中医文化蓝皮书
北京中医药文化传播发展报告（2018）
著(编)者：毛嘉陵　2018年6月出版 / 估价：99.00元
PSN B-2015-468-1/2

中医文化蓝皮书
中国中医药文化传播发展报告（2018）
著(编)者：毛嘉陵　2018年7月出版 / 估价：99.00元
PSN B-2016-584-2/2

中医药蓝皮书
北京中医药知识产权发展报告No.2
著(编)者：汪洪　屠志涛　2018年6月出版 / 估价：168.00元
PSN B-2017-602-1/1

资本市场蓝皮书
中国场外交易市场发展报告（2016~2017）
著(编)者：高峦　2018年6月出版 / 估价：99.00元
PSN B-2009-153-1/1

资产管理蓝皮书
中国资产管理行业发展报告（2018）
著(编)者：郑智　2018年7月出版 / 估价：99.00元
PSN B-2014-407-2/2

资产证券化蓝皮书
中国资产证券化发展报告（2018）
著(编)者：沈炳熙　曹彤　李哲平
2018年4月出版 / 定价：98.00元
PSN B-2017-660-1/1

自贸区蓝皮书
中国自贸区发展报告（2018）
著(编)者：王力　黄育华
2018年6月出版 / 估价：99.00元
PSN B-2016-558-1/1

皮书系列
2018全品种

国际问题与全球治理类

国际问题与全球治理类

"一带一路"跨境通道蓝皮书
"一带一路"跨境通道建设研究报告（2017~2018）
著（编）者：余鑫 张秋生　2018年1月出版／定价：89.00元
PSN B-2016-557-1/1

"一带一路"蓝皮书
"一带一路"建设发展报告（2018）
著（编）者：李永全　2018年3月出版／定价：98.00元
PSN B-2016-552-1/1

"一带一路"投资安全蓝皮书
中国"一带一路"投资与安全研究报告（2018）
著（编）者：邹统钎 梁昊光　2018年4月出版／定价：98.00元
PSN B-2017-612-1/1

"一带一路"文化交流蓝皮书
中阿文化交流发展报告（2017）
著（编）者：王辉　2017年12月出版／定价：89.00元
PSN B-2017-655-1/1

G20国家创新竞争力黄皮书
二十国集团（G20）国家创新竞争力发展报告（2017~2018）
著（编）者：李建平 李闽榕 赵新力 周天勇
2018年7月出版／估价：168.00元
PSN Y-2011-229-1/1

阿拉伯黄皮书
阿拉伯发展报告（2016~2017）
著（编）者：罗林　2018年6月出版／估价：99.00元
PSN Y-2014-381-1/1

北部湾蓝皮书
泛北部湾合作发展报告（2017~2018）
著（编）者：吕余生　2018年12月出版／估价：99.00元
PSN B-2008-114-1/1

北极蓝皮书
北极地区发展报告（2017）
著（编）者：刘惠荣　2018年7月出版／估价：99.00元
PSN B-2017-634-1/1

大洋洲蓝皮书
大洋洲发展报告（2017~2018）
著（编）者：喻常森　2018年10月出版／估价：99.00元
PSN B-2013-341-1/1

东北亚区域合作蓝皮书
2017年"一带一路"倡议与东北亚区域合作
著（编）者：刘亚政 金美花
2018年5月出版／估价：99.00元
PSN B-2017-631-1/1

东盟黄皮书
东盟发展报告（2017）
著（编）者：杨静林 庄国土　2018年6月出版／估价：99.00元
PSN Y-2012-303-1/1

东南亚蓝皮书
东南亚地区发展报告（2017~2018）
著（编）者：王勤　2018年12月出版／估价：99.00元
PSN B-2012-240-1/1

非洲黄皮书
非洲发展报告No.20（2017~2018）
著（编）者：张宏明　2018年7月出版／估价：99.00元
PSN Y-2012-239-1/1

非传统安全蓝皮书
中国非传统安全研究报告（2017~2018）
著（编）者：潇枫 罗中枢　2018年8月出版／估价：99.00元
PSN B-2012-273-1/1

国际安全蓝皮书
中国国际安全研究报告（2018）
著（编）者：刘慧　2018年7月出版／估价：99.00元
PSN B-2016-521-1/1

国际城市蓝皮书
国际城市发展报告（2018）
著（编）者：屠启宇　2018年2月出版／估价：89.00元
PSN B-2012-260-1/1

国际形势黄皮书
全球政治与安全报告（2018）
著（编）者：张宇燕　2018年1月出版／定价：99.00元
PSN Y-2001-016-1/1

公共外交蓝皮书
中国公共外交发展报告（2018）
著（编）者：赵启正 雷蔚真　2018年6月出版／估价：99.00元
PSN B-2015-457-1/1

海丝蓝皮书
21世纪海上丝绸之路研究报告（2017）
著（编）者：华侨大学海上丝绸之路研究院
2017年12月出版／定价：89.00元
PSN B-2017-684-1/1

金砖国家黄皮书
金砖国家综合创新竞争力发展报告（2018）
著（编）者：赵新力 李闽榕 黄茂兴
2018年8月出版／估价：128.00元
PSN Y-2017-643-1/1

拉美黄皮书
拉丁美洲和加勒比发展报告（2017~2018）
著（编）者：袁东振　2018年6月出版／估价：99.00元
PSN Y-1999-007-1/1

澜湄合作蓝皮书
澜沧江-湄公河合作发展报告（2018）
著（编）者：刘稚　2018年9月出版／估价：99.00元
PSN B-2011-196-1/1

国际问题与全球治理类

欧洲蓝皮书
欧洲发展报告(2017~2018)
著(编)者：黄平 周弘 程卫东
2018年6月出版 / 估价：99.00元
PSN B-1999-009-1/1

葡语国家蓝皮书
葡语国家发展报告(2016~2017)
著(编)者：王成安 张敏 刘金兰
2018年6月出版 / 估价：99.00元
PSN B-2015-503-1/2

葡语国家蓝皮书
中国与葡语国家关系发展报告·巴西(2016)
著(编)者：张曙光
2018年8月出版 / 估价：99.00元
PSN B-2016-563-2/2

气候变化绿皮书
应对气候变化报告(2018)
著(编)者：王伟光 郑国光
2018年11月出版 / 估价：99.00元
PSN G-2009-144-1/1

全球环境竞争力绿皮书
全球环境竞争力报告(2018)
著(编)者：李建平 李闽榕 王金南
2018年12月出版 / 估价：198.00元
PSN G-2013-363-1/1

全球信息社会蓝皮书
全球信息社会发展报告(2018)
著(编)者：丁波涛 唐涛 2018年10月出版 / 估价：99.00元
PSN B-2017-665-1/1

日本经济蓝皮书
日本经济与中日经贸关系研究报告(2018)
著(编)者：张季风 2018年6月出版 / 估价：99.00元
PSN B-2008-102-1/1

上海合作组织黄皮书
上海合作组织发展报告(2018)
著(编)者：李进峰 2018年6月出版 / 估价：99.00元
PSN Y-2009-130-1/1

世界创新竞争力黄皮书
世界创新竞争力发展报告(2017)
著(编)者：李建平 李闽榕 赵新力
2018年6月出版 / 估价：168.00元
PSN Y-2013-318-1/1

世界经济黄皮书
2018年世界经济形势分析与预测
著(编)者：张宇燕 2018年1月出版 / 定价：99.00元
PSN Y-1999-006-1/1

世界能源互联互通蓝皮书
世界能源清洁发展与互联互通评估报告(2017)：欧洲篇
著(编)者：国网能源研究院
2018年1月出版 / 定价：128.00元
PSN B-2018-695-1/1

丝绸之路蓝皮书
丝绸之路经济带发展报告(2018)
著(编)者：任宗哲 白宽犁 谷孟宾
2018年1月出版 / 估价：89.00元
PSN B-2014-410-1/1

新兴经济体蓝皮书
金砖国家发展报告(2018)
著(编)者：林跃勤 周文
2018年8月出版 / 估价：99.00元
PSN B-2011-195-1/1

亚太蓝皮书
亚太地区发展报告(2018)
著(编)者：李向阳 2018年5月出版 / 估价：99.00元
PSN B-2001-015-1/1

印度洋地区蓝皮书
印度洋地区发展报告(2018)
著(编)者：汪戎 2018年6月出版 / 估价：99.00元
PSN B-2013-334-1/1

印度尼西亚经济蓝皮书
印度尼西亚经济发展报告(2017)：增长与机会
著(编)者：左志刚 2017年11月出版 / 定价：89.00元
PSN B-2017-675-1/1

渝新欧蓝皮书
渝新欧沿线国家发展报告(2018)
著(编)者：杨柏 黄森
2018年6月出版 / 估价：99.00元
PSN B-2017-626-1/1

中阿蓝皮书
中国-阿拉伯国家经贸发展报告(2018)
著(编)者：张廉 段庆林 王林聪 杨巧红
2018年12月出版 / 估价：99.00元
PSN B-2016-598-1/1

中东黄皮书
中东发展报告No.20(2017~2018)
著(编)者：杨光 2018年10月出版 / 估价：99.00元
PSN Y-1998-004-1/1

中亚黄皮书
中亚国家发展报告(2018)
著(编)者：孙力
2018年3月出版 / 定价：98.00元
PSN Y-2012-238-1/1

国别类·文化传媒类　　皮书系列 2018全品种

国别类

澳大利亚蓝皮书
澳大利亚发展报告（2017-2018）
著(编)者：孙有中　韩锋　　2018年12月出版／估价：99.00元
PSN B-2016-587-1/1

巴西黄皮书
巴西发展报告（2017）
著(编)者：刘国枝　　2018年5月出版／估价：99.00元
PSN Y-2017-614-1/1

德国蓝皮书
德国发展报告（2018）
著(编)者：郑春荣　　2018年6月出版／估价：99.00元
PSN B-2012-278-1/1

俄罗斯黄皮书
俄罗斯发展报告（2018）
著(编)者：李永全　　2018年6月出版／估价：99.00元
PSN Y-2006-061-1/1

韩国蓝皮书
韩国发展报告（2017）
著(编)者：牛林杰　刘宝全　　2018年6月出版／估价：99.00元
PSN B-2010-155-1/1

加拿大蓝皮书
加拿大发展报告（2018）
著(编)者：唐小松　　2018年9月出版／估价：99.00元
PSN B-2014-389-1/1

美国蓝皮书
美国研究报告（2018）
著(编)者：郑秉文　黄平　　2018年5月出版／估价：99.00元
PSN B-2011-210-1/1

缅甸蓝皮书
缅甸国情报告（2017）
著(编)者：祝湘辉
2017年11月出版／定价：98.00元
PSN B-2013-343-1/1

日本蓝皮书
日本研究报告（2018）
著(编)者：杨伯江　　2018年4月出版／定价：99.00元
PSN B-2002-020-1/1

土耳其蓝皮书
土耳其发展报告（2018）
著(编)者：郭长刚　刘义　　2018年9月出版／估价：99.00元
PSN B-2014-412-1/1

伊朗蓝皮书
伊朗发展报告（2017~2018）
著(编)者：冀开运　　2018年10月／估价：99.00元
PSN B-2016-574-1/1

以色列蓝皮书
以色列发展报告（2018）
著(编)者：张倩红　　2018年8月出版／估价：99.00元
PSN B-2015-483-1/1

印度蓝皮书
印度国情报告（2017）
著(编)者：吕昭义　　2018年6月出版／估价：99.00元
PSN B-2012-241-1/1

英国蓝皮书
英国发展报告（2017~2018）
著(编)者：王展鹏　　2018年12月出版／估价：99.00元
PSN B-2015-486-1/1

越南蓝皮书
越南国情报告（2018）
著(编)者：谢林城　　2018年11月出版／估价：99.00元
PSN B-2006-056-1/1

泰国蓝皮书
泰国研究报告（2018）
著(编)者：庄国土　张禹东　刘文正
2018年10月出版／估价：99.00元
PSN B-2016-556-1/1

文化传媒类

"三农"舆情蓝皮书
中国"三农"网络舆情报告（2017~2018）
著(编)者：农业部信息中心
2018年6月出版／估价：99.00元
PSN B-2017-640-1/1

传媒竞争力蓝皮书
中国传媒国际竞争力研究报告（2018）
著(编)者：李本乾　刘强　王大可
2018年8月出版／估价：99.00元
PSN B-2013-356-1/1

传媒蓝皮书
中国传媒产业发展报告（2018）
著(编)者：崔保国
2018年5月出版／估价：99.00元
PSN B-2005-035-1/1

传媒投资蓝皮书
中国传媒投资发展报告（2018）
著(编)者：张向东　谭云明
2018年6月出版／估价：148.00元
PSN B-2015-474-1/1

27

皮书系列 2018全品种 — 文化传媒类

非物质文化遗产蓝皮书
中国非物质文化遗产发展报告（2018）
著（编）者：陈平　2018年6月出版 / 估价：128.00元
PSN B-2015-469-1/2

非物质文化遗产蓝皮书
中国非物质文化遗产保护发展报告（2018）
著（编）者：宋俊华　2018年10月出版 / 估价：128.00元
PSN B-2016-586-2/2

广电蓝皮书
中国广播电影电视发展报告（2018）
著（编）者：国家新闻出版广电总局发展研究中心
2018年7月出版 / 估价：99.00元
PSN B-2006-072-1/1

广告主蓝皮书
中国广告主营销传播趋势报告No.9
著（编）者：黄升民　杜国清　邵华冬 等
2018年10月出版 / 估价：158.00元
PSN B-2005-041-1/1

国际传播蓝皮书
中国国际传播发展报告（2018）
著（编）者：胡正荣　李继东　姬德强
2018年12月出版 / 估价：99.00元
PSN B-2014-408-1/1

国家形象蓝皮书
中国国家形象传播报告（2017）
著（编）者：张昆　2018年6月出版 / 估价：128.00元
PSN B-2017-605-1/1

互联网治理蓝皮书
中国网络社会治理研究报告（2018）
著（编）者：罗昕　罗庭荣
2018年9月出版 / 估价：118.00元
PSN B-2017-653-1/1

纪录片蓝皮书
中国纪录片发展报告（2018）
著（编）者：何苏六　2018年10月出版 / 估价：99.00元
PSN B-2011-222-1/1

科学传播蓝皮书
中国科学传播报告（2016~2017）
著（编）者：詹正茂　2018年6月出版 / 估价：99.00元
PSN B-2008-120-1/1

两岸创意经济蓝皮书
两岸创意经济研究报告（2018）
著（编）者：罗昌智　董泽平
2018年10月出版 / 估价：99.00元
PSN B-2014-437-1/1

媒介与女性蓝皮书
中国媒介与女性发展报告（2017~2018）
著（编）者：刘利群　2018年5月出版 / 估价：99.00元
PSN B-2013-345-1/1

媒体融合蓝皮书
中国媒体融合发展报告（2017~2018）
著（编）者：梅宁华　支庭荣
2017年12月出版 / 估价：98.00元
PSN B-2015-479-1/1

全球传媒蓝皮书
全球传媒发展报告（2017~2018）
著（编）者：胡正荣　李继东　2018年6月出版 / 估价：99.00元
PSN B-2012-237-1/1

少数民族非遗蓝皮书
中国少数民族非物质文化遗产发展报告（2018）
著（编）者：肖远平（彝）　柴立（满）
2018年10月出版 / 估价：118.00元
PSN B-2015-467-1/1

视听新媒体蓝皮书
中国视听新媒体发展报告（2018）
著（编）者：国家新闻出版广电总局发展研究中心
2018年7月出版 / 估价：118.00元
PSN B-2011-184-1/1

数字娱乐产业蓝皮书
中国动画产业发展报告（2018）
著（编）者：孙立军　孙平　牛兴侦
2018年10月出版 / 估价：99.00元
PSN B-2011-198-1/2

数字娱乐产业蓝皮书
中国游戏产业发展报告（2018）
著（编）者：孙立军　刘跃军　2018年10月出版 / 估价：99.00元
PSN B-2017-662-2/2

网络视听蓝皮书
中国互联网视听行业发展报告（2018）
著（编）者：陈鹏　2018年2月出版 / 定价：148.00元
PSN B-2018-688-1/1

文化创新蓝皮书
中国文化创新报告（2017·No.8）
著（编）者：傅才武　2018年6月出版 / 估价：99.00元
PSN B-2009-143-1/1

文化建设蓝皮书
中国文化发展报告（2018）
著（编）者：江畅　孙伟平　戴茂堂
2018年5月出版 / 估价：99.00元
PSN B-2014-392-1/1

文化科技蓝皮书
文化科技创新发展报告（2018）
著（编）者：于平　李凤亮　2018年10月出版 / 估价：99.00元
PSN B-2013-342-1/1

文化蓝皮书
中国公共文化服务发展报告（2017~2018）
著（编）者：刘新成　张永新　张旭
2018年12月出版 / 估价：99.00元
PSN B-2007-093-2/10

文化蓝皮书
中国少数民族文化发展报告（2017~2018）
著（编）者：武翠英　张晓明　任乌晶
2018年9月出版 / 估价：99.00元
PSN B-2013-369-9/10

文化蓝皮书
中国文化产业供需协调检测报告（2018）
著（编）者：王亚南　2018年3月出版 / 定价：99.00元
PSN B-2013-323-8/10

文化传媒类 · 地方发展类-经济

皮书系列 2018全品种

文化蓝皮书
中国文化消费需求景气评价报告（2018）
著（编）者：王亚南　2018年3月出版 / 定价：99.00元
PSN B-2011-236-4/10

文化蓝皮书
中国公共文化投入增长测评报告（2018）
著（编）者：王亚南　2018年3月出版 / 定价：99.00元
PSN B-2014-435-10/10

文化品牌蓝皮书
中国文化品牌发展报告（2018）
著（编）者：欧阳友权　2018年5月出版 / 估价：99.00元
PSN B-2012-277-1/1

文化遗产蓝皮书
中国文化遗产事业发展报告（2017~2018）
著（编）者：苏杨　张颖岚　卓杰　白海峰　陈晨　陈叙图
2018年8月出版 / 估价：99.00元
PSN B-2008-119-1/1

文学蓝皮书
中国文情报告（2017~2018）
著（编）者：白烨　2018年5月出版 / 估价：99.00元
PSN B-2011-221-1/1

新媒体蓝皮书
中国新媒体发展报告No.9（2018）
著（编）者：唐绪军　2018年7月出版 / 估价：99.00元
PSN B-2010-169-1/1

新媒体社会责任蓝皮书
中国新媒体社会责任研究报告（2018）
著（编）者：钟瑛　2018年12月出版 / 估价：99.00元
PSN B-2014-423-1/1

移动互联网蓝皮书
中国移动互联网发展报告（2018）
著（编）者：余清楚　2018年6月出版 / 估价：99.00元
PSN B-2012-282-1/1

影视蓝皮书
中国影视产业发展报告（2018）
著（编）者：司若　陈鹏　陈锐
2018年6月出版 / 估价：99.00元
PSN B-2016-529-1/1

舆情蓝皮书
中国社会舆情与危机管理报告（2018）
著（编）者：谢耘耕
2018年9月出版 / 估价：138.00元
PSN B-2011-235-1/1

中国大运河蓝皮书
中国大运河发展报告（2018）
著（编）者：吴欣　2018年2月出版 / 估价：128.00元
PSN B-2018-691-1/1

地方发展类-经济

澳门蓝皮书
澳门经济社会发展报告（2017~2018）
著（编）者：吴志良　郝雨凡
2018年7月出版 / 估价：99.00元
PSN B-2009-138-1/1

澳门绿皮书
澳门旅游休闲发展报告（2017~2018）
著（编）者：郝雨凡　林广志
2018年5月出版 / 估价：99.00元
PSN G-2017-617-1/1

北京蓝皮书
北京经济发展报告（2017~2018）
著（编）者：杨松　2018年6月出版 / 估价：99.00元
PSN B-2006-054-2/8

北京旅游绿皮书
北京旅游发展报告（2018）
著（编）者：北京旅游学会
2018年7月出版 / 估价：99.00元
PSN G-2012-301-1/1

北京体育蓝皮书
北京体育产业发展报告（2017~2018）
著（编）者：钟秉枢　陈杰　杨铁黎
2018年9月出版 / 估价：99.00元
PSN B-2015-475-1/1

滨海金融蓝皮书
滨海新区金融发展报告（2017）
著（编）者：王爱俭　李向前　2018年4月出版 / 估价：99.00元
PSN B-2014-424-1/1

城乡一体化蓝皮书
北京城乡一体化发展报告（2017~2018）
著（编）者：吴宝新　张宝秀　黄序
2018年5月出版 / 估价：99.00元
PSN B-2012-258-2/2

非公有制企业社会责任蓝皮书
北京非公有制企业社会责任报告（2018）
著（编）者：宋贵伦　冯培
2018年6月出版 / 估价：99.00元
PSN B-2017-613-1/1

皮书系列 2018全品种　地方发展类-经济

福建旅游蓝皮书
福建省旅游产业发展现状研究（2017~2018）
著（编）者：陈敏华 黄远水　2018年12月出版 / 估价：128.00元
PSN B-2016-591-1/1

福建自贸区蓝皮书
中国（福建）自由贸易试验区发展报告（2017~2018）
著（编）者：黄茂兴　2018年6月出版 / 估价：118.00元
PSN B-2016-531-1/1

甘肃蓝皮书
甘肃经济发展分析与预测（2018）
著（编）者：安文华 罗哲　2018年1月出版 / 定价：99.00元
PSN B-2013-312-1/6

甘肃蓝皮书
甘肃商贸流通发展报告（2018）
著（编）者：张应华 王福生 王晓芳
2018年1月出版 / 定价：99.00元
PSN B-2016-522-6/6

甘肃蓝皮书
甘肃县域和农村发展报告（2018）
著（编）者：包东红 朱智文 王建兵
2018年1月出版 / 定价：99.00元
PSN B-2013-316-5/6

甘肃农业科技绿皮书
甘肃农业科技发展研究报告（2018）
著（编）者：魏胜文 乔德华 张东伟
2018年12月出版 / 估价：198.00元
PSN B-2016-592-1/1

甘肃气象保障蓝皮书
甘肃农业对气候变化的适应与风险评估报告（No.1）
著（编）者：鲍文中 周广胜
2017年12月出版 / 定价：108.00元
PSN B-2017-677-1/1

巩义蓝皮书
巩义经济社会发展报告（2018）
著（编）者：丁同民 朱军　2018年6月出版 / 估价：99.00元
PSN B-2016-532-1/1

广东外经贸蓝皮书
广东对外经济贸易发展研究报告（2017~2018）
著（编）者：陈万灵　2018年6月出版 / 估价：99.00元
PSN B-2012-286-1/1

广西北部湾经济区蓝皮书
广西北部湾经济区开放开发报告（2017~2018）
著（编）者：广西壮族自治区北部湾经济区和东盟开放合作办公室
　　　　　广西社会科学院
　　　　　广西北部湾发展研究院
2018年5月出版 / 估价：99.00元
PSN B-2010-181-1/1

广州蓝皮书
广州城市国际化发展报告（2018）
著（编）者：张跃国　2018年8月出版 / 估价：99.00元
PSN B-2012-246-11/14

广州蓝皮书
中国广州城市建设与管理发展报告（2018）
著（编）者：张其学 陈小钢 王宏伟　2018年8月出版 / 估价：99.00元
PSN B-2007-087-4/14

广州蓝皮书
广州创新型城市发展报告（2018）
著（编）者：尹涛　2018年6月出版 / 估价：99.00元
PSN B-2012-247-12/14

广州蓝皮书
广州经济发展报告（2018）
著（编）者：张跃国 尹涛　2018年7月出版 / 估价：99.00元
PSN B-2005-040-1/14

广州蓝皮书
2018年中国广州经济形势分析与预测
著（编）者：魏明海 谢博能 李华
2018年6月出版 / 估价：99.00元
PSN B-2011-185-9/14

广州蓝皮书
中国广州科技创新发展报告（2018）
著（编）者：于欣伟 陈爽 邓佑满　2018年8月出版 / 估价：99.00元
PSN B-2006-065-2/14

广州蓝皮书
广州农村发展报告（2018）
著（编）者：朱名宏　2018年7月出版 / 估价：99.00元
PSN B-2010-167-8/14

广州蓝皮书
广州汽车产业发展报告（2018）
著（编）者：杨再高 冯兴亚　2018年7月出版 / 估价：99.00元
PSN B-2006-066-3/14

广州蓝皮书
广州商贸业发展报告（2018）
著（编）者：张跃国 陈杰 荀振英
2018年7月出版 / 估价：99.00元
PSN B-2012-245-10/14

贵阳蓝皮书
贵阳城市创新发展报告No.3（白云篇）
著（编）者：连玉明　2018年5月出版 / 估价：99.00元
PSN B-2015-491-3/10

贵阳蓝皮书
贵阳城市创新发展报告No.3（观山湖篇）
著（编）者：连玉明　2018年5月出版 / 估价：99.00元
PSN B-2015-497-9/10

贵阳蓝皮书
贵阳城市创新发展报告No.3（花溪篇）
著（编）者：连玉明　2018年5月出版 / 估价：99.00元
PSN B-2015-490-2/10

贵阳蓝皮书
贵阳城市创新发展报告No.3（开阳篇）
著（编）者：连玉明　2018年5月出版 / 估价：99.00元
PSN B-2015-492-4/10

贵阳蓝皮书
贵阳城市创新发展报告No.3（南明篇）
著（编）者：连玉明　2018年5月出版 / 估价：99.00元
PSN B-2015-496-8/10

贵阳蓝皮书
贵阳城市创新发展报告No.3（清镇篇）
著（编）者：连玉明　2018年5月出版 / 估价：99.00元
PSN B-2015-489-1/10

皮书系列 2018全品种

贵阳蓝皮书
贵阳城市创新发展报告No.3（乌当篇）
著(编)者：连玉明　2018年5月出版 / 估价：99.00元
PSN B-2015-495-7/10

贵阳蓝皮书
贵阳城市创新发展报告No.3（息烽篇）
著(编)者：连玉明　2018年5月出版 / 估价：99.00元
PSN B-2015-493-5/10

贵阳蓝皮书
贵阳城市创新发展报告No.3（修文篇）
著(编)者：连玉明　2018年5月出版 / 估价：99.00元
PSN B-2015-494-6/10

贵阳蓝皮书
贵阳城市创新发展报告No.3（云岩篇）
著(编)者：连玉明　2018年5月出版 / 估价：99.00元
PSN B-2015-498-10/10

贵州房地产蓝皮书
贵州房地产发展报告No.5（2018）
著(编)者：武廷方　2018年7月出版 / 估价：99.00元
PSN B-2014-426-1/1

贵州蓝皮书
贵州册亨经济社会发展报告（2018）
著(编)者：黄德林　2018年6月出版 / 估价：99.00元
PSN B-2016-525-8/9

贵州蓝皮书
贵州地理标志产业发展报告（2018）
著(编)者：李发耀　黄其松　2018年8月出版 / 估价：99.00元
PSN B-2017-646-10/10

贵州蓝皮书
贵安新区发展报告（2017~2018）
著(编)者：马长青　吴大华　2018年6月出版 / 估价：99.00元
PSN B-2015-459-4/10

贵州蓝皮书
贵州国家级开放创新平台发展报告（2017~2018）
著(编)者：申晓庆　吴大华　季泓
2018年11月出版 / 估价：99.00元
PSN B-2016-518-7/10

贵州蓝皮书
贵州国有企业社会责任发展报告（2017~2018）
著(编)者：郭丽　2018年12月出版 / 估价：99.00元
PSN B-2015-511-6/10

贵州蓝皮书
贵州民航业发展报告（2017）
著(编)者：申振东　吴大华　2018年6月出版 / 估价：99.00元
PSN B-2015-471-5/10

贵州蓝皮书
贵州民营经济发展报告（2017）
著(编)者：杨静　吴大华　2018年6月出版 / 估价：99.00元
PSN B-2016-530-9/9

杭州都市圈蓝皮书
杭州都市圈发展报告（2018）
著(编)者：洪庆华　沈翔　2018年4月出版 / 定价：98.00元
PSN B-2012-302-1/1

河北经济蓝皮书
河北省经济发展报告（2018）
著(编)者：马树强　金浩　张贵　2018年6月出版 / 估价：99.00元
PSN B-2014-380-1/1

河北蓝皮书
河北经济社会发展报告（2018）
著(编)者：康振海　2018年1月出版 / 定价：99.00元
PSN B-2014-372-1/3

河北蓝皮书
京津冀协同发展报告（2018）
著(编)者：陈璐　2017年12月出版 / 定价：79.00元
PSN B-2017-601-2/3

河南经济蓝皮书
2018年河南经济形势分析与预测
著(编)者：王世炎　2018年3月出版 / 定价：89.00元
PSN B-2007-086-1/1

河南蓝皮书
河南城市发展报告（2018）
著(编)者：张占仓　王建国　2018年5月出版 / 估价：99.00元
PSN B-2009-131-3/9

河南蓝皮书
河南工业发展报告（2018）
著(编)者：张占仓　2018年5月出版 / 估价：99.00元
PSN B-2013-317-5/9

河南蓝皮书
河南金融发展报告（2018）
著(编)者：喻新安　谷建全
2018年6月出版 / 估价：99.00元
PSN B-2014-390-7/9

河南蓝皮书
河南经济发展报告（2018）
著(编)者：张占仓　完世伟
2018年6月出版 / 估价：99.00元
PSN B-2010-157-4/9

河南蓝皮书
河南能源发展报告（2018）
著(编)者：国网河南省电力公司经济技术研究院
　　　　　河南省社会科学院
2018年6月出版 / 估价：99.00元
PSN B-2017-607-9/9

河南商务蓝皮书
河南商务发展报告（2018）
著(编)者：焦锦淼　穆荣国　2018年5月出版 / 估价：99.00元
PSN B-2014-399-1/1

河南双创蓝皮书
河南创新创业发展报告（2018）
著(编)者：喻新安　杨雪梅
2018年8月出版 / 估价：99.00元
PSN B-2017-641-1/1

黑龙江蓝皮书
黑龙江经济发展报告（2018）
著(编)者：朱宇　2018年1月出版 / 定价：89.00元
PSN B-2011-190-2/2

皮书系列 2018全品种
地方发展类-经济

湖南城市蓝皮书
区域城市群整合
著(编)者：童中贤 韩未名　2018年12月出版 / 估价：99.00元
PSN B-2006-064-1/1

湖南蓝皮书
湖南城乡一体化发展报告（2018）
著(编)者：陈文胜 王文强 陆福兴
2018年8月出版 / 估价：99.00元
PSN B-2015-477-8/8

湖南蓝皮书
2018年湖南电子政务发展报告
著(编)者：梁志峰　2018年5月出版 / 估价：128.00元
PSN B-2014-394-6/8

湖南蓝皮书
2018年湖南经济发展报告
著(编)者：卞鹰　2018年5月出版 / 估价：128.00元
PSN B-2011-207-2/8

湖南蓝皮书
2016年湖南经济展望
著(编)者：梁志峰　2018年5月出版 / 估价：128.00元
PSN B-2011-206-1/8

湖南蓝皮书
2018年湖南县域经济社会发展报告
著(编)者：梁志峰　2018年5月出版 / 估价：128.00元
PSN B-2014-395-7/8

湖南县域绿皮书
湖南县域发展报告（No.5）
著(编)者：袁准 周小毛 黎仁寅
2018年6月出版 / 估价：99.00元
PSN G-2012-274-1/1

沪港蓝皮书
沪港发展报告（2018）
著(编)者：尤安山　2018年9月出版 / 估价：99.00元
PSN B-2013-362-1/1

吉林蓝皮书
2018年吉林经济社会形势分析与预测
著(编)者：邵汉明　2017年12月出版 / 定价：89.00元
PSN B-2013-319-1/1

吉林省城市竞争力蓝皮书
吉林省城市竞争力报告（2017~2018）
著(编)者：崔岳春 张磊
2018年3月出版 / 估价：89.00元
PSN B-2016-513-1/1

济源蓝皮书
济源经济社会发展报告（2018）
著(编)者：喻新安　2018年6月出版 / 估价：99.00元
PSN B-2014-387-1/1

江苏蓝皮书
2018年江苏经济发展分析与展望
著(编)者：王庆五 吴先满
2018年7月出版 / 估价：128.00元
PSN B-2017-635-1/3

江西蓝皮书
江西经济社会发展报告（2018）
著(编)者：陈石俊 龚建文　2018年10月出版 / 估价：128.00元
PSN B-2015-484-1/2

江西蓝皮书
江西设区市发展报告（2018）
著(编)者：姜玮 梁勇
2018年10月出版 / 估价：99.00元
PSN B-2016-517-2/2

经济特区蓝皮书
中国经济特区发展报告（2017）
著(编)者：陶一桃　2018年1月出版 / 估价：99.00元
PSN B-2009-139-1/1

辽宁蓝皮书
2018年辽宁经济社会形势分析与预测
著(编)者：梁启东 魏红江　2018年6月出版 / 估价：99.00元
PSN B-2006-053-1/1

民族经济蓝皮书
中国民族地区经济发展报告（2018）
著(编)者：李曦辉　2018年7月出版 / 估价：99.00元
PSN B-2017-630-1/1

南宁蓝皮书
南宁经济发展报告（2018）
著(编)者：胡建华　2018年9月出版 / 估价：99.00元
PSN B-2016-569-2/3

内蒙古蓝皮书
内蒙古精准扶贫研究报告（2018）
著(编)者：张志华　2018年1月出版 / 定价：89.00元
PSN B-2017-681-2/2

浦东新区蓝皮书
上海浦东经济发展报告（2018）
著(编)者：周小平 徐美芳
2018年1月出版 / 定价：89.00元
PSN B-2011-225-1/1

青海蓝皮书
2018年青海经济社会形势分析与预测
著(编)者：陈玮　2018年1月出版 / 定价：98.00元
PSN B-2012-275-1/2

青海科技绿皮书
青海科技发展报告（2017）
著(编)者：青海省科学技术信息研究所
2018年3月出版 / 定价：98.00元
PSN G-2018-701-1/1

山东蓝皮书
山东经济形势分析与预测（2018）
著(编)者：李广杰　2018年7月出版 / 估价：99.00元
PSN B-2014-404-1/5

山东蓝皮书
山东省普惠金融发展报告（2018）
著(编)者：齐鲁财富网
2018年9月出版 / 估价：99.00元
PSN B2017-676-5/5

> 地方发展类-经济

皮书系列 2018全品种

山西蓝皮书
山西资源型经济转型发展报告（2018）
著(编)者：李志强　2018年7月出版／估价：99.00元
PSN B-2011-197-1/1

陕西蓝皮书
陕西经济发展报告（2018）
著(编)者：任宗哲　白宽犁　裴成荣
2018年1月出版／定价：89.00元
PSN B-2009-135-1/6

陕西蓝皮书
陕西精准脱贫研究报告（2018）
著(编)者：任宗哲　白宽犁　王建康
2018年4月出版／定价：89.00元
PSN B-2017-623-6/6

上海蓝皮书
上海经济发展报告（2018）
著(编)者：沈开艳　2018年2月出版／定价：89.00元
PSN B-2006-057-1/7

上海蓝皮书
上海资源环境发展报告（2018）
著(编)者：周冯琦　胡静　2018年2月出版／定价：89.00元
PSN B-2006-060-4/7

上海蓝皮书
上海奉贤经济发展分析与研判（2017～2018）
著(编)者：张兆安　朱平芳　2018年3月出版／定价：99.00元
PSN B-2018-698-8/8

上饶蓝皮书
上饶发展报告（2016～2017）
著(编)者：廖其志　2018年6月出版／估价：128.00元
PSN B-2014-377-1/1

深圳蓝皮书
深圳经济发展报告（2018）
著(编)者：张骁儒　2018年6月出版／定价：99.00元
PSN B-2008-112-3/7

四川蓝皮书
四川城镇化发展报告（2018）
著(编)者：侯水平　陈炜　2018年6月出版／定价：99.00元
PSN B-2015-456-7/7

四川蓝皮书
2018年四川经济形势分析与预测
著(编)者：杨钢　2018年1月出版／定价：158.00元
PSN B-2007-098-2/7

四川蓝皮书
四川企业社会责任研究报告（2017～2018）
著(编)者：侯水平　盛毅　2018年5月出版／定价：99.00元
PSN B-2014-386-4/7

四川蓝皮书
四川生态建设报告（2018）
著(编)者：李晟之　2018年5月出版／定价：99.00元
PSN B-2015-455-6/7

四川蓝皮书
四川特色小镇发展报告（2017）
著(编)者：吴志强　2017年11月出版／定价：89.00元
PSN B-2017-670-8/7

体育蓝皮书
上海体育产业发展报告（2017~2018）
著(编)者：张林　黄海燕
2018年10月出版／定价：99.00元
PSN B-2015-454-4/5

体育蓝皮书
长三角地区体育产业发展报（2017～2018）
著(编)者：张林　2018年6月出版／估价：99.00元
PSN B-2015-453-3/5

天津金融蓝皮书
天津金融发展报告（2018）
著(编)者：王爱俭　孔德昌
2018年5月出版／定价：99.00元
PSN B-2014-418-1/1

图们江区域合作蓝皮书
图们江区域合作发展报告（2018）
著(编)者：李铁　2018年6月出版／估价：99.00元
PSN B-2015-464-1/1

温州蓝皮书
2018年温州经济社会形势分析与预测
著(编)者：蒋儒标　王春光　金浩
2018年6月出版／定价：99.00元
PSN B-2008-105-1/1

西咸新区蓝皮书
西咸新区发展报告（2018）
著(编)者：李扬　王军
2018年6月出版／估价：99.00元
PSN B-2016-534-1/1

修武蓝皮书
修武经济社会发展报告（2018）
著(编)者：张占仓　袁凯声
2018年10月出版／估价：99.00元
PSN B-2017-651-1/1

偃师蓝皮书
偃师经济社会发展报告（2018）
著(编)者：张占仓　袁凯声　何武周
2018年7月出版／估价：99.00元
PSN B-2017-627-1/1

扬州蓝皮书
扬州经济社会发展报告（2018）
著(编)者：陈扬
2018年12月出版／估价：108.00元
PSN B-2011-191-1/1

长垣蓝皮书
长垣经济社会发展报告（2018）
著(编)者：张占仓　袁凯声　秦保建
2018年10月出版／估价：99.00元
PSN B-2017-654-1/1

遵义蓝皮书
遵义发展报告（2018）
著(编)者：邓彦　曾征　龚永育
2018年9月出版／估价：99.00元
PSN B-2014-433-1/1

地方发展类-社会

安徽蓝皮书
安徽社会发展报告（2018）
著(编)者：程桦　2018年6月出版／估价：99.00元
PSN B-2013-325-1/1

安徽社会建设蓝皮书
安徽社会建设分析报告（2017~2018）
著(编)者：黄家海　蔡宪
2018年11月出版／估价：99.00元
PSN B-2013-322-1/1

北京蓝皮书
北京公共服务发展报告（2017~2018）
著(编)者：施昌奎　2018年6月出版／估价：99.00元
PSN B-2008-103-7/8

北京蓝皮书
北京社会发展报告（2017~2018）
著(编)者：李伟东
2018年7月出版／估价：99.00元
PSN B-2006-055-3/8

北京蓝皮书
北京社会治理发展报告（2017~2018）
著(编)者：殷星辰　2018年7月出版／估价：99.00元
PSN B-2014-391-8/8

北京律师蓝皮书
北京律师发展报告No.4（2018）
著(编)者：王隽　2018年12月出版／估价：99.00元
PSN B-2011-217-1/1

北京人才蓝皮书
北京人才发展报告（2018）
著(编)者：敏华　2018年12月出版／估价：128.00元
PSN B-2011-201-1/1

北京社会心态蓝皮书
北京社会心态分析报告（2017~2018）
北京市社会心理服务促进中心
2018年10月出版／估价：99.00元
PSN B-2014-422-1/1

北京社会组织管理蓝皮书
北京社会组织发展与管理（2018）
著(编)者：黄江松
2018年6月出版／估价：99.00元
PSN B-2015-446-1/1

北京养老产业蓝皮书
北京居家养老发展报告（2018）
著(编)者：陆杰华　周明明
2018年8月出版／估价：99.00元
PSN B-2015-465-1/1

法治蓝皮书
四川依法治省年度报告No.4（2018）
著(编)者：李林　杨天宗　田禾
2018年3月出版／定价：118.00元
PSN B-2015-447-2/3

福建妇女发展蓝皮书
福建省妇女发展报告（2018）
著(编)者：刘群英　2018年11月出版／估价：99.00元
PSN B-2011-220-1/1

甘肃蓝皮书
甘肃社会发展分析与预测（2018）
著(编)者：安文华　谢增虎　包晓霞
2018年1月出版／定价：99.00元
PSN B-2013-313-2/6

广东蓝皮书
广东全面深化改革研究报告（2018）
著(编)者：周林生　涂成林
2018年12月出版／估价：99.00元
PSN B-2015-504-3/3

广东蓝皮书
广东社会工作发展报告（2018）
著(编)者：罗观翠　2018年6月出版／估价：99.00元
PSN B-2014-402-2/3

广州蓝皮书
广州青年发展报告（2018）
著(编)者：徐柳　张强
2018年8月出版／估价：99.00元
PSN B-2013-352-13/14

广州蓝皮书
广州社会保障发展报告（2018）
著(编)者：张跃国　2018年8月出版／估价：99.00元
PSN B-2014-425-14/14

广州蓝皮书
2018年中国广州社会形势分析与预测
著(编)者：张强　郭志勇　何镜清
2018年6月出版／估价：99.00元
PSN B-2008-110-5/14

贵州蓝皮书
贵州法治发展报告（2018）
著(编)者：吴大华　2018年5月出版／估价：99.00元
PSN B-2012-254-2/10

贵州蓝皮书
贵州人才发展报告（2017）
著(编)者：于杰　吴大华
2018年9月出版／估价：99.00元
PSN B-2014-382-3/10

贵州蓝皮书
贵州社会发展报告（2018）
著(编)者：王兴骥　2018年6月出版／估价：99.00元
PSN B-2010-166-1/10

杭州蓝皮书
杭州妇女发展报告（2018）
著(编)者：魏颖
2018年10月出版／估价：99.00元
PSN B-2014-403-1/1

地方发展类-社会

皮书系列 2018全品种

河北蓝皮书
河北法治发展报告（2018）
著(编)者：康振海　2018年6月出版 / 估价：99.00元
PSN B-2017-622-3/3

河北食品药品安全蓝皮书
河北食品药品安全研究报告（2018）
著(编)者：丁锦霞
2018年10月出版 / 估价：99.00元
PSN B-2015-473-1/1

河南蓝皮书
河南法治发展报告（2018）
著(编)者：张林海　2018年7月出版 / 估价：99.00元
PSN B-2014-376-6/9

河南蓝皮书
2018年河南社会形势分析与预测
著(编)者：牛苏林　2018年5月出版 / 估价：99.00元
PSN B-2005-043-1/9

河南民办教育蓝皮书
河南民办教育发展报告（2018）
著(编)者：胡大白　2018年9月出版 / 估价：99.00元
PSN B-2017-642-1/1

黑龙江蓝皮书
黑龙江社会发展报告（2018）
著(编)者：王爱丽　2018年1月出版 / 定价：89.00元
PSN B-2011-189-1/2

湖南蓝皮书
2018年湖南两型社会与生态文明建设报告
著(编)者：卞鹰　2018年5月出版 / 估价：128.00元
PSN B-2011-208-3/8

湖南蓝皮书
2018年湖南社会发展报告
著(编)者：卞鹰　2018年5月出版 / 估价：128.00元
PSN B-2014-393-5/8

健康城市蓝皮书
北京健康城市建设研究报告（2018）
著(编)者：王鸿春　盛继洪
2018年9月出版 / 估价：99.00元
PSN B-2015-460-1/2

江苏法治蓝皮书
江苏法治发展报告No.6（2017）
著(编)者：蔡道通　龚廷泰
2018年8月出版 / 估价：99.00元
PSN B-2012-290-1/1

江苏蓝皮书
2018年江苏社会发展分析与展望
著(编)者：王庆五　刘旺洪
2018年8月出版 / 估价：128.00元
PSN B-2017-636-2/3

民族教育蓝皮书
中国民族教育发展报告（2017·内蒙古卷）
著(编)者：陈中永
2017年12月出版 / 定价：198.00元
PSN B-2017-669-1/1

南宁蓝皮书
南宁法治发展报告（2018）
著(编)者：杨维超　2018年12月出版 / 估价：99.00元
PSN B-2015-509-1/3

南宁蓝皮书
南宁社会发展报告（2018）
著(编)者：胡建华　2018年10月出版 / 估价：99.00元
PSN B-2016-570-3/3

内蒙古蓝皮书
内蒙古反腐倡廉建设报告No.2
著(编)者：张志华　2018年6月出版 / 估价：99.00元
PSN B-2013-365-1/1

青海蓝皮书
2018年青海人才发展报告
著(编)者：王宇燕　2018年9月出版 / 估价：99.00元
PSN B-2017-650-2/2

青海生态文明建设蓝皮书
青海生态文明建设蓝皮书（2018）
著(编)者：张西明　高华　2018年12月出版 / 估价：99.00元
PSN B-2016-595-1/1

人口与健康蓝皮书
深圳人口与健康发展报告（2018）
著(编)者：陆杰华　傅崇辉
2018年11月出版 / 估价：99.00元
PSN B-2011-228-1/1

山东蓝皮书
山东社会形势分析与预测（2018）
著(编)者：李善峰　2018年6月出版 / 估价：99.00元
PSN B-2014-405-2/5

陕西蓝皮书
陕西社会发展报告（2018）
著(编)者：任宗哲　白宽犁　牛昉
2018年1月出版 / 定价：89.00元
PSN B-2009-136-2/6

上海蓝皮书
上海法治发展报告（2018）
著(编)者：叶必丰　2018年9月出版 / 估价：99.00元
PSN B-2012-296-6/7

上海蓝皮书
上海社会发展报告（2018）
著(编)者：杨雄　周海旺
2018年2月出版 / 定价：89.00元
PSN B-2006-058-2/7

皮书系列 2018全品种

地方发展类-社会 · 地方发展类-文化

社会建设蓝皮书
2018年北京社会建设分析报告
著(编)者：宋贵伦 冯虹　2018年9月出版 / 估价：99.00元
PSN B-2010-173-1/1

深圳蓝皮书
深圳法治发展报告（2018）
著(编)者：张骁儒　2018年6月出版 / 估价：99.00元
PSN B-2015-470-6/7

深圳蓝皮书
深圳劳动关系发展报告（2018）
著(编)者：汤庭芬　2018年8月出版 / 估价：99.00元
PSN B-2007-097-2/7

深圳蓝皮书
深圳社会治理与发展报告（2018）
著(编)者：张骁儒　2018年6月出版 / 估价：99.00元
PSN B-2008-113-4/7

生态安全绿皮书
甘肃国家生态安全屏障建设发展报告（2018）
著(编)者：刘举科 喜文华
2018年10月出版 / 估价：99.00元
PSN G-2017-659-1/1

顺义社会建设蓝皮书
北京市顺义区社会建设发展报告（2018）
著(编)者：王学武　2018年9月出版 / 估价：99.00元
PSN B-2017-658-1/1

四川蓝皮书
四川法治发展报告（2018）
著(编)者：郑泰安　2018年6月出版 / 估价：99.00元
PSN B-2015-441-5/7

四川蓝皮书
四川社会发展报告（2018）
著(编)者：李羚　2018年6月出版 / 估价：99.00元
PSN B-2008-127-3/7

四川社会工作与管理蓝皮书
四川省社会工作人力资源发展报告（2017）
著(编)者：边慧敏　2017年12月出版 / 定价：89.00元
PSN B-2017-683-1/1

云南社会治理蓝皮书
云南社会治理年度报告（2017）
著(编)者：晏雄 韩全芳
2018年5月出版 / 估价：99.00元
PSN B-2017-667-1/1

地方发展类-文化

北京传媒蓝皮书
北京新闻出版广电发展报告（2017~2018）
著(编)者：王志　2018年11月出版 / 估价：99.00元
PSN B-2016-588-1/1

北京蓝皮书
北京文化发展报告（2017~2018）
著(编)者：李建盛　2018年5月出版 / 估价：99.00元
PSN B-2007-082-4/8

创意城市蓝皮书
北京文化创意产业发展报告（2018）
著(编)者：郭万超 张京成　2018年12月出版 / 估价：99.00元
PSN B-2012-263-1/7

创意城市蓝皮书
天津文化创意产业发展报告（2017~2018）
著(编)者：谢思全　2018年6月出版 / 估价：99.00元
PSN B-2016-536-7/7

创意城市蓝皮书
武汉文化创意产业发展报告（2018）
著(编)者：黄永林 陈汉桥　2018年12月出版 / 估价：99.00元
PSN B-2013-354-4/7

创意上海蓝皮书
上海文化创意产业发展报告（2017~2018）
著(编)者：王慧敏 王兴全　2018年8月出版 / 估价：99.00元
PSN B-2016-561-1/1

非物质文化遗产蓝皮书
广州市非物质文化遗产保护发展报告（2018）
著(编)者：宋俊华　2018年12月出版 / 估价：99.00元
PSN B-2016-589-1/1

甘肃蓝皮书
甘肃文化发展分析与预测（2018）
著(编)者：马廷旭 戚晓萍　2018年1月出版 / 定价：99.00元
PSN B-2013-314-3/6

甘肃蓝皮书
甘肃舆情分析与预测（2018）
著(编)者：王俊莲 张谦元　2018年1月出版 / 定价：99.00元
PSN B-2013-315-4/6

广州蓝皮书
中国广州文化发展报告（2018）
著(编)者：屈哨兵 陆志强　2018年6月出版 / 估价：99.00元
PSN B-2009-134-7/14

广州蓝皮书
广州文化创意产业发展报告（2018）
著(编)者：徐咏虹　2018年7月出版 / 估价：99.00元
PSN B-2008-111-6/14

海淀蓝皮书
海淀区文化和科技融合发展报告（2018）
著(编)者：陈名杰 孟景伟　2018年5月出版 / 估价：99.00元
PSN B-2013-329-1/1

河南蓝皮书
河南文化发展报告（2018）
著(编)者：卫绍生　2018年7月出版／估价：99.00元
PSN B-2008-106-2/9

湖北文化产业蓝皮书
湖北省文化产业发展报告（2018）
著(编)者：黄晓华　2018年9月出版／估价：99.00元
PSN B-2017-656-1/1

湖北文化蓝皮书
湖北文化发展报告（2017~2018）
著(编)者：湖北大学高等人文研究院
　　　　　中华文化发展湖北省协同创新中心
2018年10月出版／估价：99.00元
PSN B-2016-566-1/1

江苏蓝皮书
2018年江苏文化发展分析与展望
著(编)者：王庆五　樊和平　2018年9月出版／估价：128.00元
PSN B-2017-637-3/3

江西文化蓝皮书
江西非物质文化遗产发展报告（2018）
著(编)者：张圣才　傅安平　2018年12月出版／估价：128.00元
PSN B-2015-499-1/1

洛阳蓝皮书
洛阳文化发展报告（2018）
著(编)者：刘福兴　陈启明　2018年7月出版／估价：99.00元
PSN B-2015-476-1/1

南京蓝皮书
南京文化发展报告（2018）
著(编)者：中共南京市委宣传部
2018年12月出版／估价：99.00元
PSN B-2014-439-1/1

宁波文化蓝皮书
宁波"一人一艺"全民艺术普及发展报告（2017）
著(编)者：张爱琴　2018年11月出版／估价：128.00元
PSN B-2017-668-1/1

山东蓝皮书
山东文化发展报告（2018）
著(编)者：涂可国　2018年5月出版／估价：99.00元
PSN B-2014-406-3/5

陕西蓝皮书
陕西文化发展报告（2018）
著(编)者：任宗哲　白宽犁　王长寿
2018年1月出版／定价：89.00元
PSN B-2009-137-3/6

上海蓝皮书
上海传媒发展报告（2018）
著(编)者：强荧　焦雨虹　2018年2月出版／定价：89.00元
PSN B-2012-295-5/7

上海蓝皮书
上海文学发展报告（2018）
著(编)者：陈圣来　2018年6月出版／估价：99.00元
PSN B-2012-297-7/7

上海蓝皮书
上海文化发展报告（2018）
著(编)者：荣跃明　2018年6月出版／估价：99.00元
PSN B-2006-059-3/7

深圳蓝皮书
深圳文化发展报告（2018）
著(编)者：张骁儒　2018年7月出版／估价：99.00元
PSN B-2016-554-7/7

四川蓝皮书
四川文化产业发展报告（2018）
著(编)者：向宝云　张立伟　2018年6月出版／估价：99.00元
PSN B-2006-074-1/7

郑州蓝皮书
2018年郑州文化发展报告
著(编)者：王哲　2018年9月出版／估价：99.00元
PSN B-2008-107-1/1

社会科学文献出版社　**皮书系列**

❖ 皮书起源 ❖

"皮书"起源于十七、十八世纪的英国,主要指官方或社会组织正式发表的重要文件或报告,多以"白皮书"命名。在中国,"皮书"这一概念被社会广泛接受,并被成功运作、发展成为一种全新的出版形态,则源于中国社会科学院社会科学文献出版社。

❖ 皮书定义 ❖

皮书是对中国与世界发展状况和热点问题进行年度监测,以专业的角度、专家的视野和实证研究方法,针对某一领域或区域现状与发展态势展开分析和预测,具备原创性、实证性、专业性、连续性、前沿性、时效性等特点的公开出版物,由一系列权威研究报告组成。

❖ 皮书作者 ❖

皮书系列的作者以中国社会科学院、著名高校、地方社会科学院的研究人员为主,多为国内一流研究机构的权威专家学者,他们的看法和观点代表了学界对中国与世界的现实和未来最高水平的解读与分析。

❖ 皮书荣誉 ❖

皮书系列已成为社会科学文献出版社的著名图书品牌和中国社会科学院的知名学术品牌。2016年,皮书系列正式列入"十三五"国家重点出版规划项目;2013~2018年,重点皮书列入中国社会科学院承担的国家哲学社会科学创新工程项目;2018年,59种院外皮书使用"中国社会科学院创新工程学术出版项目"标识。

中国皮书网

（网址：www.pishu.cn）

发布皮书研创资讯，传播皮书精彩内容
引领皮书出版潮流，打造皮书服务平台

栏目设置

关于皮书：何谓皮书、皮书分类、皮书大事记、皮书荣誉、
　　　　　皮书出版第一人、皮书编辑部
最新资讯：通知公告、新闻动态、媒体聚焦、网站专题、视频直播、下载专区
皮书研创：皮书规范、皮书选题、皮书出版、皮书研究、研创团队
皮书评奖评价：指标体系、皮书评价、皮书评奖
互动专区：皮书说、社科数托邦、皮书微博、留言板

所获荣誉

2008年、2011年，中国皮书网均在全国新闻出版业网站荣誉评选中获得"最具商业价值网站"称号；

2012年，获得"出版业网站百强"称号。

网库合一

2014年，中国皮书网与皮书数据库端口合一，实现资源共享。

权威报告·一手数据·特色资源

皮书数据库
ANNUAL REPORT(YEARBOOK) DATABASE

当代中国经济与社会发展高端智库平台

所获荣誉

- 2016年,入选"'十三五'国家重点电子出版物出版规划骨干工程"
- 2015年,荣获"搜索中国正能量 点赞2015""创新中国科技创新奖"
- 2013年,荣获"中国出版政府奖·网络出版物奖"提名奖
- 连续多年荣获中国数字出版博览会"数字出版·优秀品牌"奖

成为会员

通过网址www.pishu.com.cn或使用手机扫描二维码进入皮书数据库网站,进行手机号验证或邮箱验证即可成为皮书数据库会员(建议通过手机号码快速验证注册)。

会员福利

- 使用手机号码首次注册的会员,账号自动充值100元体验金,可直接购买和查看数据库内容(仅限使用手机号码快速注册)。
- 已注册用户购书后可免费获赠100元皮书数据库充值卡。刮开充值卡涂层获取充值密码,登录并进入"会员中心"—"在线充值"—"充值卡充值",充值成功后即可购买和查看数据库内容。

数据库服务热线:400-008-6695　　图书销售热线:010-59367070/7028
数据库服务QQ:2475522410　　　　图书服务QQ:1265056568
数据库服务邮箱:database@ssap.cn　图书服务邮箱:duzhe@ssap.cn